U0516436

总 主 编　李红权　朱　宪
本卷主编　朱　宪　李红权

近代蒙古文献大系

见闻卷

◇ 第五册 ◇

中华书局

目　录

四子王府见闻记

小方　撰

记者赴内蒙途中，曾经四子王府，参加四子王为其儿子授室的典礼，领略了不少的蒙古人情风俗，特为简短的介绍于下，以为国人研究边疆风俗者参考。

四子王府是乌兰察布盟中的一个部落，又名四子部落旗。前者是指着他的王府而言，后者则为其整个的部落之名。位置在乌兰花之北四十里，距锡拉穆林庙（大庙）八十里，全部落之面积约三百方里，并且都是丰沃的草原，拥有大批的牲畜，所以在乌盟中也算是一个大部落，其势力与富庶则仅次于德王统治的西苏尼特。

四子王府建筑在一块宽广的草原上，但是他的四周则被矮小的山坡围绕着，严〔俨〕然形成了王府的天然城垣。不过这"城垣"里面没有街市或商店，只有孤立着的一片美丽辉煌的建筑，其余的地亩即满生着牧草，有数不清的牛、羊、骏马游散其间，这只不过是王爷的一小部分"家畜"而已，他的大半财富，还都在更北的草原上，到那里才能真正见到牧畜事业之伟大的景象呢！

四子王因其名为潘某，故又称潘王，他大半的时间都住在归绥，那里也有他的府，他有流线型的汽车往返于大青山的前后，两地相距约有二百里路程，用现代的交通工具亦颇方便。这次因为参加他的公子的婚礼，所以他特意赶回来了。有位黄文锦先生，是他的参谋长，黄君年约三十左右，汉语很流利，可算是蒙古的交际家，与外界往来都由他负责，和外交部长的职务差不多。此外，王府里尚有"大臣"四人，则专管部落中的政务，黄君的思想是比较前进的，"大臣"们则倾向于保守。

四子王府可以分成两部分，东面一片平房是王府，其建筑式样与北平的各前清王府差不多，在府的门口，也有卫兵值岗，不过这卫兵总表现出没有精神的样子，他们的枪都锈得不能用了，记者告诉他们这枪要常常擦的，但是他们笑着摇摇头，也许是不懂我的话，也许是表示他们懒得擦。在王府的西邻，另有一片西藏式的宗教建筑，这是王爷的家庙，四壁均刷以白粉，沿以朱边，更加上金顶的饰衬，真是美丽之极，再就是蒙古人的红绿袍子也给这荒凉的草地增加了不少的生气。

王府的房子间数有限，所以此时又搭起五六十座蒙古包来，以便招待贺喜的宾客。这许多蒙古包搭在一起，真是洋洋大观，好看得很！蒙古人的礼物多用牲畜，但亦有用毡垫、哈达者，前者为重礼，后者则为一般交际礼品，他们是很重礼物的。不只如此，对礼节亦同样重视，来宾们彼此相见均以鼻烟壶握在手里对揉，尤如一般的握手礼，在两人对换着揉鼻烟壶之时，则互问："你们都好，牲口吃的好，在你们那地方有什么稀罕事吗？……"

来宾中也有好多位少女，她们在人群中处处表现出"风头十足"的态度。她们确乎是非常的美丽，这种美丽包括健康、容貌与性格。她们是很快乐的，就是很少受着虚伪的礼教的逼害，假若她们没有兄弟，就终身不出嫁，到相当年龄，举行一次郑重的拜火礼，从此以后，可以自由选择她所爱的男人来同居，对方也许是过路的旅行者、喇嘛，或者有永久性的伴侣，这都是不计较的。

结婚典礼中的两位主角之一——新娘，他〔她〕的家离四子王府——新郎的家，有二百里路，迎亲去的马车，前三天即已出发，在结婚的正日子这天，迎亲的途中，临时搭起两座蒙古包与一座帐蓬，约距王府十里路远，新娘用马车接到，即在此包中休息；然后新郎就由王府出来，骑着快马，背着弓箭，带领百十多个随从，"组织"了一个"迎亲大队"，前面还有一个张着黄旗的"开路先锋"，就驰驱到新娘休息的地方来，他——新郎进入另外一座包里休息，弓箭则挂在门外；然后新娘从她的包里走到新郎的包里来，由一个长者念了半天喜令，于是新郎与其迎亲大队又复原班回去，新娘此番则改换骑马，由两位武官护送随行。新娘的脸是用布蒙着的，及到了王府，按礼先要围着府转一个大圈子，然后即进入王府的侧院休息。虽然四子王有他富丽堂皇的大王府，但是举行婚礼确在一个蒙古包里，潘王首先来到这当做礼堂的蒙古包，再接着就是新郎进来，这时候新娘便是全身都用布包起来，由一位女傧相扶引着步入礼堂。在礼堂的门口，有一个侍从捧着一座花瓶，瓶中有一支孔雀翎，来宾都拥在门口看热闹，及到行礼完毕，于是全体回到王爷府里去，新郎拔下身上配着的箭，把新娘蒙脸的布挑开，结婚仪式遂告完成。

　　贺喜的来宾很少是当日回去的，差不多都住在这里，晚间举行盛大的宴会，吃的酒席已多半汉化，不过碗、筷子均是自备，蒙古人照例个人都有一个木碗藏在怀里，并且还有一套筷箸与小刀挂在身边，在使用之前，习惯要拿到火上烘一下，大概是为了消毒。

　　白天所看到的那几位少女，在宴席上大显其艺术天才，常离座舞蹈，并伴以动听的蒙古乐队之演奏，这使赴宴席的宾客，都为之增加不少兴奋呀！

《申报周刊》

上海申报馆

1937 年 2 卷 18 期

（张敬钰　整理）

西北角上的定远营

——内蒙达王府所在地

赫非　撰

在甘肃荒凉的山道上奔跑过半年，好容易走到黄河边上一个大城——中卫县，这已经属于宁夏平原，不用爬那崎岖的山路，眼界也宽阔起来，并且有澡堂可以洗洗身上的污垢，队伍要是在中卫住扎一月两月，畅快地休息休息，真算无上的幸福。

谁知过了不久，我们又接到开往定远营的命令。我们行军计划预定是这样：

第一天至石空寺堡，九十里；

第二天至广武城附近，九十里；

第三天至叶升堡、龙门桥一带，九十里。在此地补充物品后，再以四天行程经过羊坊、三关口、长流水及窑坝等地而到达定远营。

宁夏平原，位置于黄河最平安的河套一带，沃野千里，物阜民丰，河渠交错，田地的灌溉很受了黄河之赐，较之陕北、甘肃那些童山峑峙、人烟疏少、所谓地瘠民贫的区域自然丰饶的多，并且气候也还温和。我们因为运输不便，棉衣、棉被都没有，日里穿单衣，夜间盖棉大衣和灰军毯，总算寒冷还能忍受。

刚从中卫出发那天，沿途村落相望，人家很多，生活不算什么苦，过广武城，一直到叶升堡都差不多，中间虽也经过两三处很小的沙漠，幸好我们沿着直达宁夏省城的汽车路走的，沿这条路还不至断绝人烟，花了钱总还可以买到饮食。

日里在温和的阳光下走路，夜间吃饱了暖热的菜饭，洗洗脸，洗洗脚，躺在烧得几乎灼手的土炕上睡觉，这种幸福生活，经过了叶升堡以后就不能享受了。以后每天都走在荒地和沙地上，夜间露宿在高旷的星空下，口干了找不到水喝，远远看见有一两处房屋，以为前面总有人家可以休息休息喝口水了，谁知努力挣着走，到时才〈知〉是一间空屋或是一座破庙。

途中经过的"三关口"是蒙古到宁夏的一个"口子"。贺兰山脉一架小土山驮着破滥〔烂〕的万里长城，窄窄一条小路，关里并没有城堡，只是路左三间办公的小平房，预备收税和守口子人们住的，右面则有四五间新房，大概是新开的客店。第一次看见的蒙古包就在这三关口，小小的像一座圆坟似的那么一个灰毛厚毡做的矮帐蓬。

过了三关口，便是贺兰山脉以西了，走在几十里不见一家人的荒地上，到处都是石块和砂砾，只偶然见到路旁一群群野牧的骆驼和牛马在吃那一带特产的野草——几寸高的灰色小刺树似的"碱草"。

走到这些地方，说里程是靠不住的，一个村庄（不，严格说起来，这是三五家人的集团家屋，算不上村庄）与那个村庄之间，平常就是一站路，说五六十里或许就是七八十里，要说七八十里时就不只是一百多里了。像这样长长地一望无垠的长路，每天早晨，东方的天空才翻着鱼肚色的微光时，便冲着凉凉的晨风走起，要走到晚，才走到一个站口。

这些站口，不论是长流水或是窑坝，都一样只有着三五家专门招待过往客商、骆驼的小店，住家人民是没有的。大概以相距六七十里一站的居多，这以那个地方有没有水吃为准，不能找出水源，即使距离过远，也是不能设站的。走路人都要自己预备食物，想着到店里现买时，恐怕就有钱也有挨饿的危险，甚至买点稻草喂牲口也不容易呢！

经过了四天苦寒的旅途，终于把这几百里长的沙路走完，在一个温暖的下午走进了"定远营"！

定远营的城堡据说是汉朝班超所筑，班超封定远侯，因而有定远营之名。城堡位置在一块凹地里，不走近它面前时，什么也看不见，直到下了一个坡，我们才对眼前僵卧着的这座街市和它所背负着的房屋，睁着惊异的眼了！

首先开展在我们前面的是黄灰色的马路，相当宽广而且平坦，两旁栉比的瓦房都是商店，种种色彩、形式各异的窗橱和货架上，陈列着舶来的、国产的一切绸缎布匹、食物和日常用品；大减价、大赠品的美丽旗子，间杂飘荡着，来来往往地是长袍短褂的男人女人……这完全是一个内地的小城镇，如像我们在陕西、甘肃或河南、山西一带所曾经过的一样。

这个地方〈完〉全是一个普通的商业小城市，拥有不满一万人的户口，蒙古风味淡薄极了，蒙古包也只在市外原野里，偶然有一两座——那是运送物品的骆驼队休息或住宿时，临时张设，起程又折叠起驮走了的一种小型帐幕。住户也是汉人最多，以甘肃民勤县（即镇番）移住来的占去十分之五六，宁夏、绥远和山西、河北的人也有，蒙古人倒反而不多。后来向人探听，才知道蒙古人都住在后套的草地里，每年只把土产的羊毛、驼绒、食盐等物驮到定远营售卖，再买些衣料、食品等类日用品回去。定远营不过是蒙汉交易的一个大市场，和蒙人游牧的地方当然不同的，就是住在定远营的蒙古人也多少和汉人同化一些了，吃的米面，睡的热炕，也能说官话。汉人另给他们取了个名称，叫做"边鞑子"。他们如果换去红黄色的长袍时，你真不知道他们的种族。

　　阿拉善额尔特旗的政府设在砖砌的大城内，城墙上刻有"定远营"三个字，据说就是班超修建了驻兵的地方。城门口有王爷直辖的、穿着灰军服、拿着洋枪的蒙古兵站岗，没有旗政府的出入证，是不许进出的。这才知道原来街上一些穿长袍男子、左襟上带着一条红绸子证章的，都是王爷殿下的公务人员。

　　这位王爷，据说接位还不多几年，是在北平什么大学毕业后回来承继老王的王位。旗政府有着比平常一个市政府稍大点的组织，分科办理地方上一切军事、民政、税收、公安、卫生等等事项，财政方面，听说也很富裕的。

　　没有农田的地方，赋税当然是另外一种，大概以货物和牲畜方面收入多一些，像三关口、贺兰口等地都由阿拉善旗政府收税。此外，最重要的是周围二百多里的"紫湖"，是大宗产盐的地方，这些食盐由旗政府专利，运销各地，当然是一个发财的营业。

　　至于它的兵，大概数目不多，只是王爷的卫队似的，分驻在王爷府和定远营山上的营房里。这些兵是每隔四月换班一次的征兵制，没有经常受着正式的严格训练，仅作为王府的装饰而已。

　　在绥战以前，日本的势力已侵入定远营，那儿有特务机关的设立，连飞机场也已经开辟成功了。定远营最热闹的大街上一家商号里，特务机关便设在那儿。绥战胜利后，当我们队伍开到，他们都成了大家闺女似的，一点不像平、津、上海的日本人那样趾高气昂地在大街上高视阔步，一起都伏处在那一家华贵的商号后面房间里——这也许有人传授了他们明哲保身的学说，免得和我们野蛮的兵士们接触，免得因为发生什么误会而造成了"不幸"事件吧？

　　正在惊异于日本人的不上街露脸，更令人奇怪的事却又继续出现了：

　　"日本人都跑完了！"

"日本人抛弃了他们一切东西，坐飞机跑了！"这些响亮的字句成天飞舞在空中，人们都制止不住自己不张口瞪目地惊怪起来了。这是怎么一回事呢？

真的，日本人全体都乘飞机分批离去定远营，洋面、汽油之类的东西还遗留少许没有运走，其余日本的什么都离去定远营了——这真是怎么回事呢？莫非日本人真害怕我们这一师在古北口和他们大战过的军队吗？

由此我们可以明白，只有抗战才能制止侵略，也只有抗争，才能生存呀。

《申报周刊》

上海申报馆

1937 年 2 卷 31 期

（丁冉　整理）

绥战前线视察记

尹仁甫　撰

一　动　机

北京大学化学系主任曾叔伟先生为国内外著名学术专家，平时除潜心研究与指导学生外，对国事异常关心，见于绥战日形严重，恐引起毒气战，为亡羊补牢计，于百忙中拟亲往前线考查，以备研究。余为绥人，受先生指导数年，既感于先生爱国热忱，复起为国家为地方尽微力之念，遂与商量，告以绥省现状，前线大致情形。同学中激于爱国热情者数人欲偕往，因相与商讨组十三人团前往。

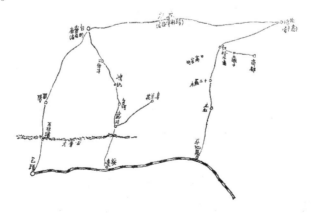

二　赴绥途中

十二月一日九时，乘平绥车由前门出发，急驶北行，途中无可述，从略。行近张家口，首引吾人注意者，为日人正建造中之兵营，与我方碉堡对峙，近在咫尺，再前则领事馆、特务机关、商店、汽车场，比比皆是。同行者皆感慨激愤，相与谈论，爱国牺牲之情，溢于言表！至张家口，与数人登车站天桥，前望大境门，顿涌出一幅中国近年受辱图，不禁注目凝视。此处渐入寒冷地带，温度达零下四度，寒风吹来，砭人肌骨，不禁想到冰天雪地中之兵士，其坚〔艰〕苦，功高，为祖国存亡挣扎，与敌人汉奸血战塞外，而同为国人，皆我祖先一脉之遗，贤与不肖竟相差至斯，悲夫！

二日零时四十五分，达平地泉，温度愈低降，余所带之零下十三度表已失效，其冷可知矣。士兵在站者，架煤取暖，火光熊熊。星月之下，现出许多忠勇战士，面露粗坚线条，隐示坚毅愤慨之气，其宏壮与雄伟，与吾人甚深印象。同学陈君摄一影，诸士兵表示甚亲爱。

三　在绥站

六日五时，抵绥站，暂投宿于公共体育场。时晨六时许，欲睡无隙地，出游为时尚早，好在星月皎洁，气候亦不太冷，师生以枯坐无聊，议作篮球戏，玩一时许，天光大亮，入室盥漱。既毕，赴街吃早点，同行者以绥远"稍美"素著名（稍美为绥省早点之一种，饺子之一类，较饺皮薄略大，内包羊肉或牛肉），至上三元大吃一顿，颇觉可口。返体育场途中，参观公共会堂，并访校友陈君。及归，悉省府军民联合会潘委员长电约往谈，余偕曾主任、孙承谔教授并同学二人赴省府，与防空薄司令、交际组组长杨焕典，谈约二十分，得悉省府已为吾等定妥绥新旅社。返体育场，略收拾即迁入。午饭就食于麦香村，该馆在绥素负盛名，物美价廉，余在平时曾与同学谈及，尝试之下，众皆满意。下午复赴省府，与军民联合会潘委员长接洽赴百灵庙①车辆，以缺乏故，不能决定，须待一二日。

三日九时，防空司令部派员偕赴新城参观防空设备，历一时许毕。归途中，余赴三十五军司令部访马副官长，谈约三十分，雇车返旧城应北大校友宴，至已十一时十分，十二时许宾主毕至。饭罢，曾主席应请详述母校情况，诸校友颇关心，甚多询问，新旧同学相聚快谈，乐也融融。下午六时，应傅主任宴于绥远饭店，与宴者有外国记者，清华、燕京等校慰劳团，宾主近百人，席间谈笑风生，俨若升平时代。晚间因受省府交际组长杨焕典与教育厅约，明日讲演"防毒问题"，同室张、陈、彭三同学准备讲演稿，余则外出访友，十时始归就寝。

四日晨九时半，教育厅始派人来请，省府并送来面具数件，曾主任、陈福旭、张少田与余，各携一具，分赴省立第一中学、正风中学、"防共训练队"与国立蒙旗师范等处讲演。下午一时四十分，余赴省府访潘委员长，商赴百灵庙车辆，仍未能决，归旅寓决定五日先赴包头游览。

四　包头记游

五日三时半起床，四时四十分到车站，余测气温竟达零下二十

----

① 后文又作"白灵庙"。——整理者注

一度半。是日列车误点二时许，抵包头，已十一时四十分，在包头日报社略息，即赴包头饭店吃黄河鲤鱼，耽误一时许，致时间不敷分配。略游大街，购特产数种，即返包头日报社。家兄为雇十余驼，众各乘一驼，出南门，颠跛前进，别具风态。驼身高大，坐其上冷风频吹，时感刺面。经车站、欧亚航空场，达黄河岸，河身结冰，履其上，别饶风趣。举目四望，河岸层突叠出，冰块堆积河中，光辉耀眼，有如银山，一片白色，由西向东，满布河身，农人负重往来河上，同行胆小者为之心悸不置！游览半小时，乘驼返车站，时距开车已一小时，众入候车室休息，余与张君入城购买食物，购好，张君先返车站，余归家省亲，于车行前十分时返站，五时四十五分开车，抵绥已九时十五分矣。十时许，军民联合会张委员来访，商谈视察地点，以车辆缺乏，百灵庙之行势将作罢，彼意可先往红格尔图，以该处近无战事，可以抽出车辆，无已，勉诺。是夜众以山西或绥远戏不可不看，惜无一家演唱，但看戏兴致颇浓，精神甚佳，虽远奔于朔风及寒气中，亦毫无倦容，因以正上演之评戏代之。余先为大家购票，找妥座位后，即出戏院访老友高君于体育场，当晚即宿于友人处。

　　六日八时，经与曾先生商定，决再往省府商酌，倘不克赴百灵庙，即当辞。行赴省府，将达新城，彭君追来，告以省府通知，车辆抽出，当即可赴百灵庙，于失望中得此佳音，其欢喜可知矣。即随彭君同往，晤杨交际组长、潘委员长，致感谢之意，并谈及百灵庙情况。离省府已十一时半，预定动身时间为下午一时，余先往准备一切，于一时前准备就绪，候车出发。

五　白灵庙视察

　　六日下午二时廿分，一露天载重车开来，除同行者十三人外，尚有十余人登车，致无转身余地。二时五十分开车，北行约廿余里入山口，路不平，乱石满布，车身频频摇动，时闻车中人呼"受不了"之声。达蜈蚣坝下，路基突起，两边高山峻岭，愈上愈陡，而路面宽度仅容二车，前望路面，时有倾车之虞。时而行山峡中，时而一边高山，一边深沟，胆小者望之心悸，车身摇动愈烈，速度愈行愈小。举目四望，山峰重叠，回视所经之路，屈曲如带，弯折于乱山之中。坝之最高处，气压表降低廿七粍——与绥远比较即七七七—七五〇，行四十分至尽头，山壁之上，大书"化险出夷"，下书"绥远警备司令吉鸿昌修于十五年"。出坝口，有小村，屋舍数十，中有留人店数家，壁间大书"留人小店，茶水方便"。沿山沟向上，行数十余里，一片红色呈显目前，同行者甚奇异，余因为众解释，告以此地名红沙坝，遍地红沙土，广约五六十方里，色较北平西山者红尤甚。将达武川县城，一车东行失路，余等所乘车后追，因前车行甚远，比追及，车夫亦不知路径，恰遇一农夫，询告前面不远为乌兰花，为前线战地，车中人颇恐惧，不得已，请农夫导行至赴武川道，余出二角与之，农夫喜出望外，道谢而去。行近碉堡，车夫告戒车人，倘守军有询问，须速覆，否则恐开枪，前有一车夫闻声未答，因为开枪误伤，车人闻之有惧色。达城门，经守兵问明来历，始放行。武川为一小县，无旅馆，由公安局派人导住一小店，入门即上炕，众虽从未尝此风味，但亦毫不觉苦。略事安置，即出街游览，为纪念故，各购信纸信封，为戚友写信。街长不及二里，所售货物甚少，多为粗布、日用品类，店铺稀零散布于街之东西，隔数步始有一二家，且看且行，不十分，全街即行尽，旋返店。众兴颇浓，竞相写信，数分钟即积信十余封。饭至，正大嚼间，公安局派人来，请移宿小学，即时迁往。余一信未完，继续急书，因气温太低，致墨水结冰。屋内炉中烧臭烟煤，火力既差，臭味复强，不开门不能忍受其臭，开门则冷气侵袭。无已，与众人聚一室谈天，得悉武川至白灵庙电话不通，一时猜测纷起，幸县长来访，告以夜间复来报信，大家心始稍释，留曾先生听信，各归安寝。余半夜冻醒，不能睡，出屋见一人往来散步，经询后知亦因冷不能睡，复至他室，多半情况相同，此离平以来，第一次为寒冷所征服。

武川县府正门

七日早七时许，余赴县府，与省府派员商量，决定且行且看，能行即行，否则即止。十时半出发，连越数小河，大块耕田现于目前。行数里，不见村落。再前行，但见丘陵与耕田交错，不见一株树木。朔风刺面，寒气侵骨，幸同车人多，尚不至受冻。十二时四十分抵二份子，见二汽车停于门前，不一会又驶来一辆。上载投降伪军，服装整齐，形式、颜色与日军同，询问之下，知皆被迫上前线，且有营商者亦强迫入伍，未受训练，即驱上前线，彼等言皆愿投降，恨某方监视无隙，现仅少数汉奸甘供利用。二份子为收复白灵庙之孙旅四一九团驻防，团长张成义精明干练，谈吐简明，白灵庙之役，奋勇杀敌，腿部受伤。余等在此稍息后，正准备出发，军中忽告"日方飞机于每日上午十时前来轰炸，可俟至三时再行"。至二时四十分，始由二份子驶出，过二小村，入蒙古草原，地势平坦，车行颇速，地上积雪未融，劲风吹动，成波纹状，俨若月下海波。行近白灵庙，望之形势雄壮，众山环绕，庙居其中，小河二汇合于入口之南，绕一孤山南流。我军哨兵隐避防守，见车行近，持枪跳出，经说明，始放行。观此雄壮地势，在忠勇战士之防御下，更显出百倍森严。行达河东——白灵庙东边小河之东，称河东——见汉人商铺、屋舍无大毁坏，仅破纸零乱散置地上，士兵往来南北，与两年前无大变异。过河，当年数百蒙古包无一存者，仅新建土屋数间排列于高坡之下，四面及庙之外观仍旧，惟较前零乱，壁间尽枪弹所穿小孔，使人想见当时伪军顽强抵抗情形。车停，周副官来迎，导入一喇嘛小院，略安排，即往大殿，昔日雄壮华丽之大殿，不复重睹。时尚早，众摄数影归寓。随后众请周副官导观某方特务机关，悉孙兰峰旅长在内办公，即往拜访。旅长亲迎出，体高伟壮，精神焕发，庄严和霭〔蔼〕，一望而知为饱经战场、勇猛善战者，相谈之下，异常高兴。孙为人爽直，发言简短有力，态度诚恳而谦逊。辞出时，值刘参谋来，陪往游各庙，但见经卷与供器散置地上，一片零乱。回寓，饭已齐备，并承旅长送来日人遗留之美酒，今日所饮所食，以及御寒物，皆敌所遗。饭毕略谈，众即早息，因武川饱受寒冷，皆略觉倦困。刚入睡，旅长来回拜，曾主任即起身接待，旅长恐众受寒，派士兵一人时来看炉火，盛谊热情，众咸感激。此一日中，吃敌饭，烧敌煤，愉快兴奋，非言可喻。

　　八日一觉醒来，天已大亮，未洗盥，即由刘参谋导往前线，见胡同出口处，多置麻袋等物，越行不一里，见守兵直立土丘上，众上前慰问，非常高兴，为讲述战况，滔滔不绝。遥望前边山头亦有守兵多人，地上暴露一二尸体，厥状甚惨！刘参谋导往白灵书院——院为新建土房，乃蒙政会为蒙古青年所设——仅平房数间，入内，书报杂志遍地皆是，余拾取有关者数种。既出，举目四望，东北部山峦重叠，白灵庙居其中，小河东西分流，遍经各山沟，女儿山位出口之旁，西境高山更多，如此地势，大草原中殊难觅得，风景与形势，均足引人注意，且地复处西北交通要隘，在军事上更足重视。地势较绥高，气压较绥降低廿九粍，气温相差十余度。当日九时半起程返绥，至二份子已十二时四十五分，略停复前进，至武川停一小时，返绥已六时矣。

车中载投降伪军停于二份子

　　九日十时，应清华顾院长约，余与曾、孙二先生往谈，谈话间傅主席来访，所谈多要语，傅告，得情报，传某方损失一万万，所失为何事物。谈及实际问题，凡曾先生所提出者，傅主席均颇赞同，并请拟定具体办法以便实行，同时谈及赴平地泉、红格尔图事，傅即允电当地驻军，予以种种方便。下午余往省府与军民联合会接洽赴平地泉事，并向各方辞行，五时前完毕。

六　平地泉

九日晚九时赴车站，邀清华顾院长偕行，抵平地泉站，周县长来接，下榻教育会。当未到前，余曾告众该地寒冷异常，不料今年大异往年，温度与绥同。省府派陈先生随行招待，一切事务多承陈先生代劳，亲切周到，令人十分感激。余与陈先生、曾、孙二先生等同住一室，陈先生为讲述蒙古逸事，倍觉有趣。

十日八时起床，洗盥毕，余应王君邀至其家，略坐即返，途中与众遇，众坐汽车，余即上车，始知汤恩伯军长来访，此时派人乘车陪往早餐。至集景春饭庄，宾主畅谈，倍极兴奋，知国军近年进步甚速，心中得不少安慰。饭后由郭秘书导观工事，增益不少见识。工事层层构筑，坚固复杂，其地北有小山环绕，南有老虎山突出，我军充分利用地形，构成坚固工事。至某处，遇一炮手，面情表现快愉兴奋，自云"守此土以来，即有与地偕亡之决心，今时已至斯，我不杀敌，敌必杀我"。其忠勇诚挚，令人十分感动！返城到十三军司令部，正值汤军长与曾、孙、顾三先生出，又相偕往集景春午餐，席间畅谈，一扫在平闷气。汤军长与该军二师长，富韬略，性沉着，语至激昂处，辄表示其救国抗敌决心，服装简朴，态度和悦，随身无一卫士，仅证章可资识别为军职，不知者或以为营、连长。一同学语余，此第一次睹如此简朴和悦之高级军官。饭后，汤军长邀曾、孙、顾三先生向军队讲话，众分乘汽车二辆，出化德门向南前行，约四十分达苏集——旧平地泉。军队列营门外，乐队奏欢迎曲，士兵举手敬礼，猛聆军乐，众人血液为之沸腾，情绪异常高涨，但见健儿精神焕发、表情激昂，队后壁上现出醒目蓝字大标语，数年郁积之气，至此一扫而空，突然兴奋，尽现得意之色。于严肃景况下步入大门，由汤军长及诸军官导入客厅，略谈片刻，导入礼堂，健儿肃起敬礼，其严肃与齐整为余前所未睹。汤军长致介绍词后，由顾、曾、孙三先生分为讲演，最后汤军长训话，发音宏亮，慷慨激昂，言简意赅，台上诸人莫不深为感动。讲毕，喊口号，声音雷动，情感随之激涨，久处北平之人，受此感动，有如疯狂！随返客厅，畅谈国事，但闻兴奋声，不见忧郁面，此情此景，俨如决战凯旋时。客厅与礼堂俱为天主教徒所建，其伟大、整洁、富丽，与平津教堂相仿，睹此建设精神，令人叹服！四时五十分入城，抵司令部已五时矣，汤军长复设宴款待，席间宾主谈笑，快愉异常，主人隆情厚谊，众皆心感无既。七时返寓，商赴红格尔图事，骑兵彭毓斌师长允派汽车护送，是夜略事安置即寝。

十一日十时，彭师长派人来，约往聚谈，抵司令部，师长出迎，略寒暄，谈及红格尔图抗敌，我军骑兵单独作战，以少数击破敌军四千余，并进袭伪军司令部，获得重要文件、弹药等甚多，贼为之丧胆。彭，湖北人，年三十余，能文善战，斯役即其策划。众当索其诗数首，兹录《念奴娇》一首（廿五年八月四日，击破察匪于红格尔图归途口占）：

　　边声四起景升儿，犹自酣歌未歇。廿四城齐解甲，太息藩篱都撤。鬼火蓬蒿，哀鸿洫壑，大好金瓯缺。把渔家傲，征人洒泪唱彻。

　　金鞍战马蹄娇，芊芊芳草，塞上好时节。千骑衔枚，月静悄，疑踏蔡州积雪。霹雳弦惊，风云色变，一霎挽枪灭。归程揽辔，多情应谢明月。

约谈十五分，至十一时三十分至饭馆午餐，起程已达十二时十分矣。出东门，老虎山巍巍，立城之东南方，汽车向东北行，连越数土丘，驶行于低山高坡之上，四望皆山，耕田极少，时有大车往来。此地异于百灵庙者，小池沼数见于道旁，村落树木，或近在道旁，或见于数里之外。二时抵本红，下车与驻军长官略谈，驻军已得通知，坚请停留，众以赶路心急，允返来再停，并接受讲演请求，即登车急驶，车中某军官指告附近地形，谓"距商都仅三十里，我军时派队在此往来巡视"，众随向东望去，只见坎坷荒地，无涯广大。转向南方，有骑兵一队紧随车后，乃本红驻军派出专为保护余等者。汽车加速前进，三时三十五分抵十二苏木，前面见大宅一所，二蒙古包守护于东方数步外，宅后土山突出，掩避全宅，西边地多不平，多土堆，汽车直驶入院。李教官迎出，下车入室，惜时不巧，适值达密凌苏龙总管出巡，李教官为略述地情与蒙军状况，以及训练经过等。李为中央军校毕业生，本年四月间由中央派来，专负训练责任，深得达总管信赖，与蒙人相处甚得。停十分钟复前进，某军官指告西边村落为高家地，我方派重兵驻守，地颇重要，筑坚固工事，且处红格尔图与十二苏木之间，可以应援，阻匪西进。抵红格尔图正四时，驻军列队出迎，车直驶入教堂，张培勋团长随来，张团附及其他军官热烈招待，易世芳总司铎为预备晚餐，安排住室。易总铎及诸教友以众由远方来，倍极喜悦，诚恳亲密，令人异常感激！少息，由张团长等导往参观阵地，距教堂仅里许，构筑碉堡深沟，配以其他重要工事，敌前猛攻而败。位正东之碉堡被炸最甚，四壁皆为弹痕，由此可以想见当时匪军炮火猛烈、死力进攻之情形。张团长谓敌军以七糎五糎重炮发射二千余发，致教堂前门被炸，民房亦小受摧毁。又指一土堆，谓乃战后埋敌人处，所埋敌尸约百余具，其未埋者尽为野狗啃食，时正见数狗啃食弃尸。巡视一周，转返教堂，饭已齐备，为中餐西吃，颇觉有趣，荒远小村有此佳食，殊为难得！饭后，易司铎赠炮壳数枚，众又向居民购数枚，以留纪念。易司铎告余，此处人民当时参战者有八十余人，利用土炮杀敌甚多，居民勇敢沉着，在敌人猛扑与炮火密集轰击下，尚能据地发炮，毫不慌乱，致敌人屡攻屡退，同时我军以轻重机关枪、手榴弹毙敌甚多。当敌开始进攻时，我驻军以二百余当敌二千余，敌虽用优越武器，亦始终不得逞，而反屡攻屡败，亦足见国军勇猛善战矣，此十一月十四日之战事也。十五日上午九时，敌机大肆轰炸，我军重要军官正会商于教堂，一炸片飞入室内，致董旅长一参谋负轻伤。是夜敌不断猛攻，我军在张著团附指挥下，以极少数士兵沉着抗战，毙敌甚多。十六日夜，张培勋团长亲率兵士二连由高家地来援。十八日夜，我军在彭师长策动下，一支绕北出击，断敌去路，一支向南急驰，直捣王英司令部于土城子，地在红格尔图之东约十余里，于三时许攻入，敌据碉楼顶射击，恶战多时，我军被迫靠墙应战。当弹将尽时，幸摸到敌人弹药库，当以敌人之弹猛攻敌人，敌不支，于五时败退。斯役获给养与文件甚多，总计毙敌五百余。此役最值纪念者为齐思宽木匠，以手溜弹去火线装入土炮中，连发三十余，毙敌甚多，闻伪军官多人即死于此种炮火下。众愈谈愈兴奋，不觉已过十时，易司铎恐旅途困倦，数促归寝始散。教堂设备颇佳，屋舍构造甚适宜，在荒漠中，得此舒适安息所，较通都大邑之大饭店尤觉舒适。次日晨起床不久，即进早餐，在院内看到敌机掷下未炸之一百二十磅弹一枚，廿磅弹二枚，同学陈君摄一影。后复出外摄影数幅，于九时二十分起程，十时达高家地。下车后，由驻军长官导观阵地，构造较红格尔图尤佳，据云红格尔图乃旧阵地加以整理添建者，此则全为新构筑者。余等拟十二时到本红，不便多留，即时登车前进，十时四十分抵十二苏木，达总管仍未归，李教官特请讲话，在军队未到前，众入蒙古包参观，摄影多幅。曾先生于来之前，本拟在蒙古包住宿，但因由平出游时间已久，卒未果。迨军队集齐，共推孙先生讲话，约十余分毕。时已十一时二十分矣，恐误本红预定时间，仅应达公子与李教官之请，茶后即行。达本红已十二时三十分，承骑兵第一师参谋长率队来迎，入室稍谈，曾先生即应请向军队详讲"防毒问题"约一小时。本红午餐，与一青年参谋同席，畅谈甚欢，其人英武爽直，爱国心强烈，见识明达，为一不易得之军队人才。饭后，承参谋长赠给伪司令王英命令全文一份，为此次出游甚大收获，录其全文如左：

命　令

十一月十三日下午七时，于商都总司令部

（一）绥境之敌分据各处要隘，构筑永久工事，希图顽强抵抗。红格尔图驻有骑兵三百余、机关枪六架、迫击炮四门。实际我军仅有重机枪四、轻机枪六。

1. 土木台驻敌步兵四五百名，机关枪六架，迫击炮四门，并有蒙古兵三十余名。

2. 我第一军于十一月十五日由商都出发，经过高家地向平绥路方面进攻。我蒙古军第七师已到白灵庙，向归绥方面进攻。

（二）本军以占领包头之目的，拟分两路进攻：

1. 张师复棠率该师全部，于十一月十五日以后由南壕堑出发，向兴和方面进攻。

2. 步兵第二旅，骑兵第一旅、第二旅，骑兵支队及直属各部队，于十一月十四日由商都出发，经过土城子、乌蓝花、黑教堂、固阳，向包头方面前进。

（三）我军驻商都各部队，务于十一月十四日上午八时在北门外空地集合，九时出发行军，序列如左：

1. 石旅长麟川率该旅为第一支队，经庆丰乡、双井子，向红格尔图挺进，即晚宿营于头股比、花高子附近。

2. 胡支队宝山率该部为左侧卫，经庆丰乡、董家村、吾生子沟，向红格尔图前进，即晚宿营于土城子附近。

3. 杨旅长守臣率该旅第一团为前卫，经乔家乡、杜家村、黑庙子沟，向红格尔图搜索前进，即晚宿营于小音兔、范有良村附近。

4. 步兵第二旅骑炮营（缺骑兵连）、总司令部总政治部、特骑队、士官队、骑兵第六团、手枪团、宪兵团为本队。

A、骑兵营、总司令部政治部、特骑队、士官队、骑兵第六团、宪兵队，即晚宿营于八台。

B、步兵第二旅宿营鹋鹁沟附近。

C、手枪团宿营于高家地附近。

（四）大接济队在本队右约三千米达处并进。

（五）骑兵第二旅第四团为后卫，在本队后掩护跟进，即晚宿营于大音兔。

（六）于游击大队长志谦率该队随胡支队前进，以作向导，即晚宿营于小史家村附近。

（七）各部队之接济，由各主官派员率领（总部由副官处率领），统归军官队徐队长俊镕负责率领，即晚宿营于高家地附近。

（八）骑炮营之骑兵连为大接济之前卫，并设右侧卫，掩护前进。

（九）飞机场设在商都，每日派飞机随本队出发。

（十）无线电台留商都一台，其余两台随本队跟进。

（十一）余十一月十四日前在商都总部出发后，在本队先头。

总司令　王英

传达法
口述笔记

注意:

1. 各部队侧卫互相连络。

2. 各部队须用本地人作向导,以防走错道路。

3. 到达宿营地,均须构筑工事,严密戒备,并将宿营地绘图呈报总部。

4. 侦探随本部参谋处前进。

5. 各旅、团各派传令兵四名随总部走,以免误事。

6. 步二旅,骑一、二旅各派官长一员、士兵十名,归南靖尘率领,编执法队,在本队后方维持军风纪。

7. 各部队大接济均同时在北门外空地集合。

达密凌苏龙总管住宅旁之蒙古包

红格尔图被炸最烈之一碉堡

红格尔图教堂国军军官开军事会议时为敌机炸毁一角

红格尔图之役造成奇迹之木匠齐心〔思〕宽

红格尔图被炸最惨之民房

敌机置下未炸之炸弹

大者重一百二十磅　小者重二十磅

参谋长告余，此外尚有电报密码、无线电二台，及其他计划等物甚多。众复详询作战经过、伪军情况，经一一详告，兴奋之余，不禁叹息我同胞竟有如此多人丧心病狂，甘于为虎作伥者！二时五十分离本红，一时高兴，车中讲故事，唱歌，至近平地泉始止。入城直抵寓所，稍息，骑兵司令部与彭师长派员来接，径赴集景春晚餐，席间宾主畅谈国事及绥远各地战况，尽欢而散。途中顺便赴十三军辞行，汤军长亲出迎，入室甫坐，汤即告："不久之后，当有好消息，传到诸君耳中。余拟今夜赴绥，不克送诸君到站，歉甚！"众不便多问，略谈即辞出。返寓正聚谈间，汤军长派郭秘书来，坚欲送行，诚恳亲切，余等十分感激。十二时四十分赴站，车尚未到，郭秘书与二青年军官携大批礼物来，告为汤军长所馈赠，众皆异常不安，谓承汤军长如此高情，余等实愧无助于前线将士之处！车行时，大家互道珍重，犹不尽依恋之意。

廿五年，十二，十六。完

《西北论衡》（月刊）

西安西北论衡社

1937 年 5 卷 1 期

（陈静　整理）

伤兵医院里

——绥远印象之二

李冰　撰

经过了一日的奔波，妇孺前线慰劳团来到归绥了。顾名思义，我们此来之意义也就很显然，当然，第一件工作是到伤兵医院慰劳伤兵。在事先，我们已然探知了这儿病院的情形：这里有伤兵医院三处，有伤兵二百多人。

我们决定到附近的两个医院去。

医院是一个中学校改设的，门口的木牌上写着"全国青年会基督教服务部"几个字，由两个军士模样的人，将我们引入接待室，这儿也是士兵们的娱乐室，有象棋和各色的画报杂志，这些都是青年会的服务人员给兵士们预备下的。

我们被引进一间病室，室壁的两侧，是一式的木板床，约二十多张，屋子的中央的桌上，正开着留声机，看见我们进去，白衣的护士将留声机停住了，士兵们有的躺着，有的靠着，灰色的被褥盖着身体上，虽然看不见他们的伤势，惨淡的容貌正象征着身体的苦痛，他们以惊奇的眼光望着这陌生的一群，及至明了来意之后，笑容在他们脸上展开了。

"弟兄们，我们今天到这里来，看见了前方抗战的将士非常的高兴，"我们的代表致辞了，"弟兄们，我们忍辱受耻已经五年了，这五年里，我们的同胞受荼毒，我们的人民颠沛流离，这痛苦，我们是不能再忍受下去了……我们最后的一滴血也要为着民族，为着国家。"她的眼里有泪光，两个兵士已经忍不住，泪珠一颗颗的滚在被缘上。

我们开始分发慰劳品，除了每人分得一条毛巾而外，又分发了饼干。个别的谈话，使我们感到兴奋，在他们叙说当日前线冲锋的时候，脸上洋溢着光辉，若有无限荣光，他们全然忘了身体的痛苦，在泪光里闪着愉快的笑。

"诸位先生，我有几句话要说，"一个兵士自动地站下床来，"非常的感谢诸位，老远地跑来慰劳我们，我们现在是受了伤，军人的本分是保护国家，这一点又算得什么呢？伤好我们还要开到前线去，希望你们把我们的消息带到后方。"

在掌声中，我们唱了一个慰劳歌。

"你们真为着我们老百姓，为着千万的妇女儿童，受了这名誉的伤，躺在这病院的床上……"

声音又是这么颤动地继续下去：

"听呀，飞机还在不断地扔炸弹，大炮还在隆隆的响，我们拼着最后的一滴血，守住我们的家乡。"

歌声终了，大家都低垂了头，有人拿手裰擦眼泪。

接着走过了长官的个别病房和重伤兵士的病房，被痛苦的呻吟声窒息着，我们不能久留了。他们有的断了手臂和腿，多是被炸弹炸的，怕要终身残废了，不禁黯然。

另外一个病院是次日去的，多是王英部下反正的兵士，我们进去的时候，他们都席地而坐，身上插着一朵布制红色的花，听说他们观剧回来，每人留下这个标帜。

走进屋里，空气是愉快的，他们的伤已快好了，在笑着谈着，看见我们进去，点头招呼，我们各别的找到谈话的对象，探问反正的经过。据说在发动反正的时候，他们打死某国特务机关人员四五十人，缴敌人枪械时，受了他们的反抗，弟兄们受伤的不少。他们的反正，事先是有计划的，士兵的心都倾向着祖国，不过某国人监视很严，他们就只好忍耐着，预备骗得某国的机械再回头来打×人。于是趁了收复百灵庙的机会，六团人都反正了，王英只带了百人逃走。

在这间屋子的一端，有一块黑板写满了字。听说那是一些伤好出院士兵的留言，好奇心的冲动，使我们都跑了过去观看，其中有这么一段话："我军人得明白我疆土被何人侵占了，自××占了我国几省，使我们同胞痛哭流泪，饿不得食，寒不得衣，田地不得耕，非我军人救国，还有何人。"在这里，显示着士兵已充分认识一个抗×战争的必要了。

我们的慰劳歌，获得了广泛的欢迎，在道着再见的时候，我们退出病室，"过年在多伦见呵，战士们"，我心中在想。

《通俗文化》（半月刊）

上海通俗文化社

1937 年 5 卷 3 期

（李红权　整理）

百灵庙巡礼

白虹　撰

（绥远通讯）新绥长途中的重镇，要算百灵庙为第一了。在没有动身长征之前，关于百灵庙，就听到多少历史上的传说，什么康熙爷的营盘，九龙口斩龙脉等等。在归化就想这地方想来总不是一个平凡镇了。一上汽车就希望能早点到达百灵庙。越过了蜈蚣坝、大青山，所谓不教胡马度阴山而任其驰驱之山北原野，今日已是阡陌成列，膏腴农村，这已出我们平日的臆想之外了。

汽车尽了一天半的怒驰，越过了几个小岗阜，百灵庙的白塔便远远在望了。车站在庙东的山麓高坪上，左右都是山西商人所开的小店铺，共有三十多家。本来蒙古风俗，不论王公贝子、旗民庶丁，除了少数汉化的而外，都是不住店屋的，内地人要想建屋经商，必须得盟旗王公许可。百灵庙东高坪上之三十余家商人，请求达尔汗王许可后，始行建筑，建成此数十座店屋，不过有个条件，即十年后，则屋地完全归为庙有，以后必须缴纳房租。所以在蒙古经商的内地商人是没有恒产的，蒙古人住所以毡作包，所谓蒙古包，支架迁徙在适应他们的生活上是比较便利的多。惟有供奉佛神，［列］建筑殿屋称之曰"召"，即我们所谓"庙"或"寺"。

百灵庙实名"贝勒庙"，俗同音异译称曰"百灵庙"或"白灵庙"。系内蒙古乌兰察布盟喀尔喀右翼旗扎萨克达尔汗贝勒所建筑。喀尔喀扎萨克原爵郡王，清康熙朝隆封为贝勒，土人称之为贝勒王，故庙亦以贝勒庙名。喀尔喀右翼全旗辖境，东西阔一百二十里，南北纵一百三十里，属绥远省之武川县，百灵庙适在全旗中部。其最初建筑系在清康熙朝，民国二年曾被绥远蔡都统兵一度焚毁，民国十六年始重新建筑恢复。红壁黄顶，白塔高耸，远望如一大城镇，在蒙古草地中实不易经见之建筑物。共有大殿四楹，平房一百余座，喇嘛三百余人。

庙侧有河，水浅而清冽，阔约丈余，俗名爱不干河，即《蒙古游牧记》上所谓爱布哈河。河滩甚广，蒙古地方自治政务委员会即以数十顶蒙古包设立于河西滩上。

庙的周围，全系丘陵环抱，据说百灵庙是九龙集会之地，所以也叫做"九龙口"。成吉思汗崛起漠北，西征经此，度其形势之佳，拟建都于此，后因嫌地狭，舍去而都和林。清康熙帝四〔西〕征准噶尔，两度大军经此，见其形势佳胜，遂建庙镇压，并将庙前正龙（一小山）截断，以破风水云云。庙西十余里，尚有康熙营盘遗迹。庙内偏殿，尚有一满装端坐之康熙像，则知百灵庙与此北方诸强，好大喜功之帝王，在其征藩扩土之军事上，有多少历史关系也。二百年后之德穆楚克东鲁普，岂不有闻于九龙五气之脉，而欲兴风作浪一过黄〔皇〕帝之瘾欤。

《边事研究》（月刊）

南京边事研究会

1937 年 5 卷 6 期

（朱宪　整理）

北上劳军的经过与感想

——三月廿二日在海关俱乐部讲

陈波儿女士　讲　高仕融　笔记

　　□□□□□□想不到有这么样的机会和诸位见面谈话，心里非常□□□□□□上的介绍，惭愧到极点了。我不过是一个电影的傀儡，在导演□□□下，做一切的动作，根本说不上艺术。我们赴绥的动机，极乎单纯：去年冬季上海援绥运动，达到空前的热烈，这是非常好的现象。刚才蔡先生说过，绥远战争还不过是局部的抵抗，怎样使它发展到全面抗战的更高阶段，民众的力量实为决定的因素。我们知道，爱国是非常光明正大的事情，中国人爱中国，更为现阶段御侮救亡的最低要求。所以在三个月以前，我们为着爱国的动机，组织了上海妇孺慰劳团，悄悄地踏上北航的轮船，当时知道的人，没有几个。船靠了天津码头，很奇怪，有许多素未觌面的妇女代表欢迎我们。到了北平，有更多的男女朋友来接我们，在北平等了几天，我们从来没有花钱吃过一顿饭，今天文化界请，明天教育界请。华北人民对于南方救亡运动是这样的兴奋！

　　我们第二天就去见秦市长与宋委员长，接洽赴绥的事情。因此，颇受一般人的指摘。对于这种误会，我们毫不介意，因为我们并不想讨好大人物，我们只是希望他们也爱国。我们希望上下一条心，为民族解放而奋斗。

　　从北平到绥远，坐的是宋哲元特备的专车。上车后，我们九个人的团体，一下变了三十九人，这是平津妇女各界参加的结果。在车上，我们准备更名为"平津沪妇孺慰劳团"，大家的意见很纷纭，莫衷一是。一位北平的女生站起说："我们是上前线去的，拿什么名义都可以，何必拘泥于地域的观念呢？"给它〔她〕这样一说，谁都不敢响，问题就这样的解决了。

　　到归绥，见了傅主席，他告诉我们说："过去绥远的士兵提起战争，痛恨得了不得。这一次，伤兵在病榻上，尚请求早日出院，再派到前线去。

　　"这一次是民气的战胜，并不是大炮机关枪的力量。譬如某次，前哨只有十个兵士，对面来了大批的敌军。他们商量怎样去击破敌人，前进是寡不敌众，后退是死路一条，结果他们决定前进。他们摸近敌人，用手溜〔榴〕弹冲锋，结果，居然把敌人赶跑了。诸位也许怀疑：'打胜仗为什么这样容易呢？'这是千真万确的事实。诸位都听见过'反正军'这个名词。敌军的内部是互相猜忌的。甲军恐怕乙军首先输诚，自己吃亏，乙军对于甲军同样的不放心。所以他们各自为谋，毫无斗志。这就是民气的战胜！我军十个人继续前进，跑到一个敌军的营房。里面的敌军已经有了戒备。跑在最先头的士兵，中了一枪，站不住，跪下去，敌人又开了第二枪，他头上鲜血直冒，快要躺下去了，就在这个生死的关头，他抓起手溜〔榴〕弹，朝那个屋子一摔，结束了那一所屋子和敌军的生命。我们是用这样的战斗精神占领了百灵庙，这难道不是民气的战胜吗？"

　　再举一个例子，武川县等乡村遭了敌人大军的袭击，村民拿起原始幼稚的武器，抵抗到底，每次敌军进犯，都不能得手。虽然有一位外国天主教士从中指挥，村民的勇敢与同仇，已经给予全面抗战的胜利一个有力的保证。

　　归途经过平地泉，和汤军长有一度的谈话。他说："中央去年已经有过旧历年前收复察北的决议，但是不幸西安事变发生，这个决议无形停顿下来，我们希望在不久的时候，事变可以和平解决，全国枪口一致对外。"我们起先不知道中央有这样的决议，现在既然知道了，我们毫无疑义的要竭力拥护这个决议。所以我们代表的答词是："我们希望长官及弟兄们到多伦去过清明节，今天我们在此相会，希望再见的时候，我们都在多伦。"现在清明快到了，我们希望国军赶快推进，实践他们的诺言。

　　我们和"反正军"的谈话，也有一述的价值。据说："反正军照例可以拿到一笔奖金，这一笔款子到现在还没有发下来，他们目前的生活很苦，希望有某种程度的改善。"当时我们听到这个消息，非常着急，如果我们不能保证士兵的生活，对于抗战的前途，只有坏的影响。

　　士兵对于政治的认识，一般地说还十分欠缺。我们的代表很恳切地对他们说："这一次的战争，并不是为了某个人的利益，而是为了民族的解放。"他们很直爽地答复："战争对于我们，没有大多关系。打了胜仗，我们还是一样当丘八，打了败仗，我们也照样当丘八。长官命令我们打，我们就打，长官不命令我们打，我们就不打。"可见前方的宣传，不但做得不够，而且做得不好。他们每月最多拿六块钱，除了伙食，顶多剩下一块钱。诸位，一块钱换一条命，这是什么话！

　　我们的工作，也许是诸位所乐闻的。我们在绥远演剧，唱歌，都有意想不到的收获。傅主席以下的军政长官，都是我们的观众，这证明了他们对于我们的行动确有相当的了解。在平地泉，我们演出《张家店》和《放下你的鞭子》，极受士兵的欢迎。《张家店》的故事是：一个日本军官跑到东北老百姓家里，需索食物，聪明的姐〔媳〕妇暗地放下毒药，把敌人毒死了。情节非常平凡，谈不上什么技巧。可是当××军官中毒仆地的时候，士兵非常感动，大喊其好！当中国老头子踢了日本人一脚，他们又大喊："杀死他！割下他的肉！"我们没有道具，没有光线，我们只凭着一股热气。

在百灵庙，连戏台都找不到，只好在沙场上露天公演。没有幕，我们自己人站了一排，演员就在后面化妆。我们敲锣开幕，现在回想起来，倒是有点像猴子戏。记得扮日本人的是一个小孩，真像一个日本人。他给大家一说，心里发慌，恐怕士兵感情太冲动，以假为真，开起枪来。同时大家一定要他干，辞又辞不掉。他弄得没有办法，跑去找参谋长，请他预先关照士兵们："戏台上的日本人是假的，不要开枪。"还好，这一本戏演到日本军官中毒仆地为止，所以没有出乱子。过去士兵所唱的军歌，都是文意古奥的中国古歌，有许多句子连我们都是莫名其妙的。我们教他们唱《义勇军进行曲》，他们虽然一时学不会，而苦练的精神，的确是给予我们以莫大的鼓励。

唱歌以后，我们参观他们的胜利品，里面有日本杂志和敌人的军马等等。过去，中国的军队是不抵抗的，现在居然得到敌军的军用品，这一次抗战的胜利，在中国史上，的确是应该大书特书的。

百灵庙士兵的生活是非常简陋的。他们屋子里面，只有一个炕，一个灶。一切家伙都堆在炕上。卫生根本不讲究。做出来的馒头，都带点黄澄澄的歆〔颜〕色。据说，他们一年到头，尽吃馒头和白开水。这一次的面还是敌军留下来的，比较好点。他们穿的只有一套军服，没有手套。他们那边，除了傅主席和其他军事长官有一种特制的手套——马蹄套——以外，一般的士兵平常都是赤着手，在冰天雪地里放枪的。他们希望我们多做马蹄套，送到前线去。

　　那边的天气，冷得要命。我自己穿了羊毛袜子、棉鞋、麂皮做的特别长靴、羊毛裤子、棉裤子、绒衣、丝棉袍、皮袍、皮大衣，还是有点受不了。我们的脸都冻裂了，我们的胃，受了剧寒，而有反刍的现象。有一次我发现别人睫毛都结了冰，觉得十分诧异，但人家告诉我说，我老早睫毛就冻了。

　　最后，补述一点探望伤兵的情形。我们第一次去看伤兵，心里非常高兴，带了许多慰劳品。谁知道彼此一见面，话都说不出来。我们的代表讲了几句话，眼泪掉下来了。我们想帮他说，结果更坏，只是陪着他哭。伤兵本来认定我们是很脆弱的一群，这一次我们居然不远万里来看他们，心里大受感动，眼泪也簌簌地掉下来了。后来，弄得没有办法，我们唱了一只歌，留下慰劳品就跑。回到我们的宿舍，大家下了最严格的批评与决心，第二次去探望伤兵，心里还是酸溜溜的，结果却比第一次强多了。

　　伤兵每月只拿六块钱的饷，我们虽然捐了不少的钱，他们一点也拿不到手。因为捐款是另外积蓄起来，预备充军需用的。我们顶好把钱寄到他们家里去，士兵的家庭观念非常重，如果他们没有后顾之忧，一旦冲锋陷阵，自然是勇气百倍，不顾一切啊！否则一枪在手，偶尔回念故家，往往会失掉扳机发弹的勇气呢！

　　从上海北上，我们没有带了多少的慰劳品，我们答应前线的士兵们在北平演戏筹款慰劳他们。回到北平，我们就积极筹备这一件事情。可是事情做起来，可没有说话那么方便。就是说，我们在前方做得太好了，影响太大了，使我们的敌人吓了一跳，因此北平的当局敦劝我们取消演戏的计画，即日返沪。当时我们的地位是进退两难的。为了演戏，失去自由，值得不值得？我们以为很值得。如果我们因演剧而被捕了，我们的影响，只有更扩大。我们在北平筹备演剧，耽误了一个月。结果在不妨碍外交的地方——北平燕京大学——演出了！

　　关于北平的救亡运动，诸位一定很关心的。当南京三中全会开会的期间，北平民众组织了庆祝和平大会。会场是中国大学。事先当局已经知道，在大学门口站了许多警察。许多群众冒充中国大学学生，一个一个混进去，在礼堂开起会来。给警察知道了，他们跑进来驱散，群众索性跑到院子里面开露天大会，警察仍以武力制止，有一位同学站起来说："我们今天这个会，应该由政府来领导的，现在地方当局竟然用武力来制止我们，这是非常痛心的一件事……"说到这里，他放声大哭，警察跑过去，把他按在地上乱打。群众大喊"中国人不打中国人"的口号，警察们颇受感动，才释放了这位爱国同志。这个时候，群众聚在大门口继续开会，警察竭力把他们轰散，他们改变方式整队游行，在街上绕了几个圈。诸位，我们在上海能够看到这样的现象吗？我们希望同诸位合作，大家起来救中国！

《关声》（月刊）

上海关声华人俱乐部

1937 年 5 卷 9 期

（李红权　整理）

兴和之行

——绥东通讯

本刊特约记者小方　撰

绥东的战线北起红格尔图，南到兴和县城，展延二百余里，包括陶林、集宁、丰镇、兴和等四县的地方，其中以陶林及兴和为最前方，集宁、丰镇则居后方的地位。

我自红格尔图返集宁后，留数日即赴兴和，以便把绥东的两处军事重地，作一个系统的考察。

十二月十七日上午，借着骑兵第七师师长门炳岳中将回隆盛庄防地之便，笔者乃随往，同行者尚有中央社王华灼君及《大公报》长口君。我们一齐上了大汽车，于十时左右离开集宁。

到兴和去的路有两条，一条是经玫瑰营子直达兴和，只有一百五十里左右；另一条路则是绕道隆盛庄，行程比较远得多。我们这次去，是取道后者，这一半是因借着车子方便的关系。

出集宁县城，往南行三十五里，至老平地泉，七十里至苏木海子，这是一片周围一百里长的小内海，现在已经结成了坚固的冰。海子的沿岸满长着牧草，矗立在南面背上的，是一带起伏的雪山，此外，更衬上那些成百的牧群，这幅塞北风光的画景，使我们这些"到前线去"的人感到无限的怅意。穷困的牧民，生活在这荒原的一角，又哪知世界是这样的纷乱，又哪预料到自己的跟前会摆着"邻人"的侵略？

　　当天的气候还不算坏，这一百一十里的征途，倒并未感觉什么特别的寒冷，门师长又是位健谈的先生，大家说笑着就到隆盛庄了。

　　隆盛庄是绥远省著名的大镇之一，位置恰当丰镇、集宁、兴和三县之间，成为一个三角形的中点，所以这里的"隆盛"自是"理所当然"了。我们下车，到师部里休息。在师长的屋里，墙壁上钉着一幅十尺见方的军用地图，参谋长孟绍周先生正在图上指画着各种各样的标记。

　　下午三时，就在师部里吃过了晚饭，门师长同我们乘马到城外去玩，并且参观工事，当满头大汗而归时，彼此都互赞马术之精勇。门师长说："你们都是武装的新闻记者啊！"是的，不只是新闻记者，中国的全民众都应该武装起来！

　　晚间我们又分别拜访驻军旅长杨维垣君及团长李在溪君，他们自从夏季就驻防在这里，城外的坚固工事，都是他们的弟兄建筑的，据云，绥远全省的国防工事建筑费，现在已经用了七百万元，那么绥远的准备如何，我们也就可想而知了。李团长用他那稳重而迟缓的口吻讲述他已往在内战中的经历与目前对于抗敌的决心。他已是五十多岁的人了，作军人已有三十多年，"若不是这次打××，我就想告老回家了"，他笑迷迷的说。

　　十八日晨，吃过了早饭，即乘车出发，往东北行，经过了几道难行的土沟，汽车一上一下的确乎很费劲。这里的地势，也有点奇特，深厚的黄土层，常常是陷裂开一道道的长沟，深度、宽度都有三四丈左右，好像是天然造成了的大外壕。昨天我们到隆盛庄是由苏木海子的西岸经过，今天则沿着它的东南边走，一路上的村落，比较去红格尔图的那条路上，要密得多了，尤其令人感到兴趣的，是可以见到不少的树木，我在绥东前线上已经跑了半个月，树木一项，是很难得见到的。

从晓日中出发，行二小时到距离隆盛庄四十里之三水岭，这段路虽说只有四十里，然而走来足有六十里之远。我们在这里下车，进入驻军团部里少息，并与各下级官长会晤。又听到兴和方面的消息，有伪匪军两团，自南壕堑向我们这方向移动，并且另有代表在兴和与县长及驻军接洽投诚的事情，大家感觉非常的兴奋。

十一时，我们继续西行，阳光在旷野中发挥着它的美丽，把雪地映照得分外的耀目，经过了每一个村庄时，老少的村民都跑出来看，沿路上也不时的经过一些残破无人的村落，这多半是那些农牧人民建造的，当他选择了一个地点经营简单的农业与放牧时，就建起几座临时的房屋，而集合成一个小小的村落，可是一旦遇着灾害或其他的意外，即又移住他处，原有的村落房舍也就放弃在荒野间了。所以在参谋本部所制的绥东地图中，往往发现许多村名，但实际上并找不到这些地方，即或有之，也是一点残破的遗迹而已。再者，这些迁移了的村落，有时他们只迁离百数十里而还把这"新村"沿用旧名，那么如果依着旧地图，往往会发生严重的差错，所以希望负有军事重责者，要对地图加以测校与修正。

到兴和县已是下午一点，县长孟文仲君及驻军团长高朝栋君都在城外欢迎。县城是土建，面积很广，地形中部高四周低，我们一路步行到城中的县政府，在街头看到各色各样的标语，除了一般鼓励民众参加抗战的词句之外，最引起我注意的是有一条写着"反对×军在青岛的暴行"。像我们这些从"内地"来的人，已经好久未看到这样"大胆"、"越轨"的文字了。我当时不由得把这句标语痛快的读了一声。孟县长好像是懂得我的意思了，他接着对我说："我们这里，抗×是公开的。"言下颇有洋洋得意之慨。

孟县长本是个军人，自从绥东多事，才调任代理兴和县长之职。他来到这里四个月的时间，大半的光阴均用在武装民众与保卫国土的工作上。这里的民众武装组织主要的有两部，第一是保卫团，第二是义勇队，他们参加抗战的工作，完全是义务，并且是自告奋勇的，甚至连枪马还都是自备。他们的勇敢与战斗力，比起正规军队，有过之无不及。因为他们对敌人多采取游击战术，担任最前方的工作，行动灵敏，不易遭到大的牺牲。他们都是本地的老百姓，对保全自己的身家财产之要求最切，故对于守土的热情也表现得最强烈。

在两三天以前，这里的情况还是非常吃紧，盘据在南壕堑的伪匪曾以二十几辆汽车载匪军二百余名，把兴和边境的一个村庄包围起来。当时这村里只有二十几名保卫团防守，由一个队副率领着奋勇应战。这个勇敢的队副躲在一个草堆里，稳守稳抗，匪军冲到村前二十余次，均死伤很重，未能冲进，后来匪军用燃烧弹把那堆草引起火来，这个队副就牺牲于火焰之中。正在千钧一发之际，另一部分保卫团来援，也只有二十余人，居然把伪匪打败，保全了这座村落，同时还截获了一架汽车，匪方并且有一个"某国人"也阵亡。此外另有一个"某国人"，就是这部汽车的机师，当时乘乱逃脱，在逃亡的路上他向一个老百姓打听回南壕堑的路途，这个有趣的老百姓假装好人，就把他带到我们的阵地里来，结果成了俘虏，这件事一时成了美谈。县长训练保卫团的战略，是叫他们要作到三个信条：游击、扰乱、占便宜；不叫他们打硬仗，以免牺牲。但是这些保卫团，他们的情绪太高涨了，因为他们的武装很简单，组织也不如正规军之严密，所以往往二三十人就自动打入匪军阵地，在后方的人还在为他们提心吊胆之际，他们又常会获到或大或小的胜利而返。县长总劝他们不可这样的冒险乱干，但还是无效。

站到县城的东山坡上，往东可以望见高峻的大青山（与绥北的大青山同名），距离总在十里左右，当中隔着一带低洼的谷地，现出大好河山之格外的壮丽，东北望，则是一条通南壕堑的大道，自高临下，看去是非常的遥远。军民联合的群众还在山坡上努力作着未完成的工作，有三两处"伪装阵地"上，徘徊着孤寂的哨兵，除去那些铁镐铁锹的声响之外，可以说是万籁无声了。

两点钟时，接到前方的报告，说有敌机数架飞南壕堑西南方侦察，大概正是侦察他们那两团不辞而别的"叛部"。这部伪军正往兴和方面移动着来投诚，我们听到了这个情报，觉得有点放心了，知道投诚的队伍已有某种程度的真诚性，及至饭后又接到情报，说是敌机二次飞来多架，并向反正部队掷炸弹十余枚，于是投诚的真确性就完全证实了。近来，伪匪军的反正运动，如火如荼的开展着，表示我们中华民族是亡不了的。我觉得作汉奸的人，有许多是由于气愤、逼迫，或在本国找不到出路，才不得已而为之的，否则，既生而为中国人，谁又不愿意为祖国效劳呢？中国的出路，只有打上前去，打到多伦，打到承德，直进到东三省去！我们对于这个伟大的民族解放战争，抱着绝对胜利的把握，因为在失去了的国土上，还住着我们的同胞，他们将举起了枪，在热烈的迎接我们，要收复失地，并不是难事。

孟县长还告诉我们一个故事，说邻接兴和的边界上，有一个村庄（恕我忘记了村名），本归张北县管辖，这个村的村长，是位高年的绅士，他前几天到兴和县来，代表全村的老百姓要求把他们这一村归并在兴和县，从此脱离汉奸的统治，与兴和县的民众联合起来，一致参加抗战工作。收复失地的伟业，固然需要强大的武力为前锋，但是也不能忽略了在"失地"上的同胞之自决运动。

我们并未在兴和久留，当晚又赶回隆盛庄，在晚饭的时候，大家谈起个人的经历，谈起近年来中国军队的进步，我说："从前都说好人不当兵，这句话实在应该打倒！"席间一位团长接着说："是的，而且现在当兵的还非是好人不行。"这句下文，实在说得非常中肯，我们希望将来能够如此。

十九日，乘车返集宁，在归途中，又由岔路到红帽营子去视察一下。这地方在一个宽广的山谷里，只有一家张姓的住户，附近一带的土地都是他独家所有，全村的老百姓都是他的佃农或仆役，主人是弟兄三位，山西人，在绥东经营垦荒的事业，发了很大的财，所以被本地人称呼为张老财。

绥东的政治、经济情形，有个特点，即"老财制度"与"教堂统治"，除了那些蒙汉民众的简单的垦荒集团之外，差不多所余下的村庄都是为老财或教堂所有。教堂即是天主教堂，他们经营绥东以至于整个的塞北，已有五十年的历史，我们时常可以在荒野的旅行中望见在原始状态下的破落村庄里，突出了都市化的教堂建筑，往往一个天主教的村落，土地房屋有百分之九十九为教

绥东形势略图

堂所有，而老百姓亦必是十九均为"教民"。，大地主式的教堂，不只握有了经济的特权，而且还统治了民众的思想。举几个天主教的村子，如老平地泉、玫瑰营子、哈那沟、红格尔图……等，这都是与目前的战争有关系的地方。

在红帽营子，我们并未久留，因为时间的关系，又匆忙的转回集宁了。

一月五日于集宁

《世界知识》（半月刊）

上海世界知识社

1937 年 5 卷 9 期

（朱宪　整理）

绥北前线印象记

涤清　撰

收复百灵庙的消息传出之后，举国腾欢，募捐啊，宣传啊，慰劳啊，处处表现出人民同声称庆！由百灵庙驱走敌人的时候，也正是我们几个伙伴由平市赶到绥远省垣的时候，忽然听到这样的消息，我们恨不得背上生出双翅，飞赴战场，看看我们中华的铁血男儿，如何以热血洗荡着被玷污了的土地，如何在炮火之下争取我们的自由解放。

一日晨，我们一行十五人，由绥远省垣乘车出发，十时过蜈蚣坝顶点，山路险峻曲折，朔风怒号，在北国的特殊风光里，每个人都感到新的刺激，新的活力，战场上冲锋陷阵的况味似已呈在目前。

一时过武川，杨维兴县长的热诚，孙兰峰旅长对于自家人的爱护，真使我们感动得几乎要落泪了。他们自己早把生死置之度外，不顾一切牺牲，不到〔过〕对我们这一伙孩子反特别爱惜，力劝我们不要到前线去，冒生命的危险；但是我们坚决的要继续前进，不怕危险，也不惜牺牲。

二时随军西进，凛冽的朔风刺穿了人们的衣襟，更深深的透过衣襟而刺入骨髓。走了许久，问车夫离庙还有多远，他的回答是："才走了四分之一。"看看左右前后，全是一片荒凉的广漠平原，很少有村庄。那时风又猛车又快，更加雪片纷飞，个个人不得不低下头去静待着时光慢慢的一分一刻的度过，同时也不能不连想到前方那些为民族牺牲的英勇的战士。

到达百灵庙时，已是晚上八点钟光景，在迷茫的夜色里，远处看不到什么，只在灯光射到的地方，看见许多炮火的痕迹，并衬着许多血迹，尤其是在雪花飞舞的场合，那些残迹给我们的印象，的确是太刺目太深刻了。

在武川县城中，虽然见过孙旅长，可是并没有得到多少谈话的机会。关于前方的情形，以及克复百灵庙的经过，大家都急欲知道，故在稍事休息之后，即作正式的拜访。当时孙旅长及这次冲锋陷阵的刘团长因军事吃紧，忙于布置，故由参谋长袁庆荣先生出来接见。袁参谋长见了我们，满脸微笑，似乎是分手多年的弟兄，偶而在患难中遇到的一样，特别亲热。袁参谋长便坦白的向我们讲：

> 我们上月二十一号得到命令，弟兄们当天晚上由武川出发，走了一夜一天，才到三分子（武川与百灵庙中间的一个堡子）。照平常应该让弟兄们休息一下，但是情势不允许这样，同时弟兄们也太兴奋了，不仅没有疲倦的神色，而且气焰万丈。二十三日夜间，我们以整个的部队作一百几十里冒险的远袭，自从深夜十二时接触，战到天明，六次猛烈的冲锋，尚未攻陷敌人阵地，而弟兄们的愤恨更是有加无已。并且在出发时，我们已立誓："拿不下百灵庙，全军不还！"所以敌人炮火虽烈，终究当不起第七次的冲锋。

对于战争经过简略的报告之后，袁参谋长正式发表意见说：

> 绥远当局最基本的态度是抗敌救国，我们全体将士的要求也是抗敌救国，我们以为海可枯，石可烂，然而在抗敌救国的最高原则之下，基本的态度是始终不能改变的！只要有我们的士卒在，决不会让敌人讨便宜，我们早已决定，即只剩一兵一

卒，亦不能丧失寸土尺地。敌人从此不来侵犯，可以说是他们的幸福，倘使再来侵犯我们的地界，那真是自找灭亡！

现在大家都明白了只有对外抗战，才能图谋生存，只有打倒敌人，才能有我们的生路。因此我们愿以热血洒在敌人面前，换回已失去的疆土，我们愿以最大的牺牲洗清过去的奇耻大辱，我们不怕今天和诸友在此分手，但愿他日东望三岛，痛饮长白山头。

高级长官的态度见解是这样，那么再看看一般的士气又怎么样呢！听了袁参谋长的谈话，又向许多士兵调查的结果，知道二十三日晚上冲锋时，各连都争先恐后的自告奋勇，要和敌人拼一下，在冲锋的阵线上，一批一批的弟兄在敌人的炮火中消灭了，但是敌人所能消灭的只是一部分铁血男儿的生命，却不能消灭全军的士气，前列的弟兄虽然中弹倒地，但后继的壮士踏着血尸前进，终究使敌人丧失了魂魄。弟兄们在阵前受了伤，军部要送他们回后防〔方〕病院休养，谁知竟有好多弟兄出人意料之外的不肯回去，问他们为什么缘故，都说是"害怕回去不好再到前线来"。

更使我们兴奋的是弟兄们一致的喊出一个口号："我们不要饷，我们只要杀敌！"

把过去内战中士兵常有自行伤毁身体图谋回到后方病院的事实，与现在的情形相比，再听听士兵所喊的口号和高级长官所抱的决心，谁能不能为我们中华民族的前途高呼"万岁"呢？

在这次战争里，我们得了很好的教训。就是使每一个中国人对于敌人所用的毒辣手段，以及敌人的阴谋诡计，都有进一步的了解，进一步的认识。比如一部伪军在重重包围中无路可逃的时候，有些蒙古同胞仍然要顽强的抵抗，并且大声喊着："不投降，不投降，不做你们的亡国奴！"由这里，知道敌人是怎样欺骗我们的同胞，驱使他们回来惨杀自己的弟兄，以满足他们侵略的野心。

敌人不只是欺骗一般老百姓，而且在百灵庙还有特别为蒙古青年设立的学校，提出民族问题，从事挑拨离间。据熟悉蒙地情形的朋友讲，近一年来，受了敌人的挑拨，在一般年青的蒙古同胞中间，形成了一种观念，那就是要借敌人的势力，先建立自己的势力与地位，然后再谈扫除外寇。一般年青的蒙古同胞不问他们的观念能不能变为现实，不问与整个民族的利害如何，只是不顾一切，愿作一次冒险的尝试。试问聪明的敌人能不能许蒙古同胞们养成自己的势力，来驱逐他们呢？试问蒙古同胞在敌人指挥之下作冒险的尝试，是不是首先要为敌人实行"以华制华"的政策呢？在此种情形之下，倘使我们不及早收复失地，那真是故意让受欺骗的同胞增多，等待自己的国家毁灭！

另一方面，我们还有更应该注意的地方，就是在伪匪被包围的时候，其中曾有许多人大声喊着："饶命饶命！我们是中国人！""中国人不杀中国人！"（这话是一个士兵告诉我们的）这事实告诉我们，伪军中的同胞，不全是丧心病狂，他们只不过是受了敌人的压迫，暂时不得不在伪匪营中讨生活而已。据我们亲身所看到的几个被俘虏回来的弟兄讲：他们对敌人实在痛恨万分了，但是在平时只能忍耐，勉强替人效劳。由这点，我们又知道只有抗战才能给自己的同胞一个机会，使他们解脱重围，只有抗战才能使伪军中的同胞，可以立即掉过枪口，对准最大的敌人射击。只要看看王英部下纷纷反正的事实，就知道这个推断是千真万确的。

被俘虏回来的同胞，在我们这方面极受优待，愿意为国家效劳的，就请他们留在营里，愿意回家的，每人送给大饼十个、国币三元。因为这样，所以被俘虏的同胞都感觉到不论在什么时期，还是自家人可爱，并且有许多人都愿意留在军中，而不愿再回到热、察的家乡，再受敌人的欺侮。

在百灵庙看到各种情形，我们非常兴奋，同时也非常欣慰。不过有一点我们的确有点担心，以百灵庙那样重要的地方，防御的力量是那样薄弱，防空只有消极的躲避，倘使再遇吃紧时期，危险的确是很大的。

我们回到武川，曾进谒曾副军长一次。最初在归绥听到收复百灵庙的消息，我曾经两晚欢喜的不能入睡，等到一听了曾副军长的话，明白了一切布置及将来的动向之后，禁不住又要为大青山下晋绥军阵亡烈士的忠魂痛哭，为绥远的父老同胞垂泪，为整个国家前途担忧。本来绥北向敌人进攻的时候，绥东也应该同时向敌人进攻，在东西夹攻之下，匪伪不难一鼓歼灭，察北的收复乃易如反掌。不幸我们自己还没有最大的决心，没有收复东北及察北的远大计画，所以在绥北向敌人进攻的时候，绥东按兵不动，以致不仅不能收东西应援之效，反而造成绥军在北路孤军抗战之势。绥远的战争在目前看来，只不过是淞沪及长城战役的重演，在这样战争的前面，谁也看到前途的黑暗吧！

为了绥远的存亡，为了整个国家的存亡，我们要大声疾呼，请求政府早定收复失地的大计，请求全国同胞，努力支持这次争取民族生存的战争，我们不能再看着自己的力量在敌人"个别击破"的策略底下消灭，我们是中国人，我们要作自由的中国人！

北平清华大学

《世界知识》（半月刊）

上海世界知识社

1937 年 5 卷 9 期

（朱宪　整理）

绥游片断

植清　流金　撰

横过了大青山

"在南方旅行，可以增加一个人的智慧；在北方旅行，可以增加一个人的气魄。"这看来似乎很平常的两句话，假如你没有过南北旅行的经验，你永远不会了解。

微雪后的大青山头，太阳光从浓重的山雾之下饰大地以金黄的衣衫，在山石上曲折成波。半山之间，有一个老人坐在千仞之高的岩石上，看守觅食于石隙中的羊群，手执羊鞭，翘首天外，那种悠然的神态，会使你生一种如何的感念？

当汽车在斜坡上行驶，你可毫无惊惧，待下坡时，偶一回首，你便会觉得自己已把性命作过一次"孤注一掷"了。

出入山中，你眼前的景物，变幻万千。一会儿是千仞悬崖，崖上点缀着几棵枯树；一会儿是万丈枯涧，涧底卧着大小的山石；一会儿豁然开朗，漠原上四五人家；一会儿群山排列，云海苍茫，无处不雄奇，无处不浑朴。只要你把眼睛张开，你狭窄的心，登时会汪洋如巨浸；你烦腻的情怀，会澄明如潭水。

当你置身于南方的山中，和你做朋友的，是幽峭的巉岩，涓细的泉流，山禽的和鸣，绿树叶的微语……而置身于大青山中，则所见的是方石、老树、枯泉、羊鸣……会使你想象豪爽、率直、粗而不野、憨而不痴的北方人的面影。

车在山中行时，我们常彼此以手击臂膀，把自己所见的奇景，互相传诉，似不忍"好景独赏"。"嗨！你看"，这样短促的自然的呼唤，常会惊动其他同车的朋友，使他们也依我们之所向而转动着头颅。

大青山一过，便是一望无际的草原了，武川县紧靠着山陂，作为归绥的第一道门户，在百灵庙没有收复以前，有重兵驻守。作为山城的武川，居民多从事于畜牧，地苦寒，农产缺乏，粮食仰给于山南（指大青山而言），全由归绥转运而来，物价甚高，南人居处是间，常常感到生活之不易维持。我们此行，省府早有电话通知该县，故车近县城，即见招待人已鹄候于城畔了。

武川在军事上的地位，颇为重要，其他各方面，则毫无可言。论街市的整洁、繁荣，和南方的一个普通小镇，也难与齐比。

出乎意外的事，是武川的美味，可并平、津。我们都惊奇于这个小地方，能有那样善于调羹的技师。

从武川望北走，不见山了。大草原上，有成群的牛、羊、驼、马，看骏马奔驰于旷原之上，会连带想起蒙古人西征时代的英姿！

万山环抱中的一个古刹

从车中望见群山之中，有比栉的人家，那时太阳还没有下山，晴朗的空际，蓝天和白屋，看来分外的鲜明。

"百灵庙到了吧？"我们相互问讯了。

汽车的速度，渐渐慢下来，迎面跑来数名荷枪的戍卒，问明我们来意之后，他们领着我们走另外一条入山的大道。为的是我们先走的那条路上，筑了许多防御工事。

"地雷危险哪!"我们从车上发现了地下所埋的地雷露在外面的"柄子"。

沿山头,张着电网,电网外,有很深的战壕,电网里边,则为已构筑的避飞机轰炸的工程。据弟兄们说,××用一万人攻百灵庙,我们只须守以三千。

去夏以来,由归绥至百灵庙之路被阻,一般关心边防的人,欲来此而未能者,不知道有多少?我们这回蒙绥远省政府用四辆汽车载着,来到这个全国人梦魂所系的边疆,心头的愉快,绝不是随便几笔,所能描画。

把几个山头一过,便上了到庙中的大道。庙东南为孙兰峰军队驻地。夕阳西下,暮烟笼罩了的营垒之间,时有号角声,划破向晚的澄净的天宇。当我们的车子过时,看弟兄们都立在门外,于是我们招之以手,对他们表示:"我们是来慰劳你们的呀!"

白色的墙壁上,有无数的大小的破洞,庙门半用石块堵塞了。衢巷之间,沙包叠起如山丘,庙中的楼阁栋梁,自在歪斜。这一切的残破与零乱,象征着战后的仓皇。我们默默地随着迎迓的人走向住宿之所,心里为战后的蒙民作来日"归田"的打算。

从小门进去,左右两旁,有两个蒙古包,包后便是一所房屋,为前××特务机关长所居之所。据弟兄们言,他不是跑得早,性命难逃。

百灵庙处万山之中,为高原中之胜地,"清康熙帝平定外蒙及新疆天山北路,曾驻兵于此,建喇嘛庙,赐额鸿鳌寺,俗名贝勒庙,音转为百灵庙。……其地周围丘陵起伏,凡九座,俨如城郭,百灵河(笔者按:即哈尔红河)流贯其间,河东为市街,即汉蒙贸易之所,河西为喇嘛寺,建筑宏壮,寺侧有蒙古包数十座,即前蒙古地方自治政务委员会办公处,合政治、宗教、商业三种功用于一地……"(见《地理教育》二卷一期张其昀《绥远省之军事地理》)。

初宿之夕

清幽的塞月，午夜从窗口窥探这些远来客的寒温，挂在破碎的檐下，迟迟而不忍去。这时候，除在外边夜戍的弟兄，徘徊于严冷的冬夜之中外，谁都卷缩了肌体，让毡裘与深冬的奇寒角战。

四五个人挤在一床旧被絮上，彼此交换着体内的温暖。南方人，谁有过这种寒冷的经验，躺在一床大被与重裘之下，而冷不能自支呢？假如有人要我给他一个百灵庙的图绘，第一件事当忘不了这初夜寒冷的攻袭。

因为车子的颠簸，已有相当的疲倦，故不到九钟点就睡了。天知道，我们睡了多少时候？谁不绝尽心计，使自己不要为严寒所侵。

当重寒难耐之时，想到温暖的可贵，不禁念及那些忍冻的战士，待哺的流民。寒冷时，我们切求着温暖；同样，饥饿的人，他们也需要麦饭。

第二天早晨起来，每个人的面容，都憔悴几许了。

"这真是有生以来，没有受过的寒冷！"这句话在我们口中，至少嚼过二十遍。

袁参谋长一席话——中国人不打中国人

二十四日清晨，我们用过了早餐。大家都很正经地坐着、站着，谛听一位年青军官，追述收复百灵庙的经过。其中详情，闻袁氏日后有专书发表，这里，只记其重要者数事。

我们知道，这次绥远当局，对战事化守为攻，在绥东击败伪匪军之后，就决定了，惟对于"取商都？取百灵庙？"军中还有着不同的意见。待决定攻百灵庙后，二十日国军即向前移动，二十二日集中于二口子等地，以迅雷不及掩耳手段，一晓晚工夫，把百灵庙攻下——这是二十四日的事。百灵庙之役，将士用命，作战勇敢，年来鲜见！尤其是统帅的沉着坚毅的精神，使人闻之，肃然起敬。

袁参谋长还告诉我们，这次绥战胜利，在军事上固然有其力量，然大部仍收效于政治的力量。当战争开始，我们即提出中国人不打中国人的口号，使敌人无法施展其用中国人打中国人的毒辣政策。"见故国之旗鼓，谁不感生平于畴昔"呢？

我国边鄙，地薄民穷，人民生活难困，不挺而走险，恃劫掠以图温饱，便饿死于道路，以填沟壑。加之政治黑暗，吏风窳败，把良善的老百姓，不断的逼上"梁山"。仓廪实，然后知礼节，现状如斯，怎能叫他们不为敌人所利用？这次绥远抗战，"中国人不打中国人"的口号，固已收效于一时，但根本的办法，还须从人民的生活上着想，使他们都能乐业安居，使不致再为敌人利诱，而乱自己的邦家。

在大庙前教会了弟兄们许多新的歌曲

在大殿前的广场里，和暖的阳光下，演完了《放下你的鞭子》一剧，卖艺老人的声音，仍袅袅在空中："联合起来！和压迫我们的人算总帐！……"我们的弟兄们握紧了拳头，热烈地跟着喊口号，在抗战的过程中，他们已了解到这口号具体的内容了。

"我们愿意教一个歌——《义勇军进行曲》。弟兄们，跟我们唱呵！"

歌声像一条河，滚滚流出来了。

"起来！不愿做奴隶的人们！

把我们的血肉，筑成我们新的长城！

……我们万众一心，冒着敌人的炮火，前进！前进！前进！进！"

由于对一种新事物的尝试，他们显然有点怯懦，可是，每一个字，每一个音里都充满了热的力！

为弟兄们学习的热诚所感动，我抽出纸片，用僵冷的手替他们写热诚的歌。

欣悦感激的眼光从前面射过来，要求的手从脑后伸过来："也跟我写一张呵！"我被包围在肉屏风里了，周遭的热力向我压过来；手仍是冻着僵着，可是周身因一种热的气流的通过而温暖起来。

我再给写一个别的吧——写一个"打回老家去"，写一个"时事打牙牌歌"。

"给我写那个，刚才你们唱的什么脚步和着脚步，臂膀挽着臂膀，我们的队伍是广大强壮！……"

"我教你唱吧，要你们全记住呢。"

"喂！什么歌儿都有了，打下百灵庙的歌你们编出了没有？"

我转过头来望那发问的兵士，他眼睛里放着矜夸的骄傲的光芒。攻下百灵庙是我们战士们最值得夸耀的一页历史，虽然只是千万个中的一个无名英雄，他却愿意把他最珍贵的经历放在人们的口边呢。

远远地军号声响了，是弟兄们应该去吃饭的时候，但他们不肯走，同声说着："不要紧，我们可去〔以〕晚点回去。"我很担忧，怕因我们而使他们犯了军规，我催促他们归去，我允许他们把歌儿写好以后寄来。他们纷纷地掏出了名片，"我的名字和地址都给了您了，给我寄来呵！百灵庙的歌编好了千万给我寄来！"

我含笑走回住所，从救亡歌曲里我得到站在一条战线上以血和肉来抗战的勇士做朋友了。

胡天的月夜

月亮实在太妩媚了。我们一行六七人，耐不住如斯的钩引。冒着寒风，踏行于空明的沙上。众山昏黄，哈尔红河在明月浸淫之下，更见其具有一种二十八岁的少妇的丰盛的美。

异乡的明月，常使人愁困。尤其是感情脆弱的年轻人，当羁身于旅途之上，会因之而动乡愁，现在去家何止万里？我们一点乡愁都没有。我们只会玄想胡笳，想在大漠上，一个人牧着羊群，踏月的情怀。

我念着"深闺莫道秋砧冷，夜夜寒光满铁衣"的诗句，我咀嚼古人吟此诗的味道。"夜夜寒光满铁衣"，不是吗？山头上，一个个黑的影子，不就是持枪夜成的士兵吗？

月夜，使我引起许多儿时的追忆。我片断的把那些故事告诉清。也许，日后当头白之年，我会与比我们后一代的人，共话此夕胡天的明月。

在百灵庙，夜晚出来，是不很方便的。万一你应不来他们的口令，便有生命的危险。故我们出门时，便请教了一位官长，他告诉我们只要应一声慰劳团，就可通行无阻。但当我们行进大庙，听到弟兄们严峻的呼问，大家都不敢前进了。

当踏月归来时，心上已深染了一层前所未有的色素。几声马嘶，更使人感到边塞正是"荒乱之秋"。

悲壮的别情

天还没有亮，我们就起来了，行见就要与此相处两日的古刹长别，未可毫无眷恋。我们凝眸注视白塔、炊烟、庙中的楼阁、四山的朝雾。

当汽车慢慢地移动时，我们向袁参谋长举手致敬。当"拥护袁参谋长抗✕"、"拥护爱国弟兄抗✕"、"中华民族解放万岁"的口号，从我们口中喊出来的时候，谁都对这位年轻军官，中国的未来抱着一种热烈的期望。

"打回老家去！"

"打回老家去！"

雄壮的歌声，不断地震荡于冬朝的旷原；弟兄们也正是朝起操练的时候，灰色的一队一队，步伐整齐而严肃。

"再会吧！百灵庙！"

"再会吧！百灵庙！"

大家临时编就的歌曲，也从口里流出来了。

车爬过山头，白色的庙宇渐渐地远了。回首北望，有无限惆怅！我们坐的是没有篷的载重车，冷风吹了，连睫毛、眉毛都冻结了。有一位朋友说："我们有热的心，不怕冻！"于是在笑谈之间，又复奔驰于草原上了。

我们愿旧地重游，当重来时，愿百灵庙烟火万家，不闻刁斗之声，不见军旅之盛。

《新中华》（半月刊）
上海新中华杂志社
1937 年 5 卷 9 期
（朱宪　整理）

由绥逃陕记

更生 撰

　　八月中旬，南口抗战正烈，绥远地处后防，全体民众，各尽所能，加紧工作，竭力接济前防。绥远各中小学校亦均暂行停课，学生分返家乡作宣传工作，教职员一部分往各县工作，一部分在绥远民众抗敌救国会内工作。空气紧张，大家一致的准备抗战，抱着在绥远与敌人作殊死战的决心，希冀保持绥远领土的完整！我原任国立绥远蒙旗师范学校国文教员，蒙旗师范停课后，即受派往救国会救护组内工作，每日赴各医院慰劳由前防抗战归来的伤兵，伤兵如欲发寄书信时，即代为书写。每日虽然忙碌异常，但是总觉得自己既不能持枪上前防杀敌，即应效劳于后防，这样的忙碌，是绝对应当的，时刻热烈的希望着我们的抗战得到最后的胜利！

　　九月十二日，敌人的足迹离绥远尚远，我们的军队却迅速的往后撤退，绥远省政府亦竟于是日通知各机关、各学校，一律退走！退走的忙乱情形，真是难以笔墨形容了！胜败固属兵家常事，败而后退，军队亦应在前线支撑，使后防从容退却，不应当不依次序，各自乱退。再者，敌人离绥境尚远，何用如此匆忙急速呢！？因为如此迅速的退却，以致我们的大批军需留弃于绥境者，为数甚多！说来诚令人伤心！

　　省政府既通知各机关、各学校一律退走，于是我即于十三日由绥垣乘汽车（那时长途汽车尚通行）返归原籍凉城（绥远东部之一县）。我的家，即在县城的北街。抵家，见住有许多兵士，说是刚由前线归来的，我的父母，此时正在给兵士们烧水做饭呢！与我相见之后，悲喜交集：喜的是与我见了面，畅叙别情，悲的是家中的财物，差不多连日快被退兵携带一空了！此时县城家家户户同住有前线上归来的兵士，和我家遭遇相同的事，很多很多，无可如何，只好忍气吞声罢了！

九月十七日，只以家中住的兵士，难以应付，于是弃了家院，与我的父母相随逃避于县城附近一小村中，我的外祖母的家中。村庄虽小，然而避居于此，尚觉幽静安然。

在外祖母家休息了两天，每思如此逃避，终非办法，于是又下了再出逃的主意，但每次整装动身，每次均被父母拦阻。父母的哭泣劝阻，真使我难以为情！进退维艰，苦闷万分！直至九月二十四日晚间，闻得敌人已将凉城占领，我才下了最后的决心，与我那老父老母忍痛诀别了！

此时敌人已深入全县各处，我化装成农人模样，步行逃走，所有行李等物，一点也不能携带了！连夜向西走了九十余里，到了和林县城。此刻和林县城敌人虽未进入，然而城内的居民已都坐卧不安了！由和林向西南走了一百四十余里，到了清水河县。清水河居民恐惶的情形，尤甚于和林，由清水河又向西南行了二百二十余里，到了山西省河曲县。此二百二十余里，纯系山路，崎岖不平，非常难行。从九月二十四日晚由村出逃，至十月一日抵河曲，徒步走了八天，共行了四百五十余里路，沿途村庄，被退兵骚扰不堪，村民多被抢劫，厥状甚惨。

河曲紧靠黄河，可以坐船。惟是船少人多，非常拥挤！绥远各机关各学校的人员，均先后由绥远、包头等处退集于此，等候坐船。还有许多的伤兵及军队的家眷，也在此处候着坐船，所以此时的河曲，不但雇船感着困难，就是在城内居住，也不易找着住处！到了十月四日，才雇到一只船，坐船者共有六十余人，船已朽破，水浪又大，一路饱受惊惧。船行五天，走了约六百余里的路，至八日午后，抵达山西碛口镇。在碛口登岸后，雇驴东行，行了五天，于十三日晚抵达山西省介休县。碛口到介休，原可通汽车，当时以军用繁忙，已无汽车可坐，所以旅客们只好徒步或骑着小驴行路了！

　　介休为同蒲铁路的一个小车站，在太原之南，距太原约二百余里。我原来打算到太原暂住，在介休闻得太原已是吃紧，临时遂改由介休南行的一条路了！

　　当时介休亦是人多车少，我在介休购妥车票，无车可坐，在站台上受了一夜的冷冻，至十四日午后始于万人拥挤中步入车内，车小人多，拥挤不堪，车内空气异常恶劣，呼吸每感困难。十六日早抵风陵渡，由风陵渡渡过黄河达潼关。午后四时由潼关购票上车，于当晚十时遂安抵西安了。

一九三七，十一，十，脱稿于西安

《西北论衡》（月刊）
西安西北论衡社
1937 年 5 卷 11、12 期
（陈静　整理）

从集宁到陶林

小方　撰

集宁的朋友再见

年末年初的这些日子，绥东平静，大家闲得要命。我本来早预备着回北平去了，但又忽然想到，为什么不借着这机会到绥北去一趟呢。检察一下箱子里的照相材料，看看还剩着二三百张未照的片子，我决定把它消耗在蒙古去。

我计画着越过集宁与陶林间的大青山，经乌蓝花、大庙、百灵庙等处，横穿一段所谓"后草地"地带。这路程所经过的地方，大部分是蒙、汉杂处，同时又是王英伪匪曾经陷落过的地方，自战争平定后，还没有新闻记者到那里去视察过被匪蹂躏过的惨状。其次，为着多了解一点目前最值得我们注意的所谓蒙古民众与绥远大局的关系。以上面两种意义而言，这也是很值得去冒一次辛苦的旅行。

汤恩伯军长听到我这个计画，他要派汽车送我，但是他不知道这段原始状态下的路程，是不适宜于现代化的交通工具的。我早已向王万龄师长借好了两匹骏马，并蒙他派一个卫兵同行。

一月六日的中午，一位热诚的青年朋友邱溪映君，帮助我安置了一切，目送我远远的走上征途。"再见吧，我一定给你们带回来丰富的新闻！"我这样望着邱君作默默的思想。

路过一个煤矿区

　　此行二十里，至马连滩，从老远就已望见两旁边的山坡上现出一块块的黑点，这一带地方出产煤炭，因为炭质里含有多量的硫磺，所以烧起来常发出一种强烈的气味，本地人因此名之为臭炭。开采臭炭全用土法，苦力们总是每三人凑成一个集团，到矿山主（亦即是地主）那里，交纳三块钱的税金，就可以由他的矿面上得到一块小小的地盘。他们三人开始工作是先从事掘井，继之以采炭。矿井是垂直的，并且也有一二百尺深，但是并没有机器、绞车的设备，下井的苦工，只是凭着在井壁上凿好了的梯槽，一蹬一蹬的往下走。井口的直径很小，只能容一个人的身体爬上爬下。所以用这方法作为"地狱"与"光明"间的交通媒介，还勉强可以办得通，不过，在这梯槽上经过的人，万一失足，亦是不堪设想的。

　　他们三人中，有两个人带着暗淡的油灯下到炭层上去工作，井口上面有一架"橹橹"，正和北方田庄里的水井一样。另一个留在上面的人，就掌管这架"橹橹"，把底下那两个人采下的炭，照着汲水一样地从井底用绳索绞上来。他们的工作决无时间的限制，他们有一辆"塞北式"的牛车，几时把这一车装载满了，也就算今天的工作完毕，接着再把这用性命换来的臭炭，运到集宁、陶林或其他的村镇去求售。每车臭炭，地主还得以神圣的所有权资格抽收二角钱税金。以集宁的市价而言，每车臭炭只能卖到一元有奇，那么这三个矿工的纯收入是可以估计得出了。他们的纯收入，除了自己的用度之外，还得供养一个牛的生活，又，这车炭运到市上去卖，是否能立即遇到买主，也完全没有把握，因之吃过了早饭，是不敢想到晚饭在哪里的。

　　井底下的情形，因为时间关系，未能亲自下去看看，但是我在从前的旅行中，下过好多次煤矿，那些矿还都是有机器化的设备，工人的工作情形已是我们所想像不到的那样苦了。自然，这种土窑里的环境当是更加困难与危险。

作这种"采矿事业"的人，有一部分是亡命者，有一部分是除此以外，再也找不到另外的生路之人。这个世界简直不允许他们生存在光明中。我想，他们总会得到解放的吧。我这样企望着，我确信这不是幻想，因为有千百万的人，正为着人类的光明在工作，在努力，在斗争。奴隶们也要享受"人类的生活"了。

到了大土城子

我的马以缓慢的速度前行，正面的视线上横着一道高峻的山岭，山腰上出现了一座美丽的喇嘛寺院。我预计着今晚的宿地是大土城子，那地方当离这庙不远的，明天一定要去参观一下。

下午四时，在冬日的夕阳里，穿过一片小小的树林，进了大土城子的围墙，在这里，找到了那位牧畜场的主任，四川朋友王著常君。

这里有个牧畜场，是和蒋介石先生有关系的。原来在民国二十四年时，蒋先生到平绥路沿线来游历，就我所知道的是，给平绥路上办了两件事：第一，他在大同的云岗山下建起了两所土房子，把那些住在石窟寺佛脚底下的贫民安置了新的住所。这两所房子共有二百间左右，贫民只有几十家，所以还有许多剩余的空房，恰在如今，正好被利用为绥边战争的临时后方医院了。现在有七十多伤兵在那里调养，并且有军队驻在那里负保护的责任。还有第二件事，就是办了一个牧畜学校与一个牧畜场。牧畜学校的校址原在察北的张北县，不幸随着不知道是哪一个协定吧，这地方已和察北六县一同并入别人的统治，并作为他们进攻绥远的根据地了。牧畜学校被迫移到张家口来了，但这只是在不死不活的续办着而已。至于另一个牧畜场，就是大土城子这所，主任王著常君，他是燕京大学毕业的。这个朋友有趣得很，他好像是得了"牧畜热"一样，不知为什么对牧畜事业感到这样的热诚。他对我大讲其致力牧畜的经过与心得，又搬出好多书籍给我看。我虽然对牧畜是个门外汉，但也居然听得津津有味。

在他拜命组织这个牧畜场之后，他曾遍游绥远草地，才选择了大土城子这个地方作为场址，因为这里的牧草好，水分好，气候也适宜，并且距离铁道交通也相当的方便（距集宁车站四十里）。当场址选择妥当之后，他就到南满铁路的公主岭去，在那里，满铁公司经营着一百万元资本的大牧畜场，他从那里买得一百头美国种的"毛羊"（Merino Sheep）。原来在牧畜科学上，可以把羊分为三类，即专门为剪毛的羊，谓之"毛羊"，另外还有专门用皮的"皮羊"，与皮肉合用的"食羊"。他在买羊的时候，受到满铁当局热烈的欢迎，对于应酬招待均与对待一般"中国人"不同，后来满铁方面希望派遣技术人员来义务帮忙，这种对友邦的亲善行为，我们本当乐于接受，但王君彼时并未答应，经过多少次的私人谈判，最后王君回覆他们一个外交词令，就是仍须请示本国政府。

牧畜事业在绥远

羊既买到手，就在一九三五年的春天，开始了这坚〔艰〕苦而抱着无限希望的经营。算一算，绥远全省有二百万人口，其中乡村占百分之八十，乡村的人，差不多都畜着牛羊，尤其是一部分蒙古民众，且专门以马、牛、羊的牧畜事业为其日常工作与维持生活的源泉。据王君的统计，平均每一个绥远人民（蒙古民众亦在内）有十头羊，因之全省的羊数当为二千万头，这是一个多么伟大的富源，但现在是处于无政府状态下，散漫的无组织的经营着，一切全凭天然，十足的停留在原始的游牧社会与半农牧社会下面，羊毛的品质不良且不论，只就一九三六年初春时大青山北的雪灾来估计，因为草地被厚雪盖住，把这一带的牛、羊直饿死百分之七十以上，造成了乌兰察布乌〔盟〕之空前的饥馑与贫困。就连我们这到蒙古包来旅行的流浪客，也受到了影响，因为到了蒙古包里，只有浓厚的红茶与炒米、糕饼可吃，味美而富于维他命的奶汁是享受不到了。

第二天早晨，我去参观他的羊。这种羊的确不愧为毛羊，全身长着足有二吋厚的毛，又紧又细，除去两个〔毛〕角之外，无处无毛，几乎连两个眼睛都被毛所掩住了。这种毛羊每年可剪八斤至十七斤的毛，因为毛质的优良，在上海的市价卖到每斤两元以上。再反观本地羊，每羊只能剪毛一斤半至二斤之谱，并且质地甚粗，在绥远的市价，每斤只值三角左右。这中间的差别，实在值得我们注意的。

十二月与一月之间，正是羔羊的生产期，刚出世的羔羊，须要生存在华氏表六十度左右的暖房里。我也到暖房里去参观那些美丽的羔羊。它们是真可爱，真温存啊！

牧畜场方面，现在正从事于配种的改良，能够把西北的本地羊完全都改成良好的毛羊种，自然是我们的最大的理想。据说这种改种的工作，只要经过五代即可完全成功。著常兄告诉我，这里的经费很充足，但因为顾虑着绥远的安全问题，所以并没有在工作上积极的努力，如场址的建筑、人才的招募等，都还未能着手。一所牧畜学校受到敌人危迫之下，还可以勉强迁移，但是一个与地理不能分离的牧畜场，那就不能随意搬动了。

假若绥远失守了

最近的一个半月来，绥远边境上的抗战，虽然得到了胜利，但谁敢相信从此就会平安无事了呢。除非日本帝国主义的满蒙政策自动取消了，或者是它内部发生了政治上的变革，再不然，就是我们继续着反攻，把察北、热河以至于东三省完全收复，那么这里才能真的太平。否则，绥远的安全问题（其实就是中华民族的生存问题），也就得不到保障，那么，一切的事业、经营、建设，根本亦无从谈起。没有保障的建设，是给敌人预备好了的美肴。说一个小小的比喻，假若××帝国主义果真侵占了绥远——这西北的门户，那么他就可以独占这里的羊毛，也就是占有了全中国羊毛产量的百分之八十。说一句没有出息的孩子话：到了那时，别人如果不把羊皮、羊毛卖给我们，那可真有点不好办了。

　　说得太远了，现在且回正题。我们从产房里出来，又去参观一匹荷兰种的乳牛（Holstein）。原来牛也有乳牛、肉牛等分别。乳牛是专出奶汁的，一匹乳牛每天可产八十斤的牛奶，这与本地牛三只出九斤的微量，自有天地之别。

　　我们回到屋里吃饭的时候，听到街上羊群走过的声音。著常兄说：各家的羊，每天出去放牧，都交给一个专门放羊的“羊倌”（人们称牧羊人为“羊倌”），“羊倌”把各家零星的羊凑成一群，赶到草地去，日出而去，日暮而归。无论是哪一家，只要把自己的羊交给“羊倌”去放，每羊每头要给一块钱的代价，“羊倌”对羊的安全问题负绝对的责任，如有损失，包管赔偿。这种简单的经营方法，含着合作、保险与一种原始的企业之雏形。对于整个的西北牧畜事业而言，这种方法实足以促进其普遍化。因为只要是你有资本买来一个羔羊（每支〔只〕一元左右），那么每年只化一元钱，过了三两年之后，连肉带皮就可值七八元。此外，在牧畜期间，每年还可由这羊身上收获五六角钱的毛价。

喇嘛庙和天主堂

饭后，我同王君骑马到昨天来时望见的那座喇嘛庙去，它的名字叫太喇嘛庙，位置在大土城子的东北十里地方，我们到了那座山脚下，从东面的山道上绕登庙前。庙的年代已相当久远，据说这里的活佛已经换过七代。如今呢，可怜得很，只剩一对"喇嘛夫妇"在看守着。喇嘛本不结婚，但不知何故，他们却组织了家庭。他们有一个女儿，已经出嫁了，我们今天到这里，恰遇着她回娘家来。她有健美的身材，红润的脸子。蒙古人真不愧是成吉斯汗的子孙啊！他们能说汉话，热诚的以宾客待我们。屋子里非常清洁，一切布置均有条理。从前我以为蒙古人都没有秩序，不讲卫生，实际大非如此。

我们在庙里看了很久才回来。大土城子也是个天主教的村庄。这里的司铎听说来了一个从未来过的摄影记者，特别约我明天去教堂照相。这事由本村的一位耆老张登和先生面告我。

今天——一月七日，我还是借宿于此。

天色朦胧的时候，教堂里的钟声响着，全村的教民，都赶到堂里去作"弥撒"（礼拜），使我想像到，在革命前的俄罗斯的农村里，也许就有这同样的味儿吧。但不知究竟在什么时候我们才能追上如他们现在的情形。

教堂的正门外，横着一带宽阔的冰河，在它的西南端，有一处泉口，从泉里出来的水，经过堂前往东流去，一直流到马连滩，那方面有个小小的海子把这水存留起来。村民们在冰上凿个洞口，一来一往，不断的到那里去汲水。这带的风景很美丽，似乎专为旅行者的欣赏而设备的。

摄影工作完了，又承卢正民司铎请吃了早饭，今晚预备赶到距离此地八十里的陶林县，所以未敢久留，在十点钟的时候，我和卫兵又走上这可怕的征途了。

冽风中越灰腾梁

因为天冷的关系，著常兄劝告我，最好改变路程，先回集宁去，再乘火车到绥远城，由那里乘汽车到百灵庙，从百灵庙再绕大庙、陶林返集宁，这样整整的把我的行程倒转过来，可以避免冒着强烈的西北风，减少寒冷的痛苦。我觉得他的方针很对，不过我因急于要知道绥北战役后的情形，与多接触些蒙古同胞，所以觉得原定的计画，还是未便变更。我们分别的时候，他还叮嘱着说："到了陶林，如果风大，最好还是回来，在我这里多住两天。"我真是感谢这位从四川来到蒙古献身于牧畜事业的青年朋友。

出了围墙，往西北方进行，不远到韩庆坝，一过去这个坝口，就走进绵延六十里的灰腾梁了。这是属于大青山的一个段落，过去即为"后山"地界了。据说到了那里，天气又比山南面寒冷得多了。后山的老百姓管一个山峰或山坡都叫作"梁"。梁者，山也。又凡是艰难的山道之出口处，都名为"坝口"。果然，当我们一过了韩庆坝，道路也一步一步的艰难了，风也猛然的狂暴起来了，面前，摆着毫无把握的前程。

"灰腾"是个蒙古文的形容词，译成汉文就是"冷"的意思。连蒙古人都说这是冷山，自然不能不说是真冷了。到此时，虽然是身穿老羊皮，头戴狐皮帽，脚蹬"哥登咳"（一种俄罗斯式的毡靴），亦不再觉暖和了。行行复行行，穿山、过岭、越冰川，十余里，我们追上一群运货的牛车队，他们正在和一个上山盘道挣扎着，车队都停在盘道下面，所有的车夫都合力集中的推着最前面那辆车，帮助这牛把车拉上盘道，直至上面的平路为止。这样一节一辆的就全都能够继续前进了。

我的卫兵身体较弱，又是个第一次到塞北来的南方人，他实在受不过这样的严寒了，时常的下马步行，但逆来北风又使人难以前进。他向我说："我们回去吧！"这时我心里感觉非常难过，为了顾念我的同伴，果真就得向后转吗？我们由土城子出发，现在才只走了两个钟头，如果顺着风向回去，是非常容易的事。我考虑了一下，只好对他说："你的身体不行，不可勉强的，你回到王主任那里去吧。我一个人今天一定得赶到陶林，不会遇到什么危险的。"他看我的意志很坚决，随后又咬着牙跟我一同前进了。

脑包是我们的救星

在陌生的重山峻岭中，我们并没有领路人，有的只是我的方面鉴别力。在我们越过那段盘山道路之后，就再也遇不到行旅的踪迹，因之，我断定这是走失了正路，我们陷于危险的环境中了。然而我并不着慌，我一面估量着山的形势，一面用眼力寻找"脑包"（蒙古人为了辨识山路，往往在每个可以通行的山路口上，选定一个适宜的山头，堆起一座高高的石头堆，令人从远处即可望到，指示行旅的道路，这东西就叫作"脑包"）。我们慢慢的走，我还常用镇静的态度安慰我的同伴，事到如今，也只有镇静才能应付了。

山峰是一个接连一个的，满想走过眼前的峰头，那边一定就是平原了，但每次都只有失望！

忽然，那遥遥的西北方果然露出一座"脑包"，这简直是"救星"，我急急的策马赶出一二里路，在这方向上寻到了一条路，又返回来报告我那走不动了的同伴。我们再慢慢的前进，风势好像也小了许多，走过了脑包的那面，一片宽广的山谷摆在面前，在一带十几尺宽的冰川北面，隐约的发现了一间土房子，再前进一点，又看到房顶上居然还冒着烟。

随着狗的吠声，主人从房里跑出来，我们被让到他那不能辨认什么东西的幽暗的屋里。小主人在房外面忙着溜我们的马，我的卫兵上到炕上去恢复他的体温，过了几十秒钟，瞳孔渐渐放大了，可以看到屋里的柴灶及坐在炕角上的女主人，还有，大约是三四个孩子。屋子里很简单，除了这些，旁的就什么都没有了。家主是汉人，来到这蒙古地方已经八年，从前这是一片荒草，如今已有一部分开垦为田了。只以单纯牧畜为业的蒙古人，在经济生活上，总比农业人民落伍一点，许多汉人因为内地农村里无法生活，自动的迁移到蒙古来，他们只用很有限的钱，或者根本就一文不费的得到了许多丰沃的土地，渐渐就把蒙古人挤到更北去。这地方叫作好来沟，只有他们一户人家，颇有世外桃源之味。如果是在夏天，那真是一处绝好的胜境了。

喝了水，吃了干粮，同伴的脸上显出微微的笑容，他得救了！

主人说我们走的路很对，这是一条到陶林去的小路，比走正路还要近得多呢。他又告诉我们，从这里往北走，经过三差口，走中间那条路，再越过一道梁，就是下山路了。下了山，再经过察汗不老及黑杀图，即到陶林县城。老主人说只够二十里路，但是他的大儿子则说约须三十里。后山的老百姓对于路程的远近观念，向来是很模糊的，比如，明明那是三十里的路程，他往往非要说是二十里不可，但是有经验的旅行者必然再追问他一下"这二十里大不大"，他然后才再回答你说："这二十里可真大，足够三十里远！"

我们终于胜利了

昼长夜短〔昼短夜长〕的冬天，下午三四点之间，已是夕阳时分了。现在是人饱马足，我们又拜辞了好来沟那唯一的主人。我们已增加了新的勇气，绕过了几座山头，再发现了一个"脑包"，走过它去，果然前面是一片平原，村庄也多起来了，西北望去，在黄昏的红光里，摆着一块人烟特别旺盛的地方，那是陶林了。同伴的精神也突然焕发，慢慢的牵着马下了山。当我们到山脚下再骑上马后，就飞快的奔向陶林去。马每当黄昏时分总是喜欢快跑的，因为他〔它〕也需要着自己的宿地啊。

墨黑里，我们到了目的地，和守城兵答了话，今天的辛苦总算告一段落，在死的挣扎中，我们胜利了。

陶林见闻

到陶林的这天晚上，宿在骑兵第二师副官处。第二天早晨，副官长王仲芳先生拿着我的片子去报告孙长胜师长。回来他告诉我说："师长出去了。"我以为师长的架子一定很大，难道是不愿意见新闻记者吗？随着他又说："今天是数三九的第二天，这里还是头一次这样冷。我们师长，今天还未亮就骑马上城外溜圈子去了。他每遇着特别冷的天气，就出去锻炼。"

陶林县的西门外

过了差不多半个钟头的样子，孙师长回来了，我们得晤面畅谈。他今年五十七岁，是个老英雄，自古山东出好汉，他就是秦琼的同乡。打百灵庙的时候，他也是勇将之一，随后又调至武川县及乌蓝花剿灭王英匪军之后，即驻防陶林。这次绥北战役，大家都知道只是克复了百灵庙和大庙，然而实际上我们军队在那广漠的草原上，还经过了一个很长时间的坚〔艰〕苦战斗，才把绥北的伪匪肃清，担任这肃清工作的就是以孙长胜为师长的骑兵第二师。蒙古草原是非常的寒冷荒凉，在这地带，步兵几乎就没有游击的能力，第一是因为穿的衣服厚，走路费劲，第二是因为路途荒凉，步兵的行军速率太慢，往往甲乙两村相距一百多里，步兵一天都走不到，而骑兵只要半天就可以到了。

在绥东、绥北的两度大战中，骑兵二师的伤亡最大，全师有六连三团，其中就有一位连长阵亡、一位连长和一位团长挂彩。

在我们没有亲身打过仗的人，听到那些战争的情形，总觉得真是如何了不起的，但是和他们驰驱疆场的人谈起话来，对这些事都觉得很平常，毫没有什么觉得了不起或怎样自豪。他们对于作战，态度都很坦然，"因为这是本分"，孙老将军这样笑着说。

随后，我又见到骑二师第六团张甲第团长，他的团部驻在城里，不过最近两三日内即要调防到黑山子去了。他的头额上，用布缠着，这还是在红格尔图战役时所受的创痕，敌人攻击红格尔图的时候，他正驻防在卓资山，因为彼时红格尔图只有一团人防守，所以他这团人星夜驰往应援，他率领着黑马队（注）两天两夜走了三百里路到达高家地，在那里与另外的两团步兵会合，于夜间攻入王英的司令部，解救了红格尔图之围。

注：孙长胜的骑兵，有一团完全是用的黄马，有一团完全用的是黑马。在这次战争之前，他本是旅长，部下即管辖这两团。他在塞北草地上，效命于清乡剿匪的工作，已经六七年了。后山的

老百姓全都知道有个百战百胜的孙老将军。老百姓头脑简单，不知道他是哪一团哪一旅的军队番号，而只认识这是"黄马队"和"黑马队"。因之在他们自己的军队中，也实行了这种称呼。

从张团长那里辞出，我就去拜访陶林县县长赵帛铭及守备司令王赞臣，承他们领我到街市上及城垣上拍照，并且说了许多军事上的故事。赵县长也是军人出身，与兴和县的孟县长一样，都是自绥东紧张时才调任县长的，在这边防多事之秋，地方官吏非得军人出身的是不易胜任的。

陶林县的蒙古原名叫科布儿，位置在大青山的东北麓，往南越大青山到卓资山为九十里，目前有新修的公路可通，这是与铁道线交通最近的一条路，红格尔图在其东北方一百二十里，乌兰花在西北二百里，为通大庙的孔道。这地方民生很苦，因为本县只出产少量的胡麻和油麦，其他一切日用品均须仰给于外方，土质的碱性很大，所以都变成了灰色，本地人所食用的硝盐，味苦而有毒质，对于不习惯的旅行者，实在难以入口。画家沈逸千先生去春季到察北作写生工作，就是从陶林经商都过去的，他的勇敢工作，实在是美术家的楷模。

王赞臣君谈到守备的工作，他说："××飞机在前一个月之前曾来陶林上空，作盘旋飞行达数十分钟之久，他们早已把这里的地形和防御工事用航空摄影拍去了。"听了王君的话，可以想到这实在是一个严重的问题，我们没有飞机，没有高射炮，更没有任何的防空设备，在不久的将来，敌人如果再来一次比较"现代化"的军事进攻，那么我们究竟如何抵抗呢？后山的地势与内地完全不同，没有树林，没有富丰的农产，尤其以饮水最为缺乏，根本就没有法子进行大规模的游击战术，所以军事上的争夺只以少数的几个村镇及县城为中心，谁占领了一个村镇，谁就可以支配那数百方里的广大地带。

　　赵县长还告诉我一个消息，说在土木耳台（陶林县东北边境的一个镇，与商都交界，在红格尔图的西北六十里，现有国军驻防）。北面十几里路，有两个村子（一个叫各花斯台，另一个我忘记了），那是属商都境界的，这两个村子的民众，前几天秘密派了代表到陶林县来请愿，据说那里住了一百多名德王的骑兵，每天都向老百姓要妇女去陪伴，如果交不出人来，就得出三块钱的罚款，人民受其蹂躏，实在不堪忍受，希望国军推进，把他们打走，并且全体老百姓都誓为内应，言下仍涕泣不止！然而我们的国军现在没有命令，不能向商都境内推进，眼看着我们同胞在相隔咫尺的跟前，受着敌人的摧残，这真是伤心的事。

　　我在街头和民众们闲谈，他们都以为我是军人，很关心的向我打听黄马队和黑马队的行踪，因为他们已经听说黑马队要调往黑山子去，而黄马队前两天又从这里开往卓资山了。这好像是他们对自己的朋友离别时一样，觉得有点难舍的心情。

绥东农民冬季储藏粮食的土堆

　　一月十日（这是我来到陶林之第三日）的早晨，我又要向更远的荒原去了。从集宁护送我来的卫兵，因为他不能再抵抗这里的寒风，所以由王赞臣司令另派一个兵，骑着我那匹马，把他送回集宁去。我则由孙师长另借给一匹快马，并派了一位骑士护送。此外，赵县长还派了一位领路人同行。我再要特别感谢的，就是王副官长对我的多方照应和帮忙。

气候是越发冷了，赵县长忠告我再多住两天，说把这几天最冷的日子度过，等到大风稍微停一停，就可以暖和一点。像今天这天气，绝不可行远路的。然而我认为无论什么难事，只要有勇气撞过去，也都很容易解决。在大土城子时，听说灰腾梁是如何的难行，但是也平常的越过来了，"凡事不到当头不知难"，然而不到当头也不会发现他的容易，这是双关的问题。

别了，陶林！我要由这里再往西北进发。

一九三七，一，十七

《世界知识》（半月刊）

上海世界知识社

1937 年 5 卷 12 期

（李红菊　整理）

旅程日记

侯仁之　撰

七月六日，星期一，微阴

"后套水利考察团"已定于今日启程，日子是三号晚间在蒋家胡同"禹贡学会"聚会时始正式决定的，当晚在座的有顾颉刚师、顾起潜先生，后到的又有冯伯平师，以及本团团员张玮瑛女士、陆钦墀君、蒙思明君。时张维华先生以事仍留北平，未能到席。当晚大家曾把绥远分县图细读一番，又请颉刚师把此行应该特别注意的问题写下来。他一面笔记，一面解说，大家伏在圆桌周围，倾耳细听。屋子高而大，灯光就显得分外微弱了。四外衬得一片寂静，只听得见颉刚师絮絮的苏白，像炉旁灯下一位老人在传述着一些古老的旧话似的，使人神往。最后大家把工作分配了一下：由张维华先生任领队，张女士任会计，陆、蒙二君分担庶务，派给我管交际。事毕辞去时，已过十时，颉刚师照例送出大门，用诚挚热烈的口吻频频说："祝你们此行成功！"

四人装着满腔的兴奋踏上归途，月光从燕京塔上泻进未名湖里，映出一种意味飘渺的神仙境界。四人之中的一个忽然说："不久之后，我们应该趁着月光到荒茫无际的黄河边上去散步了！"这是梦么？

前昨两日，大家分头去收拾行装，团里的事，大大小小都由冯世五先生代办了，为此他曾忙得中了暑。会计为我们预备了一小箱十几种药品，周到之至。这期间又有城里周、沈二先生接洽同去，惜以时间不便，未果。同时陆君又忽以他故不能成行，大家方在惋惜，而燕大教授李荣芳先生却又毅然来参加了，李先生曾在西方考古家荟萃的巴勒斯登专门作过考古的工作，他除英、德文外，还通晓拉丁、希腊、希伯来、叙利亚、亚利玛（Armaic）数种文字，得他同行，实可庆幸。

昨日下午，张先生冒雨出城，并由冯伯平师介绍，在当晚七时半，大家又一同到了吴文藻先生家里，他把旅行西北的经验，向我们细说一番，吴夫人冰心女士则特别嘱咐张女士代她多多采访王同春次女云卿女士（即俗呼"二老财"者）的事，因为她正在为王女士写一篇传。

启程前的一切事都归致〔置〕妥当了，下午四时半大家齐到"禹贡学会"集合，五时半已赶到清华园车站。六时三分车开了，我们的旅程开始了，欲罢也不能了！到站送行的只陆君一人，他热心帮助我们把行李弄上车，又以怅惘的眼光送我们踏上旅途。我们的"梦"开始了，想到只剩下他独自一人再从车站回去的情景，真正后悔没有把他留在学会里。

车到南口已经暮色苍茫了，大家在车上用过晚饭，饭后又买了两个卧铺，轮流着看书、谈话与休息。

穿过居庸关山洞，天像忽然黑下来似的，从此我们便和这初程的第一日诀别了！

七月七日，星期二，微阴

车过青龙桥，又穿过长城，遂入察哈尔境。怀来、宣化、张家口都在梦中度过。晨二时十分，抵柴沟堡，因为天雨，山洪暴发，把下站西湾堡附近一段路轨冲毁，相候至三小时，始修理完毕，

近代蒙古文献大系·见闻卷

这种情形在平绥路上是常有的。

柴沟堡而下，车便完全改了方向，直向西南行驶。过西湾堡，复进长城，遂入山西境，直向大同迈进。除去停车三小时外，前后不过五个半钟头，我们已经横度了察境。

晨五时，曙光微彻，两旁景物，才渐渐可以分辨。时车行两山夹谷中，路右山势险峻，路左有南白洋河与路轨并行，水势浣漫。隔岸童山濯濯，势较平缓，只有河身两旁，密柳连绵不断。过阳高县，两壁山势渐开，河亦随左山迤逦而南。至王官人屯，山去益远，村落渐繁。

八时三刻，车过大同，直转北上，沿御河左岸而行。至堡子湾附近，遥望路右山河间，古城堡垒隐然，当即是古长城遗址了。行未久，古城徙转而西，路轨遂穿城入绥远境，至是出入长城者凡三次，现在算是真正"塞上"了！沿路冀、察、晋、绥之间，都是以长城为界的。

十时五分过丰镇，渐登"丰镇高原"。高原平均海拔约一千四百公尺，为阴山以南之总分水岭。又二小时，乃抵集宁（平地泉）。按，集宁海拔一千四百一十五公尺，几为沿线最高之站，去北平已在一千三百七十余公尺之上。过此而下，复直转西行。二时半过卓资山，路左激流一道，紧傍路根，势极湍激，沿路工人正在忙于修防。

下午四时四十分行抵绥远，已入"黑水平原"，平原土壤甚厚，为大黑河之冲积地带，质亦肥美。其平均海拔较丰镇高原降下约四百公尺。大家整装下车，一日夜来之劳顿精神，至是为之一振。下车后，以旅途方便计，即寓车站附近之平绥客栈。初进门来，即见柜房塌〔榻〕上，烟灯罗列，僵体横陈，"黑暗的世界啊"！这是我们此行下车后的第一印象。

六时晚饭，饭后大家同意往游绥远城（即"新城"）。转出车站附近的营业区，向南一条大马路，平阔坦荡，很有一番新气象，夹路青杨，一望成行，更平添不少景色。行约十五分钟，舍马路绕公医院而东，又十五分钟，乃抵新城西门。其实所谓"新城"，系与归化旧城对待而言，位在归化城东北五里，兴建于雍正十三年，乾隆二年工竣，周不过九里有奇。城内市面萧条，尚不及内地一大镇市，适中处有钟楼一座，上有玉皇弥罗阁。省府即在西街路北，去钟楼甚近，为清绥远将军旧署。

大家绕至城北门，已过八时，本欲沿北城根返寓，但城门业已关闭，商请就地一警察代为开门，答谓："此门朝夕都由出入农夫帮同启闭，现已上锁，无法再开。"北门一带冷落情景由此可知。大家只好循旧路颓然而返，至寓已九时半，随即就寝。

七月八日，星期三，微雨

晨八时早饭，饭后各包人力车一辆，出发谒访各地方当局。九时半，沿城外大马路至民众教育馆，初欲访樊库先生，既至，始悉樊先生业已升任陶林县长，馆长陈志仁先生亦外出，当由教育组组长柴生华君招待参观，并允将该馆所出各种印刷品迁〔倩〕人送往寓所。十时半至省府，呈送学会及燕京大学公函，并约定下午二时至三时间来谒傅主席。由省府又转赴教育厅，阎厅长于事前已得调查团来绥消息，躬自招待，十分周到。又谈及蒙、汉教育现状及同化、土地等问题，及午始辞去。

十二时半赶至归化旧城午餐。城系明朝谙达所建，蒙人名曰"库库河屯"；万历间，谙达归顺，改称今名。民国八年将城廓〔郭〕、鼓楼一并拆去，现在只余北门，巍然独立。新旧城与车站，鼎足而三。商业都在旧城，就怪不得新城市面的冷落了。

午饭后，访绥远通志馆，《志稿》业已藏事，现由傅增湘先生携往北平校审。该馆现藏有土默特等旗抄本方志数种，允予日后得暇借抄。

　　大家心里都惦记着去拜会当年那位涿州抗战的胜利者，遂于蒙蒙细雨中又赶回省政府。首由燕大一九三〇校友，现任省府畜牧专员郭文元君招待，他是刚从后套调查屯垦事业回来的。大家一见如故，叙了不少学校旧话。正在攀谈间，主席来人召见，遂至后面大客厅。甫落坐，傅氏推门而入，伟壮的身躯，一幅不苟言笑的面孔，使我们立刻感觉到他的庄重明敏。——握手毕，各分宾主入座。我们首先说明来意，话就无端牵连到华北政局上来，傅氏讲起了他和燕京一点难忘的姻缘说：

　　　　那正是九一八那天上午，你们司徒校务长请我到临湖轩去吃饭，我勉强去了，却无论如何不能下咽，心里感觉无限的压迫。那时司徒先生也许已经从美国公使馆得到了一点消息，我不知道，我把所知道的都告诉了他……哼（他冷笑了），汉卿……

　　他操着清朗的北方话，爽利而明切。最后谈到本省的问题，他表示说，绥远境内无一时无有战争爆发的可能，这是在未来一个更大的战略上敌人所必争之地。前者省府曾设法赈济绥蒙交界处惨被雪灾的蒙民，日人亦乘机笼络蒙民感情，前后出赈济费达一百万元，而我政府所出不过十万。傅氏言下，不胜感慨的样子。前后谈约四十余分钟，随即辞去。傅氏所给予我们的印象，与其说只是一个果敢勇毅的军人，毋宁说还兼有充分政治家风采的领袖。我们每人都很兴奋，好像觉得不久的未来，就在这块百姓凋敝的境土里，也一定会扮演出比涿州抗战更为有意义、更为可歌可泣的史实来，西北的风云不是日益紧急了吗？

　　走出客厅来的时候，雨已停了，郭君领我们去参观省府。地址不大，而处处整饬有序。西北角上一个布置精致的小花园，算是唯一点缀。花园南边的一个小院里，还支着一座颇为讲究的蒙古包，这是一位蒙古王公特意送给傅氏的。

看看五时了，郭君还须去上操，这是省府里所有公务人员日日的必修课，我们也乘机告辞。临行，郭君又约我们在旧城绥远饭店晚餐，我们没加思虑便一口答应了。

走出省府，又调查了两处教堂，随即赶赴绥远饭店。省府交际课已把饭定妥，落座不久，郭君便赶到了。席间谈笑生风，不复有宾主之分。饭毕，由郭君出《和硕公中屯垦区视察报告》草稿，略述大概，并附照片，一一解说详尽。当时我们便拉定郭君作了我们的临时顾问，并请他代拟此行考察路线，他也"一口答应"了。临别时他才告诉我们省府已备好汽车一辆，明天来带我们去参观旧城胜迹。这样的招待真使我们感激都无从感激起。

返寓已九时半。

七月九日，星期四，晴

两种心理在我们心中冲突着，既恋恋于归绥风光，又恨不得立时登上后套考察的旅途。早饭间大家才决定以上午去游览归化城，下午即赶二时车继续西行。但早饭还没有吃完，郭君已乘汽车赶来，第一件事便把主席晚间假省府邀宴的请帖拿给我们，自然没有比这个更充分的理由使我们决定展延期了。

归化城在康熙初年以前，为西北喇嘛教的中心，时称"蓝城"。其后渐移至多伦，今则远至库伦。此一方面可以代表蒙古宗教与政治中心之移转，而另一方面适足以说明内地西北移民之进展。归化城内几个大召庙，是我们切心要看的。

八时向旧城出发，中途经过绥远毛织厂，下车参观。此为境内唯一大规模之毛织厂，创于民国二十三年，系省府与天津海京工厂合股开办，股本将近三十万元，只以机器系海京旧物，故出品未见十分精良，除毛毡一类尚可推销平、津一带外，余均甚难与外货抗争。

由毛织厂至旧城的中途，又下车去参观绥远境内各盟旗地方自治政务委员会（简称绥境蒙政会）。该会是从百灵庙内蒙地方自治政务委员会（简称蒙政会）里分化出来的，因为自去秋日方侵占东蒙而后，更步步进迫，延至冬末，卒将主持蒙政会会务的德王包围，至是本为防范侵略而设立的蒙政会，反成了第三者行使其分崩离析阴谋的工具，不甘于这种恶劣环境的其他几位会中要员，如保安处科长云继先、政治处科长苏鲁岱等相率脱离百灵庙，并于本年二月重组了这个绥境蒙政会，以表明绥远境内的各蒙民，是并不甘受外人支配的。当时由伊克昭盟盟长沙克都尔札布任委员长，由国府特派阎锡山氏为指导长官。沙王现以事他往，职务由该会"防共训练委员会"主席康王代理。不过这位康王据我们所知道的，虽然正当壮年有为的时候，却已沦为鸦片的囚徒，当前晚我们去步游新城时，曾见他着了一身漂亮的西装骑着摩托车在大街上兜风，只可怜黄瘦的面孔，已淹消尽了他所有的威风。这段可纪念的绥境蒙政会成立的历史，不会给他一手断送了么？我们到会参观时，他自然不在，因为据说这才正是他"高枕安眠"的时候！

九时半至十二时半，我们依次参观了下列几个召庙：

1. 延寿寺　在石头巷北，一名锡拉图召，又名舍力图召，创建年月无可考。清康熙三十五年帝西征，驻跸归化城，赐名延寿寺。光绪十三年曾毁于火，旋经修缮如旧。建筑宏大，半采西藏式，现方彩饰一新，金碧辉煌，极为可观。寺门有额，题"阴山古刹"。

2. 无量寺　在大召街，蒙语曰"依克召"。"依克"大也，所以又叫大召。系清初崇德五年建，赐名无量寺。周约四里许，昔有喇嘛数千人，今只百余，故禅房多租商贩。附近为绥市浮摊中心，有类北平天桥。寺门悬"九边第一泉"扁〔匾〕额，泉在寺前百余步，名玉井泉，俗称马踏泉，传系康熙帝西征凯旋时，马蹄踏地得水而名。

3. 崇福寺　在小召街，蒙语曰"把圪召"。"把圪"，小也，所以又叫小召。康熙西征，曾假寺为行宫，赐名崇福寺，回銮时遗有弓箭、甲胄、坐褥、靠背等物，每年六月十二日为展览期。

4. 慈灯寺　在美人桥东南，一曰新召，召内有塔，围十丈，上歧为五，蒙人称"塔布斯普尔罕召"，意即五塔，所以又叫五塔寺。雍正五年建，十年赐名慈灯寺。该寺建筑最新，塔雕佛像，犹为工致。

慈灯寺之五塔

十二时半，至绥远饭店，公宴郭君。饭毕，李、张二先生往访古玩铺，余等三人乘汽车返寓休息。

六时半，大家出发省府赴主席晚宴，同席有北平农学院教授于先生、北平谭先生、包头法院于院长，以及新自定县来省办理绥省师范及乡村教育之张含清先生。当晚步行返寓，已近十时，随即就寝，准备明晨出发。

七月十日，星期五，雨

六时半，赶赴车站，时正微雨，郭君又亲自来站送行，谓省府电报业已发出，另外又携来介绍信七封，分致前途各地方当局。自始至终，郭君对我等关心，无微不至，一切谢意，只好尽在不言中。

七时一刻，车开西行，沿路阴山障其北，势极雄伟，云雨苍茫，益觉奇瑰，过磴口南望，即可遥见黄河。沿途牛马牧群渐次增多，大烟遍地皆是，其花或红或白，十分美丽。十一时半，车抵包头，已是平绥路终点。车站秩序，维持有法，即平、津亦不如。下车后即赴城内，直奔文明荃三号王宅，无人，遂又转往前街绥西宾馆。住房极佳而价廉，馆长又甚和气，大家乐得有这么一个好地方，似乎应该多休息几日，但是没有一个人能等得来，在火车上时，大家已经盘算着怎样去后套了，所以吃过午饭以后，休息一下都没有，李、张二先生和我，立刻拿着郭君的介绍信去大公馆巷"和硕公中屯垦处驻包办公处"找赵普卿先生，接洽赴该区办法（按，和硕公中去包头约三百余里，正在去五原的路上），不料赵先生已因公赴省，然而更不料的是在这儿李先生却遇到了他早年一位故知，而这位故知，却又恰好是该屯垦处的处长。事情似乎过于"离奇"，像小说，又像梦。任先生何以跑到这儿来？又何以作到屯垦处的处长？下面总还有再叙的机会，这儿只说我们一见到他，又发现了他与李先生的关系，捉摸不定的前途，像忽然打开了一条大路，处处都觉得有了办法，这正如我们在省里遇见郭君以后的情形是一样的。任先生操着满口东北话，态度镇静而和蔼，只是他满头头发已经苍白了，他年纪约在五十开外，样子很辛苦，一嘴短而整齐的胡须，挺爽可爱。

几句话，我们把一切事情都安排好了，这极合我脾气。因为天雨，到五原的汽车路不见得好走，我们决定再等一天，也好借机会到包头城南十五里的河北新村去参观，这本来也是我们预定要去的。任先生也没去过，要备汽车和我们同去。如果后天还去不了，那我们正好再跑得远一点，去逛有名的五当召了（即广觉寺，为内蒙最大召庙，建半山中，规模极大，去包头约九十里）。

辞别任先生，又跑到县政府，县长因公他往，由濮秘书招待，问了一些地方情形，又蒙他介绍去绥西屯垦督办办事处去见刘科长。所谓"绥西屯垦"，就是指陆军第七十师师长王靖国部下在后套屯田而言，师部和办事处恰好在一处，去寓所亦甚近。我们赶到时，刘科长已外出，王师长赴晋，尚未返包，诸事由田旅长代理，可恰田旅长也不在，我们只好把学校写给王师长的公函留交一位副官，败兴而返。

虽然访田、刘二氏不遇，有点败兴，可是不期而遇到任处长的那一幕，却仍然激动着我们。跑回寓所，我便忙着向留守寓中的张、蒙二位同学讲起来，说一切都有了办法，汽车要任处长借我们用，谁都不许担心了。这话也有原因，因为在火车上大家翻开《绥远调查概要》看时，说从包头到五原的汽车费，每人要花到十多块钱，为团中经济着想，我们实在花不起这许多钱，会计早已透露出焦急的神气，难得她这样负责，管这个旅行团正如管一个家，然而真正使我们如此高兴的还是那位任处长，他在我心中占了一个很重要的地位。

绥远上火车时下着雨，到包头已经止了。六时出去吃晚饭，又蒙蒙的下起来。我们沿着大街走，市面热闹多了，就是归化旧城也比不上，因为这儿是水旱码头，后套以至宁夏、甘肃的羊毛、土产，都先运到这儿，然后装火车。广货店里充满着舶来品，这就是"开化"的象征！街上有三三两两的蒙古人，也有穿着红袍、黄袍的喇嘛。我们走马看花，行了约莫半里路，忽然看到一座门面很讲究的饭馆，额曰"华北楼"，许是这"华北"二字作祟，我们不约而同的走进去，记着在绥远时郭君嘱咐我们到包头时想着吃黄河鲤鱼，便宜得很，我们没问价，第一便叫了一条清蒸"黄河鲤鱼"，结果算账，这条鱼可的确按着"华北"的市价，大大敲了我们一笔竹杠。会计发下命令，明天只许喝面条、吃馒头，省出这笔额外的花销。

走出华北楼，已经灯光灿烂了。雨不知何时停下，大家抱着期待的心，盼望明天有个好太阳，盼望明天去参观河北新村。

七月十一日，星期六，晴

梦里似乎记起了在初中时代的国语教课书里曾经读过周作人先生写的一篇《日本新村》（题目大概是这样，反正总有新村二字），已经忘记内容是什么，只记得所描写的有田野里的几只蝴蝶，在光明的太阳下飞舞着，使我至今不忘。这几只蝴蝶今天早上，好像在我睡梦中又翩翩姗姗飞了过来似的……

一睁眼，好高的太阳，好几天不见了，大家都立刻爬起来，漱洗整理，早饭也没出去吃，即在馆中买了烧饼、油条，伴着一杯杯开水吃下去，随即赶赴垦区办事处。任先生业已把汽车备好，是一辆载重的大汽车，机器甚佳，车身亦格外庞大。该区还有同样大汽车一辆，相对来回开驶于包、区间。明天我们就要乘这辆大汽车走，比买卖汽车要放心多了。

一点都没有耽搁，我们立刻跳上汽车，一直开出城南门，傍铁路路基之南向东南而驶。草原里一望晴空，太阳光在洒满了水珠的草地上，闪着一片片遴遴丽丽的光。回头看包头城半壁枕在大青山上，浴着明丽的朝阳，处处有缭绕的炊烟……美极了，我们第一次在太阳下看到了包头。中途过一小桥，车前右轮曾陷泥中，终赖附近田中工作的农民帮忙，我们才能继续前行。

到新村途中

一个钟头，车停下来，我们跳下车，爬上高高的铁路路基，再往东一看，喂，妙极了，那正是一个绝好的鸟瞰的处所。离路基不到几百步，那方方正正一个堡垒所围绕的就是河北新村了！四角都有炮楼，显然是为维持治安而设的。西面一段墙的中间对着铁道开一个过车大门，门前有新植的树，有新辟的菜圃，有一道与路轨并行的支渠，架着一座桥，还有一泓举足可过的清流明净到底，一直穿入菜圃，以后才知道，这条小溪是引的山泉。

我们一路走进村去，村内有渠道，有菜圃，有直直的路，还有一区区的住家。进门一条大路，一直引到一横排十几间的房前来，当中一间特大，是村礼堂，门旁壁上每边贴着斗大的两个字，是"皆大欢喜"。听任处长说，这儿也刚刚举行过一次"集团结婚"，是该村与北平妇女救济院作的亲家，临后又知道，这边段村长和那边安院长是旧相识，为着十个待娶的村民，段太太还亲到北平住了些日子。救济院选择了十个待嫁的女子，她便亲自去与她们彼此来往，暗中考察她们的个性、能力、品质，最后决定了，不多日子以前刚刚在村里结过婚，现在她们工作极好，好些地方能为村中妇孺的表率。段先生曾担心她们不能吃苦，可是现在她们连地里的粗工都甘心去作。

河北新村留影

（一）最右第一人为段绳武夫人；（二）最左第一人为李德祥君；

（三）众人手中所执为该村手工产品，有绒衣、地毡、白布等

不过这次我们并没有看到段先生，他因建设第二新村跑到五原去，也因雨隔在那儿没有回来。这次由段太太和该村武训小学的教师李德祥君招待我们，给我们说明了该村组织的经过、现在进行的情形，我因为想另外写一篇《河北新村访问记》，所以这儿不多叙了。

从村里出来，李君又陪我们去参观村西三里许的电机水车，这是该村自行创建的，把普通水车改造起来，并列十二架，用一架发动机牵引，电由包头电灯面粉公司供给，那也是段先生的工业。这种工程在后套是用不着的，因为那儿渠道平行地中，可以随时开口灌地，这儿引用黄河的水，水低地高，只有以水磨或抽水机器补救。该机每日可灌田三百亩至四百亩，在西北还是借用电力

拉水灌地的第一处。不过我们此来，因时间未到，尚未开工。

十二时，由水车处动身返城，午饭又假华北楼公宴任处长及随车四人。二时半返寓休息，始知上午田旅长曾数来电话邀请，因即趋访，又不遇，只由刘科长招待。刘系师大毕业生，相谈甚畅，蒙赠《屯垦报告书》及地图数份，又谓已接省方电报，并已转往五原，此行当不致有何困难。

再返寓，"边闻通讯社"记者来访，谈约一小时。四时三刻，县府濮秘书来回访，又谈约三刻。

今日任处长已约定明日上午九时启程，因此又去华北楼用"最后晚餐"。饭后，想到明天要开始入半沙漠地带了，张女士特意去选购了一顶大草帽，别人无的可买，却异想天开跑到茶叶店里去要了一块"茶砖"，预备回去练习喝砖茶。走回寓所，已经十点，因为明天须早起整理行装，随即分别就寝。

今日寄颉刚师及顾起潜、冯伯平二先生信各一封，由张先生和我分别执笔，大意不外报告旅次光景。

十二日，星期日，晴

天气和昨日一样明朗，我们心里充满了快乐和希望！

刚刚九时，车已开到宾馆门口来，任处长自己走进来接我们，我们也已经收拾妥当，因为汽车地方小，又留下三件行李交妥给馆主，说从五原回来后，还要住他这儿。

车箱里装满了货，货上也坐满了人，我们硬挤上去，大家像对七巧板一样的对在了一块，动也不容你动一下。任处长最后一个也爬上车来和我们一块儿挤，留下和司机并摆的一个好座位让给了张女士。于是我们满载出了包头城，过城门时，大家一齐嚷着"低头！低头！"，好像真个怕谁的脑袋被碰了去似的。

因为是礼拜天，天气又格外好，我身子虽坐在奔驰于荒原中的汽车上，而心却早已飞回了两千里外的故乡。我好像又听见了那儿缭绕哄〔洪〕亮的钟声，伴着礼拜堂里的赞美歌，一齐荡进我的耳鼓，那首歌辞的起首是：

今日天光，格外朗耀，万户警醒，钟声徐起……

　　诚然，我已经不能再相信有上帝，而这种崇拜的意境，却还深刻的留在我心里，每逢一个阳光明澈的礼拜天，就会立刻想到那永远沉在一片寂静中的我的故乡，那儿有一座古旧的礼拜堂，礼拜堂的钟楼耸立于村中一切其他建筑之上，好些崇高的白杨围拱着它，秋风一起，永远奏着一种悲哀的调子，"华落……华落"直到每一片叶子都落在了地上。地上铺满了落叶，最多的时候连地皮都看不见了，于是我们一帮放学回来的孩子，把脚底的落叶一片片穿起，拖成一个极长极长的条子，拉回家去，那才美哩！……不，我扯得太远了，还得收回来写今天的日记。

　　车出西门而后，一直向西行驶，爬上一带极高的丘陵之后，眼界便忽然开阔出去。我们背向着太阳，迎面却吹来清凉而新鲜的风。朝阳洒遍了大地，天上一片云也没有。时而有一队队行旅的骆驼，在地边出现，缓慢而稳重的步伐，使人兴起一种前程浩浩无限之感。汽车路出乎意外的宽阔而平整，车行起来十分平稳，托托的声音惊起了路旁一种类似老鼠的小动物，满地乱跑，当地人不以为奇怪，我们却觉得非常有趣。我一个一个的注意看着它们，汽车一到，它赶忙爬起来跑，然而不过跑个三五丈的距离，忽然又停在那儿，支起前脚，挺起脖子，歪过头来看我们，真是神气十起〔足〕。据说有的大个儿的，也可以比上一只黄鼠狼。

　　路上不过一个村子，偶而望见前面一辆比我们起程更早的买卖车（大半都很坏，往往出毛病，中途而坏在路上是常〈有〉的事），于是我们的车又加紧了突击的调子，卜卜卜卜……几声，便赶了过去。这种竞赛，很能调节我们旅程的单调。我们一辆辆买卖车都"抛"了过去（赶过去之意），最后迎面却开过一辆同样的车来，双方都立刻停下，原来两车都是垦区的，而对面来的这辆车上却又正好坐了昨天我们过访未遇的河北新村段先生，这真是奇遇。他下了车，我也忙着跳下来，别人不方便，都没有动。他身躯颇为硕大，而举止十分谦和有礼，只寒暄了几句，并约定回包时再会，便又各自匆匆扬手而去，道路、人生，正是一个缩影！

车出包头约莫一百里，就行近了乌拉山的南麓，自是傍着乌拉山西进，直到快到垦区时才绕过去。南面和山并行的是黄河，因为相距尚远，眼睛望不见。这山河之间二三百里长的一段地带，便是穿进后套的孔道。

乌拉山系阴山支脉，绵亘约三四百里，西半山盛产松柏，以及甘草、麻黄等药材，并出皮毛。山脉尽处更有煤矿，为内蒙最富之山。然以地属西贡旗，禁人开发。西贡旗石王自去年因事受停职一年处分，政权暂时归由大喇嘛代理，日人以有机可乘，对大喇嘛势迫利诱，无不用其极，并假借其名义，培养势力，一则准备抵抗石王复任，一则扶植西侵潜势。西北腹地，也已经开始腐烂了，我们国人还尽只盲目嚷着"开发西北"的高调么？

还不到中午，晴空的太阳，便呈露了它的威力。我们开始感到大陆气候的压迫，头渐渐昏了，呆呆的低着，懒得动一动，胳臂的皮肤晒得发疼，于是把卷起的汗衫袖退下来，一直盖到手背。全车沉入一种死的寂静中，只有汽车马达声，依然突突的响着，拖着我们向前迈进。

下午一时了，路右出现了几间泥房，在阳光下反映着刺目的光芒，路旁停着几辆对面开来的买卖车，说这是打尖的地方了。我们勉强走下车，两只腿不消说都麻尽了。屋里坐满了人，大家只有躲到房荫影里去。这地方去包头几三百里，说是打尖之地，其实并无可吃，我们只喝了一点泥汤里镇出来的白开水，肚里也不觉得饿，早上那样精神焕发的我，这时一点欲望都没有了，只想早到区中一步，便是一步。一个人所能担负的天时气候影响的限度，真是太小太小了。

休息了不到一个钟头，大家又重新上车，太阳已经转过它的轨道迎面射过来，情形就更困难了。

我们整日沿着乌拉山的南麓走，现在已经快到它的西端了，沿路两种草渐渐多起来，一种叫做枳荆草，另一种翻译蒙古名子〔字〕叫做"大不幹"。行近山脉西端时，举首南望，遍地红柳。红柳是当地一种特产，丛生于黄河两岸，当是盗贼出没之地。

乌拉山西端叫做西山嘴子，绕过西山嘴子就走进了后套平原。后套平原，东西长约五百里，南北宽约百余里，近似一张弓面：阴山山脉环绕在背后（正北一带叫做狼山），正如弓背，南面是黄河，如果不是弯了一个弯，那就很像一张弓了。渠道便是引用黄河的水，顺着自然的地势，一条条向东北开去，泄水入山脚下的乌加河，再流入黄河。现在境内大干渠，有永济、刚济、丰济、沙河、义和、通济、长济、塔布、黄土拉亥、杨家河等十道，最长的一百五六十里，最短的也要五六十里以上，其他大小支渠三百余道。渠身几与地面相平，开口便可引水灌溉，这便是所谓后套水利。我们此来也就是要看看渠道情形和考察一下渠道开发的历史，不知能否如愿以偿？

且说我们的车转过西山嘴子，太阳也跟着西斜了，凉爽的晚风迎面吹来，我们的精神又都为之一振。车是一顺向着西北迈进，我们则巴不得一时赶到新村（这儿也叫"新村"）。快日暮了，任处长才举手遥遥指着东北一带说："那儿就是我们和硕公中的新村了！"他半颤的声调饱和了安慰、愉快和希望。

车从西北绕到正南，才驶入了新村的大门，停在东面一片空场上。我们纷纷跳下车来，拍拍身上的土，疲乏也好像跟着拍掉了，一种新鲜的空气包围了我们。

除了孩子们之外，我们没有看到几个人，很奇怪，过一会才知道成人们都下地去了。下车后只有一位职员曹君和一位工友来招待我们，把我们安置在处长办公室里。大家漱洗既毕，也就到了晚饭的时候。本来从省府郭专员那儿我们已经知道这里从最初就行的是集体生活，他们全村只有一个大饭厅，各家男女大小到时一块来用饭。于是我们也要求参加他们的饭团，可是任处长怕我们吃不下去，同时又因为我们已经饿了一天，因此特别给我们预备了饭食，并允许我们明天再去参加。

晚饭后，任处长因为自下车就有点不大舒服，留在屋里休息，我们自己走到村中去散步。

这儿一排排整齐而规则的建筑，我们早已在郭君的像片上看到了，那很像学校里的宿舍，东边一组，前后共七排，每排十余间，西边一组也是这样。中间一条宽宽的街道，一直向着正南全村的大门，门外直向正南又是一道计划中的大马路，两旁的树已经植下了，可是还没长起来。村四周绕以约一丈宽、丈五深的壕沟，掘起的土堆在里面像一个围墙，登上围墙，真是四顾茫茫，除去西北三里外一个叫做扒子补隆的村子外，什么都没有了。我们立刻觉得这边地荒凉中崛起的"新村"，这创建奋斗的精神，这崭新的社会制度的尝试，真是何等伟大的一件工作啊！我现在应该不必讳言了：这些新村的建设者大半都是九一八后东北抗日流亡的义勇军，此中详情不容我细写，只说他们在东北不能立足之后，经过许多困苦的奋斗，终由于朱子桥氏的援助，先成了一个"西北移民协会"，那宣言还是由陶希圣先生起的稿，以后又千方百计向政府弄到这块地方。他们是去年四月一日才移到这儿的，这一年中他们建立过三次村址，开了五十里的长渠，浇了二百多顷地，还筑了将近二百间的房屋。他们之间各种人材都有，有铁匠，有木工，有裁缝，有机器匠，有化学试验师，有大学毕业或修业的学生，还有忠实的农夫。诚然，在初来时，有不少懒惰无赖的分子也跟了来，运动罢工、捣乱，可是不久都被淘汰了。他们现在的生活已经上了轨道，而且在向着一种新的方向猛进。这一切都需要专文来叙述，这儿不多赘了。

再说，我们在村中散步，村民多半已经回来，只有五十多人尚留在数十里外黄河边的渠口上工作。他们在那儿搭建了房屋，一时不能回来。我们好像在梦中走入了一个乌托邦，人人的面孔都觉得可爱，我们走上去和他们攀谈，村里的几只大黑狗也跑来绕着我们。最后我们遇到受过大学教育的杨、迟二君，话题自然就从日常的工作和生活的状况转向到整个社会、整个国家以至整个人类的未来去。我们什么都不顾忌，长长的天，辽阔的地，一望无际的荒原，谁会想到我们在这儿谈这许多大问题！这实在有点近乎罗曼斯了。直到暮色完全笼罩了我们，冷冽的空气从四周没有一点灯火的旷野里侵来时，我们才彼此告别，真是一个何等可纪念的夜谈！

直到躺在床上的时候，心里还想着：只不过一年多以前这儿不还是人迹罕至的荒野么？

十三日，星期一

到今天晚六时三分为止，出发是整整一周了。

早晨一起，大家就嚷着去公共食堂用饭，但是还没等洗完脸，就已经传来消息说，人家的饭早在我们未起之前就用过了，现在必须下地的人都已经下地去，我们到这儿是连饭都赶不上吃的。

据昨晚所得消息，知道今天是阴历五月二十五日，正是蒙古人一年一度的赛马大会的日子，地点就在新村西南二十里沙丘中的陶赖图。任处长答应套大骡车送我们去，可是行前因为今天是星期一，村中要举行纪念周，我们自然非常高兴去参加。会场就是饭厅，我们到时已经坐满了男女老少半屋子人。开会如仪后，先由任处长报告村务的进行现状，次请调查团一人讲话，当由李先生代表致辞。会后大家立刻起身向陶赖图出发。他们都坐车顺大路走，只我自己和几位村民抄小路沿渠道步行而去。

我们出村门，一直向西南，阳光普照，万里无云。渠岸上草深没膝，蝴蝶翩舞。我们一边走，一边谈，畅心时引起一片大声的欢笑，向茫无涯际的原野里扩散出去，渐渐又沉寂了，消逝了，伟大的原野又重新恢复了它亘古以来的静谧。

行不多远，大车赶上了我们，任处长、李先生、张先生又都一齐跳下车来和我们一起步行。路上遇见好多骑马赴会的男女蒙古人，他们那种飘逸敏爽、怡然自得的马上英姿，使我们简直不能相信蒙古人是堕落的！

最终走入了沙丘地带，大家精神反倒勃然而起，索性离开正道，翻岗越岭的爬起来。遇到一个汉化了的蒙古人家，大家跑进去喝茶，其先我还不好意思，过后听说，你愈不客气，主人就愈高兴。进门先上炕，主人立刻给你煮茶喝，话可以彼此不懂，那一番殷勤招［招］待的意思，可完全流露了出来。我盘腿坐在炕里边，真是恍然如置身于世外桃源了！

喝完加盐煮的茶水，再继续爬，看看快十二点了，我们才来到会场。其实会场上一个住家都没有，只有一个脑包（脑包系译音，为蒙古人圣地的标识，用石块垒成圆圆的一个平台，径长不等，高约二三尺以至四五尺，上面蓬蓬的长满了一种植物），建在一个较高的沙丘上。沙丘南面架起了几个蒙古包，当中一个是喇嘛念经的地方。这时到会人已经很多，蒙古女人的装束，尤给大会增加不少光彩，她们满头首饰，一件花背心，最为夺目。有的胸前还托着两条粗粗的大辫子，那就更美了。她们彼此的礼节很周到，见面时先不说一句话，只是两人对面各屈双膝，同时把胸前挂的鼻烟壶（都藏在一个小布袋中）对换一过，然后再站起来，话就开始了。长辈遇见晚辈，则只换鼻烟壶而不屈膝。男人彼此也如此，不过不像女人那么"味道十足"就是了。

　　我还忘记说：我们才到的时候，先被让到一座蒙古包中，大家坐下来备受了一番招待，给我们喝了一些咸茶，又吃了一回炒米，这就当作了我们的午餐。村里人也早有还礼的准备，把一块茶砖送上去，主人也高兴了。走出蒙古包，我要给蒙古女人照像，她们妞妞〔扭扭〕捏捏的不肯站过来，还是让张女士陪着又加上一些首领人的说和，这才站好。可是第一张一照完，"风气"立刻为之一开，一打胶卷等时就完了。当我忘记了热，忘记了尘土，而忙得不可开交时，忽然一阵胡笳声从耳底传来，是正午十二点了，我停止了拍照，喇嘛念经的声音跟着送来，最后到了最精采的赛马的节目。手续先在脑包前鸣笳报名，然后从报名与赛的马中选出六匹最强健的分配给已经准备好的六个善骑的少年。不备一鞍，不悬一蹬，六个少年一齐翻上马背，并辔向正南二十里的黄河边缓步而去，然后从河边开始向回奔驰，以脑包所在地为终点，得第一的马主，则另赏骏马一匹。这次比赛情形十分紧张，从六匹马出发以后，全会场就布满了期待的空气，人人都挤到丘陵的顶上去，眼巴巴的向南望着，直到第一匹马跑回来为止。最先所望得见的还不过是一个黑点，可是这黑点眼看着一圈圈膨大起了，既来到面前，便又一阵旋风似的掠地而过。以后第二、第三以至于第六，我都没有看见，因为人都随着第一匹马蜂拥而来，混乱从新散布在会场上，直到开始打鬼为止。

脑包前的蒙古女人　　　　张女士与一蒙古贵妇马上留影

打鬼一幕，闹得实在凶：由一个四十岁上下、身躯伟壮的大喇嘛装扮起来，伴着一曲曲的音乐绕着脑包跳，时而用力把手中一把刀向脑包上蓬蓬的树丛投去，时后〔而〕坐下来，干些什么我却看不清楚，因为一层层的人围得真是水泄不通。但是等到人围得太近了时，他又撒疯一搬跳起来，提起一把大刀，直向周围的人身砍去，众人潮水一般倒退下来。这样重复演了好几次，这一幕才算完结。听说凡是被他的大刀碰上的，在未来一年中都可以避祸除灾。

最后一幕应该是摔脚〔跤〕了，但是我们已经等不来看，又累又饿，大家都想回去，于是我们分程返村，到村已经六点了。晚饭仍然分食，饭后没有作什么，因为人人都太困惫，遂各自就寝。

十四日，星期二，晴

我们定规下午三时仍由村中汽车送我们到五原去。

晨起拍了几张照，又看着牧者把一群群的猪、牛、羊和马放去之后，才回来用早饭。饭后我们开始上课，由任处长口述新村创办的沿起和建设的经过，五人匆匆笔记。讲毕已经十点多了，任处长还要亲自带我们去参观村东南三里许的乌梁素海，这个海子是颇值得叙述一下的。原来后套各渠从黄河引水溉地而后，又都泄进北面狼山脚下的乌加河。乌加河本是黄河故道，上游还和黄河相接，下游已经淤断不通。它河身承受各渠退水之后，沿山而下，来到现今乌梁素海这一带洼地，遂积成一片浅海，就是这个乌梁素海，面积的广袤，视四季各渠泄水量而损益，夏季水大，四周的低地都被浸在海里。去年听说，因为水大淹了五百多顷地，所谓后套水患，就是因为排水无路所致。前者建设厅曾由乌梁素海南向黄河开了一条四五十里长的退水渠，但是套内各干渠进水的宽度合计二百余丈，而退水渠宽不到十丈，泄水不畅，故仍不免渠水泛滥之患。所以今日欲复兴后套水利，疏通渠道固属必要，但是排水设计尤是先决条件。

且说这乌梁素海所以引起我们的兴趣，还不只此。当我们在省城时就听郭专员说这海是如何之富，产鱼如何之多。昨夜村中人又向我们说，他们春夏之交，乘着木船去浅海草丛中捡拾各种禽卵，一次可拣到二三百，载回来一缸缸淹起来当作饭食。冬天冰上去打鱼，凿开一个冰口，就如探囊取物般把一条条冻僵了的大鲤鱼从水里拉上来，如果下网去打，那就会不计其数了。我们听着入了迷，像是置身在飘渺不可置信的童话中。

如今任处长要带我们去看海，大家都喜得什么似的，好像我们在去证实一件离奇的故事。走出处长办公室，村中鸦雀无声，村民多已散布到田野去工作。我们出村，一直向东南排成一个纵队，在田塍的草丛中前进。不多时就到了海边，水已经退了，草长得很盛。我们再向里走，从遥遥的北方芦草中望见了一对雪白的大鹭鸶，拔着长长的腿，在那儿寻食，那种怡然自得的神气使人羡慕又嫉妒，我们一齐扯高了喉咙大声嚷，它们却不慌不忙驾起了那一双翩翩姗姗的大翅膀更向东北飞去……这种情景，不知何以忽然使我连想起 Storm 写的茵梦湖来：赖恩哈在到茵梦湖山庄去时，除去层楼丛树之外，不也是这样一幅景色么？大家起始归途了，我又独自落在后面坐了一刻钟，面对着这原野的静谧，一切思虑都化归乌有了。

返回新村，已经午饭时间，我们这最后一次饭，才被允许到公共食堂去参加。吃的是糜子饭，村里几位职员（其中一位于先生，是李先生的旧同学，现任化学师）特意请我们吃乌梁素海的鱼，味道之好，远在包头吃的那条清蒸黄河鲤鱼之上，然而那一条鱼的价值，可以在这儿买到同样大小的好几十条。

午饭后，乘行前的空暇才来正式参观新村各部的情形，从学校起，经过被服组、木工组、铁工组、村民住舍、职员住舍一直到医药室、公事房，规模虽不大，组织设备却很周到。最后我们回屋，一面收拾着行李，一面又请任处长把他个人奋斗的历史讲给我们听，由张、李二先生笔记下来。一个作人的楷模，我这儿却无暇叙述了，这样的人在历史上是不能任其湮没无闻的。

三时起身向五原出发，任处长陪我们坐车到村西北三里的扒子补隆，这儿有一所内地会教堂，历史已经很久。该教会原亦经营当地渠道，甚有成绩，其后收归官办，遂致湮废，今虽再归民间，而效用迄未恢复，良可慨也。至于扒子补隆与和硕公中新村，也还有一段可说的因缘在。原来去年移民初到之前，新村尚未兴建，一切公务都假该会房间办理，得到教会援助甚多。任处长本也是一位极忠实的基督徒，一生事业自谓都是以博爱、牺牲、革命的精神为出发点，他说过一句很有趣的话是："当我领洗入教的那一天，我就开始向教会革命了。"他在东北几十年来，由教会而青年会，由青年会而跳进社会，凡他足迹所至，都撒布了革新向上的种子。最后九一八事件爆发了，日人的武力压迫到吉、黑二省来，他率领同工，又组织了救护队，终日奔波于枪林弹雨中，营救慰问，不遗余力。直到最后连救护工作都不能进行时，他便爽性率领了同志，直接冲上前线去。我实在按捺不住，不过最聪明的还是暂且少写，只说他率领同志遭遇到和其他义勇军同样流亡的命运之后，海内无立足之地，只有跑到这边远的荒原来，从头干起。说他是五十岁开外的人了，谁肯信呢？我们一块去拜访了教会里的一位美国青年牧师李德洪（A. Godfrey Lindholm）和他的夫人之后，任处长又一直把我们领到村西南一个密密的丛林里去。我们在北平也没遇到过这么密的树林，那就莫论西北了。树高而细，上面蓬蓬的树头都结在了一起，抬头看不见天日，只有一丝丝阳光从树隙中透下来。大家走到林中，都有些阴森之感。任处长忽然停下来，用一种低沉而郑重的调子向我们说："当初我在这儿办公时，每遇到力不能胜的难处，便独自一人跑到这个树林中来，暗暗祈祷，有时幸得一瞬间的宁静，以往困苦奋斗的生活，却又会立刻涌到我的眼前！……"我感动极了，拉他到一处太阳光较多的地方，给他拍了一个半身照。

时间不容许我们再留恋，重新登上汽车时，已经四点多了，我们热烈的向任处长挥手告别，去了！去了！但是这位奋斗的长者却在我们脑子里留下了一个无法磨灭的印象。

车上人少，路又难行，颠波〔簸〕得着实难受。我一向不服劳苦，这次却第一个头昏起来。车箱后面并摆着两只大豆油篓，一股股油腻腻的味，直向我鼻孔里冲，想呕却呕不出来。幸而李先生和我换了靠前面的一个位子，这才渐渐好转起来。

快到五原城时，天忽然阴上来，跟着一阵冷风，像冷水一样从身上漫泼而过，温度等时降下，我们起始想到本地"早穿棉衣午穿纱，抱着火炉吃西瓜"的谚语，真是一点都不错。

把车驶进五原城的南门，已经是晚七时了，我先下车去访问王乐愚先生的住处。正在打听间，乐愚先生却从人群里走过来，我不认得他，可是看他那修长的身段、高高的前额、行止温文的态度，觉得不会是外人了，立刻迎上去，互道姓名，果然不错。他极冷静的领我到水利局前的一个空宅里，随后车也驶过来。房子早已备妥，而且昨天乐愚先生和王县长（团友）还直直等了我们一天，因为他们十一日就接到了包头方面转来的省府电报，预料我们昨天会到，没想到我们会在和硕公中耽搁下来。

住处非常方便，一个独院，五间北上房，东西各一套间。张女士一人住西套间，李、张二先生住东套间，我住中间大厅管看门。还有西房两间，住着一位听差，供我们指使，据说这就是从前的县党部。

本团团员与王乐愚先生合影

我们一面收拾行李，一面和乐愚先生谈着学会里的情形，这次学会能举办一个河套水利调查团，最初还是由于乐愚先生的怂恿。正攀谈间，王县长也来了，大家又互道一阵寒暄。王县长中等身材，年在四十岁以上，是福建长乐人，和蔼宽厚，的是一个亲民之官的样子。

　　已经是上灯时节了，乐愚先生早已在会元芳预备下饭，由王县长和水利局一位王亲臣先生作陪。我们既投奔乐愚先生而来，自然也不客气了。席间县长问起了我们各人的履历，一说都是燕京人，他高兴极了，很得意的摇摇头说："那，我们还有点关系呢！"乐愚先生立刻不慌不忙的接过去说："王小姐就是燕大的学生，昨天刚刚赶到这里，比你们只早了一天。"我们也高兴起来，但是提起名字，却很生疏，因为她是医预二年级，隔行太远，学校人又多，也就算不得太奇怪了。

　　饭后已不早，王县长坐自备轿回旧城去。原来五原也分新旧两城，新城在旧城东南约三里，本为当年乐愚先生家里所经营的隆兴长所在地，后来日渐发达，买卖和人家都聚集了来，形成这个新五原城，其实历史是比旧城早的。王同春先生独力开辟第一条大渠——义河〔和〕渠——就从新城里斜穿而过。今日的水利局就是当年的隆兴长故址了。县衙门还在旧城，可是王县长还兼水利局局长，所以上午在旧城视事，下午到新城办公，天天都是如此。和硕公中的大汽车就停在了局子里。

　　五原到了，去北平两千五百里路了，路途上经历的困难，愈法〔发〕陪衬出今晚心情的安恬和慰贴。几只新燃的蜡烛在大屋子的周围，摇摇晃晃的照着，倒多少带来一些异乡的情调。朦胧中我们都渐渐入了睡，这是自北平出发以来第一个安定的夜。

十五日，星期三，晴

　　张女士病了，嗓子有点痛，大概是昨天路上那一阵变天，受了一点凉，不过还不太利害，大家也就放了心。张女士还算十分健壮，否则这样艰苦的旅途，早就会畏缩不前了。李先生和张女士的父母本是至交，此来也算负着一半家长的责任，照顾也格外周到。

吃过早饭，已经九点钟了，乐愚先生走来，先陪我们乘大汽车到东门外去参观绥区屯垦督办办事处附设的农事试验场，预备归途再去拜访办事处郭（维藩）处长与吴（象山）副处长等位，大家都去了。

出东门向东南走了不到一里路，就来到了试验场。场长张化若先生是法国勤工俭学生，我们沿途已经听见了许多关于他在这方面改良农作物的成绩，乐愚先生又连连称赞他说："真是一个人才，真是一个人才！"我们急想见他，他却正上班，去人把他请来，谈话就开始了。他人极刻苦耐劳的样子，很和蔼，逐项答覆我们的疑问，条条有理。该场现有学生五十余人，二年期满，即分发至各兵垦中心（以"乡"为名）为指导员。谈话还没有终结，张女士病忽然转剧，我立刻陪她向张场长告别，乘汽车送她回来。她嗓子痛得很，我断定是昨天路上着了凉，于是拿了一粒阿斯匹灵给她吃，让她安安静静的躺下，我又跑到街上去买了一些白食盐回来，拿白水冲开，权作漱嗓子的药水，一直忙了半天，她才好好睡下。我一人坐在外面大厅里，沉寂而凉爽的空气自四面侵来，想到这时在北平还正是溽暑，不觉长长吐了一口气。于是我看书写字，又恢复了日常书室里的心情。

直到下午一时，他们才转来，办事处也没去，一人累得一头大汗，原来这儿外面的正午也是热的。张女士睡得正好，我们没有叫她，把门反带上，匆匆跑去吃午饭。

饭后归来，大家都累了，各自去睡午觉。约莫三点钟光景，忽然有人来叫，说是县衙门里的王小姐来了。我睡在外间，第一个爬起来，匆匆整理了一下就跑出去。王女士（玉彬）恰好刚进门，我迎她走进上房，李、张二先生也都起来了。刚刚落座，张女士听见消息也勉强起身走出来。很奇怪，彼此都像没有见过面似的，不过谈起话来，可就熟了。第一王女士才到燕大时，正是赶上张女士的令姊玮琦女士任新生招待委员会的委员，人生地疏，很得她帮忙，因此成了好朋友。姐姐既是好朋友，妹妹当然不能算外人，于是就"一见如故"了！

谈话一直到五点，病人的病好像轻了许多，于是大家相偕到水利局去谒王县长。不久，乐愚先生亦到，遂又一同转赴绥西屯垦督办办事处，首由吴副处长招待谈话，未几，郭处长及李（子义）科长亦相继而至。彼此谈起到百川堡（在临河，为兵屯中心之一，因阎百川氏得名）的路途，因渠水盛涨，汽车不能通行，如乘骡车，则往返转需时日，遂改于明晨赴城西十里之负暄乡一行，后套其他兵屯中心，大致与此相仿，可择一以例其他，辞去时已近六时。

晚饭由王县长作东道主，地点仍在会元芳，除去王女士外，到席的人和昨日一样。

是晚张印堂先生率领清华地学系同学四位亦赶到，下榻同心客栈，他们因为沿路耽搁已甚多，不能久留，约定明日同游负暄乡后即先期返平。

十六日，星期四，晴

张女士的病，大概是因为昨日下午累了一点，又似乎转剧了，早晨一直没有起床。李先生和我正在计议着分班留在家里作看护的时候，王女士又匆匆跑过来，本来她也约定和我们今日一同去负暄乡，但是看到朋友病的样子，她决意不去了，为的是好替出我们来去尽情的参观，她倒留在寓中代我们作了看护。

早七时还是用和硕公中送我们来的大汽车，一直向负暄乡出发了，办事处吴副处长和李科长亲自来作向导，水利局王亲臣先生以及清华师生五人亦同行。

出五原城西门一直向西行，路尚平稳。约二十里至沙河渠，渠水正涨，几与两岸田地相平。又二十里至新皂河渠，过渠北行约一里，遂至负暄乡乡公所。屯垦该处者为陆军第三十四军七十师二百零五旅四百零九团第一营一、三、四三连兵士，分筑城堡于乡公所周围。乡公所建筑极整饬有序，很足以表示军人精神。大门两壁上分书"屯垦实边，寓兵于农"八个大字，虽然是一句老话，却也正是他们工作的目的。至于"负暄"二字也和百川堡一样，是由于在此屯垦的第一任营长邓负暄氏而得名。不过现时邓已升任团长，继任者为王营长，最近王营长也赶到太原去受训。乡里的事务统由现任第一队队长刘常荣、第一连连长赵鸿湘以及副官刁芸亭代理。因为事前他们已经接到办事处的来信，所以我们刚一下车他们就迎了过来。在所里略略休息了一下，即刻出发参观，前后所到计有下列各地：

1. 合作社　在公所东南，分信用合作社及生产合作社两部，前者经营贩卖各种日用必需品，后者复分榨油、纺织、酿酒、制粉四大部分，设备都很周到。酒糟用以饲牛，名曰"糟牛"，粉渣则用以喂猪。

2. 菜圃　菜圃更是在合作社东南，沿着新皂河渠的西岸，灌溉非常便利。本来后套地质不宜菜蔬，近年来经过改良，才有这样大规模的种植。园子里种的有韭菜、白菜、黄瓜、茄子、莴苣、辣子、大葱、烟叶等等，这其中辣子最惹我注意，因为记得在归绥时，一盘辣子鸡被饭店里要去了四毛多钱，因为那儿的辣子都是北平运来的，每斤也要卖到四毛钱。后套居然能有辣子吃，不是出乎意料之外么？

3. 林园　由菜圃北端过桥，沿渠东岸一直向北约一里路便是林园，在后套造林和辟荒同等重要，不但可以调节气候，而且更可供给木材。现园中植有柳、榆、杨等甚丛茂，高自五六尺以至丈余、二丈不等。

从林园折回，又转到公所之西参观了兵士住所、公共澡堂、油房等处，规模虽都不甚大，而处处整饬有序。兵士现在多已开发到各牛犋去，要庄稼收割以后才能回来，所以各连兵士的住舍都是空空的，连屋子里都没得进去。

在以上参观中，偶而遇到很有意思的一件小事，我觉得不妨在这儿补述一下，就是当吴副处长及李科长陪我们去参观菜圃时，刚刚走到中央，正在那儿赤臂跣足埋头忙着的两个园丁，忽然一齐站起来，爽爽捷捷向我们行了一个军礼，当时使我很惊异，过后才想起他们本都是士兵改行，虽然改了农人面目，却依然保留着军人的本色。这一点很可以代表今日负暄乡所给予我的一般印象。

参观毕，即回公所午餐，饭菜一概由兵士预备，十分可口。饭后又喝了一回茶，才起身返城，临行还送了我们两瓶自酿的酒，我们高高兴兴带回来，乡方的招待，真是无微不至了。

下午一点半赶回城中，本打算再赴城南觉民与敬生两乡一行，只以时间有限而汽车又急于归程，遂罢。清华师生五人则乘机去游乌加河了。

王女士因为明天要转回归绥，所以正午就走了，张女士的病稍稍见好，但是有了昨天下午的经验，今天不再让她起来。晚六时又蒙郭处长邀宴，我们便只有把她独自一人锁在家里，过后给她买了牛奶和鸡蛋糕，当作了晚饭。

今天下午是我们大家第一次得着好好的休息。

十七日，星期五，半阴

生活渐归安定了，十日以来潜积的疲劳也渐渐感觉出来，我们的精神与力量都已经预支了不少。

早晨起得太晚，王女士和清华五位早在我们起来之前就走了。我们吃过早饭，把工作分配了一下：由李先生和蒙君留在家里整理材料，张女士依然让她休息，张先生和我则一直跑到义盛公去找乐愚先生，请他把后套开发的历史据他所知道的讲给我们听，由我们笔记下来。

讲话的房子很小，安静得很，阳光透过云层，洒在半边纸糊的窗上，显得柔软而无力，很像故都秋暮的样子。乐愚先生多少有点嗜好，斜躺在烟榻上，喷着一圈圈缭绕的云雾，带我们回到同治年间后套开发的历史去。他极善词令，声调缓慢而幽扬，因此记来也格外容易（所讲内容将整理成专文，故阙）。这样一直讲到下午一点，我们才告辞而去。

回家吃过午饭，又各自休息了一下，看看快四点了，四人又一块回到义盛公，继续上午讲下去。张女士仍然留在家里休息。

五时半，乐愚先生约我们一同去吃晚饭，路上遇见清华同学因为半路汽车毁了，又折回来，弄得满身是土，恐怕我们回去时也免不了弄成这个样子。

饭毕，又继续讲后套开发史，一直到夜十时半把应该讲的全部结束了才回来，预备明天另起一个新题目。

十八日，星期六，半晴

早起四人同意去旧城回拜王县长，这是应当的理数。七时半我们就出发了，绕出城北门就望见了旧城，一条大路一直从新城北门向西北斜通到旧城南门，沿路一个人家也没有，荒凉的情景是内地少见的。既走进旧城，那一城残破凋零的样子更出我们意料之外，好像刚刚遭过兵火，又好像顿时破落了的大家户，清冷的北风迎面吹来，更兴起不少悲凉之感。新城因为汽车路和义和渠的方便，虽然后起，竟取旧城繁华而代之。事实上虽只三五里之差，而影响所及却不可以道里计了！

拐了几个弯，没有遇见一个人，经了一个警察的指示，我们才找到县政府。县政府的建筑，残破凋零，一如其城，好些泥瓦匠正在那儿忙着，像是要动工兴修的样子，近来因为水涨，排泄又不通畅，王县长已经起早赶到沙河渠上去，在那儿督工防御，以防漫淹，我们也就只好颓然而返。

他们三人沿旧路回去，我则一人出南门直向正南而去，跑到新城西门拍了一张义和渠破城而入的照片，又逛了一回大街才回来，他们却早已到家了。

我们回到寓所之前，张女士已经起来。十时半，我们再去找乐愚先生，她也强病偕往。今日开始讲一个新题目，可以暂定为"王同春开发后套的经过"，日后也是需要整理成专文的。

下午一时返，午饭，休息。

傍晚时，四人复出城北门，正北行四里许，至王同春氏祠堂，建有院落一所，北房、西房各三楹，北房设香案，墓即在案后。案上供王氏神主，文曰：

清赏戴花翎即补都司农商部水利顾问显考濬川府君之神主

孝男喆英、鸿景、玉琢等敬祀

按，王氏生于清咸丰二年（一八五二）三月十日，卒于民国十四年六月二十八日。因为他开辟后套有功，所以当地关于他生前的神话传说很多。

香案上还设了一个神位牌，文曰：

供奉绥西河渠总河神王君同春之神位。

也可见他死后声名之大。一直到现在,每年六月二十八日还要在祠堂前面连着唱上几天戏。去年是他十周年忌辰,乡人送了好些联屏之类,现在还好好挂在祠堂里。香案上本来还供着王氏一幅烧瓷的半身像,最近藏在油房里,我们临去时,嘱咐守祠堂的人,叫他明天正午务必要把像送来,我们还要来照像。既返已近八时。

晚饭后,复过访乐愚先生,他以水利局有紧急会议,未得续讲,我们也只好返寓就寝。

十九日,星期日,微阴

因为行期有限,我们决定再继续分头工作。

晨起后,李先生和我因为要到城南十五里之四大股庙去找一通碑,所以先去吃了早饭就出发了。

走出城南门,直向正南而去。太阳透过薄薄的云,照在身上,倒有些暖煦煦的意思。轻微的南风迎面吹着,一片片胡麻开满了一层浅蓝色碎细的小花——我想,如果这要照在灿烂明丽的日光下,那就应该更美了。偶而遇见一两个商贩,却不见一个行旅。前后穿过两道渠,就望得见四大股庙了。庙也和城北的王氏祠堂一样,孤伶伶的立在荒野中,不过这儿有成荫的树,有很讲究的建筑,情形和内地也就相去无几了。

四大古庙内景(正殿及东西二偏殿)

　　所谓"四大股"是指着最初合股开渠的四家而言，王同春是其中之一。原来的庙址很小，后经王氏重修，才有了现在的规模。庙正殿前廊东壁下有光绪二十八年立"重修诸神庙并开渠筑堤碑"一，系商隐王建勋（露峰）氏撰书，我们这次便是为寻此碑而来，兹将碑文转录如下：

　　　　粤考河套地形建置沿革，唐虞以上莫征，夏禹裔孙淳维者，因寒泥乱夏，避居雍、冀之北，逐水草而生，即今蒙古也。商周时，九州外蛮夸荒之地，各君其国，各子其民，内外安谧，人情淳朴，无兵甲之争，干戈之惨。秦时戎狄渐次强盛，始皇筑长城以拒胡。是时河套属蒙古无疑。汉兴，匈奴更强，冒顿单于与汉和亲，河套乃关中粮原，属汉可考。光武中兴，玉门关外皆入版图。河套密迩边围，岂拒外方。晋五胡云扰之际，北边一带，朝燕暮秦，无籍稽考。隋文混一疆宇，九夸臣伏，河套仍属中国。唐太宗时，颉利来朝，胡越一家，命张仁愿河北筑受降城三。河套亦山西粮原。唐中叶，朔方置节度使，沙陀居左臂，唐末为李继棒〔捧〕所据。宋兴，又为赵保吉所集，号西夏矣。元以蒙古入主幽夏，燕然山后，尚置郡县。河套距边匪遥，置郡县无疑。明太祖定鼎金陵，天下大定。文皇出塞三次，边外虽为元裔游牧，乜〔也〕先、木〔本〕雅失里、阿鲁台，时叛时和，花马城设有总兵，河套实隶陕西。俺答议和，河套世为百姓耕种，世宗命总兵移镇榆林，边外尽入蒙古矣。百姓春种秋回，谓之"雁行"。大清龙兴，中外一家。康熙三十六年，初定蒙界，界内人民耕植，界外蒙古游牧。是时海宇清平，刁斗不警，孳生蕃庶，内地即人稠地狭矣。民人越界开垦耕种，私放私种，常启争端。道光八年，奉特旨开放，缠金招商耕种，达赖、杭盖亦将河套节次开垦。是地距河咫尺，开渠浇田，咸仰黄河之水，数十年来，商人不啻千百，屡开屡淤，工巨利微，几成荒土。光绪初年，有直隶顺郡王公讳杰者，偕子同春公子濬川者来游是地，见大河萦绕于前，福山钟灵于后，草木蔚然，地皆膏腴，寥寥水田，渐成陆地，喟然叹曰："前之商人，不谙地势水性，所以开之易，淤之亦易。"彼时地皆有主，无听其言者。山西交城商人张公振达，独具双眸，邀请同春公至公中酌议重新开渠之事，公即应允，度其高下，即为兴工，不数日工人鳞集，遵夏禹王导河之法，仿神李冰开渠之规，渠口广狭合度，支渠深浅得宜，高不病旱，卑不病涝，耕者数百户，咸获其利。二十年来，不知歉岁，家给人足，老安少怀，虽籍〔借〕二仪之造化，实资一人之经济。从前四大股创建诸神庙一所，是时草创，茅茨土阶，规模迫隘，十余年来，风雨剥落，渐就倾圮，春祈秋报，咸为嗟叹。于是诸商人及地户咸请于王公曰："自公开渠筑坝以来，地户都已富矣，庶矣，非神冥冥默佑，其何能斯？神籍〔借〕人力，人籍〔借〕神炙，牺牲既诚，粢盛既洁，惟庙倾圮，无以妥神炙，无以慰民心，盍修乎？奈工程浩大，非独力之事，盍募乎？又鲜将伯之助。"王公慨然曰："是余责也。"乃卜日鸠工，将旧者折之，廓其形势，修建正殿三楹，内塑伏魔大帝，左火德真君，右兴水河神。东偏殿三楹，内塑药王神、马王神、牛王神、龙王神。西偏殿三楹，内塑鼋神、奶奶大仙。东西禅房各三间，山门一间，左右翼以钟鼓二楼，乐楼一座。神龛金妆。兴工于乙未，落成于戊戌，三年而工始竣。广其旧制，宏其规模，虽非珠璧交映，实金碧相晖矣。虽属人力，实赖神佑。蒙地召多庙少，数百里□有。开光之日，蒙汉民牵羊献牲，络绎于途，抑觊神人以和雨旸时，若佑此一方，物阜民安，尧天舜日，其河套乎？是工也，其需钱五千缗有奇，并无由外募化分文，咸王公鼎力乐施，可见王公善人是富矣。天赐公石麟五，长宏，字汪洋，次璟，字浩瀚，三、四、五子尚幼，未命名，天之报善人亦巧矣。余游是地，观其渠道之规模，即羡其人之经济，诸地户将公开渠修庙之缘由，详悉于余，命余记颠末，寿诸右以垂不朽。余本无衣，见诸人之诚，不获辞，爰笔而为之记，是为序。

时至今日，殿宇神像完好如初，但不知何时又增辟东偏院一所，建殿塑像，规模也很可观。据守庙人说，当我们初到的那一天，这儿还正在搭台唱戏。我们不知道，否则一定来看戏了。

归途上南风转大，我们一路在灰尘中奔回五原城，到寓已十一时半。张女士一人留在寓中，病是渐渐好了。张、蒙二位去乐愚先生处，还没有回来。这时我本想乘机再去城北祠堂一行，因天气转热作罢。

迄下午一时，张、蒙二位仍未返。我即赶往，看他们讲得津津有味的样子，反倒不愿意打断他们了。这一念慈悲，直等到下午四时半才吃了午饭，这样他们终于把预定要讲的都讲完了。

晚饭随随便便吃了一点，饭后大家计议工作大致已毕，只有乐愚先生所藏旧时《后套渠道图》一幅明日便可临摹竣工，其他最近渠道图数十幅，允为腾〔誊〕摹一份寄到北平，五原没有再需停留的事情，遂决定以明日回拜各当局，后日启程返包。

二十 [一] 日，星期一，晴

是最后一日了，心里倒有了一点留念的意思。

张女士的病完全好了，这是一件可庆幸的事。九时，全体一同到乐愚先生处，旋由人领导张女士和我〔去〕一块去访后套有名的云卿女士，张女士因受冰心女士之托，所以始终没有忘掉这回事。

她家住在南门里，院落很大。我们一进门，他〔她〕的长女素桃女士便迎出来。走进上房之后，才知道她昨天刚刚返回包头去，我们早来两日也就好了。如今我们只好就素桃女士询问了一些事实，由张女士笔记下来。知道云卿女士的丈夫张某（按即张振达之子）与王同春氏同年逝世，遗有三男二女。云卿女士本人曾因受三弟王英的连累，于民国二十二年被禁入狱，全部财产除去包头十数顷地和五原这一所宅院外，一切都被充公了。去年秋，司法部王部长来游绥远，三子素德，在包头饭店前迎驾喊冤，这才了此一段公案。虽然这样，还又多押了三个月才被释出狱。素桃女士说到这一件件往事，眼泪已经夺眶而出了。关于云卿女士个人所以声名甚大的原因，没有访问出什么，只问了她包头的住址，并蒙赠王同春氏照像一幅，遂告辞而去。

返回寓所，他们还没回来，我又一人转往屯垦督办办事处访吴副处长，预备问一些问题，恰巧他又不在，于是我乘机一人跑到城北祠堂去照像，赶去赶来，也竟花了一个半钟头。

二时，用过午饭，遂先后到办事处及水利局向郭处长、吴副处长、李科长及王县长去辞行。四时半返回寓中，事情都完了，剩下一些富裕的时间，大家去游五原城。沿着义和渠走了一阵，又转到大街上，顺手购办了明日路上应备的食粮。晚六时，王亲臣先生又假"会元芳"设宴饯别，到席的除了一些旧人外，又添了一位方自临河转回五原的前水利局秦局长，现任五、临、安水利视察主任。他对后套水利也极熟习，只是相见恨晚，已来不及长谈了。不过席间偶而谈到北山长城的遗址和五原、临河二县境内偶而在地下发现的陶器等等，这却大大惹起了李、张二先生吊古搜奇的兴趣，当晚他们便决定中止归程，继续西行。我们饭后回到寓中，又详细计议了一审〔番〕，以为他们此去是有益的，除去了访古之外，更可到临河视察视察后套最大的几个渠道。我因为要赶七月二十八日的研究院入学考试，不能再留恋，张、蒙二同学也决意伴我同行，于是我们从此便决定"分家"了。

议定之后，当晚又找到乐愚先生，征求他的意见，他以为后山交通不便，行路也有相当危险，可以不去，临河一行倒是值得。这样他们也只好放弃后山之行，只到临河去了。

几局〔句〕闲话，引出了这么一段枝节，真是意想不到的。李、张二先生，能即时打定主意，也算得"勇往直前"了。大家都高兴，安排明日去各奔前程。

二十一日，星期二，晴

因为要赶六点钟的汽车，所以天刚放亮大家就爬起来，纷纷收拾行李，似乎一种欣喜之感隐隐在我心里浮动着。

刚刚收拾完，王县长就来了，护兵手里提着大大一包东西，是给我们半路上打尖吃的，有鸡一只、鱼一条，以及猪肉、茶鸡子、烧饼、馒首之类。这样的关心，实非一般"应酬"可比，我们都老老实实的收下了。随后护兵又一直把我们的行李送到汽车站，王县长则亲自陪我们一路走来，到站的时候，秦培仁、王亲臣二先生都已经在那儿了。

汽车都已满载了羊毛，羊毛上面才许坐客人。我们爬上最后一辆车，只给张女士预定了司机旁边的一个坐〔座〕位。六时半了，车才出发，我们坐在高高的羊毛堆上，像是押货的人，连连向送行的人和李、张二位先生挥手告别，没有想到我们竟是这样分离了！

车开出五原城，一直向东南循旧路而返。马达扑扑的声音像患肺病的一样，我们真不相信它居然会平平安安跑下这一天来。

坐在羊毛上倒是舒服得多，但是中午而后太阳的威炎逼下来的时候，情形可就不同了，加之今天西风，车转过西山嘴子，一直向东行驶，卷起来的尘沙，都被西风拥到车上来，我们就像埋在沙土窝里一样，眼皮都不敢挤一挤，鼻孔里也灌满了土，一口大气都不敢喘。幸而午饭吃得好，精神还能支持得过去。但是行到最后四分之一的路程时，我们已经渴得再也无法忍耐了。路旁一个人家，车便停下来，我们跳下去，想找水喝，刚刚煮开一点水，便给车上的客人一人一口的分完了，我只好端起一碗泥镇的冷水灌下去，没等他们拦住，我已经喝完了。他们说怕得病，我说不要紧，无论喝下什么去，也会给这焦烧的太阳蒸发干的！

高度的热，把一切美景、一切心情都焚烧掉了，只是一分钟一分钟的挨过去，巴不得一下赶到包头。

夕阳西斜的时候，我们的车也走下了最后一带陵冈，向东望过去，便是包头了。远远的号声送进我们的耳鼓，使我猛然想起故都西苑的号声，心也就随着回了北平。

路旁一辆折了后轴的货车，合盘托下地来，驶车的人却意外的优闲，跑到路旁牛群里去挤生牛奶喝了。我们汽车赶到时，他又匆匆忙忙跑过来，嘱咐我们押车的人说叫行里赶紧打发人来修理，话还没说完，又去捧起罐子喝牛奶了。

车驶进包头时已经六时了，我们仍回到绥西宾馆。下车后，每人都尽量壮饮了一回，饭都不想吃，蒙君便约了我去洗澡，这在我还是出发来的第一次。

洗澡回来，云卿女士已经赶到，正在和张女士谈着。原来在我们还未到之先，她已经接着五原来的电话，知道我们今天赶到，所以特地找了来。她一副端正的面孔，中等以上的身材，讲话稳重而明朗，除去那一双小小的脚外，简直找不出一丝女人气。她能骑马，最熟习后套的地理，

张王云卿女士近影

因为自小受着严格的家教，精明而果断，颇承袭了先父的气质。
她曾这样亲自告诉我们说：

　　当初我父亲在世，是不许住在城里的。他说："城里人家
懒，睡得晚，起得晚，我们农人家要早睡早起，才能干出活
计。"后来土匪闹得凶，这才把家搬近城根去住，还是不许进
城，就和法律一样，现在不行了！（她叹了一口气）……

　　那时，一到开渠放水的时候，家里人男女、老少、媳妇、
姑娘都得下地去，或骑马，或坐车，或步行，偷懒是不行的。
冬天查河也是这样。回来以后，他老人家要一个一个的察问，
哪处水高，哪处水低，哪处水向哪处流，结冰何时，春水何
时，他老人家了如指掌，你想骗他是无论如何骗不来的……

　　吃穿要一律的俭省，家财到了几万贯，却不许花在吃喝
上。要吃菜，自己种园子；要吃面，自己磨米。好地让给人去
种，好市场让给买卖人去占有，自己事业都从头作起。绸缎不
许上身，他老人家一辈子两件马褂，还是人家送给的———件
是南神父，还一件是张季直……

她的讲话里深深流露着陶醉于往昔的情调，有音节，有感情，
我们虽然在疲乏之余，也竟听得入了神，直到她辞去。

　　昏黄而软弱的灯光照在她慢慢移动着的背上，送她出了房间，
向黑暗中走去。"唉，这一个创业者的苗裔！"我暗暗叹息说。

　　刚刚送走云卿女士，河北新村段先生的电话又来了，他也是早
一天接到我们从五原发给他的一封信，知道我们是今天赶到。我
把李、张二先生留在后套继续考察的话告诉了他，并约定明天亲
去拜访，再作第二次的新村访问。

　　这样，安排就寝的时候，已经十一点了。

二十二日，星期三，风雨

还不到五时我就爬起来，收拾着步行到河北新村去。本来我约蒙君同去，看他却睡得正熟，轻轻拍了他一下，他醒了，说头有点痛，想是昨天太辛苦了，只有留他在寓中一块和张女士等待云卿女士来访，我便独自出发了。

走出包头城，太阳刚刚爬上后山头，野外空气，正如内地的秋晨，有几分清朗，有几分凉爽，谁也梦想不到今天是会变天的。

我一直沿着铁路走，把一个个行旅都越过去，昂首前进，这是最快活的一件事，尤其是当你独自一人在旷野里奔驰的时候。

早晨的火车终于把我赶过了，它突进的调子，在清晨的空气里传过来，显得也格外健壮似的。我被落在后面了，只有含笑向它表示让步。

七时半，我已赶到新村，恰巧段先生已到水车上去，大概他是不会想到我会来得这样早，于是我又越过铁路，一直追他到水车上。

中途就望见了他，那魁伟的身材我是认得的，他的胸前悬一副望远镜，手里提一条手杖，正在引导一位客人参观。他望见我，也摆了一下手。我紧走几步赶上去，彼此握握手，又寒暄几句。他就先把客人打发回去，以后带我走向水车去。

水车今天开用，几个工人正在那儿忙着，拉水的成绩很好，地高水低的难困都解决了。

从水车一直返回到新村，坐到他的书房里，这次我才注意到他书架上的书，现在还留在我记忆中的有《苏联大观》、《义大利大观》、《新疆游记》、《新疆印象记》、《到青海去》、《西行日记》、《西北的剖面》等等，此外还有一些线装书和工具书之类，整整摆满了一丈宽的三层书架。

我们这次谈话的范围很广，一随兴之所至，不必发问，随想随说，故记来也非常困难，不过一种一贯的精神，却活跃的呈现出来。

我们大概从段氏生平讲起，中间谈到第二新村的建设，最后归结到广泛的教育问题，前半我想另文写出，后半我想附记在这儿。

段先生对于一般的教育问题也有他独到的见解，他对现行教育下了最痛切的针砭，大学毕业而失业，他在认为是说不过去的。他批评现行教育：一方面提高自己的享受，他方面鄙弃了劳苦的大众。他举了一个很简单的例子，说：中华书局常识教本上有一课这样写道："穷苦的老婆婆拾落叶作什么？拾落叶作燃料。"（录其大意）这一答一问，分明有两层意思：第一，读者自己不在穷苦线上，所以要发出这样一个无聊的疑问；第二，学生读过这课书，觉得只有又穷又苦的老婆婆才应当去拾落叶烧。在无形之中，学生生活享受的欲望、鄙弃劳工的心理就渐渐形成了，最终再费了加倍的力量，也不足以打破这样积渐养成的习惯与观念。教育脱离了现实生活的轨道，成了某一种人的点缀。普通大学里混出来的学生只等于"后台拿名脚价钱，出台唱不出好戏"。以往学校中过分的享受，反造成了今日个人的苦恼，这已显然成了一个社会问题。国家教育制度弄不好，青年也实在冤枉得很！

最近新村已在下手试验一种"合理的教育"，以实际环境作学校，日常工作作教材，有定量的劳作代替运动。说到这儿，他用手指着院里排好的石头说，这便是我们学校里的学生搬来的。

最后我们更谈到一般失学民众的教育问题，段先生主张从音乐与绘画两种艺术入手，一方面改编鞅〔秧〕歌，灌入新词调，一方面改良年画，发展新体裁。他更主张把一些谚语如"丈八灯台照远不照近""老鸦落在猪身上"等等，用漫画体裁画出来。最近他正从事绘制武训生平的连环图画，拿出一张底子给我看，是一幅很精致的作品。随后我谈到顾颉刚先生在北平方面主持的通俗读物和连环图画，恐怕和他正是不谋而同，回平后决计给他寄回一批来。

后山卷来的风雨声把我们从理想的教育中唤醒，我立即辞别，迎风登上归途。时间正是十二点，我算着顶快也须有一小时的行程，一场狂风暴雨的肉搏，看是无法避免了！

我摆起两臂，加大了步伐，低下头，像冲锋，也像越野赛最后一个 dash 一样，自己也觉得怪好笑的，迎风迈进。我想我是在给自己作戏了。

不，狂风飞沙不容你丝毫轻慢，刚过了半路，黄澄澄的风沙便迎面扑下来，如果不是有那条路轨，我恐怕路都要迷了。半壁躺在山上的包头城，掩没得无踪无影，这时我倒希望倾天一阵大雨，总比这样落在五里雾中好受得多。

果然，在我将近车站时，铜子大的雨点，迎面打下来，空气澄清一点了。我看见大马路上一群群行人，像败仗的逃兵，纷纷向城里跑，我也立刻越地赶上去，混进他们的行列，一直跑进城。到寓时，雨却停了，像是故意给我开玩笑。想起厨川白村说过"出去作一次旅行，总得遇上几件意外的事"，才觉得特别可纪念，这叫作"缺陷的美"。

走进院子，听不见一个人声，打开竹帘，蒙、张两位同学都一块向着我打手势，原来云卿女士和她一个侄女，因为谈话谈累了，正在套间里休息。

大家都还没吃午饭，就一直把饭叫进寓来。最终拗不过云卿女士，终归她付了钱。

饭后，三人继续围着听她讲，仍然是关于家事的多，关于她本人的少。张女士曾婉转问她为什么叫"二老财"，她极轻淡而含笑的说："没有什么，因为排行第二，又因为家里比较有钱，正如五弟乐愚，人家都叫他作'五财主'是一样的。"

四时半她去后，我们都累了，躺下去睡，一直到九时才醒来，真是精疲力竭了。草草吃过晚饭，预备以明日上午再游包头城，下午即乘三时半车去萨县新农试验场，五当召是来不及参观了。

外面又沥沥的降下雨来，正像秋雨。我趁着这凄清的夜写了两封信：一封给还在盼望我们回省城的郭文元君，一封给伍琼。在临来时，伍琼送了我一个装满了一些雪白纸页的大活叶本，第一张上斜斜的写着一行小字，说是送我绥远旅途上用的，告诉她我用了。

二十三日，星期四，微阴

清晨携来不少凉意，天还是阴着。

吃过早饭，三人一同到街上去，把昨夜写的两封信带去付邮，又买了一个胶卷，Selo 的牌子要到九毛钱，比北平贵到三分之一。最后三人同意去逛包头公园，没有什么好玩，坐在茅亭上谈了一回峨眉山，蒙是去过的。从茅亭又走到民众图书馆，参观了一下书库，除去一些通俗的读物外，还有一部开明铸版的《二十五史》、中华书局一些价廉的线装书，和世界书局一部分新出的铜版翻印的古书，也还像个样子。看看快十二点了，我们才起身回寓所。午饭后想休息一下，却无论如何睡不着，爬起来预备给颉刚师写一封信。但是信还是没有写完，云卿女士又来了，我们只好陪她谈话。她极希望我们明年暑假得工夫再来一次，她一定要带我们骑骆驼到乌拉山里去走一下，那边的王子是熟人，处处都能照顾得到。我们听了自然高兴，只不知道这未来一年中我们民族奋斗的出路如何了。乌拉山里据我们所知道的已经在潜伏着日人的势力，这包头城中的包头饭店便有日人常川驻在那儿，而且任性用无线电收放消息。现在我们的主权已经横被摧残到这个地步，明年此时又将如何呢？绥省当局抗战的决心虽不容置疑，力量薄弱确是可顾虑的。谈起明年此时此地，无端联想起国家大事来，觉得无论什么都罩上了一层灰黑的颜色。

两点钟了，我们起手打行李，叫车上站，云卿女士一定要送我们到车上，强她不过，只好由她来了。直到火车开了，她才回去。

车过碰口，遥见五当召横在半山腰中，只是看不十分清楚。

四点四十分，抵萨拉齐站，刚一下车，恰巧一阵狂风急雨打过来，我们跑到候车厅去避雨。半点钟之后，雨停了，我们的骡车也雇好了，于是直奔新农试验场——即新村——而去。

场址在车站东南十五里，是民国十八年阎百川氏捐资兴办的，骡车一直走了快两个钟头才赶到。我们远远望见新村的城堡，崛起于一带荒原中，很像和硕公中，却比那儿完整得多。我们很奇怪，望尽西、北两段围墙，却找不到城门。车路一直向西南角走去，一直来到跟前，我们才发现城门是藏在城角里的，连着拐了两个弯子，车才驶进城门，原来这也是为了易于防守而设计的。这一点很能代表我们此后在这儿所得的印象，他们处处都表示着一种"独出心裁"的创新的精神。

主持这儿场务的任建三主任和建设股长孙致远君、段绳武先生曾向我用非常赞誉的口吻介绍过一番，而且替我们写了一封介绍信。我们的车驶进城门，又向东一拐，顺着一条大马路向中心一带建筑区走过来，半路我便和蒙君跳下了车，穿过一片大空场，那儿正在兴建一座规模很不小的建筑物，后来才知道那就是村民大礼堂。

刚刚走到一个砖砌的大门前，旁边走过一位青年精壮的人物来，毫不动声色的问了我们的来由，我便把信递上去，直等过了一会，我方知道这就是那位多能多艺的建设股长孙君。他始终鲜言寡笑，表示他的镇静与长于巧思。

孙君陪我们走进大门，又穿过一进院子，才来到主任办公室的外面。门打开了，在薄暮中站在我们面前的是一位四十岁开外的中年人，修长的身材，风雨侵蚀的面孔，两颊深陷，不留长发，穿一套深灰色的制服，和一双农人鞋子，使我们乍一望去，再也想不到他就是任主任，更不会相信他是作过首都金陵大学农科的讲师的。我在段先生那儿听说他的刻苦耐劳，听说他每年只向公家支到二百几十元的报酬，却没想到他自奉节约到这个程度。过后听他讲起自己为人创业的态度，我还清清楚楚记得他这几句话：

要想作事业，须"穷终生，傻到底"，无人争穷，无人争傻，而且为了业事的成功，也只有穷才有办法……

我不能忘掉他给我那初见面时的印象，正如我不能忘掉他这几句名言是一样的！

萨县新农试验场办公室前留影

（一）正中为任建三主任；　　（二）左第一人为梁达新君；

（三）左第四人为建设股长孙君

我们把行李搬进来，又把大车留下，预备明天上午坐车去看民生渠，下午再送我们回站，在这儿住留的时间是极短促的。

东西刚刚安排好，已经是上灯时节了，这时外面又走进一位短小精敏的人物来，同我们很熟〔热〕诚的握着手，他北方话还说不十分好，经任主任介绍，知道是中央大学农科毕业的梁达新君，现正在这儿试验改良牧草。

脸都没有洗，我们便开始工作了。忘记了是作客，也忘记了疲乏，立刻请任主任给我们讲试验场创办的经过和现在发展的情形，我们三人分别笔记，一直到吃晚饭。饭后又继续讲，直到有人来催去睡觉，原来已经十一点半了。自出发以来，我们没有这样愉快而紧张的工作过。任主任并不善于词令，但是他诚挚的态度、用力的言语、条理清晰的内容，使我们不能有半点的疏懈，也不容有半点分心。他办公室内除去北墙上钉着一幅扩壁大小的透光纸画的全区地图外，我再没有留心到什么。他这一夜的谈话，我要采作一篇专文的采〔材〕料，这里不便多写了。

二十四日，星期五，晴

新村现在已经设立了邮寄代办所，足见他们发达的程度。在信差出发之前，赶完了寄给颉刚师的信，又加写了寄给李、张二先生的信。

早饭后，任主任先去带我们参观新村，学校、合作社、手工厂、城门、磨房、机器房，以至于羊圈、马棚、鸡室，处处都表示出他们创新的精神。至于正在兴建中的村民大礼堂，设计更妙，因为没有大的木材，由孙君设计，由一个中心为出发点，向东南、正南及西南分建了三列长房，中心正如手掌，三列房则比如第二、三、四三个指头。遇到开大会时，把讲座设在中心，听众分坐在三列不同的房里，却可共同听一个演讲，看一出戏。如果分开来时，则是三个独立的建筑，各有各的功用，比如说三班学生就可以同在三列课室里上课，谁也干涉不到谁。设计之妙就在它的经济、便利和实用。

新村参观完了之后，随即出发到民生渠去。任主任和张女士坐车，梁君则率领蒙和我骑马。骑马在我还是有生以来第一次，所以新鲜得很。选了一匹壮大的白马爬上去，却觉得坐也不是立也不是，于是梁君教我把纲〔缰〕眷拢紧，马头立刻昂起来，就颇有点威武的意思了。又教我两腿用力把脚蹬伸直，身向后仰，牢牢坐住，我这才觉得有点骑马的意思，不像才上来时，伏在马背上、手足无所措的狼狈样子了。

　　走到半路，任主任赶上我们，手指着我坐下的白马含笑说："你知道这匹白马是著名的匪首杨剥皮的呢！"这一下可使我非常兴奋起来。杨剥皮这名子〔字〕，是前天段先生才向我提到的，本来在一年之前，他还曾率领部下出没于萨、包境内，莫奈他何。去年投奔新村，解甲为农，赖于场方以身作则，潜染默感，在过来一年中他变成了一个最守分的农人，种地成绩非常之好。萨县的县长曾戏向任主任说："你简直是在玩老虎呢！"——这一些都是我从段先生那儿听来的，当时便很想见见这条"好汉"，如今骑在他的马背上，也觉得很得意哩！

　　民生渠和后套的渠显然是不同的，笔直的渠身和两岸高高的堤防，在后套很自然的渠道上是看不见的。我们沿着渠走，来到一座桥梁上，建筑比起后套蛤蟆草搭的桥自然科学多了，桥下便是木板闸，可以闸水浇地。不过现在没有水可闸，甚且有的地方已经晒干了底。整个干渠渠道自萨县、磴口开起，至托县沿黑河河漕至托县城南，复入黄河为止，共长一百九十余里，完成于民国二十年夏，先后花到一百余万元，曾是轰动一时的大工程，而如今却落得一条废渠，甚且当地居民竟以"民死渠"呼之。这其中的原因，据任主任讲，在工程本身是测量不够准确，渠身坡度太小，仅为八千三百分之一，即八千三百尺中，始降低一尺，故水来极缓，积沙甚易；同时董其事者皆为外人（系由华洋义赈会经理），诸事不免隔膜，工不易举，弊病滋多。在民生渠开凿的过程中，有好些人事是不必需的，如招雇外来的工人；也有坐失良时的，如不能利用农闲，这都曾使全部工程的进行遭受过很大的打击。复次二十一年之后，黄水盛涨，积沙过多，致将渠口、渠道淤塞甚重，结果弄成今日这个有名无实的样子。好在去年试验场曾酌量开渠浇地，还获了不少效果，一时临渠的乡民，印象又转好起来。最近各方因这道渠曾费了一笔巨款，还有继续整顿的意思，但是在国防紧张的今日，这恐怕还是一时不能实现的企图。

民生渠木桥上留影

我们回村吃过午饭已经一点半了，因为要赶下午四时火车东下，便急忙收拾行李，告辞而去。一路上我们的心里都是喜悦的，我们满足而且有希望，我们准相信明年再来时，这儿不知又换了一个什么新模样，不但萨县新农试验场为然，就是河北新村、和硕公中以至于绥西的兵屯，虽然其组织与性质各自不同，却无一不充满了创造建设的新精神，"拓荒"的名字，他们实在当之无愧了！而且最重要的一点，他们的工作不但止于土地的拓荒，还实在各自从事于一种新社会组织的尝试，并且一律有集体生活的倾向。尤其是任主任，他曾再三向我们提说他的最终目的，便是想假借新村作实验，要企试建立一个新的社会经济制度。以现代的眼光来看，西北还的确是尚未成形的社会，后套方圆那么大的地方，向来以富庶见称，而居民还不到十万，移民、屯垦、开渠，三者须并进，河套才有开发的希望，但是超出于这三者之上的，是我们将以何种人与人间的关系，来安定这儿的移民，来建立这儿的新社会，还要任其一蹈我们内地自然演进的覆辙呢，或是更有具体的开发移民与计划建设的方案？这个自然我们不能苛求于已有的这四个组织，它们还都是先驱的试验者，他们都要在新辟的荒土上建立崭新的社会，我们希望全国的社会学者、经济学者、乡村建设者，都能注意到这个问题，然后向中央政府直接供献他们意见，而由中央政府作一全盘实力的推动，这是一个太大的梦想么？不能，否则西北的命运也是不能止于像已往那样长期的荒废的，它的邻舍已经在沙漠里建立起二十世纪科学设计的大工厂了！新的社会组织也随其惊人的新生产力而俱来了！我们还在作梦么？

我们仍旧回到萨拉齐车站，乘昨日原车继续东归，在和硕公中和新农试验场，我都答应明年暑假来给他们作"小工"，不知此愿可偿否？在开始登上归途的那一刹那，我已经感觉到此行两个多星期实在太匆匆了，研究不到什么，只能算是找到日后一条再来的路，例如这次沿途都听得到天主教在后套水利开发上的地位与势力，就是这新农试验场附近"二十四顷地"地方，便是以一个天主教堂作中心开辟建设，简直造成了一个世外桃源，说来也很像欧洲黑暗时代寺院制度一样的意味。像二十四顷地这样的地方还不知有多少，是一个一个都应该予以实地的调查，然而这却不是一个大旅行团可以作得来的。只身徒步去，花上一两个月的工夫，才有可能。我们对自己这次旅行考察最大的希望也只能说是踏开一条来路而已，我们的"禹贡学会"是一定要把这件事继续下去才对。

车到归绥时，已经日暮了，想想十多天前从这儿才登上后套旅途时的情景，不是正如梦么？

车在暗夜中向东迈进，预算明早五时到大同。我们都努力求休息，预备明天去云冈谒石佛。

二十五日，星期六，晴

天边刚刚翻起鱼白色，车已来到大同了，看看表，正是五时。

急忙跳下车，天气有些冷，我们向岗警问了一个连升栈，便立刻由接站的人用骡车送到栈房去，地点正好在北门外。

大家是预备在这儿住一夜的，来到栈房，卸下行李，铺开被褥，却无心去睡。这时天色已经大亮，于是又洗脸换衣服，临时改定主意，马上吃早饭，即刻去游云冈。

洋车是栈房代雇的，每人一辆，一辆一元二角，我们没打价，立刻跳上车，进北门，出西门，穿过大同城，直向云冈而去。——忘记说：北城那几道重门，就真有点昔日"关塞"的样子了。

出西门，正西一条大马路，平阔坦荡，跑起来舒服得很。但是十几里后，一入武周山，情形就全然不同了。大路紧傍着飞流湍急的武周河（俗称十里河），是桑干河的一支上游，和我在西山背后所见到的它的下游差不多。因为雨水的冲刷，路极颠波〔簸〕不平，却饶有兴味。有时我们须下来步行，并不觉得辛苦。

山路向西南绕了一个大大的弯子，两山渐渐开拓出去，我们的洋车涉水而过，从河右跑到河左，又沿河行了几里路，就望得见云冈了。山低得很，颜色也不好看，但是我们一想到渐渐临近了这一千五百年来相传的伟大艺术时，又不免兴奋起来。

第二次过河又回到右岸，云冈石窟已经毕呈于目前，我们昂首直望，真是排山千孔，渐渐领会到一种不凡的感觉。云冈石质为砂岩，故极易剥蚀，原长连绵三十里的石窟，如今只有一里多长了，然而也足以使我们兴起一种景仰的心情。

　　我们把行囊安顿在山寺门前的一家小饭馆里，时间正是十一点，随即拾级而上，仰面弥漫着一种终古寂然的气息。找到一个颠脚僧给我们带路，他燃起一把香火，尽管往黑窟里钻，我们带来的电筒差不多已失去效力，但是反光线所及之处，无不有斧雕刀镂的迹象，我们是整个包围在艺术的空气中。我们都有一点同感，觉得大部雕像经过后世拙劣的修缮，必已损失了原来的形象，张女士只爱上了向门大殿里那尊菩萨的脸，临去时还特意去瞧了瞧它。

　　我们向右一个一个石窟走过去，因为石质太脆，山壁多已倾圮，结果大佛小佛一齐晒到阳光底下来，我们这儿才真正欣赏到这伟大艺术的本色。大佛几十丈，小者不过一尺，参差罗列，极尽神态，尤其是几尊大像，神彩奕奕，面孔上自然托出一种愉快之感，使我们不能不连声赞叹为艺术的巨制。蒙很欣赏洞口额上的杂雕，说有古希腊之风，我还特意替它摄了一张照。

　　山脚下陋屋麕集，欣赏的距离一点也展不开，心情拘束得很，幸而远处已经由公家兴建了一排新建筑，预备把村民移到那儿去住。果是这样，则游客可以站在相当距离之外，默然欣赏，那情景就多少有点霍桑幻想中 The great Stone Face 的意思了！

　　我们面向了这艺术的巨制，只悔恨自己缺乏艺术鉴赏的素养，说不出更多的话来。论者以为云冈石窟是六朝艺术的代表，而六朝艺术则直是开唐代洵烂的艺术之先河。不过我们瞻仰这北魏时代的雕刻，其作风之奇伟与朴质，实足表示一种新兴的活力，恐怕不是模仿来的。又或以为云冈的雕刻，直接受印度的影响，间接承受希腊、罗马的作风，又东传而影响于日本的艺术，则其在东洋美术史上的地位，又是莫可比拟了。

　　我们怀着满意与欣慰走下山岗，在原来的小饭铺里用过午饭，随即循原路而归。路上太阳迎面照耀，既热而又困顿。我把身子直躺在洋车上，睡梦里走过了这三十里的归程，不到四时已经赶回寓所。

本来是预备在这儿住一夜的，看看时间尚早，人人又都归心似箭，便立刻改定主意，稍稍休息了一下，便把早上刚刚铺开的行李又打起来，匆匆吃过晚饭，立时赶上车站。七时一刻车开了，我们的西北之行来到了最后一个阶段！

二十六日，星期日，晴

经过了一个漫漫的长夜，在明丽快活的晨光中，我们又重新回到故地。一切都别来无恙，再走进校门，只见湖水深了，芦苇长了，柳枝倒曳下地面，浓郁盛茂，正是一番深夏气象，是西北所决难见到的。

《禹贡》（半月刊）

北平禹贡学会

1937 年 6 卷 5 期

（丁冉　整理）

旅程日记

张维华　撰

七月二十一日，星期二，晴

晨五时起床，送侯仁之、蒙思明二先生及张玮瑛女士东返。返寓后，因水利局秦先生及王县长之邀请，遂由王乐愚先生宅，移居水利局暂住。

九时，由王亲臣先生领导，乘马游五加河。河在五原县城北约二十里，昔为黄河之故道，今则为后套诸干渠退水之地。后套渠道，纵横交错，马行渠中，水没腹上，不知畏缩，此为套马特殊之训练。十时，抵东城子庄。据言此庄之东，为古城遗趾〔址〕，下马后，遂同李先生到地寻查，意在寻获古代陶片及砖瓦等遗物，以为考验。即绕地匝行，但看野草与田禾交杂，平漠数里，无片瓦只石可得，遂怅然而返。意其地即属古城，亦因累年淤积，湮没地下，非表面上之视查，所可寻获者也。

十二时，留庄内一农家息休。农家刘姓，原籍山西河曲人，移套已三十年，置田数十顷，颇为富有。套俗，客人至家，即登炕休息，与妇孺杂居，不避嫌疑。家主烹茶敬客，进退如礼。刘姓有吸鸦片癖，其家中妇女子弟，亦多染此癖者，饭后张灯吸食，数时始休。此为套内之通俗，不足为刘姓病也。

下午四时，乘马至乌加河，河宽二三十丈，水流汤汤，犹可想见古时黄河之景象。津口泊小舟一，侯〔候〕渡往来客旅，舟人见余等至，自北面荡来，余等亦即下马登舟，同渡北岸。乌加河北去乌拉山二三十里，其间亦为一大平原，荆棘丛生，未垦之田甚多，其情形大抵与河之南岸相等。余等在河北岸，盘桓片刻，复登舟渡至南岸，旋复乘马沿河西行。津口西去半里，有王同春所建旧坝，长三四十丈，宽三四丈，南北跨河而立，盖用障水以灌田者。坝西岸，有渠道一，北行数十里，引乌加河水，溉田千百顷，此亦为王同春所凿修者。坝南凿退河水〔退水河〕，长约里许，东西两端，均与乌加河相连结，水涨时，河水由退水河东下，可免溃决之险。

六时半，自乌加河返五原，及抵水利局，已日暮矣。下马两股作痛，至不能行。李先生臀部肤破，作痛亦甚剧。然回想乘马出发时，奔驰阡陌间，时见雏鸟、野鼠隐行草际，及抵乌加河岸，跨马扬鞭，临流叹赏，亦不觉为苦也。

十时就寝。

二十二日，星期三，微阴

是日原拟至黄河口一行，因途中不易行走，未能成行。上午与李先生同游五原街市，偶遇一古董小摊，购古钱数枚，然无佳者。下午，读书数小时。五时，至王乐愚先生处闲谈。时有车先生出古铜牛一具，牛身镌"大汉文帝三年"六字，字体悉属楷书，而文意亦不类，其为伪作无疑。不臆后套荒漠之地，亦有伪商假造古董以谎人也。

晚十时入寝。

二十三日，星期四，晴

晨六时起床，七时，由水利局备晨餐。八时，雇乘骡车自五原向临河出发。自五原至临河，共一百八十里，有大道，为国民军退守西北时所修之汽车路，今则颓毁，无复汽车路形式矣。自王师长创办屯垦以来，别修新汽车路，自五原经百川堡、陕坝以通临河，此为北路，为程稍远，而民国军所修之旧路，则为南路，为程较近。入夏后，渠水涨发，北路往往冲毁，汽车不能通达，是以自五原往临河者，多驾骡车，沿南路行。后套渠道纵横，居民渠上架桥，即以树枝草根为之，草率从事，多不坚固；且不知修葺，任其倾圮。车行桥上，往往颠覆，易生危险，所幸车夫善御，余等未罹其祸。

十二时，抵满葛苏憩间。满葛苏在五原西南四十里，居户仅十余家。自五原至此，途间未遇村落，沿路土地，虽亦有垦种者，然为数甚少，仍以荆榛野草为多，后套荒凉情形，可见一般。满葛苏旅店，狭陋为臆想所不及，且居民蠢愚，不知讲求清洁，久居都市者，实不能惯此生活，然余与李先生均能处之安然，未尝介意。店友有至狼山后者，与之谈，谓山后有古长城遗址，土人称之边墙。共有三道，一道在狼山北百里，为第一边；二道尤在其北，距第一边约三百余里，为第二边；三道在外蒙，去狼山近千里，为第三边。又称，边墙建筑，砖石俱用，隙缝间有以石灰洇之者，其制如今。土人拾取石灰块，其锐如刃，可以刺物。噫！此为秦汉之遗规欤？抑后人之所增置耶？古人拓边，远出漠北，今人弃地，已及腹里，前后何悬殊若是！初未离五原时，与前任水利局长刘先生谈，谓山北有古长城遗址，相传为秦始皇所筑，因与李先生共议，拟作山后之游。然山道曲折，不识路径，未易成行，遂就教于乐愚先生。先生称山后地为汉人所不及，山口俱有蒙人镇守，戒备甚严。欲至其地，非不可能，然须雇骆驼数头，驮载食粮用具，复得一善蒙语且谙悉山后地理者为向导，或可得至其地。念此次西北调查，仓皇出发，殊受时间、经济之限制，何能作远地游，遂作罢论。今闻店友言，可与刘先生语相印证，仍以不得亲至其地实地勘查为憾。深望"禹贡学会"，日后再组内蒙调查团，对边外汉人建置遗迹略得推寻之也。

下午三时，自满葛苏出发，六时至邬家地宿店。该村为五原、临河间之大村，居户约三十家，沿街有商铺数家，杂陈居民及旅客用品，局势虽属狭陋，然在后套，已不可多见矣。

二十四日，星期五，晴

晨六时，自邬家地出发，西行过皂火、丰济两渠，十二时，至天吉太桥村憩间。是日上午，共行五十里。天吉太桥村，东临丰济渠下，渠上驾巨桥，悉以红柳与枳荆草根为之，建筑颇为伟大。下午一时，自天吉太桥出发，天气甚热，日光炙人。西行三十里，至邢家台子村，稍息，复西行，约去临河十数里地，有蒙古召名张家庙，远望颇为辉皇，遂下车往观。召较在绥远旧城所见者为小，然建筑亦殊整齐。时喇嘛僧正在内诵经，鼓声冬冬，与诵经声相混杂。初闻之，亦甚觉奇异也。套内荒凉，遍地荆榛，鲜文化遗迹，此则为仅见之物也。再西行，过刚目渠，晚六时许，至临河城东关，宿万胜栈。

二十五日，星期六，晴

晨七时起床，与李先生同至临河城西门外散步。临河县城垣，建于民国十六年，二十年重修，虽为土筑，雉堞尚完整可观。现居民绕城修凿濠沟，用以备盗匪，亦以防河患。沟旁初植榆柳，高仅及顶。

九时，赴县政府谒陈会德县长。稍事寒暄，并说明西来调查目的，即行告辞。既出至收发处，又晤王子云先生。王先生为齐鲁大学校友，毕业后，曾任青岛胶东中学校长，嗣后复来西北办理实业，几经奋斗，成绩颇为可观，现在县政府任教育科主任，似已在临河落户矣。自县政府出后，承王先生之邀，至其家闲谈。王先生全家俱为基督教徒，其令夫人奉教尤笃。语间谈及来套经营经过，备陈其艰苦情形。后套居民蠢愚，渠道管理，悉操纵于地主或渠头之手，外人移入，往往为其所困，此种排外性质，殊为后套垦发障碍，深望宰斯土者，注意及此。

午十二时，由王夫人备午餐招待。三时，由王先生引导，拜会商会会长王先生。王先生居套二十余年，对于后套情形，颇为熟悉，故特来访问也。先生称天主教在后套之势力，极为雄厚，就临河县论，陕坝镇为后套最繁荣之地，住户千余家，男妇七八千人，率为天主教徒。若与其他各地之天主教徒合计，凡万人上下，约占全临河县人口十分之一有余。此辈居民，对于天主教神甫之遵从信赖，过于政府。且其儿童受教之学校，亦悉由神甫创办，近年虽经呈请政府立案，然所带宗教色彩仍甚浓厚。黄土拉亥河之渠，即由天主教所凿修，沿河可溉之田千余顷，亦多归天主教徒所耕种。后套渠道整理之善，水利利用之便，据言亦以该渠为首。噫！外人之经营，可畏亦可钦也。天主教初于同治年间，创置教会于后套，嗣后日渐发展。迨至拳匪变起，蒙人伤天主教教士数人，天主教要求赔偿，遂以黄土拉亥河之地作质。天主教之经营此土，即始于此。后国民军退守西北，萧振瀛任临河设治局局长，议将此地收回，其地复归国有。然天主教之势力，终未因此稍衰也。此事李先生记之甚详，兹姑略述之。王先生又称，临河县城西北有村名高家油房，村西三里，有地古称什兰计，居民曾于其地发现古城，方约三里，中有古井。时商会有一老仆，自谓曾亲见之，且言居民曾于其地发现类似纱帽翅者一物。先生又言，临河县城北一百三十里，有地名西场者，居乌拉河西，其西亦有古城。城垣以砖为之，砖上有布纹，居民取之以筑室，现犹有存者。五原乌拉脑包北百五十里，山后亦有古城一所，约十数顷大，高三丈，宽二丈，形式宛然俱存，中有水沟，流贯其间。其地属东公旗，土人俗称合丰县。后套之地，秦汉间建立郡县，设官置守，其后历代亦屡有建置，古人设置遗迹，当不为少，安得好古者，一一发掘考验之。

五时，再至王子云先生家，其夫人复备晚餐款待。饭后，与王先生同赴西门外缠金渠参观。缠金渠为旧名，今名永济渠，渠宽六七丈，水势浩大。上架长桥，构木为之，颇坚固。桥西有汽车路，通陕坝、宁夏。

七时半，参观民众教育馆，因在初办时期，设备尚称简单。九时，回栈休息。

二十六日，星期日，晴

晨六时起床，晨餐后，再赴王子云先生家闲谈。因是日为礼拜日，临河教友，请李先生主领礼拜。十时，遂同赴礼堂礼拜。临河教友多属基督教家庭派，祈祷诵诗，似极热诚。

午后，仍去王子云先生家休息。五时，同赴城南赵家寡妇村参观牛坝。赵妇原籍河北邢台人，幼年随其夫来后套开发，后其夫死，赵妇独自经营；现置田甚广，家中蓄养牛、羊、骡、马甚多，围场亦极整齐。一妇人而经营至此，实为不易，当地人举其名，咸赞扬之。

晚九时始返，日暮行田畦间，凉风拂拂，甚快。十时许，始得回栈休息。

二十七日，星期一，晴

晨五时起床，六时自临河出发，返五原。时有王子云先生及傅先生两人来送。原定五原之路线，本欲沿绕陕坝、百川堡之北路东返。车夫言该路多为渠水所湮，须绕道而行，非四五日不得至五原。余与李先生东归心切，不欲久旷时日，遂定由原路回。

十二时，抵天吉太桥，憩间。

下午六时，抵郭家地宿店。

二十八日，星期二，晴

晨六时起出发，车行三十里，至九时，抵满葛苏，憩间。十一时，复东行，二时，抵五原水利局。四时，与李先生同赴澡堂洗澡。七时，回水利局，王亲臣来局闲谈，夜深始去。

二十九日，星期三，晴

晨六时起床，整理行装。七时，赴汽车公司，时有王亲臣先生及焦先生来送行。汽车狭小，装载货物甚多，乘客二十人在其内，拥挤不堪，几无可置膝处。车出五原，西风大作，尘土扬天而起，自车窗侵入，袭掠人面，眉目尽为所掩，几至各不相识。且道路修筑不善，高低不等，车行颠动甚剧，乘客颠顶，往往与车棚相击触，时作剧痛，行人怨声不绝于口。离五原时，屯垦处李科长赠一古坛，云系出土之物，恐为所毁，手抱而行，益感不便。行九十里，过把子补隆及任先生所创办之和硕公中垦区。再南行，至退水河。汽车由是绕西山嘴子东行，乌拉山临其北，黄河临其南，形势颇为险要，为军防重地。沿河遍生红柳，一望无际，蒙人禁樵采，故得保留焉。

下午一时，至公庙村憩间。

二时，自公庙东行，路中车毁，修理妥当后，复东行，八时抵包头，宿绥西饭店。是日特感困倦，出发以来，要以是日为最苦也。

三十日，星期四，晴

晨六时起床，收拾行装。七时至车站，登车，离包头东行。车沿大青山行，两旁村落，较后套为多，土地垦殖，亦较后套为广，荒凉程度，渐减杀矣。十一时，抵绥远，下午二时，抵平地泉，由此转向南行，傍玉河左右，岗峦起伏，无复平原之象。既抵丰镇，时见山上有土阜孤立，每五六里或十数里一见，意必古代斥堠之遗迹也。自丰镇而南，过堡子湾车站，即入长城之内。城沿山西来，至玉河滨，折向北行，至堡子湾车站南四五里许地，跨河而西，复沿山西去。城垣均属土筑，今多圮毁，然基址仍可辨识。至于堡垒，则残坏较少，明人旧制，依然可见。长城而南，直至大同，斥堠所在皆是，古人重视边防，由此可见。晚六时，抵大同，宿连升栈。大同西、北两面，有群山环绕，东、西〔南〕方面，则有较大之平原，玉河自北而南，流经其东。其地西北通绥远约四百里，北通渠宁县约二三百里，南距雁门关亦三百里，东则遥与居庸、倒马等关相对峙，自古为边防重地，今城门上书"塞北锁钥"四字，殊足见其在历史上之重要也。

三十一日，星期五，上午晴，下午微阴，六时降雨

晨七时起床，雇乘人力车两辆，游云冈。云冈在大同城西三十里武周山中，为北魏雕造佛像之盛地。车出西门，行五里，即入山中，溯武周河上行，山路崎岖，且因山洪冲刷，旧路多毁，故行走甚难，车夫亦至以为苦。山上亦多斥堠遗址，每四五里一见，土人言为计里而设，似未必然。云冈东十二里许，有古斥堠遗址，在河南岸。车经其下，即令稍停往视。斥堠高三四丈，方十余丈，四周多已圮毁，其下积有砖石及各类陶片，余与李先生检其较古者携回。斥堠四周，似有墙垣遗址，意古代必有军士驻守其地。

自此而西，约行一小时，即抵云冈。云冈系建于山之崖壁，东西分列数洞，每洞雕造佛像无数，高者数丈，小者则仅数寸，形式或立或卧，或喜或怒，千态百状，不可尽识。先年国人不知注意，佛像多为人窃走，今则置警巡视其地，渐知保存矣。洞旁居民数家，有以摄影为业者，余与李先生各选购二十幅携回。

下午二时，由云冈返回，及抵大同城，忽降大雨，然顷刻即止。六时，至栈，急整行装，七时，至车站，登车东去。车出大同一站，即昏黑入夜，但见两旁山势蜿蜒，余则不可辨识矣。车上遇段绳〔武〕先生，相与谈论后套开发情形，及其个人办理移民之经过。段先生为人沉着，不苟言笑，对于移民一事，已有立宏模，继续办去，数年之后，定有伟大之成绩也。至十一时，各散去就寝，自后，即入睡乡，翌晨七时，车抵清华园车站，下车，与李先生同往燕京。

《禹贡》（半月刊）

北平禹贡学会

1937 年 6 卷 5 期

（丁冉　整理）

绥远服务的印象

王同　撰

我被全国青年会派往绥远战区服务部工作，一共在那方面住了两个来月，所闻所见都会使我十分兴奋，我愿将前线上的情形写给大家看看。

青年会的同人是在一月六日下午六时在北平动身，七日下午一时到绥远城的。一下车便有省政府的人员来欢迎我们，吃了午饭后，我们便开始拜访伤兵医院，调查伤病人数，以便分配我们的工作。到了三点钟，傅宜生主席派汽车来接我们到省政府讨论战区服务部的工作计划。我们一见傅主席面，一看就知道他是一个现代化的将官。他穿的很朴素，说起话来十分和气，他对于守土具有极大的决心。我们有这样一位将官站在国防的前线上，诚我们国家之福！

傅宜生主席对于我们的工作计划是十分赞同的，他说来前线服务的团体很多，因为他们没有严密的组织同工作计划，而且份子也太复杂，所以他都请他们回去了，惟有青年会是有服务经验的，他愿把各处来的慰劳品由青年会负责计划分配，其他服务团也须要受青年会的指导。由此便可知傅主席对于我们工作的注意了！

我们在绥远城街上看到的，最使人兴奋的是成群结队的民团。初一看以为他们是正式的军队，都是二十岁上下的壮年，一打问是民团，我们十分相信绥远的民众是已经武装起来了，敌人来犯，不仅我们军队是要抵抗的，我们的人民也是同军队一样的抵抗。

　　我在第二天便到绥远城天主教的医院去看望伤兵，那里的伤兵原来有二百多，受轻伤的都送到别的伤兵医院去了，只留受重伤的五十多位在那里。其中有一位骑兵二师的参谋长何泽春先生（他现在已经来协和医院治疗），两位骑二师的连长和几位排长都受重伤，我先同伤兵谈了谈，他们都感觉受伤为一件光荣的事，他们都希望快好，再归部队服务。我问那位林连长为什么不让太太来看呢？他说女人家爱哭，他不愿听，但是他的一个六岁的小孩子已来到医院里看他，在他的床位的对角放住一块小木板是他的卧处，那个小孩子十分聪明，在那种情况下愈觉得他可爱。

　　在医院里服务的有太原女师去的二十六位同学，也变作了我们的助手，我们让他们同伤兵唱话匣，散画报，他们都愿意做。他们在医院本来是愿作救护工作的，因为他们在看护技术上有问题，所以他们便服侍伤兵，每天倒茶盛饭，还为伤兵包饺子吃。我们一去，他们的工作便多起来了。他们在医院里服务有一个笑话：听说他们一去便把伤兵管住了，伤兵也不敢彼此骂了，其至于大小便都不敢，因此闹出笑话来的有好几个。

　　在医院里的还有一位受重伤的天主教的郭神父，他是比国人，是武川县三眼井教区的神父。当王英领的伪匪军五千人来攻三眼井时，他率领教友百余人应战，他以手枪毙敌十余人，终以寡不敌众受伤，后上马而逃。郭神父为一个外国人，能为我们的国家如此出力，我们做中国人的当做何感想呢？

　　我在绥远城服务了一个礼拜，便被派到平地泉去组织战区服务部支部。我于一月二日下午到平地泉，在绥远城起身的时候，省政府已经打电电①给平地泉驻军，所以我一到平地泉便有人来接

────────────

　　① 原文如此。应为电话或电报。——整理者注

我。我先到第十三军招待处住下，第二天早上便去见汤恩伯军长。汤军长是一位青年的将军，一见面知他是一个埋头苦干的将官，他治军极严，所以他的部下都是精锐之士，做起战来个个奋勇当先。他们在十二月十一日已经视察好取商都的阵地，打算在十六日以前将察北收回，同时宋哲元先生将冀东收回，不意十二日发生西安事变，计划便变更了。不过这不成问题，我们的军队一到，察北六县便收回来了。

在战区服务之后方民众

我在二月十六日到十二苏木去，十二苏木是四旗剿匪司令达密凌苏龙的老家，我觉得到蒙古人家里是很有兴趣的一件事。我们一到十二苏木，蒙古队伍便列队欢迎我们，一下车便到客房去坐，闲谈了一会，天已经不早，他们便为我们预备晚餐，在事先问我们要吃蒙古饭呢，要吃汉饭呢？我说："吃蒙古饭。"他们便把最好的蒙古餐为我们预备，其名叫做羊背子。他们把两只整个的羊蒸熟，让四个蒙古兵抬上来给我们吃，我当然不懂得是怎样吃法，不过在座有一位汉人是达司令的师爷，也在蒙古住已有十五年了，他是一个蒙古通，我对他说："老大哥得教一教吃法呀，不然我就要闹笑话。"他说："跟住我来。"我们吃羊背子，不能坐下吃，必须半坐半跪，也不能用筷子，就是用一把小刀同我们的十个指头，羊蒸得是半生半熟的，上带着血。那时我觉得我是一位塞外英雄。

到了晚上我们为蒙古兵演电影，他们从来就没有见过电影是什么，所以一见小磨电机就十分奇怪，围住一大堆人看，当我们的机师一开电门，嘟嘟的一响，吓的他们都奔到院子里来了。

　　到了十七日我们便到红格尔图去，这是一个被敌人围攻两次，而被我军民打跑两次的一个争夺地。我们一到红格尔图，当地的驻军也是列队接我们，我们先到天主堂，因为在那里天主堂是最高机关，村民都是天主教徒，所以神父的地位是特别高。当王英领军八千余人来攻时，我军只有两连人，当时神父率领着很多的教徒做战，后来有援军到〈来〉助战，因此把伪匪军八千余人赶跑了。在打仗时有好多笑话，我们这方面枪炮是缺乏的，所以老百姓便把土炮抬出来用，里边装上铁锅片，当敌人挨近时，轰一声，锅片子弹一散一大片，打得敌人死伤无算。起初日本人莫名其妙这是什么炮，只说好利害呀！一研究是中国的国货，我同一位团长看战壕，路过一个贫户人家的门口，门上贴住一付对子，写道"陆月牺性王道义，拾月肖灭小王莫"，横写"大战日军"。这付对子有四个错字，"牺牲"闹成"牺性"，王道一闹成"王道义"，"消灭"闹成"肖灭"，"王英"闹成"王莫"，这虽为笑话，但由此可知我们人民的情绪了。这次做战，天主教徒十分出力，红格尔图、各花斯太、大脑包、三眼井都有教民做战。在红格尔图有日本人掷下的大炸弹，没有炸开，有一位高神父把炸弹壳取下，上写昭和九年黄色〈图〉案，日人说是浪人，与日本国无关，他们的浪人太利害，有飞机炸弹哪。

　　将从红格尔图回到平地泉，第二次便到兴和去，兴和与张北接近，我们去时在路上的故事很多，遇险三次，毫无损伤，我当时说是天佑我也。我们到兴和，先到县政府，县长姓孟，名笑我，其人文武双全，为人十分豪爽。当敌人来扰兴和时，他率领民团做战，他是总司令，四千多敌人，被民团千余人打跑，当时正式军队守城，做战都是老百姓，什么枪都有，做战时的笑话很多。最可笑的是狗打架拉了地雷，我们这边在外壕里埋了好多地雷，若敌人攻过外壕时我们要拉地雷，地雷是用绳子连到一个远地方，一拉便炸，不想有一天有两个狗打架，绳子拌住狗腿，因此把地雷拉炸了，民团全体出发，一看无一敌人，细查原来是狗做战也。他们还夺回汽车一辆，上有关东军字样。总而言之，我们民众的反冲能力，使敌人不能得手。

《现代青年》（半月刊）

北平现代青年社

1937 年 6 卷 6 期

（朱宪 整理）

武川二日游

本刊特派记者比得　撰

　　武川县是绥远省十六县中之一，在归绥城北九十里，也是归绥往百灵庙必经之路，故有绥北第二道防线之称。记者此次往百灵庙视察，路经武川时，先后曾在县中停留了二天，所见所闻并不为少，是以作武川二日游记。

　　十二月二十四日上午十时十五分，记者与山西女子师范救护队代表，及华侨代表章则睦、金时春等，乘剿匪总指挥部军用汽车由归绥北门出发，十一时抵坝口镇，至是汽车则驶上大青山，在大青山的层山乱石之中迅速前进，约至下午一时半左右，乃安抵武川县内。在这段旅行之中，第一件大事，却是发见了商务印书馆出版、陈铎编的《新制中国地图》中绥远省图的错误。该图中所绘的武川县是在大青山的南面，而事实上武川县是要越过大青山之后才能遥遥地望见这个小县治，而离望见武川县后的十五分钟，我们的汽车才能到达武川县的南门。这样，武川县明明是在大青山的北面的。当我们的汽车进入武川县的南门，驶上它的大街，不一刻就在武川县政府前面停下来。武川县政府是设在几幢简陋的房屋里面，办事人员既不多，而门前那块写着"武川县政府"几个大字的匾额，也已剥落得不堪，差点儿几乎认不出那几个大字来，由此，可见武川县是一个怎样的县治了。

　　在县政府停下来不久，便被招待到县政府对过的义兴饭庄里去吃午饭。这饭庄是武川数一数二的大饭庄，但揭开他的布帘走进去，就看见一个黑得可以的大饭厅，厅的左边有一大土炕，厅上就零乱地摆着几张脏桌子，厅的右边有一道门，进去就是一间只容一张圆桌的小房间，由这房间进去，里面还有一间同样小的房间，这就是义兴饭庄的全部内容了。但是我们到这儿来并不是来享福，当然没资格批评这饭庄的一切，只好坐下来等吃午饭。在未吃午饭之前，我跟邻座的一位军官攀谈起来，晓得他是刚反正的连长，便问他蒙伪军中的情形。据他说，蒙伪军的饷粮是充足的，军器也不错，只是某方派来匪军中的人员太过不讲道理，动不动就谴责底下的匪军士兵，但某方派来的人员，却也时时提心吊胆，深怕匪军对他们有反感。到了匪军真的反正了，这些派来的人员，大概只被逃走一小部分，其余大部分都被格杀。说时这反正连长还微笑着。

这时候，我们的午饭来了，反正连长也吃完了饭，拿出一大束的钞票出来会钞，我才相信蒙伪军的饷粮实在充足。反正连长走后，我们便赶快吃了几只粗黑得异样的烧麦，喝了一点面片汤，退出了饭庄，把行李运到县立第一小学校去。县立第一小学校在北门边，只有十多间泥土砌成的房间。据该校的校长张凤华说，武川县只有五个县立小学，其中二个是女小。此外还有八十多个义务学校，分布在县里与乡村里，这县立第一小学算是全县模规最大的学府，也是唯一的完全小学。学校的经费是由地亩捐充当的，每月有二百四十九元。教员最高的薪金是二十四元，但这是三二个教员所能享受的，其他的教员都是月得十余元，也已算是特别优待了。至于学校是县立的，故学生不收学费，也不收杂费，完全是义务性质的。张校长说完话时，我无意间在他的寝室壁上看到一幅中堂，写着下面几句话："不到极逆之境，不知和顺之安；不遇至刻之人，不知忠厚之善；不经难处之事，不知平易之欢。"字虽写得极劣，但在我们辛辛苦苦地越过了险峻的大青山，此刻坐下来喝一杯青茶时，却觉得这中堂的第一句是写的我们，所以也感到一点轻松。

因为我们的人数过多，第一小学住不下来，我与华侨代表等便把行李运去女子小学。运行李是第一小学的校役，为了武川全县并没有一辆洋车可以代步。（不但洋车没有，就连一棵最普通的树木也找不到哩！）到了女子小学后，我们被支配在校长的邻室里，这室里只有一个大土炕，跟一桌二椅而已，余无别的长物。我们放下了行李后，便走出校门，到武川西门去溜跶，那儿有两个守卫的哨兵，我们说一声"辛苦，辛苦"之后，便跟他们攀谈起来，还招他们站在城楼上，作一个射击的姿势，给我们收进镜箱里。

当天晚上很早我们便睡觉了，因为武川既没有可以娱乐的地方，且入夜之后，街道上便没有人行走了。据女子小学的校役对我们说，武川最热闹的时候是秋收后，那时农民们没事可做了，乃组织临时戏班，在县里演社戏。武川县商会派来招待我们的杂役也说，武川县治设立至今，只有十多年，武川这地方开始有居民，也不过三十年的样子。至于武川县属的村落，多则十余户，少则三二户。全县统计，人口不过十万左右而已。

第二天的早晨，我们从女子小学跑到第一小学，在第一小学的厨房里胡乱地吃了一点小米粥，跟几块饼干之后，便从武川北门出发，经过一大片的草原，一直到下午一时左右才抵达百灵庙，因为庙里没有可睡的地方，我们只逗留二个多钟头，便原车赶回武川来。恰巧这晚上有月亮，所以车行也顺利，约在晚上十时便安抵武川县了。我们在百灵庙时只吃了点薄饼，喝了点面汤，到这时候肚子里已轰轰作响了，便去敲义盛饭庄的门，预备大吃一顿，但义盛饭庄的老板说什么都没有了，最多只能煎点馅饼，跟煮点面片汤而已。我们只好说随便什么都行，有得吃便可以了。

结果，马马虎虎弄了些吃的来，吃完时已是深夜十二时多了，我们才跑回女子小学去寄宿。

隔天，二十六日的早晨，我们起身了。我因昨晚吃太多的东西，肚子里似乎有点不妥，便走去问校役，他们的厕所在哪里。校役指着女厕所，我也急得没暇顾及其他了，便闯进女厕所去。不进去还可，一进去可吓得我呆了半晌。你道是什么？原来这厕所是只在地上挖了一个三尺长二尺宽的小渠，大渠小渠本来都没有什么关系，可是有些人的粪却拉在渠沿上，还不止这样，连整个的厕所里，这一堆那一堆都是陈旧的粪干，但我因肚子里实在不好过，只得拣了一个空隙，随便在地上就办起公来，这一次当然我也做了一件不功德的事，但这是环境使然，论理我是不能站在完全是粪的渠沿上拉矢的。

从女子小学出来后，又赶去第一小学跟大家会合。有人主张尽半个上午给各人去参观武川的实在情形。我见武川事实上也不过如此，故没有去多逛地方，只在北门里的民众教育馆里看了一看，便到大街上去逛逛。所谓大街，却只是一条泥土没踝的泥马路，两旁除了一二家南货店、绸缎布店之外，便没有什么堂皇的店铺了，跑了半晌，才在路角里找到一家邮局，跟几家门前挂着"清水净烟"牌子的鸦片烟馆。这街道就是代表整个武川的繁华，整个武川的商业，但严格的批评起来，这大街其实还赶不上上海那些大学门前的商店区域，这也就可以见出武川是一个怎样的县治了。

十二月廿八日

《汗血周刊》

上海汗血书店

1937 年 8 卷 2 期

（李红权　整理）

百灵庙巡礼

本社特派记者比得　撰

相传康熙西征时，驻兵于百灵庙南之女儿山，夜间忽闻百乐争鸣，又见山后有二泉奔涌，好似二龙戏珠，心里深知此处蓄有钟灵之气，乃建百灵庙，以企压制王气，并下谕在百灵庙二十里地之内，不准住有人家，希望阻碍新的皇帝之产生。

康熙的这种行为，虽属迷信，但他在荒漠的大草原上建筑了这个百灵庙，却是值得我们称赞一声的。自百灵庙被国军克复后，即驻有二十五军第二百一十一旅孙兰峰的部队，就是由各地来绥慰劳的团体，以及各地报社驻绥的记者，遂得跋涉了二百余里的大草地，由武川到百灵庙来观光。

记者去百灵庙，是十二月的二十五日，当日上午九时一刻便从武川出发，同行的有山西女子救护队代表六人、山西各界慰劳团代表十七八人，还有华侨代表二人，归绥朝报社记者王如善君等，因为人数过多，便分乘二辆汽车。汽车是普通的载重车，只有一张布帆盖在上面，但一驶上大草地时，布帆受不住狂风的吹刮，便都卷在一旁，以致大家的头面都露在布帆的外面。车在崎岖不平的草地上走，颠簸得很利害，许多在平地上过惯了安静日子的小姐先生们，受不了这种颠簸，便接二连三地斜靠在车沿呕吐，记者因为曾经在海洋上渡过不少的日子，挨惯了海浪的震簸，故可以舒舒适适地把头露在布帆外面，饱看四边的景色。其实在这片大草原上，除了有时看见马群、羊群、牛群，一二只被汽车吓得乱跑的豺狼、狐狸，和疏疏的几间泥屋子之外，便是"天圆地方"，只见一座山峰低落下去，又见第二座山峰浮了起来，山地变成了大的山浪。

约莫跑了四个多钟头的草地，不久就到了一座泥营盘的前面，我们的车没有停歇下来，还是望前面直驶而去。过此则有时会在草地上，见到一些金属的碎片，好似是百灵庙战役的余迹，又好似是前线弟兄们的野地厨房的样子，但已见不到抛弃在草地上的尸首了。据说伪匪士兵在百灵庙一役中死了不少的人，死尸完全抛弃在草地上，没有人去收殓，直至最近到百灵庙去的，还看见那一些可怜的尸体们，给野狗们在啮着，现在已看不见了，大概是喂饱了野狗吧？

下午一时五十分左右，我们的车驶近山坡上的铁丝网边了。此时，遥遥地就望见了在三数个高岗之间的几百间白的屋子，这些屋子都有红色的镶边，金碧辉煌的屋瓦，我在心里私自地喊着："百灵庙到了！百灵庙到了！"我们的汽车夫大概也入了迷吧，不顾一切地望前面驶去，好似恨不得一下子就驶进了百灵庙的腹心。但在这时候，却忽然从战壕里向空开了四响枪，我们便赶速阻止汽车夫的前进，以为是犯了什么战地的规律，却想不到跑近汽车来的前线的弟兄们却说："好险呀！你们的汽车已辗〔碾〕过了地雷的引线，再向前驶去，又要碰着安置在地下的手榴弹哩！"他这话反把我们引得笑了起来：如果我们死在慰劳的途上，那不是破天荒的一桩事吗？

前线的弟兄们都是精神饱满的，虽然他们都伏在战壕里挖着泥土。他们见有慰劳团来了，便都升出头来，也有爬上战壕的，慰劳代表们便分发慰劳宣言给他们，那些不认得字的士兵，便拉着认得字的为他们朗读出来，有一个班长模样的弟兄，跑去打了一个电话给孙兰峰旅长，大概孙旅长叫他让我们通过吧，他便引导我们的汽车驶上安全的山径，而入河东的小村。小村是过去的商业区域，在百灵庙的东边，与庙隔着一道小河，现在河已完全冻结了。我们的汽车都穿过小村，在冰河上走过，不一刻就停在百灵庙之前了。

许多闲暇着的弟兄们都跑过来围着我们，抢了宣言去看。慰劳团领队的跑去通知孙旅长了。我便独自一人闯入一个小庙里去。庙是完全汉式的，殿宇的建筑也跟中国内地的没有多大差别，只是颜色较为鲜艳点而已，我走进去的小庙是在百灵庙的最南的一角的，所以有不少的防御工事，墙壁上也有不少窟窿，也许是百灵庙战役的成绩吧？

出了小庙，拍了几个照之后，便看见一个弟兄带着三四个穿红衣裳的喇嘛，他们的衣服的样式，完全是前清的样式，他们一边走，一边望着慰劳团的代表们，现出很诧异的形色，记者问那位弟兄："这些喇嘛是干什么的？"得到的回答是："百灵庙被攻复后，住在庙里的喇嘛都跑光了，不敢再回来，傅主席见他们可怜，便派人到各地去找他们回来，这几个就是被找回来的喇嘛。"

见孙旅长的领队出来了，于是带领全体的代表们进旅部去，旅部也靠庙的南边，也是一个汉式的庙宇，进门去，就看见一个小院落，正面一个殿，两旁是几间厢房。代表们被招待在东厢房休息，我却又独自地跑在门前张望，无意间看见在门框之上端，有一张横而长的字条，近似符一样的东西，上面有一行蒙文、一行汉字，汉文写着："凡在此符下经过一次者得消除千百世之罪孽。"字写得非常端正，许是汉人所书的吧！此刻休息的代表都不耐烦了，大家主张先去见孙旅长，于是被一位副官带经不少的小巷。每一小巷都像内地乡村的小巷一样，既不整齐，也不高峻，如果没有那白垩来粉刷着，简直就与内地的乡村一般模样。走过了几条小巷，转过几个弯，便进入一座小院落里。那儿有二个蒙古包，一个只是几根木头搭着一个架子，一个已铺上"疙疸"，但不知这一个蒙古包以前是谁住的。由蒙古包向后面跑去，走上几级石阶，便致〔置〕身在孙旅长的办公室里。办公室即是一个大寝室，有土炕，有睡具。我们便在这里会见了攻复百灵庙的英勇将领孙兰峰旅长，跟袁庆荣参谋长，慰劳代表遂相继致词。孙旅长与袁参谋长作简短的答词，慰劳的形式便算完结了，各慰劳代表都跑去各处参观，记者却又独自跑去孙旅长与袁参谋长的共同小寝室里，去跟这二位劳苦功高的长官作促膝谈，蒙袁参谋长告诉了不少攻复百灵庙时的情形，还送了记者几件战利品，有一件是"特务机关长"的木印，这正是德王、王英与某方勾结的铁证。最后记者还问袁参谋长对于西安事变的意见，袁参谋长是非常激昂的说："张学良本身的好坏我们不要谈它，但他此次的谬行，却是可耻的行为，无论他口里说得怎样漂亮，他都是不能有所成功的。他的结果，是只有灭亡。"袁参谋长是一位年青有为的长官，说话时常紧咬着牙齿，现得非常之有力量，对于一切的现象，也颇有新的见解，可惜我们为了时间的关系，又不得不匆匆迫迫地由百灵庙赶回武川去，不然的话，便可以从这位年青的参谋长得到更多的关于德王匪部的秘密了。

一月三日

《汗血周刊》
上海汗血书店
1937 年 8 卷 3 期
（李红权 整理）

包头纪行

比　得　撰

　　包头是绥远西部的重要县治，甘肃、宁夏等地的皮货、药材都运至此地，然后由此再散发至归绥，以及平、津，由平、津运入绥远的货物，也经由包头，而后转运往甘肃、宁夏的内地。自外蒙丧失之后，绥远省垣的归绥，商业已一蹶不振，但包头的商业却蒸蒸日上。去年全年之中，据说全县就有三四百万的剩余，同时包头又是绥西的交通要道，日本关东军的特务机关，三二年来就很活跃地在包头一带活动。有了上面的几种原因，记者遂决意拨冗来包头视察一趟。到包头是趁的二等车，同行的有平、津学生慰劳代表顾少雄、田中淇、邹育才等几个人，大家因为满心都含着希望，故沿路载歌载唱，很是快乐！不过车是在早晨五时离开归绥的，在黑暗中瞧不见沿途的风景，这倒是最遗憾的事。第二天一早，车就到了包头车站，天正下着霏霏的雪丝，朔风刮到脸面上来，委实有点抵挡不了。包头位于阴山与乌拉山的衔接处，所以从山后吹来的寒风就可以毫无阻拦地在市街上呼啸着，包头的天气比归绥的要冷了一倍，大概原因就在这里。

　　由车站趁洋车，经过包头北城门，十五分钟后就到了涂师爷巷的包头饭店。包头饭店是包头唯一的饭店，虽不是高峻的楼房，但平屋的数目可不少，前前后后有几个大院落，前头的院落约有十几个房间，完全给日本关东军的绥远特务机关占领了。在归绥是"羽山公馆"，在包头是"羽山公馆包头出张所"。据包头饭店掌柜的说，过去住在包头的日人很多，数目在五十人以上，后来因为建飞机库的事件发生，日人乃陆续离开包头他去，剩下十几个人而已。自百灵庙被国军收复后，又逃走了几个，现在留在包头饭店的只有川口、今野、铃木、黑木等四人。他们有时自家造日本饭吃，有时也吃饭店里的中国饭菜，住在饭店里的日本人，都是管理无线电的，到现在为止，日人的无线电杆还高搭在饭店的屋顶，电线缦延了整个饭店的天空，无线电机的声音，在别的房间里，隐隐约约也可听见。又掌柜的说，过去的日人很凶横，动不动就打茶房，后来给赵仲容县长据理的交涉之后，便不敢再凶横了。

我们几个人把行李停放在第一号房间以后，就打电话给赵县长，赵县长约我们去县府见面，由饭店趁洋车去县府，只费二十分钟的样子。到了县府，赵县长亲自出来招待，还陪我们到前街的绥西保安司令部去拜见田树梅司令。午饭就由赵县长请我们大家在包头饭店里吃，同席的还有田司令的参谋长刁源、公安局的王主任，跟民众救国会里的苏天命君。公安局的王主任是专门办理中日交涉事件的，我们便叩问他，日人对包头有何野心，他们是否轻视我们中国人，王主任回答了许多话。其中最有趣的是："人家有大和魂，我们也有中华魂，人家不怕我们，我们也未必怕他们，只要我们逢事就据理向他们交涉，不屈不挠地，事情总有办法解决，最怕的是我们早存恐日之心，那就事情比较难办。"

隔了一天，田司令又请我们吃午饭，他还亲自来陪着吃饭。田司令平时是穿的灰色军服，这一天却穿起长袍来了，席间田司令谈了不少关于国内新闻界的话，看来他倒是一位很留心报纸的人物，同时也好似是一位爱材的名士。席散后，刁参谋长陪我们到河漕子街七十二号的野战病院，去慰劳受伤的战士。这里受伤的战士共有十人，四个是重伤的，被安置在一个光亮的房间里，每人都盖着一条洁净的棉被，六个是轻伤的，他们已经可以自由地坐在火炕上谈天了。当我们进房间里去慰劳时，受伤的战士们都现出愉快的微笑，轻伤的还跟我们谈话，说是："我们都是百灵庙战役时受的伤，伤愈了之后，我们还要到前线去继续打敌人哩！"

平、津的慰劳代表把带来的慰劳品送给他们之后，大家就拿出摄影机来，在不很光亮的房间里为受伤的战士们拍了几张照，以做永久的纪念，也用以警醒后方的民众们，使他们明白前线的弟兄们是为了谁而折腿断臂的挨着痛苦，好使他们晓得有力的该出力、有钱的该出钱。

从伤兵院出来后，刁参谋长又领我们到城东郊的龙泉寺去。龙泉寺是建在一个大土墩之上，进入前门，便看见许多合抱的大树，在荒漠的塞北中，树木是最稀罕的东西，在这寺里居然有这许多的大树，难怪它要流出来的泉水，这就是叫做"转龙藏"，这里的泉水是甲于全包头的。所以不知是谁早已在这里刻了三个石的龙头，泉水就由龙口中流出，许许多多由城里赶来载水的牛马车，都争先恐后地在"转龙藏"那儿攘挤着。

从"转龙藏"再向北走去，进入一个有"小南海"额匾的小门，便是龙泉寺的大殿，大殿已破旧不堪，也没有什么精制的雕塑品。据守寺的僧人说，这寺里没有什么有名的历史，或是惊人的传说，最著名的就是"转龙藏"。这也难怪，因为在塞北荒漠之中，得到一点泉水就等于得到一件宝贝，在归绥〈也〉是如此。康熙坐骑踩地而意外得到的泉水，现在已叫做"玉泉井"。在萨拉齐县也是如此，据说那儿苏塞沟门的泉水，只要一炷香那么久的时间所流出的泉水，就至少要值七八十元。包头是绥西的县治，泉水的值得宝贵，更是必然的事。

参观了龙泉寺，我们便沿着寺后走上山墩之顶，那儿有一座泥

砌的大碉堡，碉堡之旁尚有隧道，是为防空之用者。碉堡的右方
又有一道天然的大渠壕，作了碉堡的防御物。据刁参谋长对我们
说："包头北面的大青山、乌拉山上，都已有坚固的防御工事，因
为大青山与乌拉山衔接之处，是一个易为敌人进出的路口，所以
防御工事我们早就建筑完美了。现在敌人已失了百灵庙做他们在
绥北的根据，绥西的安宁，那是更加不成问题了。"接着刁参谋长
又告诉我们："日本关东军的特务机关，除察北、百灵庙、归绥各
有一所，各有最高的负责人之外，他们在阿拉善旗、鄂托克旗、
杭锦旗等，都设有无线电台与及飞机场。以前飞机固然时常的来
去，现在每星期也还来了一次。过去在包头有所谓"滨田公馆"，
是他们的公开特务机关，现在即是"羽山公馆包头出张所"，所里
住有四个日本人，但目前他们虽要活动，也是无能为力了。当百
灵庙被克复后，在百灵庙以西的日本特务机关工作人员，大多已
跑回他们老家去了。

　　当天下午，我又跑去和硕公中垦区驻包头办事处接洽，他们答
应派车载我们去河套参观他们的农场，约定我们第二天一早就需
要动身。留在包头的最后的一晚，我们便跑到最热闹的前街去浏
览包头的夜市，包头的夜市委实热闹，比归绥的夜市热闹得多了。
别的不用说，只是电灯的光亮，包头就比归绥的要辉煌多多了，
难怪包头是绥西的重镇哩！

一·一六

《汗血周刊》
上海汗血书店
1937 年 8 卷 5 期
（朱宪　整理）

平地泉的见闻

比 得 撰

平地泉在归绥城东面一五八公里的高原上，据说地面比归绥城高出千余尺，所以论天气，平地泉要冷得多了。比方归绥城的气候是零下二十度，平地泉的就要在零下三四十度间。本来，平地泉是离集宁县二十余里的一个小村镇，最初平绥铁路打算在平地泉设站，后来便改在集宁县。因此集宁县乃成为平地泉车站，集宁县的名字还没有平地泉这三个字的普遍地被应用了。

敌人侵绥的初步计划，本要由商都进入兴和、陶林，然后再由兴和、陶林而取平地泉，想不到屡次的来犯都给国军击退；遂改由绥北进取武川、固阳，但想不到绥北的根据地百灵庙也给国军夺回来了。不过，由敌人屡次想取得平地泉看来，平地泉在军事上着实是一个重要的地方。不错，平地泉在绥东正是一个扼要的地方，离陶林约百八十里，离兴和也差不多。守住平地泉，便可以控制兴、陶两县，同时平地泉又是平绥铁路必经之地，平地泉如失陷，平绥铁路的交通就会断绝；且由山西运来平地泉和归绥城的一切军需，也不能不受极大的阻碍，甚至于断绝了在绥东、绥北前线作战的弟兄们的粮食和枪弹的供给。

虽然平地泉在军事上有这种非常重要的意义，可是在商业上，这是一个相当萧条的市场，若不是中央军的部队开到这儿，那更是谈不到什么繁荣的了。

　　记者到平地泉来，正是当绥东战事平静的时候，市街上显得非常的安详，每个走着路的人们，半点也没有露出紧张的神色。如果不见那三三两两的弟兄们在街上闲荡，和那些就挖在商店住家门前的避弹穴，则完全不会意识到这是绥东的重要防地哩。讲到避弹穴，在平地泉真是有如"过江之鲫"，只要七八步远就有一个，穴口约有三尺见方，深有五尺，据说里面可以藏着三人，是专门为民众们而设的。看起来这种避弹穴虽然非常之简陋，但在什么都落后的我国里，有这样的设备，当然也算是周到之至了。

　　挺宽敞的马路，在平地泉是叫做"一马路"。马路的两旁有饭庄、绸缎庄、南货店，可说是商业的最旺盛的地带。与"一马路"平行的有"二马路"、"三马路"。路的宽度与市面的旺盛，都及不上"一马路"。平地泉的一等饭馆，据说是"集华春"，在这儿才可以吃到北平的道地饭菜。旅馆客栈哩，在平地泉也有几家，可是设备上，无论如何是赶不上归绥城和包头县的，记者住的是河沿的泰安旅馆。旅馆里都住满了中下级的军官，他们没有派接客的到车站来招待客人。记者当早晨二时左右在平地泉车站下车时，是跟一个挑夫共同地担着行李走，连洋车也叫不到一部。到了旅馆时，还是费了很大的力量才得到了一间八尺见方的房间。房间里只有一个冰冻的土炕，土炕既不可以生火，便只好在屋角摆着一个小煤炉，由小煤炉发出来的热气，无论如何是不能使这小房间得到温暖的。房间中的设备也非常的简单，只有一只破桌子，一只破椅子，墙壁上糊着的旧报纸，又每每地发着嗽嗽的声音。同记者一道来的还有三位平、津的慰劳代表，大家就连脸面也不揩，衣服也不脱，倒在冰冻的炕上便睡。

　　第二天一早起身，不约而同地都连接的打了几个喷嚏，这明明是受了寒，可是因为我们不打算在平地泉多耽搁时间，下午二时便要离开平地泉的，故揩过了脸，便走上市街去溜跶。嗣后又到军民联合会的招待处去。招待处是设在三马路的理教庙宇里。除住着招待处的办事人外，还住着第十三军军部的郭秘书，都是专门来招待慰劳代表与新闻记者的。因为我们从归绥来时，曾经带来了一封介绍信给平地泉的守备司令苏开元团长，便拜托郭秘书打了一个电话给苏团长，请他约定一个会见的时间。不料苏团长的回话是："你们不用来，还是我自己到招待处来吧。"虽然我们恳切的推辞了，说我们还是到司令部来谒见苏司令吧；但苏司令还是拒绝了我们。我们只好在郭秘书的前房里玩着乒乓球，一边等着这死守红格尔图而闻名于全国的苏开元团长。

不多久，穿着一件牛皮大氅的苏团长来了。他第一句话就说："你们辛苦啦！跑到这么冷的地方来。"

"不，你们作战的将领们才辛苦啊！"这是我们的真心的说话。可不是，我们到绥远来，有的是慰劳，有的是采访战地新闻，都是一些路过的客人，不像作战的将领们要固守着这国土，永远的保守着这国土，不使敌人跑近一步。而且我们到这儿来，心里除了充塞着热诚之外，多少还有点儿新奇的感觉，当我们见到一切的新奇事物时。可是守土的战士们就不同了，他们整天整夜的站立在冰冻的前线上，望见的只是一大片荒凉的田地。

苏团长是东北的辽宁省人，跟我们的一位慰劳代表是同乡，于是谈了几句关于前线战况的话后，苏团长就大谈起东北来，言下非常的激昂。到后来，他似乎想起了什么似地，忽然这样问我们：

"你们大概还没有吃中饭吧？现在已经十一点钟了。我们还是找个地方吃饭，一边好谈话。"

"太客气了！不过，我们还想去谒见汤恩伯军长，还想到平地泉各处走走，因为下午我们便须离开这儿。"我这样答他。

"那末就请郭秘书打个电话给汤军长吧！"

当郭秘书在打电话时，苏团长又问我们：

"你们打算在平地泉看些什么？"

"最好是看看防御工事。"我们一齐答。

"这不成！没有傅主席的命令，谁也不能看！……"苏团长一边说一边在笑着。

"能够给我们看的，就请你带我们去看看。等我们回去时好告诉后方的民众，说我们前线的防御工事是怎样怎样的坚固。"

苏团长望了我们一响，才说："可以给你们看的，也不过是些简单的防御工事，这没有什么好看头的。"

要求给拒绝了，我们又转换了另一个要求："那末，请苏团长带我们到随便什么地方去走走，看到什么就算什么吧！"

这话引得大家都笑了起来。而恰巧十三军部的回话又说汤军长去上讲堂了，要十二时才回军部，于是苏团长便带我们走出招待处，到车站旁边的空地上来。平地泉的车站恰巧在县城的中心，铁路是东西的贯穿着。这时车站旁边正有苏团长的机关枪队在操练。苏团长便叫弟兄们脱下了枪衣，给我们拍了几张照，接着又说：

"这些机关枪是新式的，新近才从外国购来的。敌人虽有犀利的军火，但是我们就恃着这些少的武器也可以把他们打个落花流水。这点要靠我们的士气，跟后方的同胞们的热烈拥护了。"

车站旁边还有许多在搬运煤块的弟兄们，记者又跑去给他们摄了好些照片。他们都兴高彩烈的高呼着，整整齐齐地站立在煤块上，准备给记者摄入镜箱里。从这种地方，我们也可以见出前线的弟兄们与民众间是没有隔膜的，他们都嘻嘻笑笑地跟民众打成一片。

苏团长又带我们走出西门。一出西门，望见的全是些远远没在云端里的山峰。近旁的则是挖得深深地战壕。我们再向前跑去时，苏团长就微笑的说：

"这儿可不能拍照哪！看后也请不要发表。过去有一位上海的新闻记者，看完防御工事后，他把什么都写在报纸上，这不是等于给敌人做间谍了吗？"

这时候，现在我们眼前的，是一座形状奇突的防御工事。据苏团长解释说：这防御工事可以消灭了敌人的武器的优点；同时即使平地泉失守了，这防御工事里只要有三几个弟兄们把守着，就可独立的跟敌人开火，支持到援兵到来为止。

从西门外回来后，我们便沿着财政路走，走过了二家戏园子，就到了第十三军的军部。由郭秘书去通报了汤军长，汤军长便在卧室里接见我们。与汤军长晤面的情形，容在《汤恩伯军长访问记》报告本刊的读者们。

《汗血周刊》
上海汗血书店
1937 年 8 卷 7、8 期合刊
（李红权　整理）

武川的风物

魏东明　撰

"溯（说）起来涨蒙荒（咱们还）是涝（老）乡呢，"这家的男主人跟我们谈起来说，"我也是'口'里的扔（人）。"

我们请教他老兄贵姓，他说姓周；问他甚么时候搬来的，回答说是搬来三十多年了。

若照他的说法，全武川县的人就都成了我们的老乡；因为一百年前，这地方只是一片荒漠，没有居民，只有养野马、牧羊的蒙古人，偶然地把所谓"蒙古包"的帐篷扎在这里一些时候，现在的居民都是几十年陆续从口里移来的汉人，并且连武川县这名子〔字〕，也是民国以来才有的，再早一点这地方是归萨县管。早先的萨县，论面积比内地许多省份都大，讲人口却比内地的许多村镇都少。后来移民渐渐多，到了民国，就把萨县划分成四县，武川就是其一。武川县治下的地域是七百多里宽，六百多里长，原来萨县之大更可想见。所以绥北有句俏皮话是："萨县的官，管的宽。"

周家是在县正街一条支道旁边的一个大门里，我们是就近顺便走进来访问的。连五间一排的正房都是土筑的，不用说，墙自然是土墙了，这地方除了县署和几家大买卖，和戏楼、城门而外，砖是很少见的。正街上是没胫的浮土，盖房子、筑院墙也都是用土。若是拆了"武川县政府"的木牌坊，这里像极了一个村落的土街。可是周家的狗却并非像乡村的狗那样利害，我们走进去，它只是坐着叫，并不扑上来。一个妇人推开门探出头来看，我们就走上去说明是打北平来的学生，在这旁边的伤兵医院里作事，特地找当地人来打听本地的情形的。她不说话地把我们引进堂门，再推开在左侧的通向里屋的房门，站着让我们先进去；我迈上两步赶先了两位同伴走进房门。屋里很暗，因为窗户是木格子的纸窗，窗纸已经旧得透不进来多少亮光。好在窗下的独占一面的土炕上点着一盏烟灯在那里，散着淡黄一圈微光。灯旁的主人已经离开这团光的地带半坐起来，一只手还拿着烟枪，屋子里是浓烈的鸦片烟的香气。屋地上摆着一张粗制的木桌和两个方凳，主人亲热地让我们炕上坐，说地下凉。我们两人坐在炕沿，一人坐着凳子；那妇人走进更里的屋里，屋子就只剩我们四个男人了。

我们很快的就觉出来这炕烧得很热，隔了许多层厚衣服，身体挨炕的部分还热得发麻、发痒。看看主人，却穿着上下一套的厚羊皮。羊皮是没调衣面子的光板，已经穿得成了灰黑色，浮面是磨光的一层污泥油垢。上身的袄是大襟，在右腋下用带子结着；下身的厚皮裤臃肿歪扭，在腿腕上扎着带子，看起来像一只干板的火腿；穿着这样的裤子，就是挺直了腿，从表面看来也是弯扭屈折的。我们说明了来意，他就跟我们套乡亲，随即话就从他的皮袄裤上说开去。

"老乡，你穿这么厚的老羊皮，是为的挡冷，还是挡热炕？"

"这里人好像比我们还不禁冻似的，穿那么多！"

周老乡不接我们的话，只用眼打量我们的衣装：航空帽、西装大衣，加一个围巾，西装裤下面是一双棉鞋。他摇了摇头：

"不行，你们穿的这一套在这里不行，受不了。"

我们告诉他说也不觉得冷，他似乎不信。随后说：

"这几天暖和，没赶上冷天，冷天这里耳朵、鼻子都冻掉，从蒙古大荒往这里刮大北风。这地方净刮白毛旋风，——你们看过‘白毛旋风’吗?"

"白毛旋风?"我们不懂，就请他解释。

"白毛旋风是老北风打着旋儿刮，卷着地上的雪，卷起老高。人穿着两层皮子都吹进去，吹得透骨攒心的凉，穿得少就冻掉了命!"

我们庆幸着还没遇见这么冷的天。姓刘的同伴看了我们两人说：

"可见我的老羊皮板子不能算白买。"

主人看了刘的身上的光板羊皮长袍子问：

"你这皮子是哪里买的?"刘回答是在北平预备下的，之后，他就说："羊皮得在口外买的才抗寒。口里的皮子，毛不暖和，毛孔又大，板子又疏，容易往里透冷气。口外的羊皮毛里净是绒，板子又厚又密。在口外非得穿口外的皮货不可。"

我们想像着此地冷天，也想到了前线的民族战士。

话又从穿的转到吃的上去。

"当地人吃甚么呢?"

"这一带都是沙土地，又冷，不出别的，光出产油菜和莜麦，本地人就吃莜麦面。"

我们还没吃过莜麦面，就问是甚么样子，比平常白面怎样。

"比白面黑，比白面有油，有劲，吃了不容易饿。去年、前年××人收买了不知多少袋子去，听说能炼出甚么油来。本地人都愿意吃莜面，因为抗饿，吃常莜面，吃白面就不禁饿了。吃了油面，得多干活儿，若不也得睡热炕，要不就不消化，闹肚子，再吃不下别的东西。你们是吃不惯的……"

我们笑了笑，意会了炕这么热的原故，却不打断他的话，让他一直说下去。

"这会子因为前边打仗，甚么东西都贵了几倍，这县里更是比省城还贵得多。白面一块钱八斤，莜面一块钱六斤，莜面反倒比白面贵了。因为前线兄弟们也净愿意吃莜面，能禁饿，打仗时候方便。"

他不再说下去，因为我们彼此似乎谈得已经熟了，他就老实不客气地躺下去，用铁签子挑了一块烟膏，在灯上烧起来，还用另一根签子互相搅。

"诸位不来一口？"他向我们笑了笑让着。

我们自然推辞，自管在旁边看着他的动作和表情。他的笑是很生硬木强的，这是一般武川人的特色，脸部经常是没有表情，木木然呆着，也许是因为天气太冷，"白毛旋风"吹得脸部肌肉发死了吧！声音也是那们戆直沙哑，不委婉，没有感情的。大概原因是此地生活简单，没有交际应酬，所以也用不着复杂的表情；这原因和武川县没有大饭庄、好旅社的原因相同。可是这位主人公然在几个外人面前，坦然地抽大烟，没有一点不好意思的表情，这使我们好奇地问了：

"这地方公开吸毒，一点儿也不算犯法吗？"

主人只点了点头，不能分出嘴来说话，嘴在裹着烟枪吱吱地吸，他的眼睛直勾勾地看着烟斗上那块东西烤着火往小窟窿里钻，很快地缩小下去，连烟签也用不着去拨，鼻子里只冒出极少量的烟，处处显着他是一个老手。

看他没有空儿回答，我就又告诉他一句：

"在内地从一月一号起，毒犯抓住了就是死罪呢！"

主人吸完了这筒烟，把身子又坐起来，一边把烟斗取下来，用签子刮里面的烟，一边说着：

"犯法？这地面上的钱打哪里出去！顾了钱就没法顾甚么法了。这没有出产的穷地方全仗着烟税呢。前线打仗的军饷、后地面上公安局跟学堂的经费，都是从烟税上拨下来的。再说种烟的地有多少！抽烟的人有多少！别说不能禁，一下子也禁不成。前些时候省里下命令，官面上的人不准抽烟，抓住了是死罪，这都做不到。可是听说这位主席是真心想禁烟，比起早年，现在总算好多了；抽烟的人少了，地也慢慢有的改种别的东西了。"

"怎么的一时也禁不了！"他补说了一句就又躺下去抽，仿佛是说自己似的。我们同意地点了点头，各人想着这个重大的难题。在抗战胜利以后，这里还有许多艰苦的工作等待着干，我们都这样想。

想摆脱这块暗影的重压，我们就找点轻松的话问：

"老乡，你看这地方风俗人情怎么样？"

我称他"老乡"，为的是让他不觉得是当地人，就可以批评他们而不有意护庇。果然，他极像那种痛惜世道人心的老人那样子地摇着头，带着叹息的口气说：

"比不了口里啊！这里是野地方，讲不到道德礼数。再加上靠近蒙古，蒙古人是男女随便，不大讲贞节的……"

不管事情真假，我们是不想详细知道这些琐碎事情的，就提出另一个话题来。

"这地方的人指着甚么活着呢？"

"也有种地的，也有干苦工挖土煤的，做买卖的，赶大车的……跟内地差不多。也还有养羊养马的，这是跟蒙古人学来的，蒙古人净养马、牛、羊、骆驼甚么的。可是这里人养法比不上人家蒙古，人家养马就放在山里不管，一放十几年，让它们自己找吃食过活，这马养得跟野马一样，用马的时候，养主就骑了快马带了长竿子，上头有绳子的套，到山里看准了一匹马，就追上去套住，然后再带回来驯它。驯的法子是老骑士让它狠命跑，累得它爬在地下，不跑就打它；这样几回就制服住了它，它就服人管了。这再好好加意去喂养，——蒙古的马跑的又快，性子又利害，我们不敢骑，更不用说去偷〔驯〕野马了。"

主人似乎烟瘾已经过足了，也像别的抽烟的人那样抽够了，话就多起来。他很健谈，知道的又很多，他虽然外表和我们在县里茶馆、饭铺里的闲人，一坐半天，吃烧麦、喝茶、抽大烟的人样子差不多，但是他似乎比他们有知识，他□是其中的知识分子。我们还不知道他是干甚么过活的，我□急于知道：

"您家里怎么过活？你干哪行事情？"

"你大概是念过书的。"另一位同伴猜想着问。

"我整天整月闲在家里没有事，书小时候也念过，念过私塾，也在省城上了几天洋学堂，可是半道上就不念了……"他抬头看看窗纸，"反正今天时候还早，你们诸位没有事吧？"我们点了点头说没有甚么事，他继续说下去："这地方闲人不少，县里有一些子三四十岁壮丁就呆在家里，甚么不干，就是抽大烟，下小馆。这县城人懒，又不爱积攒钱。四乡的人就好得多，懒了就活不了。这地方冷，干甚么活都是苦的，居民又都是百十来年逃荒移来的，赚了点钱，就要在家里享点儿福。我可不是闲着享福，我现下是休息休息，我在家住一两年就跑蒙古去两三年，就指着干这个活着么！这营生真不是人干的，牵着两三匹骆驼就走那大广漠，三四百里地，一走就是十天半个月的，有时还走出千百多里，走上一两个月。走得赶不到住处就睡在大野地里，在骆驼肚子旁边行李卷儿，吃的是带着的干粮，有时赶着人家就借宿在蒙古包里，我从小就跟家大人学会了蒙古话，蒙古人是'认话不认人'的。在蒙古包里住得小心，别荒唐，若不就沾上脏病，一辈子好不了。可是又不能带家眷去，那地方风俗跟咱们汉人不同，再说也不能带，走路不方便。我们赶上蒙古包就做买卖，从省城贩去的日用东西和各色杂货，赶上富户就卖金子银子，但是平常总是用皮货和蒙古土产换。一直走到要去的蒙旗，就住下来做买卖，蒙旗常有几家汉人买卖，通用汉人钞票，东西可就比内地贵得多。在归绥省城，比方说白糖两毛钱一斤，在那儿就许合着一块钱一斤。这也说不上是讹人，大老远抛家离业的来，一住二三年为的就是这点厚利。这也是公平交易，我在那里向来不仗势欺人。可是有的是汉人净讲去'熊'人家，一斤糖卖给他们要一只羊，完了还叫他们替养着。养过了一年就跟人家要两只或是外带几个羔子，说是放债还要有利钱，何况大羊在一年里总是会生小羊的，就算公羊也是带着母羊下羔子的。蒙古人就是凶悍，也不敢怎么的，他们杀了汉人，有驻军和汉人官府管，可是也有去的汉人，被蒙古人杀了的。

"说起来这回蒙古人甘愿受××指使，也是因为蒙古老百姓认不清楚谁是朋友谁是仇人。一来是他们知识不开，二来我们的人也有不对的地方，中央以前倒注意到了这个，派几次大官去看，又设了'蒙政委员会'，可是到底边疆的情形中央不熟悉，说是用向着汉人的蒙人来办事，实在的反而是住在省里的已经归化了汉人的蒙古人又返本回宗，取出蒙古的名字，来报充蒙古人。去到蒙旗的这类人就有些不安分的，在蒙古老百姓看来他们还是汉人。这地方都是弊病，往后得改良的。"

要问的已经问完，时候不早了，我们就告别了出来，在路上想着，不止中日的关系需要调整，汉蒙的关系也得调整好，必需使得两方人民互相了解才成。

《国闻周报》

上海国闻周报社

1937 年 14 卷 11 期

（王芳　整理）

忆西蒙

长江　撰

二十五年夏秋之交，外人进图西蒙日亟，社中命记者深入额济纳、阿拉善两旗视察，往返二月有余。当时因环境关系，未能发表，后又因绥战关系，无暇执笔。现在西蒙危机已减，而当时外人经营之情形，尚始终未曾揭开。兹特追忆记之，以此饷我留心国事之读者。

长江谨志

一　初出阴山

去年秋季，一个预定的南方旅行，正要开始，忽然社命令往西蒙视察，记者尚在踌躇未决当中，而社中负责当局却很沉重的说："这次如果不赶快去，也许要错过最后机会了啊！""最后机会啊！"我们每一个中国人绝对不希望在中国领土之内的行动，有所谓"最后机会"。除了自己的生命限制以外，我们要有在我们领土内居住、移动的绝对自由！然而事实上，我们的领土却一天一天的被人分割，有很多地方我们已经不能自由来往；河北省和山东省的劳动者已不能自由的到黑龙江砍伐森林；辽河两岸肥沃的农田上，已不见从前关内前去的短工、苦力的踪迹；兴安岭、长白山下的中国人，已经不能看到山海关以内中国人自己办的报纸；内地的中国人亦不能和关外的中国人通半点消息！我们尽管不欢迎"最后机会"，而"最后机会"却仍不断的到来。我们只有希望中国人自己拿"力量"来阻止这种"最后机会"，而且我们相信，只有"力量"才可以阻止这种趋势的发展。九一八以来的军事和外交经验告诉我们，如果我们能不断的活动的使用我们的"力量"，我们一定可以恢复我们自己领土以内行动的自由！

翻开中国的地图，东北角上那一篇烂账，我们总有一天会算过〔个〕清楚，然而那时我们如果顺着长城西看，绥远紧张自无问题，而绥远之西，阿拉善和额济纳蒙古一带，也在酝酿着风云变色。我们中国人虽然自己惭愧不能保护自己领土，而当新闻记者的人，却有把危急的情况报告给国人的义务。我们要在危机未爆发以前，把这些地带的情况弄过〔个〕明白。当时绥远的事情已经很紧，如果绥远有了变动，我们再入西蒙，那就不十分容易了。同时在这样的剑拔弩张的局面下，从绥远西向深入蒙古以后，是否还可以安然回来，实在也没有一个人知道。然而新闻记者的任务，是在供给一般读众以正确详实的消息，重要消息所在的地方，就是我们应当深入的地方。

八月末旬，记者随一商营汽车队，离开塞外有名的归化城。我们这一队一共九辆汽车，是向新疆方面输送客货的。由绥远上新疆的汽车路线，通常是由归化经百灵庙，然后西北顺外蒙古边沿，西穿大戈壁而过，绕居延海，以至新疆之哈密。另外一条路，是由包头西北出蒙古，合上述汽车路拉〔往〕黑沙图。我们系遵循大路以趋百灵庙。

百灵庙与归化之间，横隔着一条阴山。车出归化城，即越过平绥铁路，顺着大致整齐的汽车路北向阴山。路至山麓，转入山谷中，谷底经常年山洪冲刷，雨季后水虽全退，而积留之沙砾石块，颇不宜于汽车之行驶。谷尽，即翻阴山山脊，有名的蜈蚣坝，即是这条山脊的名称。

阴山巅顶之蜈蚣坝

　　蜈蚣坝为外蒙、新疆和绥远、乌兰察布盟通归化城的必经之道，来往大车、骡马、骆驼甚多。坝之险峻过于贺兰山之关口，而盘道之修筑则不及六盘山之奇巧，上下坝之坡度与弯度有数处过于急剧，载重货车经行其间，状颇危殆。

　　下坝，有庙在谷中山坡上，司机多停车入庙施舍，焚香叩头，以求消减穿行大戈壁之苦难。另有小和尚在道旁化缘，谓系培修阴山大道之用，并云："有清二百余年来，阴山大道皆由此寺募化经费补修。"则其功绩，实不在小。僧人本以出世为基性，然而我们历史上却有僧人从戎报国、力战外族的事实。宋钦宗时，山西五台山僧人，名叫真宝，受了钦宗之命，聚兵抵抗金人，后来被金人围困五台山，他率部昼夜苦战，寺舍尽焚，为金所得，不降而死。这是距今八百年前的历史。一百五十年后，南宋末世前幼帝时，江苏常州万安僧起兵救国，他曾做诗以自明心志说："时危聊作将，事定复为僧。"我想现在我们的国家是多么危险，我们希望所有有能力的僧人，都来作将，特别是抗敌前线的僧人！不但宋朝如此，明朝世宗时，亦有同样的事实，这又是前幼帝以后二百五十年的时候了。那时沿海各地为巨寇所扰，少林寺僧月空，受都督万表的檄召，他愤然于国势之阽危，外人之横暴，乃率领他的徒弟三十余人御倭于松江。他的徒众，每人担任一支队，持铁棍击杀倭人甚多，后皆力战而死。这样光荣的记录，我热诚的盼望多多的发现于第二十六年以后的民国史上！

汉唐以前的阴山，是被认为北边边防的要隘，异民族的武力如果南下阴山，中国的安宁，就要发生动摇。唐代诗人王昌龄对于阴山边防之重要，郑重置念，他在他的诗中说："但使龙城飞将在，莫教胡马渡阴山。"绥战结果，证明我们前线的武装同志，都是"飞将"，绝未曾教敌人过了"阴山"。并且我们希望，我们在相当期内要把我们的前线推进到鸭绿江岸！

我们的汽车队在阴山北坡休息，有几辆挂太阳旗的军用车从我们的后面驶来，里面坐些蒙古人，开车的"友邦"人士，趾高气扬的驾着汽车横冲直闯。我们的汽车得好好的让它！似乎我们反而是到了外国的客人，我们的客人到〔倒〕有俨然主人的神气！

阴山之北谷道

车上的客人男女老幼一共四五十人，差不多完全是流落新疆的义勇军家属。他们的儿子，或者丈夫，或者乃哥乃弟，或者父亲叔伯，因为不甘在东北作奴隶，不顾一切的起来抗争，终以孤军无继，被迫流亡西比利亚，又由西比利亚转入新疆，从我们海棠叶形的版图的最东北的一隅，绕过外蒙古草原与戈壁，漂流到东土耳其人聚居的新疆。因为他们作了在"友邦"看来是大逆不道的义勇军，他们的家属也遭受着特别嫌疑的待遇，尤其是青年男女监视尤为利害，三个人算"结党"，二个人算"同谋"，一个人就算"思想不良"，随时可以得到"友邦""友谊"的光顾而切去脑袋！这些得不到国家力量保护的人民，不得已才抛弃了他们肥沃的家乡，在无奈和茫然的心情下，冒着亚洲腹地大戈壁的长途跋涉，希望在天山脚下去找他们新的慰安。

车出阴山北谷，展开〈在〉我们［在］眼前的是青绿的蒙古大草原，起伏的山坡，诱惑我们的视线到辽远的境界。普通的观念，把"蒙古"和"沙漠"混为一谈。蒙古民族居住的区域，有沙漠，也有草地。纯粹的沙漠，是不能住人的，必须水草丰美的地方，才是蒙古民族繁殖的地方。绥远境内的蒙古区域，南面河套以内的情形我不很知道，阴山北面乌兰察布盟区域里，大半都是很好的草地，并且可以相当的开垦。塞外大寒，初秋尚不大易见已收的农产品，惟连年农村疲惫，已开垦又荒芜的阡陌痕迹，尚清楚的摆在若干平圆的土山头上。

阴山北面，我们经过的第一城是武川县，这个城的城垣大少〔小〕，相当于河北、山东破落的中等村寨。一个汽车就把城门装得满满的，载重车上面坐的客人，要不好好把头藏起来，准可以被弧形的城门顶盖刮去半截。

那时正是日本积极经营内蒙的高潮，百灵庙正在日人策动之下，作为侵略内蒙的重心。我们的车队已不敢经过百灵庙，而打算从庙的西南绕过，再至庙之西北合上去新疆的大路。我们绥远方面各种各色的侦察谍报人员，都以武川为活动的大本营。在百灵庙对外交通已不自由的时候，我们这一大批的汽车，却要向那面开去，无异给前方社会以重大刺激，大家都用奇异的眼光来看待我们这般过客。在群众们交头接耳的情况下，九辆汽车离开武川，不过，我们几十个客人总有点感觉不安。

二　武川遇警

北出武川波状地，大约三四十里光景，前面的车子突然停止。司机和客人都有好些下车在草地上窃窃私议，有人伸手招呼我下车，我看形势有点不对。据他们的报告，是由百灵庙出来的日本别动队——土匪已经向我们方向前进，刚才已经遇到被这批土匪蹂躏逃难而来的难民，据他们所述情况判断，土匪的行动方向，大致和我们成正交。我于是主张用快速度突过和土匪可能碰头的地区，但是司机的理由是车载太重，装货过高，道路太坏，快车容易出覆车的危险。不得已，始决定开回绥远！但是这许多去新疆的义勇军家属，他们却坚持不可，因为他们在东北家乡不能居留，关内不能生活，而跋涉万里关山，欲图存新疆，又因日本不已止的侵略，打断了去路！回到绥远之后，他们又将求生何方！我安慰他们说："西安、兰州、哈密一线还可以入新疆。"而他们困苦颠连的命运中，对于这种渺茫的遥远的前途，不能不相当致其空虚之悲感了。

蒙古本来是我们五大民族之一，今天我们的蒙古民族竟在外人策动之下，以蒙地为根据，向我们自己国家进攻，我们已不能在蒙古地方自由通行。外人之侵略我们，这有必然的原因，而蒙古民族之能听人指使，以攻祖国，不能不令我们用理智来作深一层的反省觉察。

蒙古民族的本身，并不是所谓愚劣民族，而恰相反的是异常优良的民族，我们看蒙古盛时的历史，当可了然。吉朋（Gibbon3）在《罗马帝国之衰亡》一书说："一二四一年春，蒙古军之蹂躏波兰，及入据匈牙利，盖其军略之优良有以致之，初不仅以兵多胜也。……蒙古将帅之行军于维斯杜拉河下游，以及德兰斯斐尼亚也，其布置之精密，尤足惊异。此种战略，匪独并世欧洲任何军队所不能企，且亦非欧洲任何将帅之所能及。欧洲将帅自腓烈特第二以降，就韬略论，无一足与速不台相颉颃者。且蒙古人于匈牙利之欧〔政〕局，及波兰之情形，皆能洞悉无遗，盖其间谍之组织，固甚佳也。"元代以后，蒙古民族逐渐衰落，明以后为毒辣宗教政策所毒害，始日即于不振。清魏源《圣武记》有曰："蒙古敬信黄教，不但明塞息五十年之烽燧，且开本朝二百年之太平。"且喇嘛所诵之经，胥系藏文，因喇嘛之力攻藏经，遂致弃其固有之蒙文而不顾，抛弃了自己的文化，清廷之用意相当深远！

　　故蒙古民族之衰落，乃受外族在历史上侵略政策的结果，然而在当时各以己族为单位之狭义民族主义时代，本不足怪。蒙古统一中国，压服汉族之后，以汉族为最下层阶级，不许有武装。元世祖至元二十三年，敕中外，凡汉民持铁尺、手挝及杖之有刃者，悉输于官。又搜括诸路马，凡色目人（当时欧洲及中亚来之各族人）有马者，三取其二，汉民悉入于官。顺帝时，禁汉人、南人（汉人之在长江以南者）、高丽人，不得持军器，凡有马者，拘入官。故当时彼此压迫，毫不足怪，此种老账亦不必再算。因为那时我们民族的生存，是我们东亚大陆上几个民族相互间的竞争，如汉、匈奴、契丹、回纥、西夏、吐番〔蕃〕、女真、蒙古、金，然而现在这些民族大体溶〔融〕为五大民族。我们相互间的共同利害，较大于我们相互间利害的冲突，我们相互间有悠久的历史，我们现在遭受着外来民族严重的压迫，我们有共同的危机，我们需要共同的生存，我们已不需要"我消灭你"或者"你消灭我"的老的民族路线，我们需要在一种合理的民族关系上来消除内在的冲突，把我们共同的力量，抵抗外来的侵略，以求共同的生存。

　　孙中山先生看到这一点，所以他主张"五族共和"、"国内各民族一律平等"来根本结束过去自相残杀的政策，重立坚强团结之民族国家，可惜他的政策，没有被后人拿来实行，没有能够根本改造国内各民族相互间的关系，完全因袭过去不合理的错误的民族传统政策，在"平等""共和"等名词之下，干些换汤不换药的老勾当。利用宗教的愚民政策，利用少数酋长，空责各族之团结，而自塞各族进行团结之路！

日本占领东蒙之后，西蒙古各部在德王等倡导之下，要求自治。其最初之意义，至为光明正大，其通电云："自治真意，实因事急境迫，日暮途穷，志切自救救国，不得不急图自决，以补救危亡。至于军事、外交，关系国家体制，吾蒙能鲜力薄，平时尤仰仗中央之助，况当存亡关头，一切措施，更为惟中央是赖。"军事、外交交给中央后，蒙古人要求自治，我们想对于国家，决无妨碍，而且中央反可以因此加强对蒙古民族实际之统治，于国家之前途，大有利益。但是内蒙自治因与察、绥两省之存在根本冲突，中央不能从国家大局前途作深远之打算，彻底解决蒙古问题，同时不能对察、绥两省之疆域、财政等谋周全之办法，而因循于察、绥两省当局与少数蒙古王公利害之间，苟且敷衍，致引起蒙古前进派之失望，而授日本以可乘之机。

政治之推进，必有真实内容，巧妙宣传无补于实际。内蒙要求自治之时，正汪精卫先生长行政院之日，他当时说："我们今日在种族上、宗教上、习惯上，已实行平等自由之原则，互相尊重了。"似乎中国国内民族问题已经解决，然而蒙古人自己的感觉怎样呢？察哈尔蒙古代表曾在南京有如下的诉苦："满清政府虽寓专制于羁縻之中，尚未夺我蒙古之主权。民国之官吏，则显分轩轾，而县与旗之感情，遂日趋[绝]隔阂。因文字之不同，重征捐税，蒙人无从争论；因言语之不通，诉讼覆冤，蒙人无凭申辩；供差徭，则蒙古出资独多；享权利，则蒙古不得参预。"所谓"五族共和"下，蒙古民族所受之法律待遇，则"蒙古地方诉讼之处理，边省机关，尚酌用前清理藩则例，及番例条款。"这些根本是对付被征服民族的东西，所以他们有知识的人又说："在形式上，虽有不分种族之美观，而实际上，实有致蒙古民族死命之虞。"

在政治理论上和政治制度上，我们既然不能得蒙古民族之同情，不能使蒙古民族诚心诚意和我们结合，那吗〔么〕，我们就不能不走"威德兼施"的老民族政策，使大多数蒙古人"怕"我们，同时施以小惠，使之"怀德"。然而现在的蒙古对于我们的"德"怎么〈样〉呢？求自治通电云："乃政府不第不此之图，反从而穷困之。始而开荒屯垦，继而设省置县，每念执政者之所谓富强之术，直吾蒙古致命之伤，痛定思痛，能不伤感！""德"既不能使之怀念，则"威"当可使之折服，然而通电又云："十余年来，于外蒙尚无收复之策，东蒙既失，亦无退敌之方，此不能不置虑者也。强邻压境，在中央政府放任之下，哲里木、昭乌达、卓索图及呼伦贝尔等诸盟、旗、部，转瞬非复我有矣，西陲各盟、旗、部，势蹙力弱，将更何以御强敌耶！"我们这张纸老虎，亦为蒙古人看穿。彼等进不能求得合理之途径，退又不能自保。感情所驱，日方再加煽惑，故演成蒙汉自相残杀局面。记者于去冬百灵庙战争中，虽曾力赞我军攻击精神之伟绩，而偶一悬想我乖戾民族政策之前途，复使人不胜其怆然！果有妥善之民族政策，何至于在我们自己家里的蒙古民族，被人利用来和我们自己冲突！

车回过速，在武川北门外倾覆一车，几伤人命。此辈身遭离乱之义勇军家属，当对于中国不合理之民族关系，有深刻之感觉也。

为了汽车公司的营业和旅客的要求，这一队车决不能在绥远停止不动，大家决定再由包头出蒙古去试试。

三　黑河波澜

　　归化西门外有一条向西南行，直达托克托县的公路，路虽然是沙土质，尚修得相当完整。公路所经地区，大体为冲积成功之沙土地，地势低下，含碱性甚多，故未曾开垦之荒甚夥，庄村稀少，而民多带边人古朴之风。在归托公路的东段南面，就是有名的"青冢"——昭君墓所在的地方。昭君墓在绥远有两处，一说归化附近之昭君墓为昭君之衣冠冢。李太白的《昭君怨》上，把昭君出塞的地方弄错。他说："汉家秦地月，流影照明妃（明妃即昭君）。一上玉关道，天涯去不归。"昭君出塞，系由长安往北走！因为用昭君去"和"的"番"，是南匈奴王呼韩邪，他的领土是今绥远伊克昭盟鄂尔多斯地，即河套地方。玉门关在嘉峪关外，相差好几千里。出玉门关的是细君公主，是汉武帝时的事，而昭君和番，是汉元帝时事，先后相差二三十年。过去文人不谙地理的事，不只李太白，白居易在《长恨歌》上也弄错地方，《长恨歌》里描绘唐玄宗幸蜀，杨贵妃被士兵所逼，缢死马嵬坡一事，而曰"峨眉山下少行人"，其实玄宗幸蜀，并未经过峨嵋山。

　　开车的工友看我有几分乡下气，因为我化装成商业公司的小职员，他慢慢要表现他的经历是超人的特别，与众不同，他就开始向我谈他"外洋游历"的经过。他最初和我谈他到过日本、美国、法国、英国、比国，我以为他是华工，然而他说是去"游历"，我有几分震动了。我就请问他"游历"的经过，路线经过些什么地方，他说他首先在"青香岛"上船离开中国，然后五天五夜到日本，到日本坐火车，八天八夜到美国，又由美国"金山岛"坐火车，七天七夜到法国……。他的国别走得不差，而走的方式，很有点中国小说上的"飞毛腿"、"神行太保"的风格，总是"几天几夜"的走法。原来他在若干年前跟外国人当差，到外国走过一趟，外国语和外国文全不懂得，时间长了之后，极简单的记忆，也弄不清楚了，于是配合些说书的材料，编制成章，构成离奇古怪的道白。这里让我们发现一个大的人生哲理，人都是自尊的，总想超于常人，哪怕是虚的，他也想摆出超人的模样，假如你伤了他的自尊心，他一定感到非常的不愿意。一个人能牺牲了自尊来低首他人，这是人生的变态，他必然在此中有另外的企图。

谁知天不作美，黄河的水量，秋天增加了几尺，河水倒流，把我们必须经过的托县城边的黑河桥梁下道路，深深的掩藏在水里。昨天是遇到的"人祸"，今天是遇到的"天灾"，这般飘〔漂〕流塞上的东北同胞，真真是不胜痛苦之至了！

除了开车的以外，没有人愿意再回绥远的，乃决定绕道走北面，希望绕过黑河的上源。汽车开了一段回头路，向西北走了一段从来没有车压过的所谓"公路"。草是长得满满的，有几段路被风吹断，松沙所在，往往陷入车轮。辛辛苦苦赶到一处荒村，叫做多尔坝地方，黑河仍然有一尺深的水。河底是软泥，过是过不去的，但是不过去，又怎样办呢？

拂逆逼出了决心，大家决定在河边露宿一晚，再想法堵水挖泥，或者用草木来填河，总之非过去不可！

八月二十九日晚间，我们这半百以上的征人，男女老幼杂然并呈的，在黑河边上开始长征中第一次的露营生活。车上带好的帐幕，被这般老于沙漠生活的车夫和助手迅速的建立起来。一队汽车加上三个帐幕，几十个人来来往往，临时掘成的土灶，放出炊烟，人们呼唤的声音，男女杂沓，仿佛成了一处村落。

夕阳落在西山坡下，老年人、小孩和女人，敛迹到帐幕中去了，壮年男子过不惯帐幕中闷热的气氛，大半在有相当坡度而且不当风的沙土上，选择了自己的阵地。女人生活的本身，比男人要多些麻烦，而女人对于痛苦环境的忍耐力，平均比男人要薄弱，她们痛苦感受，总希望从口里说了出来，觉得这样才可以得相当的慰安。小孩子是更不能忍耐的，他们的痛苦，总是用"哭"来解决，用"哭"来逼他们的保育者给他们的〔以〕满足。这三顶帐幕，就成为东北流亡人怨恨之音塔了。

我睡在幕外，被里很热，被外很冷，久未血食的粗大蚊虫，毫无经验的扑人面孔，枕头两边已经伤亡累累，而它们仍然前从后续的"不惜牺牲"！怎样也睡不着，看看满天星斗，往东一看，就是白山黑水的分野。今夜饮露餐霜的东北流亡〈者〉，他们对于这种情节，应当有更深刻的感触。

夜深了，疲倦驱使我入睡乡。梦魂中一位健壮庄丽的女子，送来一匹雪白的大马，我们并辔漫游蒙古，初升的朝暾，和垂没的夕阳中，我们总在地平线的远处，驻马私语……

人声渐渐的嘈杂，在我梦的感觉中，以为是人们在议论我们，张开眼睛一看，原来夫役已经起身收拾车辆。东方刚出现于地平线上的紫霞中，只有风！只有雾！我的衣服和被褥等，完全浸润于河滨大雾之下，作了蒙古旅行初夜的牺牲！

天明了，大家的视线开展了。我们宿地北面二三里的地方，已经是黑河的尽头！顺着河边，就可以饶行过去。大家又兴奋，又自气。昨夜过河那些准备，完全用不着了。沿河源数里长的青草坪上，露珠覆被着草头，车行草上，激荡成风，草随风摆，如舟过水面。

一队汽车连续通过草滩，关于选择道路和穿过危险地带开车的方法，后面的汽车是唯头车（第一辆车）的马首是瞻。旅行车队有点像多党的国家，头车是当权的政党，头车如果带路不好，后面的车辆对他一定不满意，往往逼成他老羞成怒；头车出了毛病之后，后面的车子如果巧妙的通过险地，固然博得客人们的叫好，同时就引起同事间的忌嫉，特别是当权的头车，要引起非常的反感！平心而论，头车应该多得后面车子的原谅，因为后面的车子已经有头车的得失作参考，少去许多失败的机会，这点便宜关系不小，不要敷浅的只看到自己的成功！

萨拉齐县是绥远最富足的县份，土地最肥，鸦片产量甚多，因此农村收入很优裕。富则招匪，萨县遂成为土匪最厉害的区域，道高魔垂，防御土匪的方法也加强，萨县城垣之防匪设备，就相当坚固了。

萨县境内一个近代化的大工程——民生渠，可算完全失败了，不明中国水利原理和水利传统的外国工程师，反不如中国无名的有经验的技师。迷信外国人的阶段，应该快过去了。

顺着无水的民生渠边，翻过萨县附近的平绥铁路，改遵大青山南麓，向西前进。山上还存留成片的青松，山头还有几处西藏寺的庙宇，所谓土默特旗的牧地，而今已全然成了汉风汉土。残立山头的蒙古喇嘛庙宇，只表示蒙古民族在这里的回光反照！

四 再渡阴山

小小黑河的阻挠让我们两天才到包头。包头日本特务人员，听说我们是去新疆的汽车，特别来详细看看。谢谢他们如此关心！

包头北出蒙古，有两条山谷可通，一是大沟，一是小沟，都是阴山里的谷道，我们选的小沟一路，那时包头的驻军，已经重重的把守谷道，军帐搭在山头上，颇有古代"戍边"的光景。

小沟足有四十里长，曲折走出山沟后，并没有什么下坡，直接进入蒙古原地。这里我们可以领悟到，蒙古高原在阴山是一个阶层的边沿，东南行在张家口又是一级，居庸关所在的南口山脉是第三级。

蒙古原地上，乌兰察布盟区域，大半是水草茂盛的牧地，草地地势，平坦润泽，不但行使〔驶〕汽车相宜，而且风景异常悦目。汽车进入草原，通常可以开足七八十公里一小时的速度，随波形的汽车路，起伏前进，正如一队战舰突破碧蓝的海波，浮沉海上。

安北设治局正在我们必经的路上，县城内容的充实，远不及武川。在午尖的旅店里，听到几件新闻，都是关于民间欠粮被官厅拘去的事件，这恐怕就是"家有二顷田，头枕衙门眠"的古典今验了。

蒙古草原的美丽，我见斯文赫定对它有正确的了解，一望无边的青绿，其中没有一丛林，或者一颗〔棵〕树，来打破这种青茵的平顺。前面，向任何方的前面看去，总是悦目的绿色铺好的野景：波形的绿地，犹如微浪的海洋；矮小的山冈，正如海中细岛。在村庄绝迹的绥远西北中公、东公等蒙旗中，一座金碧辉煌的喇嘛庙之出现，无异久航茫茫的太平洋中，突然看到檀香山岛。到了夕阳斜挂在西方，灰白的光幕斜罩着大地。草地里的马群，一向自由生活惯了，蒙古地方可供交通用的动物，只有它们跑得快，只有它们灵巧，它们自己经验上觉得是天之骄子，它们比高大的骆驼还要受蒙古骑士的欢迎。我们这一队比它们更快的东西，巨大的吼声——发动机与气〔汽〕笛的声音，使它们感到第一把交椅的动摇，它们惊惧，它们愤恨，似乎它们不佩服我们的汽车，以它们最大的速度，开始和我们赛跑。夕阳草上奔群马，鬃飞尾直眼回顾，这是多好的写生题材！

傍晚，过一条叫"海留图"的小河，河的西岸有几家蒙古包，为汉商所经营。三十一日计行四二〇里，此中较大的蒙古包已经不是活动的房子，而是仅有蒙古包形的固定土屋。车队集结的停了下来，比原来几家蒙古包的气势还要壮盛，简直是一座"车城"。欧洲古代有"城国"，我们也可以叫做"车国"。因为我们有几十个男女老幼，"人"的条件有了。我们有统一的管理制度，生活和行车，皆有统一的筹划与指导，"政府"是有了。我们有相当武器，可以自卫，"保卫"的机构有了。只是，我们没有固定的领土，缺乏近代国家构成上一个重要因素。不过，我们可以叫做"行国"，如汉时称西域游牧国家的名称。

"行国"住宿之后，行国中人的社会活动，随着展开，炊夫忙着烧茶作饭，车夫忙着收拾出了毛病的机器，老年人多半疲乏不堪，躺在帐幕里愁眉皱眼，小孩子把他们都市里带来的纸条随风放荡，青年男女们总喜欢到海留图河边用清寒的塞水来洗涤当天的尘垢。这样几千里戈壁长征的旅客，谁都准备有相当的食粮，这时，大家开始享用了。小箱作了方桌，松沙是天然的"梭发"，甲的酒，乙的肉，丙的饼干，带吃、带说、带唱。

东北人总是说东北的事多，他们痛骂东北那批自私自利的官僚军阀拼命刮地皮，结果都归了外人，剩下一些财产，弄到关内平、津一带，他们的子子孙孙拿了这些财产在平、津一带作恶，悖入悖出，必无下场。日本占了东北，所有稍有财产的商店，都给你弄上一个顾问，财政上出入要得顾问的同意，结果这些商店成为顾问的私产！

海留图河续进，汽车在草地里飞驰，风景舒松清畅。经过好些难过的道路，益发显得头车司机的重要。他在车队中的地位，等于一国的领袖，他不但要有特殊的经验，而且要有海样的度量。他也许有独出心裁的特别作法，暂时不为群众所了解，而遭受了许多误会。但是，他必须在事实上表现无假公济私之行为，才能得大家的谅解。他自己主要的是要能为大家开路，领导向前，有许多误会和怨言，就不能深究，更不能只是回头和其余的司机争吵，而先剪除那些能干的司机。因为有脾气的司机，太半是技术较高的分子，也就是这一车队的骨干，他们容易自夸，容易对领导者不满，诚然他们的本领，也不见得比现在开头车的人高明，但是如果不能忍耐的将这些干员排斥了，真遇到艰难险阻的时候，又没有人才了。

不好的道路，如果有好的司机，也可以渡过许多难关，所以一个国家杰出的领袖，至为重要。

一串汽车赓续的行进，其中任何一个出了毛病，立刻落伍到后面。时代的洪流，不断的演变，不能把握时代来不断改进自己的人们，当然很快就要为时代所抛弃。许多不长进的人们，反而常常用愚民的教育政策，来阻止后面年青人的进步，这当然是不可通的。

车队各司机，平时是各不相下，谁也不佩服谁。然而他们相互间却有一种道德的自然法则存在，大家对于这个法则是无条件的遵守。只要车队里任何一个车真正出了大毛病，或者陷在沙窝里，其余所有的车夫、助手都一齐来帮忙，来营救。这种行为，是不待招呼的，无条件自动的。这是因为共同利害的结果，因为这样辽远的蒙古旅行，谁也不能说自己准保不出些危险，如果不是大家合作，每个人都无法解决其自身的困难，每个人基于自身的需要，发生了不成问题的团结要求。因此，在政治上要谈团结和统一问题，使利害共同，是最根本的方法。

九月一日这天，我们遇到漫山遍野的黄羊。这种野生动物，我在青海看过，从祁连山南北的地方，东北向到察、绥、内蒙，这一带地广人稀的地方，都是他们繁殖地。黄羊奔驰速度，不等寻常，三十公里一小时的汽车和它们并驾齐驱，它们仍可以在汽车的前面赶过！

所有的生物，都根据自己生存的需要而活动，黄羊生存的方法，有点值得注意的地方。它是对于动物界来说，完全是"守势"的，或者"消极"的生存。它没有巨牙，又无利爪，不能牺牲任何动物来满足自己，但是，其他的动物却不能说没有牺牲它的意思。因此，首先它有一种适应于当地当季的土色和草色的保护作用的毛色，减少被旁人发现的可能。万一被其他有伤害性的动物发现以后，它就开始逃跑，它的普通速度几等于马的狂奔，在紧急关头，它能纵跃前进，一跃能离地三四尺高，二丈左右远。不但成长的黄羊如此，初生的羊羔，刚脱母胎之后，一见风就可以跑路。

战略上，有必须取得某地某事始为胜利者，同时，有只须不给予敌方某地或某事，即为胜利者。这里取舍得失，全在研究我们生存的需要在什么地方。

午尖在黑沙图，这里是新疆哈密、甘肃酒泉、张掖和阿拉善蒙古走草地进入绥远的总口子。从前西北一带的鸦片都经此至百灵庙转归绥。鸦片过境税，是绥远财政上看不到的大收入，德王所主持的蒙政会为了鸦片过境税问题，也是和晋绥决裂的一重大原因！百灵庙形势特殊化以后，绥西屯垦军派兵把守黑沙图，所有鸦片，不准再走百灵庙，改由此去包头。

三五处蒙古包，加上一连人的土屋兵营，此地也俨然蒙古地中之大镇。所谓汽车站，也是蒙古包，所谓商店，也是蒙古包里有限的一点东西。

五　瞻回松稻岭

过黑沙图之后，蒙古地的戈壁味就要慢慢浓厚起来了。穿过许多沙河，上下许多小石山，草地慢慢减少，丛生的骆驼刺，一小堆一小堆的长着，有点像人头上长的癣癞。有一条小河，叫乌尼乌苏。过了这条河，地方更荒瘠，地面看起不顺眼，汽车开来也困难。东一个红山头，西一个黑石堆，偶尔有一片草滩，驻上一二个蒙古包，几匹小马，几头牛羊，蒙古包的毡子也破破烂烂，一切都表现穷困。

自西而东的骆驼队，常常和我们碰头，他们运的蒙古出产的驼毛、羊毛，七十里、八十里的一天一天的穿过这亚洲大戈壁，路上没有地方可以供给生活上的用品，所以这些驼夫和客人，从他们出发到终止的地方中间所需要消耗的东西，虽如火柴、针线之微，亦得自己带上，特别麻烦的是饮水的携带。戈壁里常常是三五天没有水，或者水味咸苦，这些旅行队总带了几个大木桶，预备些味纯的饮料。我们车上也带水，而且不只是饮水，连汽车水箱用水也在内。不过，因为我们每天预定的住宿地，都是比较有好水的地方，汽车的速度，是可以逃过戈壁几百里的干旱地，我们必不可少带的，是午尖用水，几十个人一餐所需水量，亦相当可观。

安北附近，广阔的草原中，东鳞西爪的开垦土地，有如锦缎长衫补上颜色不调和的布块，在我们这些地方是看不见了。

九月一日过午不久即驻松稻岭。"松稻岭"乃译蒙古音而来，这里无松，无稻，更无山岭，只是平沙万里的戈壁上，聚立着三四个蒙古包。

由绥远上新疆的骆驼道，从前出百灵庙，经过外蒙古境内，外蒙独立以后，改出阿拉善、额济纳两旗，选比较有水草的路线。这条主要的道路是由包头或百灵庙到了黑沙图之后，西南走阿拉善之三德庙、阿拉善鄂博，以达额济纳河之上游，西走新疆。但是这条路，不宜于行汽车，因为湿地、碱地甚多，且过额济纳河很不容易。现在通新疆的汽车路是新绥汽车公司开辟的，从黑沙图和骆驼路分家，而西向直穿大戈壁。斯文赫定博士和徐旭生先生所领导的西北科学考察团，是走骆驼路。这条汽车路之开辟，是新绥汽车公司工程师杨少农先生和一批司机经过重大辛苦的结果。他们最初探路的时期，曾因迷路，困处戈壁中，绝粮断水，几致不能自救。

松稻岭几家蒙古包中，除了一家是车站外，其余的都是商人。真正的蒙古人，是不驻在大道附近的，他们怕热闹，怕人多，总喜欢把蒙古包架设在沙窝里、山脚下，或者远远的戈壁中，有了需要，才到汉、回人开的卖买家来换些东西，平时是不轻易和他们碰头的。这里的蒙古人，外蒙古逃来的王公贵族不少，如果照"白俄"式的说法，那就是"白蒙"。他们散逃在内蒙的沿边，苟且的生活着。松稻岭商家主要的顾客，还要算这批流亡的过去蒙古统治阶级。

从来汉商在内外蒙古，分为京、西两帮。西帮为山西之太原、大同、汾州，河北之天津，察哈尔之宣化、张家口及多伦之商人，共同组织而成，其基础创于清康熙年间，势力遍于内外蒙古。京帮则专指北平安定门外外馆客商在库伦所设分号而言，其基础始于清咸丰年间，远在西帮之后，资本亦远不及西帮之雄厚。外蒙革命以后，外蒙商业根本无法继续，汉商已丧失蒙古市场之主要部分，所余内蒙商务，殆如孤烛残灯，渺无足称述。剩下来的这些汉商，已不如前此之大规模、有组织、有系统。只是，他们营业方式，颇给予民族关系上以恶劣影响。蒙古人的贸易，大半是以物易物的，交换物的双方，虽也作成货币表示的价格，如甲物定为八元，乙物定为五元，甲乙两物交换时，除物换物而外，乙物方面多半另外加上价约三元之丙物，给予甲方，交易用现金作媒介者绝少。蒙人牧畜为生，其生活用之粮食、布帛、茶叶、水烟等不能自给，必待外间之供给。而其自身之所产者，为牲畜，为皮毛，并无独立之货币制度，完全用其接近之民族的货币，自身并不制造货币，故其交换方法与力量，既幼稚，又薄弱。汉商遂用一种特殊的贸易法，以对付蒙古，其所办货物，先尽量赊给蒙古，并施细小恩惠，以笼络蒙古。蒙古贪此便宜，争相赊货，其实所赊之货，分量既不够，货色又不好，至于所定价格，却大得可怕！蒙古人只图不出现款，并不能考虑到交易的内容，所以一赊之后，永远还债不清，年年用皮毛还旧债，而新债又已加上头来。汉商在收受蒙古人皮毛的时候，总是以多报少，让蒙古人吃些无名之亏。

　　许多经营蒙古商业的人，他们是唯利是图，只要他们可以有钱赚，不管将来会遗蒙汉关系上以何等影响。在他想来，他们家住山西或河北，拿了一点本钱，来蒙古求发财之路，钱越赚得多越好，此外他们就不知道有什么。就他们本身说来，跋涉数千里，离乡别井，深入蒙荒，刻苦经商，必须赚钱，始有脸回家，往往有少妻幼子者，三年五年始得回家一趟，不能不说相当辛苦。所以改善蒙汉贸易关系，只有政府在合理的民族政策之下，来加以新的指导，单单责备汉商也不行。

　　那时日本人之过松稻岭西入蒙古者，已有三四起，其中一起去定远营，其余的都西入了额济纳。他们沿路笼络、威吓商人，许他们一些未来幸福，许多商人慢慢感到日本势力之可怕，为顾计自己将来在蒙贸易之安全计，不能不敷衍日本，因此不大敢和日本的侦察队作对，总是虚予委蛇。

　　一个在蒙古给日人侦察队做向导的蒙古人，狼狈的逃到松稻岭。他跟日本人很久，他也懂日语，也懂汉语，因为日本人不打算要他，他一个人跑了几百里，才到这里。从二十四年起，到二十五年秋季止，日本人已经将百灵庙至阿拉善首府定远营，和百灵庙至额济纳的道路测量完备，其中有一大段路，都是他作向导。

　　据蒙古的人报告，有约二百人的间谍，曾潜赴外蒙古库伦，然而生还者，仅一人，而此硕果仅存之一人，亦未及作成报告而死！盖外蒙检查森严，不易活动，故大半被捕，此最机敏之一人，因所有观察所得之山川形势、道路险阻、政治情况、军事部署等全用脑记，故平时即过度使用的脑力，归返特务本部时，即以脑充血暴卒。

二十五年春季，曾有一中、英语皆甚娴熟之二十五岁青年，被派入新疆调查，其所选道路，系骑驼偷走戈壁入新疆。夏季则另有一队测内外蒙古和新疆、甘肃交界的马鬃山，此中有印度人一名，化名"那若"，工作甚力。据云那若为东京帝国大学毕业生，通英、日、华、蒙、藏等语言，为印度青年派之反对英国统治者，其与日本合作之目的，盖欲借日本之力量，以击走英人，因而极力帮助日本侵略中国之蒙古、西藏，盖蒙、藏如入日本手中，果能相助，进攻印度已有根据也。

德王曾派其亲信之掌印官某蒙古人为侦察队之翻译，途中因为不顺日人意，被毒打一顿。日人沿途送蒙古公王〔王公〕许多珍贵物品，如珠宝之类，但经内行看过，其中真的没有多少！

我们遇到商人，总是打听西面的消息，他们总对我们打听东面的情形。大家有一个共同的情绪，是焦虑日本武力进攻绥远，鼓动蒙古。如果绥远有失，蒙古不保，我们大家都会死无下场！

六　狂欢后的惨剧

为了休息司机们的辛苦和整理车辆，大家决定二日在松稻岭停留一天。从蒙古人那里买来一只肥羊，宰来大家饱餐一顿。戈壁里唯一的主要食物，就是羊肉。蒙古人卖羊，是在羊群里任你选择，一只几元，二只几元，第一，不能把一只羊分开来卖零斤的羊肉；第二，不能以"元"以下的单位来计算价格。因为在地广人稀的戈壁中，不能同时有许多顾客，如果你只卖〔买〕去一只羊的一部分，其余的十九难找顾主。蒙古人不习惯辅币的使用，法币在戈壁中根本不通，如果不值满一元之价格，则另外添物补上，要令其找退"几角"之数目，根本没有办法。

枯燥的戈壁旅行，和原始的帐幕生活，使我们每一个人都感到精神上的死寂，休息这一日中，看到每一个青年男女频频进出简单帐幕的无聊。戈壁是那样茫茫无边，人类对于自然加工的成绩，就是蒙古包这几个，我们需要热烈空气来刺激，我们需要同伴们彼此内心情绪的交响。于是"戈壁同乐会"的要求，在每一个旅客心中萌芽了。

日间用马枪对着戈壁里任意选定的目标打靶，姑不论打中打不中，许多人的心弦，总算借此兴奋一下了。碰巧有几个外蒙古人来这里换东西，我们请他们回去把他们的太太小姐请来参加当晚的同乐会，请她们跳蒙古舞，他们点首答应，我们的兴趣于是更加浓厚了。

同乐的要求，是大家一致的，然而许多中国人的生活习惯，太偏于个体的活动了，缺乏"群"的习惯，缺乏组织能力，不敢大刀阔斧的做自己应作的事情，总要让旁人领头，自己才可以跟着前进，平日可以哼几句的，到人面前时，一字也不好意思唱了。这个原因，使同乐会的进行上，感到相当困难。但是因为这是大家共同的需要，小的困难终不敌大众要求的洪流，让我们的同乐会在"戈壁之夜"热闹的展开。

参加同乐会表演的分子，有女客，有车夫，有男客，只可惜约好的外蒙古小姐没有来。表演的内容，有蒙古诗歌，有俄语会话，有女客唱歌，有车夫说书……会场是许多煤油木箱，在汽车、帐幕、蒙古包之间的戈壁地上，围了一个小圈，箱子即作为坐凳。另外几个木箱，叠在中心，上面放一个半截煤油桶，桶里面放一个盛满机器油的大碗，小束布条的一端浸在油里，另外一端燃了起来，对四面放出相当的光辉。

　　首先是一位小姐唱《教我如何不想他》。啊！她的家属，她的
"伊人"也许正在伊犁河畔。她这一唱牵动许多旅人的情绪了。在
天之涯、地之角的他和她，也许对于这群旅客有梦寐不忘的关联，
也许她想他，也许他想她，然而各人愁绪，都被她的歌声扰动了。

　　节目中最有深意而且动人的，要算一位久居外蒙的客人所唱的
《库伦弱女之哀》，译出来大意是这样：

　　　　　　其一

　　　　我是丧了父母的可怜女子，

　　　　我哀号在大库伦军部的门前，

　　　　我要求同胞们可怜我，

　　　　给我以与大家平等的待遇！

　　　　　　其二

　　　　富人们的享受实在太好了，

　　　　高大的门墙，确是威风，

　　　　红黄缎子一身要值多少元宝，

　　　　热腾腾的羊肉，是多么可以充饥！

　　　　　　其三

　　　　有人说我生来是无能力的贱人，

　　　　应该与饥寒共此一生，

　　　　但是，我不这样相信，

　　　　试把高楼大马的人和我较量较量，

　　　　他们的才识也不见得比我高明！

　　会场的情绪愈加热烈，我唱了一首歌退回自己原来坐的煤油箱
时，一位在莫斯科成长、富有斯拉夫风格的小姐，已坐在我的煤
油箱上，我正要另寻坐〔座〕位，她却把箱子让了半截出来，抬
头望望我，用怕人听见、又怕我听不见的声音说："你坐！"

　　谁也料不到我们能在戈壁中能如此大乐而特乐，这里的商人

们，恐怕他们一生一世还没有看过这样热闹的机会。我们同乐的意义，不同于杜工部"乱离还奏乐，飘泊且听歌"的"还"、"且"消极态度，认为是无聊时的消遣办法，而是用群体的感情交流，激发热烈兴奋的情绪，来战胜当前艰难困苦的环境。

松稻岭西行，地更硗瘠，二百四十里至雅阿马图，这算全然进入纯粹戈壁中了。戈壁之古称，叫"瀚海"。这是有相当经验的说法，因为戈壁的形状，虽然是大致平坦，但是其中仍分为许多小的盆地，每个盆地的沿边，也有小的山梁，由山梁到盆地有许多无水的沙河，倾斜到盆地里，盆地戈壁上，也有独立的小丘，形如孤岛，沿边有许多港湾的形状，从全般看去，原来有水时代对于海岸浸蚀的痕迹，尚可非常清楚的看见。因为戈壁是保持干枯后的海的原形，因此唐太宗时姜行本征服西域高昌国后的记功碑上，才有"苑天山而池瀚海"的切当文章。不过，要以"瀚海"为"池"，以"天山"为"苑"，姜行本的口气，真非同小可！

在戈壁里行车，有两种地方不好走，一是带沙窝性的戈壁，地面的外表也是坚硬的戈壁，但是不能受重车的压迫；二是上述无水的沙河。车子到这两种地方，是最头痛的地方，总是常常把车轮深深陷在沙里，要许多人下来推车，并且还要粗绳编成的"走沙"一节一节的铺在地下，辛苦万状。一天如遇上两三回这种地方，就算大倒其霉了。

戈壁中的饮食，是不能再比的简单，白水煮面片，一顿如此，两顿如此，三顿、四顿亦莫不如此，但是，因为终日奔驰、颠簸，而又无其他杂食机会，每人饭量都大得可惊！

我们的旅途上，还有一桩大事，是戈壁里的燃料问题。有好些地方，几百里无水草，当然没有树木，所以燃料取给，殊非易事。自然界的配合，非常有趣，在戈壁里某些松沙地带，存在着大量枯死的木本植物，土人名之曰"桔梧〔梗〕"，干大根短，攀折甚易，且发火速而热力强。我们遇到午尖或者晚间没有燃料的地方，总事先在途中把燃料预备些在车上。

三日的路程，所过多半是群山和沙河，路道崎岖，眼景荒茫，连天空中一只鸟也未曾看见。道路慢慢接近外蒙古的边界，北面不远的山梁，说是内外蒙交界的地方。从前的汽车，走山梁的南面绕过，因为外蒙古边卡哨兵随时出来盘查，碰上以

途中旅客拾柴

后，多半要给他们扣留，后来才改走稍南的现行道路。但是这里距外蒙边境，不过二三十里，仍为外蒙卡哨出入区域，司机们要想逃过这段危险，兼于冲过软沙地带，大家开足马力，往前直闯，八十公里一小时的速度，真不算慢，一会过一滩，一会又过一山。

"不好了！"坐在二车上的我，亲见头车翻倒了！不得了！不得了！这里翻车不得了。

后面的车子都忙乱的赶到，人们忙乱的下车，叫的叫，哭的哭，几十个人乱做一团。原来头车装货很满，车上还坐了七八个客人。车是先往左翻，又往右翻，把上面一部客人抛得很远，有些已经昏迷不醒，而此时车下还压着两个：一个青年，一个老头！

头车的司机急得碰车，直呼"这怎么了？"。坐在头车前座的老头向导，把左手指折断几个，满身是血！一部分客人照拂戈壁上跌昏了的同伴，大部分的男女都围着压着人的车子乱嚷。"抬呀！""拖呀！"……三四千斤的重车，抬固然抬不起，拖也拖不动，两个男人被压在下面，足足有二十分钟，没有听到他们呼唤！

"完了！""完了！"大家对于这两位不幸者感到深切的恐慌了。

急则智生，集中所有人的力量来抬一面，希望稍为起来一点，不管是否可以抬动，大家总出了最大的力量来抬，我感到车子似乎动了一点之后，车子突然又往下沉，我正嚷"抬!""抬!"……大家都放了手去到另一面，原来两个不幸者，已经在车身稍起时，被人拖出来了。

年青的压坏了眼面和肺胸，口中不断吐血，年老的压断了脊骨，两只脚和大小便完全失了知觉。

七　内外蒙边

倾覆的车子，原来是我坐的。我的行李完全在那辆车上，都被抛压得粉碎不堪。车子的四周，东一个破箱子，西一个散布包，破碎的玻璃，零乱的货物，车箱四周有许多殷红的鲜血，水箱和油箱漏出来的液体，浸润了一块一块干燥的沙滩，鞋子、帽子、饼干筒……完全和败了兵的战场一样。

轻重的伤者，虽然有许多人看守着，然而紧急治疗伤病，却没有医生。九年前我做看护兵的经验，正好勉强来使用。初步消毒、止痛和绑扎，都是我一个人下手。此时我俨然作了战后的救护工作，内心笼罩着无限的凄凉!

紧接着我们全体的问题来了。这两个重伤的，决定不能再前进，必须送回包头，而且当晚必须在外蒙古边上渡过一宵，万一被外蒙兵发觉，扣解库伦，问题可真不小。这里没有水，还是小问题。

终于这样商量定，如果外蒙古兵来了，我们请会蒙古语的人去交涉，如果俄国人来，请会俄语的某君和某女士去对付。谈话原则，是我们乃被东邻压迫，不能生存的人民，我们要到新疆去，准备我们回到东北的力量。假使他们是同情反对侵略的，也许不为难我们。

有经验的旅客，抱着枪，离开车辆和帐幕去睡觉。理由是，蒙古人如果夜间来袭击，一定对准车辆、帐幕来。

发生惨剧的地点，叫做银根。两位受伤者单独住一顶帐幕。老年人已经不能讲话，年青的吐血非常多，看来情形很严重，他俩的家属和亲友都围着他们的相关系人发愁。我自己也感到事情不好办，只好强为镇静，说过去如何遇到多少次和这里同样的现象，如何如何没有危险，休息一晚就可以有办法。他们发愁也无用，只好听我这一套聊以自慰的说法，去抑制他们暗淡的心情。

当天晚上，每个人都迷迷糊糊的过去，除了无知的小孩，谁也不敢安心。作晚饭举火的时间很短，因为同行的内行警告说，戈壁夜间举火，可以被百数十里以外的侦察者发现，银根距外蒙边只有数十里！

侥幸过了夜间，四日的清晨，人们的头脑才开始清楚，所谓银根地方，是一片荒漠无人影，昨夜饮水还是用汽车取自十里之外！

旭日东升，戈壁的沿边发现一匹速步而来的骆驼，没有戈壁经验的人，心弦开始紧张，以为有什么意外袭击事件的来临。所有的目光都集中在突如其来的异客上。距离近了，目标大了，驼上骑着一个女子，和一个小孩，没有武器，这团人的心绪才松弛下来。她离我们二三十丈远就下了驼，用惊异的眼光来看汽车，把我们抛弃了的破布、败纸、香烟筒、罐头盒，都当作珍奇而收拾起来，甚至于昨天惨剧后的血衣血纸，她都一并重视！

她的发辫和服饰，说明她是未嫁的闺女，但是她已经生了孩子，为了表示她的得意，她特意把她小孩的小小阳具，指给大家看看，夸耀她是男性生育者。

不过她这一来，使司机们起了相当的戒心。因为他们有了这样一次新奇的经验，不能不有相当警备。某次一辆汽车坏在戈壁里，等后方的零件到了才能修理，内蒙古一位铁匠，看上了汽车的铁料，夜间乘人不备，放火烧了汽车，希望得剩余的铁，来发展他的业务！

伤者的形势判明了，两位重伤绝对不能前进，因为前去额济纳没有医院，再西至哈密仍没有医院，只能到迪化再说，然而还有差不多十七八天的戈壁汽车行程，五六千里的远方，回去只有一千多里可以到包头，平绥路上比较方便多了。

在伤者方面，他们是不愿回去的。年青人幻想着在新疆看新的事物，在新的环境下生活，新疆接近苏联，也许能知道许多苏联的事情，新疆有许多民族，可以学会许多不同的语言，将来西北问题，大大开展，正可以在西北作一番事业。老年人是想去看看自己久离东北的儿子，详谈数年阔别情绪，并且从此可以暂时生活在新疆。谁知刹那风云，一切皆成梦想，只落得满身创痛，仍转到毫无希望的东方！

专车送走伤者之后，我们继续前进。银根东距松稻岭三百余里，西距班定陶来盖一百余里。班定陶来盖与银根之间，为纯粹之大戈壁，戈壁中一无所有。北面系内外蒙古分界之小小山梁，东、南、西三面皆一望无际。

库伦、定远营间车路要地班定陶来盖

班定陶来盖亦在戈壁中，有小山形如嘛喇〔喇嘛〕之帽。北去外蒙边五六十里，界山中富森林，内蒙古人常有偷入砍伐者，外蒙卡兵对此稽查甚严，如被查着，则所有窃盗用工具，亦皆没收。

此地北达库伦，南达定远营转宁夏，可以勉强通行汽车，冯玉祥先生经营西北时，若干人员和苏联由库伦接济之军械，皆自此道输入。

现在有十数家商人住此，因为税卡林立，逃税的事情很多。我们经过时，正有商人私走少数皮毛，被处十倍罚款，经多方面出来求情，才罚款五倍了事！

这个税卡，是由宁夏最肥的税局"磴口"派来，只是"分局"下面的"小卡"，每年这一分局包征税额是十二万元，而二十四年却收入一百余万，每一个税兵月饷本定十二元，但是年终分红，每人得四百余元！税局如此丰收，而一般贸易却每况愈下，显然的，丰收文章做在不可想像的地方！

经过班定陶来盖的日本侦察队，从这里分为两起：一队西去额济纳，一队南下定远营，据土人谈，测量工作，做得相当详细。

四日晚下雨，不能露宿，借宿在一家蒙古包里，把蒙古包顶拉开，月光从包口射入，一切恶空气从顶上出去，四周有厚厚的毡墙，风沙都不能侵害，睡起来亦相当舒服。

看看许多旅客，经几天风沙的洗礼，渐渐有了烦恼的表现，秋天的天气，日间中午热得烧皮肤，夜间非重裘不暖，吃就是几碗面片，睡就是戈壁为床，弄得妇女和儿童慢慢的狼狈不堪！

自此西行，离额济纳河已仅有四五百里。五日，午尖于察汗迭里素。计行二百余里，途中陷车处甚多，客人时下车推车、拨沙，亦甚有趣。

察汗迭里素有与班定陶来盖大致相等的蒙古包，听几位商人的口气，绥远、包头来的人已经是大可羡慕。更西行的戈壁上，我坐那辆车车轮炸了内胎，车上原来预备的准备材料，已经用完，前面的车子早已跑得看不见。没有法子，我们只好下车，在戈壁上睡觉，专等前面车子带零件回来打救。因为他们久了不见我们，必定找一个地方等，久等不到，一定会派车来援救。实在他们不来救，除了等死以来〔外〕，我们尚无很好的自救办法。

已经睡了一觉，营救的汽车才来！修理竣事，已近黄昏。赶宿至一有井无人之盆地，驼粪遍野，而寸草不生，地名"好来宫"。掘地为灶，吸〔汲〕水煮菜。饭后，露宿戈壁，满天星斗，四大皆空。晚间只见月亮追太阳，早晨又是太阳追月亮。杜诗有"日月还相斗，星辰屡合围"之句，必有披星戴月经验者，始能了悟。

六日晨间，大风骤作，被中热气渐散，沙随风自颈部入被中，骆驼粪块往嘴、鼻、耳、孔里填，到此始知蒙人一定要用蒙古包和帐幕的一大原因。

八　到了额济纳

好来宫西去约二百里，即到额济纳河，中经几大海底形戈壁滩，有数段沙窝，推车至苦。转过一个山头，即看到倾斜的戈壁滩那面，鲜明的存在着灰黄的沙山、丛树和溪水。我们大家所切望的额济纳河，瞬息之间，已陈列在我们的眼前。

车停在额济纳河东岸戈壁上，西岸过来了许多的久已不见了的内地装束人物，中山装、马裤、衬衣、学生服、皮鞋、马褂，他们看到东面来几十位内地客人，我们看到隔壁圈里出现几位共同习尚的伙伴，彼此皆异常兴奋。

谁也料想不到，额济纳有这样多的森林，森林里建造起几间新式的房屋，还有新绥汽车公司车站和交通部设立的小型无线电报局在这里。这几间白粉涂饰过的房屋，而且是三面森林，前面河水，风景佳妙。英国驻华大使馆参赞台克满由北平取道新疆回国时，曾在此留驻一宵，誉此为"沙漠的白宫"。盖饱经荒凉遭遇之后，对此仅有最初步设备之人类住所，亦不禁致其满意之思。

电台和汽车站的工作人员，他们常年枯燥的生活在戈壁里，根据于调济〔剂〕生活上的需要，他们根据可能的物质条件，制造一些娱乐的工具，他们前面有河水，站上有汽油木箱和铁桶，于是有一位技士就把木箱并合改造成小艇，外蒙以铁箱皮，行驶水中，轻快灵活，不减北平北海中划船。

额济纳（二里子河）电台

森林和肥沃土地在河西，河东是戈壁，所以车站和电台都在河西，东西岸的交通，从前是过小船，后来也架成木桥。河边有高下的沙山，有树林，有深草，骆驼群和羊群自然的羼来羼去，看不见人在照料。

七日，休息一天，青年男女旅客尽情的享受这自然和人工的美景，骑驼，过桥，划船，在森林里散步，用河水洗手巾，各处照像、唱歌，使死寂的戈壁平添青春的活跃。

社中给我的任务是到额济纳为止，然而同伴们彼此发生了感情，非约我上新疆去不可。他们不知我是新闻记者，只知是某公司下级职员，无论如何劝我入新疆，愿意负责和我维持工作。特别是一二朋友追问得非常殷切！不愿意让大家失望，我只好说：

"晚上考虑再说!"给他们留相当希望。实际上我的行李已经慢慢运下汽车了。

这队汽车定八日清晨三时续发新疆,我已经不能和他们同行了,七日晚间,是我们最后盘桓的机会,然而他们哪里知道呢。

黑幕覆盖了戈壁、森林和沙山,老年人、小孩子和一部行车工作人员,渐渐入睡,我们这群充满热力的青年男女,在戈壁里举起火来,围着火堆四面坐着,戈壁临时同乐会又行开始。每个人把他最好的技巧都使了出来。每一节告完后,我们总来一次狂呼。碰巧一对青年外蒙夫妇也来看热闹,我们强迫他们跳舞唱歌,还是那位美丽少妇开明些,用姣嫩的歌喉,唱了许多外蒙有名的情曲。最后我唱一曲《浔阳琵琶》,意在对朋友惜别,有人却在"名士多情,红颜薄命,浔阳月夜,两听琵琶声……"几句上和了上来。唱到"沦落音同调,商贾别离轻"处,让我们不忍多听,因为我实际并非"商贾",然而却终年飘流,"别离"自"轻",这有什么法子呢!

深夜,火尽光残,人已渐散。朋友问我:"决定了没有?"我迟疑的答道:"决定了!"一双黑眼兴奋的注视我,很久才再问:"决定怎样?""决定……决定不去新疆了!"这是我的答覆。

昏黑的清晨,几辆车都开了,我独自站在戈壁上,向去路上挥手,最初模糊了人影,继而看不见车身,最后连声音也听不见,才重新转入无人的帐幕!

所谓额济纳旗,管辖着外蒙科布多以南,新疆哈密以东,甘肃酒泉以北,阿拉善旗以西之土地,而旗内最好的地方,就是额济纳河的下游,其余大半为戈壁,虽广而无用。

中国古代史的记载,对于这里,只有一个"居延海"。汉唐时代,只见有一条"弱水"的名称。现在这条河在张掖、酒泉区域内,大致保存从前的形态。出酒泉石峡入蒙古后,分成好几条河往下流，更分注于两个死水湖，一个叫东海，一个叫西海（索果诺尔和嘎顺诺尔）。酒泉以北金塔、鼎新各县之后，中有一段荒瘠地，过此直至东西二海，南北长三四百里，东西广约一百余里，皆为肥沃地带，水草丰美，森林畅茂。

汉人习称此肥美区域为"二里子河"，对外间人言，习称曰"河上"，似乎没有正确的根据。此区中，蒙人就自然现象，随地命名，车站与电台所在地，曰"白音泰来"，"白音"蒙语义为"富"，"泰来"义为"树"，即谓此地富于森林也。

额济纳蒙古民族的组织成分，计分为两部，一是基本民族之旧土耳扈特①人，一是外来的外蒙古难民。两者人数大致相等，而知识与经济力量比较富厚的，仍要算外蒙古的流亡。

外蒙古人来额济纳寄居，完全是外蒙古独立革命以后，公王〔王公〕、喇嘛等统治阶级站不住了，不得不逃来。这里地美人稀，大可以生存繁殖，十年以来，已竟成了额济纳人。

旧土耳扈特人的历史，却相当复杂。蒙古盛时，定都外蒙古之图拉河畔，在新疆天山北面设牛、马、羊、驼四牧场，各置牧官管理。其后裔繁衍，分为四部，曰准噶尔，曰土尔扈特，曰和硕特，曰杜尔伯特。准噶尔强时，土尔扈特族避入俄境，游牧于窝瓦河流域。后归属于俄帝，仍保其"汗"位。其后俄欲强其信奉基督教，并不承认其"汗"号，心渐不满。满洲民族入主中原，土尔扈特乃遣人入贡。一七七一年（乾隆三十六年）酉长渥巴锡率众内附，次年至伊犁，乾隆分其部为新旧土尔扈特二部，分驻天山北路及阿尔泰一带。后旧土尔扈特部酋长名阿拉布珠尔者，常赴西藏谒达赖喇嘛，每往必假道准噶尔，后准噶尔道不通，阿

---

① 后文又作"土尔扈特"。——整理者注

拉布珠尔被滞留嘉峪关外，不得已上书清廷，请求内附，清廷乃赐额济纳河附近为牧地，以至于今。

所以额济纳的政权，永远在旧土耳扈特人手中，扎萨克和王位完全由旧土耳扈特人世袭。同治年间，西北回乱，额济纳的旧土耳扈特人，被回军屠杀极惨，若干喇嘛庙亦被焚毁，此事给旧土耳扈特人以极坏之印象，故"反对圜回"之思想深入每一个旧土耳扈特人心中，同时"反外蒙古"、"反苏联"，为这些被迫流亡的外蒙人自然的意识。在四面戈壁交通梗阻之条件下，额济纳蒙古人的政治意识，不会再知道其他。

蒙人的社会经济，完全在游牧状态中，冬季比较南行一二百里，即在额济纳河上游去游牧，夏秋才到下游来。除了喇嘛庙外，这里蒙古人没有一家固定房子。

他们不许汉人在这里造房子，不许砍伐树林，不许开垦，车站房屋之修成，还曾大费交涉。电台自装有电灯，蒙人初见，还向王爷报告，谓油灯太大，恐怕失火烧了森林！

汉商势力，深入蒙古，此地商业经济权，亦完全在三四十家汉商之手，本地蒙人叫他们做"买卖家"，他们已渐用蒙古包形状，建造固定住房。他们商号的名称，如"天盛长"等，遂成为所在地之地名。

我住在所谓"戈壁之白宫"里，米面、菜蔬的来源，主要的来自东面的绥远，和西面哈密，相距皆二千余里！南距酒泉亦一千里以上，所以这里的工作朋友，虽有不断的肉类可以补充，而蔬菜却异常困难，顿顿吃肉，真使人感到万分痛苦！

九　老林叹荒谬

我到额济纳时，这里的政治形势已经不好。日本的侦察队已几度来到这里，现在还有一队人住在王府。日本飞机每礼拜飞下一趟。蒙古人震于日本飞机之声势，态度有些动摇，"戈壁白宫"里的人也相当发愁，汉商更常来打听消息，似乎有什么大事会来临。

十一日，我借了一个题目，说是代表某公司，向王爷送礼，租了一匹蒙古小马，带一个翻译兼向导，直奔王府所在地方。

现任额济纳王爷兼扎萨克，名叫"图布僧巴也尔"，王府所在距白音泰来之北九十里，在东西海隔离处之南。斯文赫定西北科学考察团到额济纳时，还是上一代王爷当政。赫定并曾用此间原始森林巨木，挖为独木舟，飘〔漂〕荡额济纳河，并曾冒险泛游东海（索果诺尔）。

两匹小蒙古马，开始走进原始红柳和梧桐林。红柳是丛生的植物，和梧桐相反的是独干峥嵘。柳丛的普通高度，能遮蔽马上骑士头部以下的躯体。枯老的红柳林中，各丛柳枝上大致成水平的挂着带泥的枯草，看起来好像若干年前，这额济纳河下游发过洪水模样。右面一块空场上，搭了两个蒙古包，蒙古包前竖着两根大木杆，拴着三匹小马。左面柳林里不知什么原因，惊动了一匹青春活泼的骆驼，摇摆着驼峰和起落着脑袋，向蒙古包跑去。

柳林完了，进入梧桐林。这里的梧桐可不是大叶，而树干也不很高，树皮也不如内地的光泽美丽。不过，这里的梧桐林，却完全在原始状态中，生长的疏密，完全没有人工的支配。枯死倒地，被风雪侵蚀，脱了树皮的桐树，呈露着黄白色树身，好似大战后的场地，满山满谷的尸身，露出发酵了的手臂、大腿和肚皮。

额济纳森林之枯树

道路是没有开辟的，只是随着森林里的人迹和兽迹走。在梧桐稠密的地方，日光透不到地上来，四望都是阴森。有几处密林旁边，蒙古人用小的树枝编成捕马的围墙，破旧的蒙古包偶尔可以看见。羊粪、马粪、牛粪、驼粪以及破羊皮等是表示有人家的特征。蒙古包〔狗〕是可怕的，森林里的蒙古狗更是野性猖狂。我们遇有蒙古狗区域，总是挟紧了马，提好了木棍，慢慢的通过。因为我们希望能不惊动这些凶猛的东西，偷偷走过。万一被它们发现，只要防着马惊了把我们掀下来，一根结实的木棍，足够对付他〔它〕们向马上的猛扑。

森林里有些巨藤式的树枝，穿错在阴暗的林间，有些像巨蟒。向导还引我穿过许多草丛，涉过许多小溪。人类对于这里自然加工的痕迹，可以说丝毫没有。这是南美亚玛逊河的上游，这是未开发的非洲刚果河腹地。

到了蒙古地方，不会骑马是不成的。我们两匹小马，跑得真不慢，森林里温度不高，所以不很吃苦。午尖在一家汉商家里，好好的吃了一顿羊肉馒头，在他，已是待上宾之礼了。

额济纳旗对于外蒙古的经济关系，早已正式断绝，但是寄居在此间的外蒙古人，凭借他们对于外蒙道路的熟悉，往往避过关卡，偷运货物来此贸易。外蒙的新政策是不许外蒙古经济和内地发生关系。假若被捕，则没收货物，对人罚相当徒刑。因为处罚很轻，偷着作买卖的人相当的有，所以额济纳河下游，还有一部分外蒙产物的市场。

我们数千里戈壁奔驰所要探访的额济纳王府，却是索果诺尔西南红柳林中几家蒙古包。半方里宽一块红柳林中的草场，靠西边并列着几座比较高大而且比较堂皇的蒙古家屋，也有一个小而旧的蒙古包夹在西南角上，广场上是王爷所有的骏马和骆驼。午后三时左右，我们飞马赶到这林中王国的首府。

蒙古包区域内这时没有什么人在来往，只有小蒙古包外有一位穿学生装的青年对我们瞭望。系马下鞍，我直奔这位青年人而来，他益加惊缩的注视我，使我不得不揭开帽子一挥说："还认得么？"他没有回答，只是更惊惶的看。临到最近，他才伸手出来和我握手，把我请进蒙古包，一句话还没有说，首先是眼泪夺眶而出！

他是我们愚昧的民族政策下的受难者！他不会相信在民族阽危的时候，会有非政府机关人员的新闻记者，冒险来看他，他以为又是日本人来了。日本人直奔他的蒙古包，当然值得他的重视了。他是南京蒙藏委员会宁夏组分派出来的调查员。一个人从宁夏骑骆驼到额济纳旗，薪水路费，少得难以令人相信，活动费更谈不到！他呈请蒙藏委员会发三十元买马，上面的答覆是"不必"！光光一个带了些无关痛痒的公文到额济纳来，既无权，又无钱，一个人当然不会有什么力量。不过，最初因为"中央"的纸老虎，蒙古人对他还相当恭敬。不过，纸老虎还是纸老虎，蒙古人看他的生活没什么富厚的力量作后盾，不管他如何努力，蒙人仍看他是"聊备一格"的本质，所以对他慢慢淡了起来。接着两个事实逼来，纸老虎的真相遂完全败露。

额济纳王图布僧巴也尔是不甚问事的人，很沉重的花柳病妨害了他的行动。他一切政事，多半是他的义子苏剑啸主持。苏本满洲旗人，落户酒泉北之金塔县。因地接额济纳，故后又入蒙古籍，以机警能干，见信于图王，终至收为义子，权倾全旗。

额旗为新疆、绥远间商务交通必经之道，故旗境内税收，至为可观。过去蒙民知识简单，商务过境税完全由酒泉方面派人征收，蒙民不习政事，无所可否。苏剑啸因曾走内地，知识较丰，乃鼓动图王，主张额旗过境鸦片商货等税，由额旗征收。此事与酒泉所驻回军，发生重大之冲突。苏因此被酒泉驻军捕去，押解酒泉，毒刑拷打，勒索五千元，而对中央则报苏剑啸为汉奸。

图王既失左右手，惶恐不安，乃求救于中央惟一驻旗人物之调查员，调查员当转电南京上级机关，请求迅速解决回蒙冲突，以免事态恶化，而一再急电，皆如石沉大海！或则回电谓"电悉"，或则谓"已转呈行政院矣"！再三敷衍因循，蒙民乃对中央大为失望，对此空无实权之调查员愈觉无崇敬之必要矣！

第二重大事件为日本侦察队之西来，此种外来侵略先锋之到达，使图王亦不敢轻于接受。然而日人所送礼物异常隆重，某侦察队长送图王一件自穿之貂皮大衣，价值千金，此外珠宝等不计其数。不久日本飞机亦到，额旗蒙人之睹飞机，此尚为第一次。飞机为在额旗之日本人送白菜、大米、肉类等来，其气派比我方调查员，不知大过几万倍。故图王对日人之待遇，与调查员大不相同：日人所住为大而新之蒙古包，有专人伺候，每日供给全羊一只，每人送骏马一匹，王爷以下重要官员，常往陪谈；而对我方则小蒙古包一个，四面旧毡墙，好几处漏风，自雇汉人之通蒙语者为通司兼听差，除自己初来时所带食物外，则视蒙人厨中所有者而共食之，欲出门，则托值班者临时抓民马一匹。

两相比较之下，我方人员工作，至为困难。从前比较能作翻译，及力主服从中央之苏剑啸，又被人捕去，进言亦无妥人。南京却一再空电令调查员转饬图王驱逐日本人，并制止飞机活动，而蒙人之答覆却为："我们没有法子驱逐，最好你们自己来主持！"有一次这位调查员命旗政府当事者，检察日机的护照，他所得回答是："天上来的人，还要检察什么护照吗！"

这位在蒙古孤军独战的青年是江苏南通籍的王德淦君，我们谈话过程中，只见他流泪。他的蒙古包后面不到二十步地方，就是日本人的特务大本营，他们夜间常于包外施放手枪，使他更感到环境的恶劣！他虽然在如此艰难情形下，仍不断去说图王，晓以大义，而望他始终服从中央。图王却这样问他："你天天说'中央'，中央到底在哪里呢？我当然服从中央，然而我的苏剑啸被肃州回军捕去了！肃州军队，不是服从中央命令的吗？为什么我们已几电中央请求主持，连确实的回电都没有一个呢？"

这位近代班超，太难做了！既无民族理论可以折服蒙民之心，又无力量可以屈服蒙人而不叛，而所恃之后盾，则虚与敷衍，似忘其事，身当其冲者，当感无限凄怆了！然而王君仍忍辱负重，作详尽之情报工作，不知空谈边事，而在内地过高等享受者，亦知此中之辛苦否？

十　访图王归程

图王私人住在另外的蒙古包里，不和这些衙门性质的蒙古包在一起。衙门性质的这群蒙古包是不随时移动的，王爷私人的蒙古包也和普通蒙人的蒙古包一样，随牲畜逐水草而迁徙。所以有时他的住处，距衙门很远。不过，我去的时候，他正住在衙西面半里远地方。

穿行柳林几分钟，三顶蒙古包树立在小斜坡上面，因为我是作为某公司的送礼者，由一位叫"蒙得巴叶"的引导和作翻译，他正是苏剑啸的叔叔，对我说了许多埋怨中央的话。首先被引导至作为客室的蒙古包里休息，简陋和死寂，有点令人坐着不耐。后来被领至图王自己的蒙古包中，自然王爷的气概不同些，包墙所用的毡子，特别纯洁而有花纹，包外立着看不懂的藏字旗杆，包里中间供着佛像、香炉等，客人被让至左上方盘足坐下，仆人献茶、白糖、酥油、炒面，然后彼此问好。图王的额部有几分像班禅，有一个肥壮裸体的小孩子在他身上爬来爬去。一套不是事实的关于经商的话，在我呈献礼物之后，继续说了出来，于是来了许多本无其事的讨论。接着是拜会王爷的太太，她又是住在一个蒙古包里，她这包有作饭的炉灶，里面的箱柜比较有几个。这位太太胖得要命，普通人的手长是不够抱得着她的粗腰，她热烈的招待客人吃了一顿羊肉粉条，粗手粗脚，还笑得不可开交。包内有一两个年青的女人在缝衣服，也相当秀丽娟好。

这位胖太太，说来有趣。图王因为有花柳病，原配太太发了胖，不能生育，图王急欲有后，听说某家小姐生育成绩很好，赶紧接来作太太，就是现在的夫人。然而她在娘家生孩子虽然不错，嫁了图王之后，仍然发胖，而丧失了生育能力！

未嫁人而可以公开生育子女，为蒙古社会一大特点。图王没有法，才过继他弟弟萨旺札布公的次子为养子，就是前述在图王蒙古包中所见的小人物。萨旺扎布公的住所，新移在王爷附近，他有一位额旗无双的绝色夫人，生了一位异常聪秀的公子。萨旺扎布外表比图王聪明些，但是始终是井底长成，对于外间大势，知道得太少。

图王太太为了欢迎新的客人，把日本人送她的破旧留声机，唱给我们听，神气非常得意。这又是日本人有实物的民族收买政策收效了。为了采访更多的消息，图王太太和公爷都喜欢打麻雀牌，于是我们夜间就在蒙古包中作方城之战。五寸高的小方桌，四角燃起外间来的鱼油烛，大家盘足坐在蒙古包中，勾着腰打牌。日本人也送他们麻雀牌，他们学会了汉人对麻雀牌所用的术语，所谓"碰"，所谓"吃"……不过数"胡"和计算金钱，还是用蒙古话的数目字。

给日本人当翻译的蒙古人，从下午起就开始调查我的来历和任务，夜间他再度奉命到蒙古包来，借看打牌的机会，和我搭话。心中有数，周旋有固定方针，他当然得不了什么结果。他所得日本人的报酬，是月薪六十元，"六十"就可以买动一个相当有知识的蒙古青年来侵略他自己也是组成分子之一的中华民国！一个国家不能使每一个组成分子感到爱护自己的国家的必要，而甘为外国利用，这个国家构成上必定有缺点！

　　他们喜欢"对子"和胡大牌，结果都被我赢了，越赢他们越做大牌，越做牌越输，越输，他们还要继续往下打牌。跑了一天马，再弯腰盘腿打半夜牌，我的腰有几分痛了。而他们非继续一而再、再而三的打不可。我只好把赢的钱都以"送给小王爷"的名义退回他们，然后拖着疲乏的身体，经过半里路的柳林，回到我们"近代班超"的蒙古包。

　　恐怕后面有人窃听，我和王君谈话，非常低声。他一个人出使西蒙，几月以来，没有一个可以闲谈问题的朋友。直径不到一丈的蒙古包，坐卧站行都只有这样大的范围，出包看看，是绿树荒丘，和那些"以肉为食"、"酪为浆"的人往来，他们的知识太简单，而且言语上有多少的隔阂。大局的趋势不知道，后方主管官厅又没有严密的周详的指导，许许多多泄气的事实，让这孤军苦斗的人伸不起腰。然而，他还在这里撑持了几个月，表示中央在额旗尚有一点力量！

　　十二日，我们计划看看这里唯一的小学，和日本的临时飞行场，绕道回白音泰来，广场上遇到日本侦察队某某在散步。他用奇异的目光送我们，他似乎怀疑着我们是否对他们有相当打算。一个生人之突来突去，当使他感到可以注意的。

　　跃马登王府对面戈壁高岗，喇嘛庙和几所王爷特许建筑的土屋，以相当的距离，一字长蛇式陈列在平坦的戈壁上面。所谓额旗小学，是在一家土院里。校里设备，也有内地式的教室一间，不过，先生和学生还是喜欢活动在院内特设的大蒙古包中。蒙古人总觉得蒙古包便当，传统生活习惯支配人的意志，我们不可轻视这种力量。许多壮健活泼的蒙古小孩子，把我们围了起来，他们并不拒绝而且亲密的接受我们的握手。一位教蒙文的老先生，坐在蒙古包的上方，成吉思汗的大像，挂在先生后面毡墙上，他的左面坐着十几个蒙古少年，张着大眼注视着他们对面的生客。这般孩子天天看着他们伟大的祖先成吉思汗英勇的容颜，由于知识之进步慢慢明白而今蒙古民族所处之环境，不知他们将作何感想！

所用教本为中央所制定之蒙汉合璧教科书，内容很少适合于蒙古社会之材料，其中所附山水人物图画，十九为江南都市汉人风格，怎么也不会有一点蒙古气。这真所谓"闭门造车"之边疆教育了！

学校旁边，就是"东庙"，西去一百余里，还有一个西庙，是额旗的两大庙宇。东庙两侧戈壁上，就是日本选定的飞机场，平硬宽旷，日机已数次起落，异常便利。

向导引我们走了三四小时无路的乱沙河、沙堆和柳林，马已疲得不了，还没有发现正当的道路，我有点怀疑他自己也弄不清楚。谁知他从丛林转出去，就到一块有草的开阔地，有一家他所熟悉的汉商，解决了午尖问题。汉商也为我们诉苦，因为现在的商业，已为王府所管理，物与物之交换比例价格，由王府规定，不能提高。同时汉商彼此竞争，往往放出低于规定之价格，以招徕交易，大家不得不同时落价，因此利益甚微，因此只能暂维现状，前途带几分黑暗。

此后走入无尽的老桐林和柳林中，一趟一趟的快马，仍然没有跑出森林的掌心。在一条小河边，遇到一位外蒙古喀尔喀族人的骑驼老喇嘛来同路，他优哉游哉的赶着这沙漠之舟，然而他现在却是飘流异域的人。

内蒙各地，习称外蒙人叫"喀尔喀人"。因为蒙古种族原来分为三大派别：一曰喀尔喀人（Khalka），一曰喀勒马哈人（Kalmuck），一曰布利雅特人（Buriat），喀尔喀人占外蒙古居民之大部分，住居于车臣汗、土谢图汗、三音诺颜汗、扎萨克图汗，及库布苏库尔湖之附近，是为东蒙古人，为蒙古诸族中比较开化之一族。喀勒马哈人，即额鲁特人，住居科布多之附近，是为西蒙古人。布利雅特人则分散于西伯利亚一带。故流落内蒙者，以喀尔喀人为多。

路远林深日西斜，我们不能顾惜马力了。林中路乱，同伴一人马快，跑得看不见了。我们已突出森林，走入沙山区域，登高四望，仍无失伙同伴踪影。原来他跑错道路，马陷松沙中，被掀地下，听到我们呼喊的声音，才慢慢找了回来。

沙山地带，景象特殊，黄色的松沙，如海洋中汹浪的起伏，沙波高下，大致成水平，无大沙峰之突出。沙山上绝无片草寸木，一望黄沙，顿增异域之感。但沙波间之凹地，往往有水塘，有丛草，甚至还发现一大水草区，半百肥壮的骆驼，自由昂首跂步于黄沙绿草之间。马过沙波，沙松陷马，如傍沙崖而过，马蹄常滑下一二尺，亦为人生旅程中之奇景。

翻了不知多少沙山，马已到了精疲力尽，我们牵马而行，一步一歪，向导常常走到高沙顶上，辨别方向，我们真不敢相信他的领导完全不错，然而此时只有跟他走。不过，走这些毫无人迹的沙海，如果没有必然可以通过的把持〔握〕，走起来诚有几分茫然。

四面沙山之中，我们又发现一条连续"S"形的小溪，在沙山里弯来弯去，沿溪是水草，水的流量太小，为流入东海的额济纳河支流之一，看它屈折淤塞的情形，这条河什么时候会被沙漠渚塞，还是可以忧虑的事情。过河后又是沙山，爬上又爬下，爬下又爬上，爬到地平线上已不见了太阳的光辉，还在那里渺茫无归宿。

对面已经人影模糊了，觉马蹄已踏上了坚硬的戈壁，向导说前面七八里就是我们汽车来时休息地方的乌兰爱里根，不约而同的，人马一齐加劲，只听得马蹄声，与人马喘息声，一刻钟左右，我们已勒马白音泰来河岸。深夜回想当日经历，直不啻演一场惊奇的电影。

十一　额旗风云

九月中旬，额旗蒙人的情形不很安稳，日本人用"反回"和"反苏"的口号，确乎相当煽动了全旗的人心。那时以百灵庙为中心之日方蒙古活动，着着进展，汉人势力消沉。日人更宣传绥远方面日军已开始攻击国军，蒙人心益活。蒙人对日机无反感，因其觉天上来去之人，最低限度，比骑驼而来之汉人可值得欢迎也。

在白音泰来休息两天，得着安闲鉴赏此间蒙古风味的机会。有一天夕阳时候，我们三四个人骑马漫行额济纳河边草地上，晚霞作金红色，从柳林西面向天空放出万道光芒，所有沙山、树林、牲畜，乃至人的面孔，都被映上金红的色彩，肥大的骆驼渐渐在主人指挥之下，迈着沉重而迟缓的大步，转回主人之家。草场上布满着被剪去了毛的羊群，好像美丽的公园草地上，暂时为受灾难群众所寄驻。河边有蒙古姑娘在取水，柳林中的蒙古包顶，升腾着炊烟。

又一天的早晨，几个朋友骑马去一位喀尔喀喇嘛人家买俄罗斯大皮靴。他是惯于偷入外蒙运送货物的人，曾被外蒙逮捕几次，和释放过几次，他仍然干那勾当。碰巧他不在家，几个患病的喇嘛，睡在他的蒙古包里，正在念经拜佛，希望这样驱逐病魔。还有一个雪白皮肤的初生婴儿，光光的被包在小白羊羔皮里面，他的母亲事实上是那位和尚（喇嘛）兼冒险商人的妻子，他也就是和尚的儿子！蒙古喇嘛名义上不得结婚，事实上在庙宇外面组织家庭的，已成普遍的现象。皮靴没有买到，回马来，见溪西一带，青草盖地，郁茂的柳林，有如篱藩。草场之西，东北角上一对蒙古青年男女，坐两匹赤马，疾步如风，并辔向西南而去。女着鲜红大袍，男衣紧小蒙古蓝色便服，急行时，八蹄如轮转，不分脚步，鬃尾平伸，随风荡漾。他们在草场上骑了一个来回，我们几位观众无不暗中叫好，仡马神驰。看看他们要停止表演，我飞马上去，希望他们再走几趟。我能听一二句简单蒙古话，可不能用说话表达我的意思。我伸手竖起大拇指，称赞他们，并来回指着草场马道，希望他们再跑。红衣女郎蹙眉了半晌，然后似有领悟，启唇微笑，很娇声的告诉我们回到白音泰来的方向！原来她误会了我的意思，以为是迷路不得归，谁知我们是在赞美她和她的情人呢！

快乐的感触之后，十四日晚传来骇人消息，谓日方军用车九辆，满载军用品，已离百灵庙，西来额济纳！传送这消息的人，是亲自在黑沙图遇到这个外国车队的中国车夫。他曾被日人请求领路，而他私自先开车逃来额济纳的，据他在黑沙图听我们军队说，车中有不少的军火！又据本地消息，日人即将派人在乌兰爱里根等候该队汽车！所有车站和电台的人，都被紧张与忧郁空气压着了。这几位孤悬戈壁的人，在外人大肆进攻之下，将怎样办呢？对抗既无相当力量，退避亦心有不甘，且内地高级机关皆无时局状况与应付方针之随时指示，大家将何所适从！

果然十五日日人已在乌兰爱里根设立帐幕，专候兵车，刺目的太阳旗已高高的竖立在幕顶上，随风飘荡！图王亦已派人备羊酒，携最敬礼之哈达，准备献给率车西来之首领。蒙古人这天来我们驻地的特别多，他们的态度也和往日不一样，平日很和我们要好的蒙古人，也架子十足，似乎我们已经到了"末日"，不再值世人之平等待遇！本来一向安闲旷逸的白音泰来，现已弄得草木皆兵！

不但我们如此，额旗一般汉商，亦人人自危，他们纷纷向车站和电台打听消息，同时把他们所知道的民间消息报告我们，到利害关系〔头〕，始见民族的划分。

我此时以为将西蒙危急实况，早日宣布国人，为我最紧要之任务，然而困处戈壁，东返无车，南去酒泉，则绕道更远。乃决心骑驼走阿拉善，横断一千六七百里之沙漠，至定远营，然后过贺兰山以至宁夏，飞返包头。一方面这是一条较捷与较安全的道路，同时也可以作一次驼行贯穿额、阿两旗的壮游。日方在阿旗活动情形，也可以调查相当清楚。我看当时额旗状况，也许这次驼行是真正所谓最后时机！我要利用这些最后时期，来达到我所需要的一切。

蒙古人称外国人叫"俄罗斯"，如说日本人，则说"日本俄罗斯"。因为与蒙古民族接触最繁的，或者是最早接触的外国民族，是以"俄罗斯"名国的斯拉夫民族，他们第一观念经验是"俄罗斯是外国人"。如果俄罗斯民族是蒙古民族所最初接触的外国人这话不错，他们当时的"外国人"就是"俄罗斯"。传统观念遗留下来，"俄罗斯"一词，成为"外国人"的代替，因而有"英国俄罗斯"、"瑞典俄罗斯"、"日本俄罗斯"这些有艺术味的名词出现。

"日本俄罗斯"这样的让他们兴奋。日本飞机这几天连着来了几回，"日满蒙团结反苏"的幻想，模糊了这群喀尔喀流亡者。武装蒙古，反对回军，要回苏剑啸这一类宣传文弹动了大多数土尔扈特人的心弦。

我决心走阿拉善，而雇不出走那里的骆驼，这不是一条通商大道，汉商的骆驼不肯走，而且也不是走骆驼的季节。蒙古人的骆驼呢？他们无走之必要，来回近四千里的戈壁，他们也是相当考虑的。时局如此不安稳，他们还把握不着，骆驼放出之后，这额济纳后方会发生什么事情呢？

　　给我刺激最深的要算十九日夜间了。一群青年人正在屋中高谈阔论，分析些时局和研究许多对付今后危机的方法，忽然一阵紧骤的马蹄声，从屋外广场上送来，我们这里有关的人都在屋里，骑马而来的人们之带特殊性，谁也可以肯定的了。惊愕的空气，正紧张的震慑着人心，推门而入的是让大家悲愤与不安的现象，一位所谓蒙古旅行队（即侦察队）的某队长，和一位德王跟前掌印官的翻译。这位矮朋友傲然的坐在屋内方桌的上方，那位实际可怜而表面得意的蒙古同胞，趾高气扬的陪伴一旁。他一面叫电台派人去乌兰爱里根请他们派来候车的矮国青年，一面把右脚提来放在坐凳上，睥睨全屋！屋内的中国人谁也不知道今晚会出什么事情。好些人气得热血沸腾，鼻孔很粗的出气，脖子都似乎涂了鲜红，怒目无言相对视。然而另外有一人，则于惊惶恐惧之后，感到个人当前与今后的危险，于〈是〉胁肩谄笑，摇尾乞怜于矮朋友之前，奉茶、造饭、燃烟、问好，三句一笑，二句一媚，然后某队长者仍昂首不加垂顾，彼又转而献殷勤于蒙奸之前，求其必要时照顾，求其加恩提携，对于日本飞机表示不胜欣慕之忱！某队长久候造饭未熟，表示不耐，此自命见机之某君一面亲入厨房呵叱厨夫，一面请这位气势汹汹的矮朋友躺在我床上休息，并亲为之收拾衣帽等事！这时我看稍有血性的人，都几乎羞愧愤怒到把眼珠迸了出来！

　　感情激动过了以后，用理智分析的结果，上述经过表现某种汉奸之构成原理。国家的力量，不能保护人民生活的安全，一部分意志薄弱的人就容易背弃国家，托庇于外国势力之下，以图生存。弱国多汉奸，一个国家殖民地性的存在愈久，则汉奸繁衍将异常迅速。

　　一位名坤都的蒙古人，祖先是唐古忒族（藏族），平日交往尚不坏，并且常常告诉我许多蒙古消息。这几天情形也不同了，如果当着日本人或者和日本接近的蒙古人面前，他的神气变为那样的傲慢可憎，我和他商议雇他的骆驼去阿拉善，他索价高出平常价格几倍，而且条件之苛刻，让人听了气得说不出话来！民族政治形式不变，私人间交情，可靠性太少了。

费尽九牛二虎的气力，才雇好喀尔喀喇嘛五匹骆驼，他们借此机会到定远营拜庙，而且他〈们〉走过一趟阿拉善，道路勉强记得，不必再另雇向导。可是他〈们〉迷信黄道吉日，非到二十五日不能动身出门，而此时才二十一日，并且大家惊心动魄的日军汽车队又已于二十一日午后安达乌兰爱里根，和我们驻地已不及半里之遥，隔河相对。

据报，日军运来军火，系武装蒙人之用，额旗各首领已定二十三日在东庙开会，讨论政治问题，日军某武官，又在东庙办公，将于二十六日开始召集蒙兵训练，并将组织蒙古常备队。此车队到后，额旗将正式成立特务机关，安设无线电台。图王于二十二日由电台拍电致酒泉回军，请其"立即释放苏剑啸"，否则"请明白答覆捕苏理由"，措词异常强硬，大有哀的美敦书之概，而细审其示〔文〕稿，则十九为矮朋友代起。另据商人消息，外蒙近向东南调兵甚多，战争空气弥漫全蒙。

王德淦君的行动，这时使我最感动；他的悲愤忧惧，和我们大家相同。后方并没有给他任何的力量和指示，他单凭他一点胆力和智力，首先混入日军车队，调查究竟，随时向后方报告，他明知无甚挽救危机的办法，仍然在悲痛心情中，安详的作他应作的情报工作。

蒙古人又传出新消息，日本枪械到达之后，蒙古壮丁恐怕要不能自由出境，如此，我雇妥的骆驼恐怕也要发生问题。环境急迫，乃托人说蒙人喇嘛，愿外加待遇，希望他能提前就道。幸而更多的白银，买动黄道吉日，提前两天，二十三日午后，匆匆就道。

土尔扈特的风光，慢慢和我分离，额济纳恶化的前途，我渐渐接近了报告国人的机会。我是那样的兴奋，那样的侥幸，侥幸我居然能成行！

但是许多不能走的朋友，太可虑，太难过了。他们的职务上决定他们不能自由离开，同时他们又没有得到上级负责者有效的指示。坐以待亡，他们是太不幸了！然而他们在万分艰难中，把他们从数千里外辛辛苦苦运来的一点食物，都送了我。我没有什么可以说的，我只希望早日能使关系各方早日知道西蒙危急的实况，迅速设法处置，以挽救西部蒙古和这些朋友们的危难。

十二　匆离额济纳

骑骆驼作沙漠长征，在我尚为第一次。我们在北平和平绥线一带所看到的骆驼，体格总不很大，驼峰小而倒的多，这五只骆驼，因为被喀尔喀人终年休养着，精神焕发，体格壮美，其中三匹有出乎寻常的高度，人骑在驼峰间，只剩了一个头部比驼峰略高一筹，骆驼肚子肥大得可怕，从背梁到肚底，我们这般骑士们的腿长只够它五分之二。新长的秋毛，是那样的鲜嫩，那样舒展。

驼主兼向导的这两位喇嘛，一个叫道尔济，一个叫苏牧羊，同胞兄弟俩。道尔济是聋子，真正负担向导工作的是苏牧羊，翻译是久留蒙古的汉人老杜。老杜从前拉骆驼惯走外蒙古，酒泉到绥远一路也很熟，蒙古话说得很漂亮。关于走阿拉善应带的东西，如吃的面粉、羊肉、盐、醋、绿豆、大米等，作饭的锅、铁叉、铜勺，睡觉用的帐幕、铁锤、铁锤〔锥〕，补织用的针线，各人的行李，特别是饮水，我们预备了四人四五日用的饮料，举凡生活所需，或有关的用品，全须带上。他们是老行家，我托福不必自己操心。

他们知道我是初行戈壁，选择了那匹比较矮而年青的骆驼给我作骑驼，顾虑大驼不好驾驭，恐怕跌我下来。实在骑驼比骑马平稳安适得多。

用汽车行戈壁，并不感觉戈壁的十分广阔，骑上骆驼，就感到缩地之无术了。由白音泰来东南过东河，额济纳肥美的森林水草区，慢慢留在我们的后面。骆驼舒缓平稳的脚步，前后摇荡着骑人的上身。驼背上不必要很完全的骑鞍，有相当垫隔的工具就行。驼不要缰，牵着连在鼻上的单索，就可以对它指挥如意。

你要想骆驼自己加速它的行进速度，最好让它们并排者〔着〕前进，平行局势下，谁也不肯让谁，它想赶过它的同伴，而它的同伴却没有一个愿意落后，你快我更快，它们各不相下，我们赶路的人，却占了便宜了。生存是竞争的，为了竞争，各方面不能不全力奋进，否则将成落伍者和失败者，一个民族在最纷乱的时候，各种势力并存的时候，往往是最进步的时期，而大一统天下之后，内外无忧，则又往往堕落下来，丝毫没有进展，这完全看竞争因素是否存在来判断。

戈壁中无鲜明的道路，只是望着山头走，走过一个山头，又望着另外山头，作为前进的指针。

连续通过两大戈壁滩，骑得乏了，下驼休息。下面是干燥的沙地，寸草不存，四望遥远的天边，有时有山，有时我们的视线，消灭在阴灰的地天相接的气氛中。人是这样的四个，骆驼是这五匹。两个蒙古人和我语言不通，他们三个相互间谈得起劲，我自己除了偶和翻译谈几句而外，没有方法可以表达我的思想和感情。我这时才感到戈壁之辽阔，及其给予旅人之凄怆。

一片戈壁盆地的中心，沙地上存留着灰白色的细泥沉淀块。整个来说，这些沉淀泥块，已经破碎了，远远看去，还保存着蜂巢式的平面。假如回到若干万万年以前，戈壁正是碧蓝海底的平沙，我如果坐在探海器里，沉坠到汪洋的中心，那时可能遇到许多鲨鱼、乌贼、珊瑚之类，隔着玻璃我可以和许多水栖动物见面。可惜我迟生了若干万万年，沧海已成荒漠，风沙而外，所余的只有极少的古海征候了。

途次，常遇成堆的白骨，狼藉戈壁中，此盖为过去横渡沙漠而牺牲之骆驼。骆驼本生于沙漠，其所恃以生者，以其能食各种杂草，有水囊可以蓄水，有驼峰可以耐饥，故能纵横大漠，独傲群兽。而其一定时期经过之后，一代之生命即告结束，黄沙广漠，即为此漠上英雄白骨之陈列所。过去若干代如此，今后若干代亦莫不如此，此盖为骆驼生存史之本质。然而我们所骑未死骆驼，对于彼等先代之白骨，仍时现惊避之行动，是盖有惧于"死"。生物必不能不死，而生物皆不欲死，此生物之所以特奇也。

午后，走过了一个十数里的大沙窝区，黄昏后又走进另一沙窝，我有点不愿意走，一方面是骑驼骑得饿了，一方面是恐怕走进沙窝，夜间走不出来，但是老杜告诉我，苏牧羊的意思是再过了这片沙窝才住下，过了沙窝有草可以喂骆驼，沙里没有办法，我当然只好听话。天是慢慢由太阳的世界，走入月亮的世界，蒙笼的月光射在紧密的沙浪上，半明半暗的浪头，无禁〔尽〕的绵连着、起伏着，四望都是茫茫。五匹骆驼在苏牧羊领导之下，转来转去，浮沉在沙浪之中，飘荡，飘荡，飘荡到嫦娥小姐都有休息的意思了，我们仍没有发现沙海的沿边。看苏牧羊东张西望的神气，无疑的是迷路了！既然丧失了方向，也只好暂时找地住了下来。沙里无水无草，因为沙是松的，帐幕也立不起来，草率的烧些茶吃，我们就露天睡在沙上了。

仰面看到明月和星光，她们陪着我们，她们的态度非常温和活泼，似乎有几分嘲笑人类，笑人类的活动太迟缓，太小气，太自私，太白费气力，因为她们想来，人类正当的生活期，应该是集中所有人的力量，克服自然界，增加全人类的享受，现在还停滞在民族压迫民族，阶级压迫阶级，事业压迫事业，个人倾轧个人的时期，人类的进步太慢了。墨索里尼和希忒拉现尚拼命提倡压迫弱小民族，说是"传播文化"，这完全是开人类历史的倒车，在她们看来，是更加可笑了。

我们这一小队人、驼，实无异大海中的孤舟，假如我们今夜就消灭在沙漠里，等于大西洋上沉没了一只帆船，不会引起世人的注意。这种遭遇常常令许多有志的人灰心。他们努力的苦心，总希望世人的了解和同情，如果一番热忱放在冰窟里，往往令人伤心，然而，真正从事于艰难事业的人，又应该有更深的了解。人与人间彻底了悟，因生活环境之不同，与修养之有别，纵然平心静气，障碍已多，何况利害不齐，观点各异。故明名将俞大猷说："真丈夫处世，唯自信而已，又何穷通得失之足动于其心哉!"这实在是紧要的秘诀，我们认定事情做去，旁人是否能了解我们的苦心，大可不管。

白昼本来很热，而夜间却盖了很厚的羊皮才勉够温暖。蒙古人出门睡觉方法简单，一条长羊毛毡子垫在地上，白天穿的大羊皮外衣盖在上面，头脚都缩在皮袍里，无论多么冷，他们都如此睡法。所以蒙古骑兵的行军，因为少带行李，可以异常迅速。成吉思汗时代之能横行欧亚，蒙古军之生活简单，行动便利，当为重要原因。

太阳刚从地平线的东方放出红光，我们已经骑上骆驼随沙梁而起伏。骑驼有如骑龙，因为它的头颈有几分像龙，走路的风度，又复安详落大，非等闲可比。驼上四望，风景索然，于是转而运用思想，往往能把一个问题想得很远很深，没有什么来刺激我的思想，使它混乱。

我这时才明白"淡泊明志，宁静致远"的精义，淡泊指生活，宁静指环境，即生活之物欲不能过高，始能建立高尚之志趣。同时自己心内心外，都要保持安宁与清静，才能集中精力，致力于精深远大之事功。

因为是清晨，看准了方向，约二小时走出沙窝。飓风区海浪式的沙窝，上上下下，象征人生之崎岖，崎岖中正是有人生最精彩的节目。一入戈壁，宛如人入顺境，平顺生涯，又无大可称述了。

细想我们这一小队的构成，其中包含重要的政治原理，我为了生活上某部分工作需要，须由额济纳走阿拉善，然而我自己没有走沙漠的经验和准备，所以以一定代价，雇蒙古人之有此经验和准备者，来作我达成这一任务上的指导。用政党政治的国家来说，我是人民，蒙古喇嘛是当权的政党，他们在领导的过程中，当然要以我的利益为前题〔提〕，以他们的经验，在茫茫的戈壁中，引导我前进。在技术领导上，我当然服从。但是有两点，我是不能不注意的：第一，他们是否忠忠实实的在走路；第二，我自己应有一个根本的方向，从大处看他们走得对不对。所以如果他们在半途停顿，另外作他们自己的打算，我们应该加以干涉，如果走的方向，觉得不对，应该提出质问，这是人民的制裁权和言论自由权。也许因为地势、气候等关系，要走一段反乎平常方向的道路，也许一时有错误，我们不能干涉太严，不过我们最后的制裁权是不能放弃的。在一党专政的国家，甚至在古代君主专政时代，情形比较危险，他们未上台时，总是些"吊民伐罪"、"解除民众痛苦"的口号，上台以后，大权在握，问题倒有些麻烦。因为他们不但要有高明的政治技术（大智），而且要有很好的政治道德（大仁），否则自私自利，恃势横行，完全违反民众利益，民众辛辛苦苦捧上台的力量，即刻成为大家最头痛的东西。阿斗要不是遇到光明磊落的诸葛亮，老早被人当猪仔卖了。人民没有政权的国家，前途不会光明的。

言论自由，在复杂的国家情形下，是让各方面的人民表示其各自意见的最好方法。许多新闻纸的本身，自然难免各有其背景，然而它的背景，即代表一种社会意见。

沿途间有青嫩的红柳，骆驼对于这种东西，非常爱吃。最初我是任它去吃的，所以它只要看到前面远处有红柳，即以轻快而平顺的步调，向前迈进。后来因为要赶路，不让它随处吃草，它就怒鸣，甚至于以不走相抵抗。这事使我发生重大的感触，就是骆驼完全是为了它自己的生存而活动，它并不想驮客驮货。人们把它们制服来作交通工具，在它们原是一种不得已，它们并不对于运送和它们不相干的客货感到兴趣。利害不同，观点各异，我们希望赶路，它们希望永远优游于水草之间。利害不同，如果没有强力强迫着，大家是无法合作的。

十三 阿拉善境

因为利害和我们不一致，骆驼上道，并非出于自愿，又加它们久未劳动，负担不轻，今天其中一位就仆在地下，拒绝前进了。我们辛苦的前面有期待的光明，它们沉重负荷的代价，是永远的空虚。无希望的艰难困苦摆在人民头上，就是各国革命真实的背景。

经过一个沙岗，地上有各种美丽的石砾，半透明体的花色石块比较的多，纯黑色的石砾颇富沉素的美感。午后过一片干盐湖底，盐质与沙土混合，构成虚松的湖底面，驼行其上，动辄陷入一二尺深，不知者误入其中，当被骇坏矣。

二十四这一日走了十五小时，苏牧羊始主张住宿。比较可以避风的戈壁上，建立起小小帐幕。这里也和昨晚一样的不知道地名，不过，今晚能够有硬戈壁立起帐幕，已经算有了进步。

风沙渐发，草草吃些茶和面块，就匆匆睡去，夜间只感觉被里很冷，又觉有很冷的东西往眼、耳、口上钻，甚至从颈子里顺着胸背往里跑，冷得怪不好受。因为十五小时的继续劳顿，仍令我间断的睡着。次日清晨醒来，始觉全身是沙，张眼有沙，张口有沙，手上头上，乃至于身上无处无沙。原来昨夜一夜大风，已将我的行李十九埋在沙里，我在四面沙土中过了一夜，如果没有帐幕撑持一下，我已整个葬在流沙中了！

风没有停，沙随风走，骑上了驼，沙子打到面上发痛，只好闭了眼走。一片一片的平坦戈壁，向南面倾斜，南面是高耸空际的沙山，倾斜戈壁的东南沿边，似乎是湖，是河。更往东南看去，是一片灌木森林区，老杜告诉我，那就是有名的拐子湖了。

进入灌木森林里，一丛丛的桔梗林，遍地是芨芨草，碱性在地上发白，枯死了的桔梗树，把它灰黑色的枝干，毫不爱惜的暴露在地上。在桔梗林中心，有蒙古人用枯柴堆成的一大鄂博，一面说是神的代表，一面也是作为旅行者迷途的灯塔。

几乎穿过了森林，不但没有汪洋的湖水，甚至于找一口井都找不到。这已是干涸了的古代湖床，有湖之名，而无湖之实了。苏牧羊找不到井水，发了急，因为骆驼已三天没有遇到水了，再不饮水，要损害驼的健康。他爬到鄂博的高堆上，向各方瞭望，又很高兴的跑了下来，左转右转，终于转到有井的地方。说起这个井，也有几分可怜，水只有数寸深的水量，中含极重碱分，汲水时，泥沙并杂，污浊异臭，只有骆驼能喝，我们侥幸自己带的水量很充分，不然非大糟不可。

拐子湖已属阿拉善旗境，绥新骆驼商道，必经这个地方。从这里看白音泰来，是看西北。我们横过三四百里全无水草的戈壁，是希望用最快的时间走出危险的额济纳旗。拐子湖后，我们算相当安心了。

苏牧羊的行为，使我非常满意。他始终不倦的走在前面侦察路线，时而看见他上高山眺望，时而看到他赶驼去试探，没有自私，没有懒惰。这样政府，当然可以得国人的拥护了。

途中主要的食物，是羊肉，大块大块的，一个人吃上几块，就饱了。最好吃的羊肉，是在羊身上最活动的部分。社会里最有力的组织，就是最有机动性的组织，都市是社会中最活动的地方，而电报局、电话局、电灯厂、自来水厂、火车站、瓦斯厂、电力厂、飞行场等，又是都市里最活动的机构、最有决定性的场所。托罗斯基和墨索里尼的革命战术上，以克复、统制上述机关，为占领城市之重要手段。

终日风沙，让人想起"三十功名尘与土，八千里路云和月"之沉重的自况，岳飞之意，盖谓其成功之不易也。然而岳飞一生事业之失败，即误在个人功名观念上。他在失意的《小重山》词上说："白首为功名。"因为他目的是他个人的功名，抗金复土不过博取功名之一方法，而要取得功名，只有宋高宗才能给他，所以他无论如何要拥护宋高宗。岳飞的心理，和班超所谓"当效傅介子、张骞，立功异域，以取封侯"，以及戚继光所谓"杀尽倭奴兮，觅个封侯"，全然同样是以功名为事业心的出发。事业是手段，功名是目的。为功名可以牺牲事业，为事业不能牺牲功名。代表汉族以反抗外来民族的压迫，这是一种伟大而神圣的事业，为了保卫皇帝的江山，希望有所成功而取得皇帝的封赐，这是为了个人功名。以民族生存为前题〔提〕，做法是跟着民族利害走。以个人功名为目的，事事当以皇帝意旨为意旨，因为只有皇帝可以给人功名。观点和立场不同，行动的道德标准完全两样。岳飞如果完全站在兴复汉族的立场上，宋高宗如果抗金，当然服从宋高宗的领导，如果他已自甘没落，决无死死遵守什么"君臣"大法的道理。明明宋高宗已无抗金之决心，而自己仍将即将成功的收复河北大军束手放弃，以服从违反汉族利益的高宗命令，这样忠君方法实在不智之甚。岳飞那时的正当作法，是以民族利害号召天下英雄，一面以力逼高宗抗金，否则取而代之；一面跟踪追击金人，杀他一个大败而归。高宗纵然不能相谅，岳飞功名不能从赵家取得，而岳飞为民族所建立之炳彪事业，已足辉耀千古。岳飞还没有分析到一点，即高宗决不能赞成他完成抗金事业。因为高宗的利害和岳飞不一致。高宗之目的在保持皇帝宝座，能把金人赶走，当大皇帝固然很好，不然能当偏安的小皇帝也不坏。迎回徽、钦二帝，根本和高宗利害冲突，高宗是不愿意的。他估量自己能力和环境，并没有充分光复河北的能力，与金兵拼命的结果，恐怕连小皇帝也作不成。如果信赖岳飞，虽中兴有望，而岳飞才力、威望皆高过于他，岳飞功成业就之时，即高宗寝食不安之日，岳飞虽誓尽忠贞，而宋高宗却不忘他的老祖先赵匡胤黄袍加身的老历史。根据各种条件，岳飞想光复故土，迎还二圣以取功名，整个和高宗个人利害矛盾，要不然，秦桧捣乱，也不会那样容易。

历代外族压迫汉族的经过，使我们感到农业社会没有真正的近代民族主义和爱国主义。有的只是少数知识分子的排他的自大，感情上的不甘为人奴，故只要杀掉几个激烈派，收买些知识阶级，对于一般农民不杀戮不掠夺，就可以令其相安。不像近代工商社会，工商业把一个民族连为紧密的有机体，原料的采取，和商品的销售，与其他民族在自己领土内发生绝对不相容之关系，绝无过去所谓"哪个朝代不纳粮"之轻松意识。

蒙古人的观念，并不认"中国"是他们的，"你们汉人"、"我们蒙古人"的观念，非常清楚。不过，比较对外国人的称呼好一点，还没有叫我们做"俄罗斯"。

拐子湖从前很有可观，我们过了半天的干湖底，还没有过完。

往东走，有好些泉水地方，路也上了绥新大骆驼道，千千万万的骆驼所曾踏过的脚迹，给我们指出道路所在，沿途有层层的驼粪，红柳和桔梗也不少，已不似白音泰来至拐子湖间之绝对荒凉。

出了拐子湖区域，已经天黑，继续走了半夜的肥美草地。草地的范围，东西长而南北不广，北面是戈壁，南面是沙山。夜半草丛中惊出数十匹黑色马群，把少见多怪的骆驼，骇了一跳，几乎跌了下来。

身体愈苦愈好，愈炼愈强，现在每日骑行十二小时以上，身体仍无倦意。夜宿草丛中，有草无柴，烧驼粪煮茶，刀削熟羊肉块而食之，地名西比布尔加。

前三天所见到的动物，只有两只黄羊、一条四脚蛇、一只飞鸟，和随驼的苍蝇。二十六日所经地方，有许多的马群、水鸭、骆驼群，还不断有肥沃的草地和泉水。

蒙古人吃肉是刮骨吸髓，肉固然要吃，就是骨头上的残余和骨里的髓质，也要被他吃个精光。

今天起，我们才看见蒙古包和蒙古人，前三天的道路，大部是蒙古人亦不能生活的纯戈壁区域，几乎是无生物地带。

傍晚，过一家蒙古包，我们进去喝茶。主人害着严重的花柳病，他的女人和女儿，都长得相当健美。一位老喇嘛在旁边念藏经，要想用唔噜唔噜的念经声来治疗他的重病！他躺在毡上吟呻，后来看到只有我一个人是内地人，惊异问我："就是你一个人吗？"在他的意思，孤孤的一个人这条路不易走啊！

驼上读顾炎武《日知录》，他真可算博览群书，胸怀大志，只是他满脑子复古思想，说是明代以前的典章制度好。他自信他的书是必传之作，后世必有"其人"出而施行。然而，孰知时代之演变，已使他的学说只有历史上之价值哉！

夜住道旁，沙山东西挟峙中，松软的沙地、温和的气候，给我一夜甜蜜的酣睡。

　　不过，我对于那位花柳患者问我日本飞机到额济纳后蒙古人的情形怎样一点，有几分不大放心。第一，他们如何也懂这些情形呢？第二，他们的态度，提起日本，并没有内地人那样不惬意的感情。

　　二十七日在路上也遇到蒙古喇嘛，他们主要的是打听日本在额济纳的活动，而不奠以愤慨之气。他们似乎在意识上还没有觉得"央〔中〕国是我们各族共同的中国，任何外国势力侵入我们的国家，都应当是敌忾同仇"。他们把日本看做和汉族差不多的外族，只不过气势凶一点，局面大一点而已。

　　半午过阿拉善鄂博，这是阿拉善有名的大鄂博，有蒙古卡兵把守，盘查过往行人，并征收驼捐。不过，他们的知识很差，器械窳败，官长腐败，多少染上汉人抽大烟恶习，殊少成吉思汗时代蒙古民族之精神。他们听说我认得他们的王爷，非常起敬，这是"忠"于统治者的表现。到了现代，我们对于"忠"之对象，要相当研究了。"忠"是手段，目的是"忠什么"。我们现在要忠的，是国家共同的利害，民族共同利害，要以大局为前提，把对个人的忠实与否，要摆在第二位上面。春秋时，管仲不死其私主，而另相齐桓，完成其尊王攘夷之大业，故孔子亦不之责。因此，我们现在作任何事，当要问一声："究竟为什么？"

十四　瀚海破舟

　　阿拉善鄂博之东，水草渐少，呈半戈壁状态，北面愈远愈高的戈壁，南面是阻着视线的沙山，这是夹道内的旅行。

　　蒙古人说明天的戈壁里有贼，〔有〕不能举火作饮食。晚间用茶水，须于早间煮好。晚住在叫丁界的井旁，水很甘美，预备明天多烧些茶带上。

次日，我还在朦胧的晨梦中，帐外一种惊惶惨痛的呼声，刺激我的心灵。聚精会神听去，只见苏牧羊用急促悲哀的声音，绝望的叫："天灭儿!""天灭儿!""……"

蒙语叫骆驼是"天灭儿"，原来我们帐外的五匹骆驼有四匹没有了！老杜和道尔济立刻从帐幕里跑出去，三个人说了很多的蒙古话，我懂不了这许多，不过，他们的张皇与失望，是可以肯定的了。我匆匆起身，骆驼只剩一个。三个人已经跑到沙山里，我也渡〔踱〕到小沙山上，向四周瞭望。黄的是沙，褐的是戈壁，远处有些红柳和青草，朝暾刚开始放射扇形的光幕，太空是清明而静寂，已失的骆驼，没有丝毫的踪影，三个追骆驼的人，也不知去向！

我犹如飘流到荒岛上的孤客，在茫茫大海中突然丧失我航海的船艇。此地无论东西南北，都在大沙漠包围之中，没有了骆驼，前进势不可能，株守亦无善法。虽然水是不成问题，粮食还可以支持半日〔月〕左右，然而前途……前途仍然是苍茫，幻灭的苍茫！

二三小时对空的绝望，蒙古人骑着骆驼在沙山那面露出头来了。一个，两个，三个。三个人，三匹驼。我们再生机运又开始了。还有一个苏牧羊骑的骆驼，仍无下落。我在井边发现它吃冰〔水〕的脚迹，蒙古人跟踪追去，终于在几十里外把它觅了回来。

最初我以为被人把我们生死所关的"沙漠之舟"偷了去了。悲观心理，异常浓厚，谁知它们完全是滑脱了绳子，跟着水草方向，自己旅行休息去了呢！

蒙人料理骆驼，有特别的本事，他们能分别每一个骆驼的足迹，跟着足迹去追赶，所以骆驼不容易跑掉，驼迹在沙漠里，是不易掩饰的。

　　蒙古人一天没有肉吃，就觉得不安。每天最主要的食物是肉类，似乎蒙古地方气候特别，需要多的热力，因此多的脂肪，来支持人们的身体。

　　丁界之东，曾走二三十里沙窝，过去骆驼大道的陈迹，被沙窝压断，片断的留露在外面，则此种沙山之构成，必是近年新经大风吹来者。

　　此后，尽是戈壁，无尽头的戈壁。

　　在略有骆驼刺的戈壁上，遇到散得很稀疏的骆驼群。一位青年牧者从沙梁上跑来看我们，他在中午的烈日下是赤裸着上身，皮肤那样的黄黑，人是那样的壮实，他是甘肃镇番人，给蒙古人作牧童，已经好几年了。他知道我们是打算去阿拉善首府定远营的，他很忧虑的告诉我们："衙门上（定远营之俗称）听说进了日本，有人说到了共产，以后还〈不〉知道怎样呢！"这个消息给我们的刺激，使我理想的顺利前途，冷了几分。因为要有了军事行动，四面无路可通，那就有几分难了。

　　途中纷呈着骆驼的白骨，正如海洋中飘〔漂〕浮着破坏了的船板一般。海洋中不知已经吞没了若干船舶，而船舶仍然在不断航行。戈壁中已不知死了多少骆驼，而骆驼仍然踏着慢步，继续在戈壁中经过。

　　还没有走到有井地方，我们因为天晚，不得不住下了。蒙古人害怕戈壁贼人夜间偷东西，所以晚饭没有敢在帐外举火，偷偷在帐内热了些茶，马马虎虎吃了一顿，就蒙头休息。

　　今天差不多走了两站的距离，完全没有水。

　　夜间有一大帮骆驼，经此去新疆，驼数总有百匹以上，主要的货物为砖茶。茶一宗，大致还没有被苏联控制，而这硕果仅存的商业关系，要不好好调整新疆的政治，将来前途谁说一定是光明呢！

二十九日上半日的道路，整个的在乱山里，山是绝对的荒凉，望之给人以不快之感。苏牧羊却在山沟摘了许多沙葱，作为我们单调的食物中新鲜的刺激品。山地燥烧，单衣犹觉其烦。天热蝇多，蝇常袭入驼鼻，驼痒不可耐，用喷气、摇头、顿足等方法皆无甚效验。有时回头擦鼻于肩上，用鼻内皮肉，挤压鼻孔内苍蝇，使其受相当压迫，或能乘此用猛气呼出，至少可使之暂时安静。官僚钻入了一个革命政党，也是不易扫除的麻烦。他们本身并没有什么力量，可以正面和人对垒，在他们无所依附的时候，有力者可以呼之即来，挥之即去。但是一旦令其乘隙而入，权参机要，他们是外表上忠忠实实的服从指挥，而骨子里是破坏团体、破坏事业以自肥！那时真叫你清无可清，查无可查，只见自己的事业一天天的衰落，还不知道毛病出在什么地方！革命政党不容易失败在外来的压力之下，而容易失败在官僚蛊蚀之中！

午尖于荒山沟中，有两井，地曰色林胡同。因为是新绥驼道打尖与住宿要地，地上所遗驼粪，层层累累，天然供给往来旅人的燃料。上一趟所遗的驼粪干了，供第二趟过此的人们来烧，第三趟的人又烧第二趟以上的粪，永远这样继续下去。政治上禅代情形，正和这个一样，一代政府上台之后，做出些令人不满意的事情，第二代就以此为燃料，烧起群众反抗的火焰，而作成第二代政府的登台。因而第三代、第四代……今天我们是烧了旁人的粪了，而我们今天留下的粪也已注定下一次的人来烧啊！

午后出群山，到哈那峡刚，有商人土屋两家。此为离额旗后第一次所见之房屋。商人为绥远西部人（后套人），屋内有桌有椅，有土炕，而且饮食方面似乎还可以买到旁的东西，因此，我打算在此过夜，想从帐幕中解放一天。然而，蒙古人不愿意，因为我们刚到哈那峡刚时，夏宁〔宁夏〕磴口税局派到此地的分卡有人来查，我已经把他们对付过去，但是蒙古人对于他们是另外一种眼光。宁夏好的税局，回回主持的多些，各级收税人员自然也主要的是回回，特别是在蒙古地方的税卡。他们平时对蒙、藏两种同胞，往往缺乏公平与亲爱之态度，苛勒之事，常所不免。他们称藏人为"唐棍子"，因为是"唐古忒"（Tibet）首一音之转呼，"棍子"当非恭维之词。他们只直称蒙古为"鞑子"，往往欺负他们知识简单，利用政治势力，给他们以不应当的待遇。今天来盘查，看他们来势汹汹的神气，要不是我拿些大话来虎〔唬〕他们，蒙古人也很难不吃亏。因此他们害怕，他们不愿意住，只好再走。走到深夜，住宿无名戈壁中，是夜大风，帐幕几不能搭成。

　　从南到北大致平列着两条沙河，三十日午前，被我们一一走过。眼前风物，又比哈那峡刚以西好了许多。午尖在三个井子，那里已经有三四家汉人土屋，这无异空谷中频频的足音，诚给人以无穷的兴奋了。

　　在一家镇番（今甘肃民勤县）人的土屋里，一位高大身躯的外蒙古人躺在炕上，神气好像还是旧蒙古时代的爵禄之辈，只是而今穷困在内蒙边上，他没有充足的东西，来换得汉商的点心和白酒。因为他过去有过荣达时代，那时曾经有人随着他的意思来供给他的欲求，现在他的欲望并不因环境困难而减低，他反而觉得商人不肯多赊给他每天应喝的酒量，倒有些不对。主观的理由很简单，就是他曾经是有身份的上等人物，〈与〉上海霞飞路的白俄中所谓"将军"之流，正是同一风度。

　　空架子是换不来实物的，他们不得不学得和汉人有几分"近乎"，希望从亲近中得些好处。于是说几句半通不通的汉话，整天和汉商厮混，以实惠为本质的商人，当然对他们不胜讨厌之至了。

　　这里和我们暗示着一种民族间自然同化的原理。人都往生路上走的，为了生存的需要，总是倾向到握经济的政治力量的民族，以求发达。元朝时，蒙古、色目人当权，汉人为学蒙古、色目之风。明太祖兴起，蒙古、色目人多改汉人姓名，衣汉服，习汉话，太祖还下了诏书，阻止这种风气。诏曰："蒙古诸色人等，皆吾赤子，果为材能，一体擢用。比闻入仕之后，或多更姓名，朕虑岁久，其子孙相传，或多昧其本源……中书省其告谕之，如已更者，听其改正。"清代汉人多入旗以求官。清亡，旗人多取汉姓，以防日常生活之见外。即现在在内地活动之蒙、藏青年，皆汉姓汉服，而在深入蒙、藏地方工作之汉族，也多半取上几个长长的名字，穿上大大的袍子，亦俨然蒙、藏地方土生土长。

前述的那位印度青年才不几天由三个井子经过，东去绥远，他沿途测量调查工作做得很详细。其实，他又何必呢？同是被压迫的民族，只有我们相互间真诚的团结，才可以解除痛苦的枷锁，你希望由一个帝国主义的帮忙，牺牲旁的一个被压迫的民族，再图自己民族的解放，你首先在理论上已不能得世界的同情。何况利用你完了之后，你有什么方法担保利用你的人会实践他的诺言呢？

十五　蒙古恶棍

不知怎样冻病了，身体异常不舒服，腹泻不能久行。途中遇到赴新疆的驼队，他们领队者非常关心的和我们谈绥远局势，他们忧虑日本之袭击绥远，因为此举将动摇他们生存的根本，这时他们的爱国主义是真的爱国主义。

又三十里，黄昏前至哈尔莫可台，水草又好。我们搭帐幕在山边避风处。离我们不到半里，有两家商人，一家山西人，一家是镇番人。我到山西商家去玩，他问我"宝号"，没有过惯商场应酬的人，我几乎很老实的答应他："宝号还没有开！"

这样久没有洗澡换衣服，而蒙古人的帐幕又脏得利害，慢慢的长起蒙古虱子了。刘半农先生是死在蒙古虱子所传给的回归热上，我此时却没有法子去管它，只有希望我的抵抗力比刘半农强些，它无论传什么到我血液里，只是供给我白血球的食粮。

夜间我们正在作饭，两个蒙古青年骑快马而来，下马入帐，以狰狞面目，厉声问我"要票"，其对二喇嘛尤为凶恶可怕。我令老杜以严峻的词句答覆之，我们既非商人，更无货物，何从"票"起？他们没得结果，恨恨而去。

晚饭就没有吃好，饭后除两个青年之外，还有许多蒙古人到两家商店来，使我们莫明其妙。苏牧羊和老杜饭后去和蒙古人打听，他们自称是卡兵。苏牧羊缺乏政治经验，希望把"公事"去恐吓他们，说他们弟兄俩是图王派的"差事"，送我到定远营，找定远营王爷有"公事"。这一下弄糟了，他们就叫拿公文来看，他没有，他们就宣布不许我们走了。

听到这个消息，气破了我的肚子，我亲自出马交涉。从山西人那里打听，说那些蒙古人确是公事人，其中有一个老头，还是团总之类的地方官。我没有法子，只〈好〉请翻译和那老头交涉，说明我是好人，两个喇嘛是我雇来带路的，骆驼也是雇的，他们希望免去沿途的捐税，所以没有得我的同意，自己胡说，请他们原谅，如果他们不相信，可以派人押送我们到定远营，王爷达理扎雅和我认识，那就可以证明，关于派人的来回费用，我完全负担。无论如何也说不通，他非不让我们走不可！我后来提出只允我一个人先走，把老杜和喇嘛留在那里，等到王爷信来了，再让他们前去，他仍然严词拒绝。但是，他又不提出解决这事情的办法！那位山西商人在旁边出主意，最好雇一个人先去王爷府送信，花上二三十块钱，等王爷命令来了，他们自然会放我们走。然而来回要十几天，我是不能等的。一切努力都失败，只好无精打采的回到帐幕，过了夜间，再作他图。

闯了乱子的苏牧羊，回来拼命念经，道尔济加紧推牙牌数。他推的结果，总是凶多吉少，又另外拿铜元来卜卦，卜来总是"下下"之流。老杜和他们俩的面色，随着这些不吉利的预告，一分一分的淡！

今夜正是中秋，皓月当空，秋风肃厉。商人们中夜祭月，大发放爆竹，人顿生乡里之情。全国若干父母兄弟姊妹，皆正于此晶莹的秋月之下，思念其飘流异乡之骨肉手足，其于新婚之少妇，当此情景，尤难抑其对于孤身作客之侣伴发生绵缠眷恋之思也。自东瀛三岛征拔而来东北、察、绥任侵略和平的中国〈之〉太〔大〕和青年，设于此夜，与其亲爱的父母妻子、兄弟姊妹，隔日本海而相对想望，亦不知将作何感想也！

夜中腹痛甚烈，腹泻频频，戈壁夜寒，冷彻心肺！真所谓"屋漏又遭连夜雨，行船又遇打头风"！此事颇费相当周折了。

晨起，镇番商人突秘密来谈，昨夜一群蒙古人并非善类，这里根本没有卡子，他们并无丝毫的公事，完全是恶棍地痞之流，叫我们好好应付。说毕，匆匆而去，盖恐被蒙古人看见。知己知彼，百战百胜，敌方情况既已判明，作战自有正确办法。此时我义正词严的去山西商人家里看蒙古人，他们一共有十几个彪形大汉，我先送他们每人一点礼物，给他们相当满足，并且分了他们图利的一致心理，然后专对老头说，我到定远营，确乎有要紧事，骆驼和人是雇的，苏牧羊不该撒谎。同时我拿出几张不相干的电报纸，上面有"望兄速来，行前盼电示"等字句，叫山西商人念给他听，说是他们王爷打给我的电报，如果他不让我们走，我们就不走，以后王爷查起来，他可担负不起这样的大责任！

威胁成功，我们又收拾行李，逃过一大难关了。只可恨那个惟利是图的山西籍商人，自残同类，为虎作伥，并且自己出主张，还想得我几十块钱的便宜。设身处地，易地而居，他将何以自况呢？

　　我并不深责他的行为，我只感到在不正当不合理的国内民族关系中，养成了许多同胞病态心理和病态意识，将来的前途，相当可虑。因为生存寄托于环境，环境不良，生活意识一定不正。历史上的例子，叫我们可以反省到这种道理的很多。如明代天启以前，黄河沿岸及治河官吏，没有不愿意黄河决口的，因为河一决口，上至总河，下至闸官，可以借此侵克金钱，下而至于"执事"等小职员乃至于游闲无食之人，可以因此领用伙食和工资！明宪宗时，京畿一带的人民，因为畏避徭役，并且希望富贵，然而文不能登科，武不能点将，乃往往自己坏了生殖能机，所谓"自宫"，并且自宫了他的子孙，每天到礼部投进，希望入宫做太监，如此一方面可以锦衣玉食，一方面入了皇宫，地方官再也不敢麻烦。此事相习成风，每日有数千到礼部门口，俨然成为市集，竟至劳当局下令禁止！

　　走是走了，十月一日这天，情绪有点不一样。一方面还怕蒙古恶棍来追，一方面忧虑前途是否安全，苏牧羊和老杜的脸色是无精打采，低垂着脑袋，默默无言的赶骆驼！

　　上半日尽过矮小的乱山，视线短促，眼景荒凉，回忆昨夜遭遇，不禁叹人事之艰辛。行约三小时，至一荒野干河中拾骆驼粪煮茶打尖，心情倍极凄凉。盖自拐子湖合新绥驼道后，至此又将南入定远营，尚不知安全否也。

　　南行路上，有鲜明之汽车印，似为一月前者，前闻日人自黑沙图、松稻岭各地有汽车开定远营。果然，则定远营已凶多吉少，盖除日人之外，中国方面尚无以汽车试行此路者。旋入一长山峡，路窄而崎岖，汽车印曾绕行极远，似为三四辆车以上之轮迹，但至最险处，已无车迹，颇疑其去向。

　　出山，顺沙河行，间有巨树孤立沙河边，苍老遒劲，颇有独木撑天之气概。愈南行，地势愈低，戈壁中骆驼刺渐多，不似纯戈壁中之一无所有者。沙河且尽，有辉煌的庙顶及大鄂博出现于山坡上，地上人畜足迹较多，而庙前环绕之柳林，已显然在望。出沙河，则侠儿岩庙以富丽庄严之姿态，屹立于山南，面向数百里之有草戈壁，寺院墙壁、门户、窗牖，红绿相间，而白粉亦新。此为记者离开黑沙图以后所睹者之第一大建筑，其规模比额济纳之东庙尚雄壮堂皇。惟就实言之，此仅蒙古地方之三四等庙宇，无足可称，但"饥者易为食"，三千里戈壁荒凉之后，睹此小庙，已觉不胜其慰安矣！

　　二驼蹄破，一步一跌，人亦渐困，故途中不似初行时之多话。至侠儿岩庙时，我有入庙求休息意，而苏牧羊却坚持不可，且策其跛驼，绕庙而过，盖不欲再出麻烦也。而此时庙中却开门走出一短小精干之喇嘛，召〔招〕手令我们停止，阔步而来，二位喀尔喀喇嘛吓得手足无措，神色惨淡，盖不知又将出什么事也。来者面貌凶狠，蝌蚪眼，八字须，打量我们每一个人，打量我们驼上的行装，而口里却问些不相干的话。我们上过了哈尔莫可台的当，早已决定以后对付外人盘问的办法：老杜和苏牧羊他们对任何人都一致的说，他们是我雇的，从额济纳到王爷府（定远营），至于干什么事的，他们推着不知道，叫他们问我。我的服饰有几分特别，不大多说话，那般蒙古人不敢轻于犯我，于是可以少现许多漏洞。蝌蚪眼的家伙和他们谈无结果，回眼望我，我拿半通不通的蒙古话对付几句，漫不置理的转而命令苏牧羊"亚布"了（"亚布"，蒙语"走"也）。

　　过庙天已黄昏，夕阳在花岗石的戈壁里反映成金黄色的空幕，由南面疾马而来一位白马红衣的骑士。雪白与鲜红，风驰在金黄色的广漠和大气之中，呈现人间难遇的奇景。逼近后，白马所配者竟为一中年喇嘛，故〔辜〕负此美妙风光！

又十余里，有商家三家，他们再不敢和商家接近了。我的意思他们也不接受，又前进七八里，搭帐于道旁二三里之戈壁中。

驼蹄破得利害了，流出血水，当极痛苦，但是谁管呢？我只希望早到定远营，好作另外的事情，老杜和苏牧羊他们也希望早到，好作回去的打算，而真正关心驼蹄的，恐怕只有它自己了！

夜间睡在平坦戈壁的帐幕里，中秋刚过的明月，从帐幕口上呈现她庄丽的花容。她中间的阴影，仿佛是中国的地图，这海棠形的阴影，漫漫〔慢慢〕的从东北角上发出一道白云，向西南和西面侵蚀。阴影北部有一条东西，蜿蜒的黑线，仿佛是我们的长城，黑线南面许多有力的黑点彼此在冲突，弄得那块阴影充满着乌烟瘴气。而黑线的东北和东端白光却非常猖獗的发展，浸假北半部阴影将全部消解。后来全部阴影骚动，南半部阴影逐渐统一化，配合着白云下的零星黑点，向东北推移，很快就见到那片白云退出海棠形阴影之外，也许这是未来东亚政治大势一部分的预告。

十六　坠驼受伤

二日晨间第一工作，是给骆驼补蹄，三个人动手把骆驼按倒，用牛皮补在它的破蹄上。驼挣扎甚力，继且哀鸣。在它之立场，它应当休息，让蹄自己长好。然而它的主人的立场不同，他希望照样走，只是恐怕他的交通工具——骆驼继续坏下去，不能再行使用，故不得不为之补上。然而他的目的，仍然以自己利益为前提，并不是为骆驼打算。

过波若鄂博，有井，有骆驼群在井边饮水，其中有大白骆驼一匹，峰高头昂，步履雄健，俨然王者。亦有短小拙劣之驼，肢体瘦弱，颈上生疮，望之令人不悦。这是动物中生理发展的不平等，是否改良动物品种及改良牧畜以后，能达到完全平等之境地，我还是有点疑问。

几匹喀尔喀人的骆驼，对于它们要算稀客，故它们皆驻蹄相看，状甚亲善。

井边汲水蒙人见我手中有书，索去一看说："这是皇历！"其实我手中是一本《宋史》。因为他们没有看过多的汉字书，不认得汉字，而从他的经验上说，在蒙古地流行的直行方块字的书，只有"皇历"。他的下意识是：皇历是直行方块的汉字书，现在我手中书是直行方块的汉字，因此，这本书是"皇历"！这是一套有趣味的形式逻辑。他完全是以他的第一印象为准则，拿初见的代表了其余的，拿一部的代表了全体的。把自己所仅初见的作为认识事物的标准，是通常人容易犯的错误。许多日本人对于中国之认识，就犯了这个通病，他们认得中国几个汉奸，就以为中国人都〈是〉可以威胁利诱的无人格的人。好些西洋人在光绪时到过中国，到民国二十六年还是老守着过去的眼光，这些都是错误。对于事物的观察，必须是"全的"和"活的"，即是空间上必须观察其全体，在时间〈上〉必须了解事物本身是不断的变化。所谓"变的"或者"活的"之意义，又包括空间和时间之关联。每一个事物本身是不断的变，同时它的周遭也无不改变，因而它们相互间的关系也随时而不同。但是我们又不能说到什么时候为止，我们才是全知和真知。我们只要本着虚心，不断的求知，不断的经验，不断的改变自己，不断的接受新认识，才是作人的正确态度。我们对于一种主义、学说和人物的批评，假如在首先接触时，即加以武断的批评，全面的接受或者反对，都是不合理的作法。

后面追来一位骑快马的蒙古喇嘛，略和我寒暄几句，两腿推〔用〕力一挟，一会儿人马都消逝在戈壁的远方，蒙人骑术，至可惊服。

记录自己的思想，是一件要紧的工作，否则一会忘去了，另外一件思想浮升上来，前面的难以捉摸了。在驼队进行中，我独自一人下来记思想，骆驼狂叫不肯留，强留之，则以其最毒的武器，喷口中浊沫相加。生物皆为自己而打算，我以为记录我之思想很要紧，而它却以为随群而行最重要，利害冲突，它素日驯善之性格，一变而为粗暴。

行数十里半沙窝地带，午尖于沙窝区中，炎热不能当。苏牧羊言此去五六十里始有井，故今夜须夜行。

戈壁晴天可远望一二百里，故塞上有"望山跑死马"之谚。午后行五六小时，午尖时所清晰望见之山梁，仍可望而不可及！

经几个高下起伏的戈壁梁，午夜到阿莫落斯，井旁沙里无柴，故晚饭颇为费力。

营幕北面约半里，有火光，趋视之，有土屋影，疑为汉商。近前，频呼无人应，恐有猛犬，不敢逼近，再呼不见犬声，乃持棍而前，至则一幼童与一壮年男子正在屋外煮食物，地下张羊皮，似新宰羊者。男子为镇番汉人，佣于蒙人。主人夫妇皆已外出，留小孩在家。家中略改蒙俗，土屋土炕，屋内有驼羊皮毛甚多，蒙古社会日用高〔商〕品亦夥，似为殷实之蒙商。

两个喇嘛日夜念经，久了有点令人厌倦。他们这次到定远营要去庙里叩头，把他们所有的金钱，都在叩头时捐施，以为如此可以解决一生大事，所以边外有两〔句〕谚语说："蛮子穷在毯上，鞑子穷在头上。"盖汉人好嫖，而蒙古人好拜佛也。往往多年生蓄，一拜即光，愚不可及。

三日午前仍为沙草地，一群一群的牧驼，作我们途中的侣伴。这一群消逝了，又另外来一群，纯粹戈壁已不见。

蒙地久行，觉至今蒙古民族历史，似尚无良好的研究。而同时觉得，如果我是蒙古人，我读现行的中华民族史，一定给我很坏的印像，因为现在所谓中华民族史，大半是以朝代为纬，以汉族历史为经，而不是将蒙、藏等族合并编制，这不能叫做中华民族史。所以最好由中央研究院设立各族历史研究委员会，以平等眼光，重新清理各族史事，以新的观点，记述各族之关联，平等记述各族之光荣事迹，表彰各族之优点，纠正各族之缺陷，努力各族文化、经济之沟通，提倡各族之自然的相互的溶〔融〕化，育酿成包含各族美德之新中华民族，始为理想的中华民族史。

一段关于林肯和佛兰克林的记载，引我在驼上出神。林肯当了总统，把两个平日反对的人请来做阁员，一位是陆军总长司丹东（Edwin M. Stanton），他曾骂林肯是"原始的大猩猩"，并曾责林肯行政之无能，酿成贝尔伦地方的奇祸。他最得力的财政总长采斯（Salmon P. Chase）最初就是不喜欢林肯的一个人，并曾阴谋反对他。佛兰克林说他成功的经验，秘诀在尊重他人地位和尊严。因为管子也说过这样的道理："与天下同利者，天下持之；擅天下之利者，天下人谋之。"你只要能不以个人利害来代替众人利害，相反的先以他人的利害放在前面，把自己放在后面，事事可得他人的谅解了。

我的思想此时跑到中外古今的历史上，骆驼不知如何惊了，拼命猛跳，我还来不及考虑，已经四脚朝天的跌了下来了。照相机垫在背上，重重的把腰顶了一下。我还在莫名其妙中，失去知觉了。大约十几分钟醒来，只觉头昏腰痛，全身不能动，张眼一看，老杜、苏牧羊、道尔济围在我的四周，愁苦惊惶的看着我。我一想，事情坏了，如果留在这里，什么都完了！微微把身子一动，觉还有相当力量，勉强坐了起来，大地还在发眩。从前听说日本人在蒙古地坠驼受伤的很多，我自己坠驼之后，而于痛苦昏迷中，尚觉此种苦痛，尚可寄托于民族活存之大义以自慰藉，然而当日本青年侦察者坠驼伤痛之余，又将何以自解呢？

为安定人心计，我连说"没有什么"，并且咬紧牙关，支持痛楚，站立起来。并且命苏牧羊把逃驼找回，我仍然很费力的骑上，继续前进。不过不敢再看书，而随时留心驼行了。这匹青年骆驼，本于它自己的利害，不知什么东西把它骇了一吓，它就不管背上面有没有人，乱跳图逃，避免危险。然而在我跌了之后，它仍然可以好好的给我骑，可见它并无一贯的成见，只为它当前需要就不管旁人了。民众对于统治者也无所谓好恶，只看他们随时的利害为转移。

行不远，腰痛不能支，乃借口午尖，下驼休息。而下驼动作，即甚为困难，坐卧起立之间，腰已不甚灵活。老杜主在此搭帐休息数日，俟我腰好再走，我坚持不可，乃强行下山，示以无大重伤，而实际则痛彻心肝。

午尖处小黑蝇和四脚蛇特多，尤以黑蝇多至可怕，顷刻布满人之头身各部，随手可以打死十数黑蝇，令人胆寒。煮茶与面片时，因无锅盖，黑蝇成群飞赴其中，结果煮了一锅的黑蝇！我们如果拿碗茶，一会又落满茶上！后来我发现一个办法，就是拿碗对风而行，黑蝇为风力所阻，不能赶上我们，我们可以得暂时安静。风力不足，则站山头，可常得多风，亦为制蝇之道。

这一锅黑蝇面片，太令人难于下咽了！然而为了此时此刻的饥饿问题，我们也只好吃黑蝇饭了。所以此时此刻的生存，是最要紧的生存。生存必须继续的，所以生存不能有空隙的等待。国家对于人民贵能示大家以可生之路，此可生之路，即国家建造之途，则人人为自己生存而努力，即合流于国家之需要。不能指出确切的可生之道，而悬空洞目标，令人等待，决非办法。如殷汝耕在外人卵翼下割据冀东，冀东人民当时之生存上就发〈生〉实际的问题，特别是知识分子，首先遇到的难问题是：附逆，还是反殷？这个根本问题决定，才有作法。国家无论环境如何困难，亦当明示冀东同胞以国家之态度，并以具体力量为之后盾。则他们有了光明的灯塔，行动有了方向，纵然牺牲，也是为求光明生存而死，死亦瞑目。最不好的场合，是国家听人民自生自灭，为暂时自存计，一般人只好去过汉奸或顺民的黑暗生活了。

十七　望穿定远营

尖后，他们换了一匹最大的骆驼给我骑，是五匹中最有力最高的一个，理由是以〔它〕忠厚平稳。然而因为它太大太高，一举步一动腰，波动很大，反而让人不放心多了。但是它却〔确〕乎是有力量的。有才力的人，往往使他的上司不敢放心，但是我们观察一个组织的强弱，就看里面的鹦鹉派的人多呢，还是有独见特行的人多些。

连过两干湖底，龟裂尚完好，其东不远有盐湖，白色反光甚明显。午前所遇井口多用草或毡盖好，以防风沙填满。过一山峡，至有井处，曰布鲁堆，取水，驼再惊，几又坠地。

布鲁堆后已见有羊群及蒙古包。赶路续进，遇外蒙古人之办粮者，自称为"察汗乌拉"人，即班定陶来盖南面之白山头也。

昏黑续行，过草沙岗，远望如大山者，盖一平而高之沙岗也。岗上遍长草堆，无可烧者，夜宿岗南坡，拔草根为燃料。立帐亦不易，无力解衣，和衣而睡。

四日晨起，登巴音诺尔拉山岗，行五小时荒山，无水，热不可耐。幸晨间苏牧羊嘱我们多喝茶，吃干粮，故尚勉强能耐渴。正午炎热更甚，蒙人皆袒臂。途遇蒙妇，谓其夫已被征至定远营修飞行场，并说是为"俄罗斯"修，则定远营形势相当可虑了。

将走完巴音诺尔拉山，黑魖魖的贺兰山雄姿已出现于东南，白色的云〔雪〕顶与日光反照，又添一重景色。贺兰山本是我的老友了，然而这次见面有全然不同的印象：第一，它象征着我这次旅行的告终，我有了报告西蒙情形的机会。第二，也许是我们站的地势不同，我看到它头上比前次更多的白雪，也许是外国飞机在它的头上飞来飞去，让它忧虑四周的安全，而增加它的白发了。

大家心里都非常高兴，约定今夜赶路，谁知夜间没有月亮，我们走进一条大沙河床，迷路了。左右走不出去，永远是在沙河里，大路也不知到哪里去了，既无草，又找不到水井。一切图谋失败之后，只好住下了。幸而自己还有点水，草草对付一下肚子，只好等到明天再说了。

连日日夜寒热相差太远，脸皮结硬壳粗点而龟裂，甚痛苦，夜不成寐。想起关于处世接人、作学问、作事业等过去的经历，几乎可以说完全错误，我的知识太不足了，越想越好笑，越不安！

昨夜闹一笑话，水井就在我们旁边不到半里，而我们却立幕在沙滩中心，四面都是良好青草区。

因为疲劳，懒得作面片。蒙古人晨起吃生羊肉，仅用茶泡泡。我因为疲痛交困，没有吃什么东西。

平滩中有山西商人德盛隆一家，经营蒙古商业，规模甚大。每年春季放货，贷予蒙人，夏季收毛，秋冬收牲口及狐皮等，此中利益甚大。

西南远处有大沙山，常有高数十丈之塔形出现，时又不见，蒙人谓为神奇，实为沙中幻影。

途遇由定远营下乡收账之山西商人，谓定远营虽有日人，但尚无大变动，我心始稍安。旋登巴音吾鲁山，前有一负毛皮之徒步人，初以为穷苦之汉人，其行甚速，俟其停息时，我们的驼队赶到视之，则为一姣媚丰盈之蒙古少女。但其赤足徒步，必为贫家女。她以清嫩之音喉，向我们致问候之词，同行二喇嘛，亦为之顾盼不置！

巴音吾鲁山坡甚险，驼行不易。山南为定远营所在之平坦戈壁，我们已能隐约辨识定远营所在地方。关于定远营和阿拉善统治者达理扎雅之一切回忆，皆涌现我的脑际了。

五日本欲赶宿至察汗苏必而根庙，深夜未能到，乃住于草滩中。晚饭因干粮已尽，而水又不足以煮面片，乃以生羊肉泡茶而吃。蒙人食之甚甘，我亦勉为其难。惟生平向未生食肉类，总有点不大敢于畅快下咽耳。

昨夜吃了如许多的生羊肉，并没有发生不好现象。六日晨仍无早粮，乃略烧生羊肉而食之，味甘而食多。

此地对于定远营已算近畿之地，草场茂盛，牧畜发达，故蒙人多富厚。民十六七年，汉军曾攻打阿拉善一次，蒙古人损失不赀，故对在蒙地汉商，常有报复行为，汉商受苦甚大。达理扎雅亲王回旗，始严令禁止，至今地方平静，可称塞外太平之区。

晨穿桔梏〔梗〕林，因昨夜迷路，今晨在林中找大路。六七尺高之桔梗树整个占领了大地，走了一段又一段，还在桔梗林中，假使桔梗是活的军队，有人指挥，不断在前面包围我们，那我们人单势弱，只有蹈阵了。幸而贺兰山指示我们的方向，我们终于出阵了。

至察汗苏必由而根庙，有一妇人及一跛脚男子，不断绕庙墙外行，手数佛珠，口念佛经，当然又是求神保佑那一套。实际上这种作法，只是运动身体一点，有相当的效果！

途中所遇蒙、汉人渐多。汉人身体不及蒙人，而蒙人则因男女关系自由，而又缺社会医药设备，故花柳甚为普遍，如在蒙地设花柳医院，必可获大利。

沿途蒙人多认我为"日本俄罗斯"，因为他们经验所示，在蒙地旅行之非有商人模样者，皆日本人，故我亦一定为日本人，与皇历同一心理。

日本人之在西蒙，已深给蒙人以刺激，就普通蒙人能知"日本俄罗斯"一事，大可注意。只是为日本作特务工作之日本人士，实在太无意义。如果说为了日本民族之生存要深深的侵略中国的内地，那简直是不可通的事情。他们为了薪水与粗疏的傲慢的国家观念，来做此种艰难辛苦的工作。侵略中国的结果，他们只是吃得饱，发不了财，徒供少数人利用。一旦逼中国出而抗战，则当炮灰者仍是日本士兵与下级工作人员，这又何苦来呢！

又行约七十里草碱地，过地名当铺，水草更好，宿当铺东南约十里之井边。夜间有三个汉商来同宿，我们邀之共帐。他们有了帐幕，如登天堂，因他们夏秋平时出门，只带棉衣，甚或只穿单裤，夜间随地而宿，如冷不可支，则燃草取暖，如有风雪，只好听其蹂躏。汉商在蒙地经商之艰苦，无异初往南洋开辟之华侨。

汉人平日来往的都是商人，他们把我也当做商人，于是问我："贵处年成可好?""斗价大小?""宝号今年买卖不坏?"……都是一贯的皇历作风。

七日晨，因为今天可以到定远营，大家心理〔里〕非常快活。道尔济和一汉商闲谈，谓我初由额济纳动身时，面如女人之光滑白洁（大概他所说的女人是以蒙古女人为标准），而今是满面风创，比蒙古男人尤黑了。

登程不久，我们望眼欲穿的定远营城堡，已出现在丰腴的青草坪中。城外数十里草地里是达王私人的马群、驼群和羊群。马群和驼群究竟有多少，只有达王自己知道那个数目，就我目力看来，是漫山遍野，都三三两两的站着、卧着、走着，自由生息着。羊群更是像马蚁一样的多，有牧童管着，黑阵和白阵在青草中云样的移动。

光明在望了！定远营的树林、房屋、山上的兵营、城堞、飞机场、守机场的蒙古包……光明了！我们冒险的征程已入作〔佳〕境了！我赶着骆驼快步前进，从大库伦口子进入定远营市街。虽然是小小的街巷，有限的人家，然而这是绥远安北县以后第一城，是我西蒙旅行的终点，因为此后去宁夏回天津，有汽车，有飞机，一切容易得多了。

脸烂得使熟人也不相识了。自己说出话来，才使朋友惊恐的握手说："你怎样弄得这样子了！"

日本特务机关在定远营的情形，并不很顺利。达王不许任何蒙、汉人和他们接近，有一个为他们找私娼的人，连私娼一齐重杖充军到拐子湖那面沙窝里。他们说达王服〔限〕制他们的自由，而达王却说是自己管教百姓。他们曾雇汉人苦力为之修筑飞机场，为了六角一天的收入，无衣无食的穷苦同胞只好去了。但是他们在平土去石工作当中，亦知此事对于中国将来之不利，有人即谓："最好暗藏地雷在内，等他们飞机来一碰就炸，好炸他一个光！"这话被监工的日本人听见，心里非常恐惧。中国人还是中国人，至少他应有此种感触。

日本飞机虽然常来，但是达王不借汽车、马匹和大车给他们，民间亦无人愿受其雇用。所以机场与其特务机关间之联络，全恃徒步！遇有重物运输，则由他们强抓牛车一用，有类"拉夫"。

某日本特务人员，在遍行内蒙之后，慨然谓："强国侵略弱国，没有什么意义！如果对于强国，还可以鼓起人的斗争情绪。"因此，他不愿意干了。

宁夏当时对于日本的态度，也很强硬，决不许日本人在宁夏停留。在关东军某参谋长飞定远营时，宁夏适亦派要员至定远营，与之强硬交涉，致其毫无结果而去。

在定远营休息五日，至十三日与十一日来定之戴愧生先生同车去宁夏。十四日飞包头，那都是我常走的地方了。

二十六年四月二十日，写完于上海

《国闻周报》

上海国闻周报社

1937 年 14 卷 14—19 期

（李红菊　整理）

忆绥远

流金　撰

一

今夜有疏朗的星星，我站在山头上，刺骨的寒风把我的肢体收缩了，隔岸的灯火闪动着；我望着辽远的北方，真像梦一样，我又回到那塞上寒夜中的景象中了。

我们踏着明月，黄沙在脚底下瑟瑟地作声；哈尔红河披上了雾样的轻纱，银波上浮着秃兀的山群。远远地不时传来凄绝的笛声，更杂以悲凉的战马的嘶鸣，沉吟在银色的海里，我们把眼睛望着辽远的去处；我们想着古代成吉思汗的伟绩，和孙兰峰将军不朽的功勋。辉煌的大殿静静地立着，不时送出三晋勇士的雄浑的声音，黑影子在殿门前、过道中移动，果敢而沉着。

我们沉醉于壮美的胡天的月夜，继续蹈沙而行；虽然腊尽的塞外的寒风，刺着我们的面颊，但一种胜利的欢乐，燃烧起了年轻人心里的火焰。

悲壮的离别，是在一个黄雾迷茫的早晨，我们唱着歌，喊着口号，祝壮士们的胜利和国运的昌隆。

当汽车奔驰在草原上，我遥遥地向着百灵庙致敬，我说："愿重来时，烟火万家，不闻金鼓之声，不见军旅之盛。"

　　现在，壮士们已把血染红了那静静地流着的川流吧，也许那血已经凝冻了！我遥祝他们的魂灵的安宁；当我想起那亲切的面孔和激动的言词，我禁不住自己的悲怆了。

二

　　我又想起那凄厉的歌声了。

　　在归绥城的一个病院中。北方的朝起的阳光，射在低矮的病院的门墙上；蓝色的天际，浮着一片片闲散的流云。低沉的脚步声，从这一个病室流到那一个病室；同样的，歌声也继续震荡着每一个病室中的壮士的心，而使他们挥洒着珍贵的泪珠。

　　"你们专为我们老百姓，

　　　为了千万的妇女儿童，

　　　受了名誉的伤，

　　　躺在病院的床上。"

　　悠徐地颤栗着歌声，把我们和战士们的心都系在一起了；那是一种无上的崇高的情感，在我们中间流着。

　　"为甚么我的眼睛会湿呢？"当我走出病院的时候，有点惘然。我自己曾矜夸过我没有掉过眼泪的。

　　路上，我们耳边还响着那悲壮的言语——我们好了还要上前线去。

　　在一个昏黑的夜里，我从街上走向寓所。自己听自己的足音，感到一种莫名其妙的［的］愉快。我暗暗地祝这塞外的城市，在苦难中生长下去。楼外歌咏队又在练习那个为我所熟知的曲子了。

　　"你们专为着我们老百姓，为着千万的妇女儿童，……！"我倚立栏前，凝望着远处的山群；我觉得我的心轻轻地动了。

三

这里，我致无限的敬意于两个为祖国的自由解放而牺牲的十三军的战士——兰泽惠君和车驷君之前。

东开的列车把我们带到绥东重镇的平地泉的时候，太阳已经西斜了；车站旁边的大广场里，约有一连人在操演；我们下了车，离开车站向平地泉的闹市中走去；黄昏将近时的号声，侵〔浸〕没了这个塞上的边城；我们感到古代的边塞之声的悲凉！

在十三军的兵营里，我们一共五个人围坐在一个炕上，谛听一个年轻的军官讲他怎样在晋陕交界的地方"剿匪"的故事，和他又怎样开到绥远来。在我所见到的军人之中，能够像他那样了解中国的社会问题和当前抗战的问题的真太少了。当我从北平逃出来的时候，知道他们已由平地泉东进，因当时身居虎口，没有方法和他写信；南归之后，疲于道途，且那时正值南口战事剧烈，我又没有方法和他通信。不知他那时有如何的快乐。

兰泽惠君，你的血为祖国的生存而洒了，你为我们的未来幸福而牺牲了；你将会永远存在我们心里，你已经做了我们后死的榜样了。

我现在虽身在南方，但当我想起你的尸骨还暴于北边的旷野，我便会感到一种重累，我将继你未了之志；愿你的魂灵归来吧，我记得你还有家在洪泽之滨呢。

当我将离平地泉的夜里，不期然地遇见中学时代的老同学车驷君。他已变得那样的强壮了，当我握着他的手的时候，我不禁为自己的孱弱而悲哀了。

深沉的夜，覆盖着冰冷的旷野；车站的灯放出惨白的光辉；我们来回地走着；别后的事，谈起来是那样的有趣而使我惊奇啊，我想不到五年前和我在一块儿玩球的傻孩子，如今竟是一个铁一般的坚强的中国的青年军官。

"应镠，我们到多伦再见吧!"是多么肯定的声音啊，我在他兴奋的脸上抛下怜惜的眼光了。

车在动了，我们彼此挥着手；坚强的影子，在我眼前渐渐地变为不可思议的神人了。

我们一直沉默着。他知道他会有一个系念他的朋友的。

我知道他死在疆场上，是当着我从故乡西行的前夕，在九江的一个旅馆里。

我惭愧自己还坐在这个大学里写纪念他的文章。

一九三七，十一月，七日

《国闻周报》

上海国闻周报社

1937 年 14 卷 50 期

（李红权　整理）

西北纪游

彭 弘 撰

在读完这篇文字以后，觉得形势全非，心中无限怅惘！作者写此文时，在去年四月，不料未及四个月，即遭逢空前未有的变故。我们现在也无须作空洞的悲切，不妨细心体会此文作为将来的策励罢！

记者附识

有人说："不到西北，不知西北之伟大。"其实若未曾身临其地，伟大之处固然无从体会，就是一般的生活情况，恐怕也有很多误解。年来开发西北的声浪高入云霄，然而也只是此唱彼和，所知无非是极肤浅的常识，若讲到真正明了西北情形的，能有几人？这次平绥路举办学界西北考察团，以极低廉的费用，观光平绥路沿线各地。一方面内地与边陲人士的感情可以借此机会沟通而更趋融洽；一方面可使人民对此尚未开辟的宝藏获得进一步的了解。这无论是站在政府或国民的立场上都是值得大大地赞扬、鼓励的。尤其是我们行踪所至，处处都受当地长官优渥的招待，盛意隆情，只有更加自己的惭愧而已。这次游过的地方共有长城、张家口、大同、归绥、百灵庙、包头六处，全程共二千余里。途中耽搁不过八天的功夫，仅仅游览，已嫌匆促，哪里谈得到考察。囫囵吞枣之讥知所不免，只有请熟悉西北情形的读者不吝赐教罢了。

第一日（四月二日）晨六时许由清华园车站出发。全团五十余人，共乘特挂之卧车一辆。临行因恐西北寒冷，所带衣物颇多，哪知这几日天气极好，坐在车内，反闷热不堪。约十时许抵南口。四顾都是峭拔的峰峦，果然是军事上形胜之地。过此便须换用大号的机车，推挽而进。这节路线直至康庄为止，乃是平绥路中有名的关沟段。因为其间有深谷，有峭壁，有急湍，凿洞开路，艰难异常，最高的坡度竟达三十分之一（即每三十公尺升高一尺）。现在身经其地，只见火车像长蛇一般，在崖边爬行而上。路旁山势峥嵘，非常险峻，当年缔造的艰难，犹可想像一二。车过居庸关、五桂头、石佛寺三个山洞后，不久便到青龙桥。在这里古今两桩伟大的工程交相辉映。一边是当年捍卫国土的长城，虽历千百年的浩劫，仍像石壁也似屹然矗立；一边是沟通文化、便利运输的铁路；詹天佑先生的铜像带着严肃的面貌，正看着他当年心血的结晶为国家服务，这尊像虽不能讲话，我知道他必是很引为自豪的。其实我国同胞的聪明才智决不在别人之下，以往的悲观怨懑只算得自暴自弃的举动罢了。

长城

车到站后即甩下。一行人遂步行往八达岭攀登长城。此岭在站西二里，元时曾作屯军之地，名为居庸北口。关门上还有"北门锁钥"的横额。岭下悬崖刻有"天险"二字。这城远望虽低，近看却有丈把宽，二三丈高，攀登时很费气力。那天游人很多，天气虽极和暖，城上的风势仍很大。四顾飘渺苍茫，重叠险峻的峰峦拥着皑皑的白雪。山脊上几道无止境的雉堞，像龙蛇一样的蜿蜒回转，那景象的雄伟突兀，决不是锦绣江南所梦想得到的，抬头一望，城头高处，竟与青天相接。蚂蚁般大小的游人慢慢地向上蠕动，看那情景极像一张天梯载着渺小的人类，向远不可测的九霄里攀援。看了一会，心中不由得感慨起来。古人虽不能将匈奴赶尽杀绝，尚能保守疆土，完成这种伟业，哪知近年来竟自江河日下，变做"降字儿横胸，守字儿难成"了。以后若打算挽回颓运，我想非从改变气质上着手不可。自来我国人都是好安逸，恶兵戎，重别离的。凡有吟咏边关征戍〔戍〕之事，多半是伤别怨谶之辞。记得旧诗里面有一首道："琵琶起舞换新声，总是关山离别情。撩乱边愁听不尽，高高秋月照长城。"还有李颀的《〈古〉从军行》："闻道玉门犹被遮，应将性命逐轻车。年年战骨埋荒外，空见蒲萄入汉家。"总是埋怨兵旅辛苦，从不见把捍卫国家认作极富兴趣的事。这种心理不能消除，未始不是中国受制于匈奴的一因，试想依恋故土，如何有心征战？习于豪华，如何吃得消边塞的苦头？故此今后的教育应以斯巴达人不斤斤于儿女情怀的精神为楷模，方能担当抵御外寇的重任。看看时间业已不早，只好带着依恋的心情慢慢地踱回去。十二点半离青龙桥站。此站的轨道颇为奇特。原来因山地太狭，车至其地，无法转弯，故此设计了一个 V 字形的轨道，起初在头里的车辆现在却换在末尾了。车开后，即在车上午餐。我本是个饕餮专家，今日走的路多一点，饭菜也着实不坏，所以吃起来格外香甜。车过了康庄，便走向坦途。一路所见无非是村庄田地，无甚景色可言。原来西北气候干燥，景物单纯，不像江南处处是粉红黛绿，水秀山青。这里有的只是莽莽的平原。极目四望，几乎无处不是黄色。好在熟人很多，随意闲谈，并不寂寞。听朋友讲起，才知沿线各地，倒有许多是历史或戏剧上有名的。例如土木堡便是明正统十四年乜光〔也先〕入寇、英宗被俘之处。其次便是沙城，传说是三国时刘备与曹操煮酒论英雄的所在，至今还出一种青梅酒，虽是商人投机，那名儿倒也别致。还有宣化城，听过京戏的朋友总不会忘记《珠帘寨》里面的李克用吧！此城便是当年沙陀国的故址。听说葡萄也是此地名产，可惜不能下车一游。

　　四点二十分至张家口。趁着天色尚早，跑到城内游了一番，虽未走遍全城，但是重要地点，总算都到过，例如孔庙、魁星阁、玉皇阁等等，虽然规模不大，但是建筑的考究与风格都可算得具体而微。最使我诧异的便是市面的繁华与街道的修整。因为未到西北之先，心目中总不免有个卑陋荒秽、贫瘠不堪的想像（当然此地尚不能代表真正的西北），哪知身临其境，在在都是始料所不及。此地最繁华的地点不在城内，反在城外。临近车站便很有几条热闹的街道，尤其是怡安大街一带，店铺栉比，饭庄林立，入夜接二连三的人力车，亮着明灿灿的水月灯儿在街上飞奔，看去竟颇有北平大栅栏、廊房头条的风味！原来张家口因为南通平、津，西接绥远，北达蒙古库伦各地，东北五百里又可至多伦。交通便利，形势厄要，故此民国十七年即已改为省会。以前我虽知此城是内地与边疆交易的枢纽，却未免小觑了它，如今身历其境，才知这种观念的错误了。

　　自平绥路通车以后，站东清水河上又造了一座清河桥，横驾上、下堡，现在是城内外交通的孔道。原来张垣是有上堡、下堡之分的。按记载："张家口属察省百〔万〕全县。明宣德四年筑张家口堡（即今下堡），百〔万〕历四十一年又筑来远堡（今上堡），开马市与蒙人贸易。光绪廿八年订中俄条约辟为商埠。"现在车站附近的街衢都很平坦宽阔，商业也很发达。

张家口赐儿山云泉寺全景

　　第二日早八时，察哈尔省政府邀请早餐。餐后由省府派汽车护送游览各名胜。首至大境门外元宝山。门上有高维岳所书之"大好河山"四字。原来这大境门便是上堡的门户，通着外边长城，控扼咽喉，极其险要。门外数十武元宝山下便是马市所在，双峰夹峙，果然雄伟非凡。在这里可以看到许多高踞驼峰的蒙古人。漆黑的脸庞，配着杏黄色的帽子；身穿紫袍，腰束黑带，足蹬庞大的牛皮靴。身手异常矫捷，与飞奔的骆驼掩映，恰似画图一般！

　　自此出平门至水母宫。庙宇极小。其下有龙泉，甚为清冽。据谈，张垣所有的皮货皆须经过此泉的洗涤。

　　午饭后至赐儿山。山高约三四百尺，上有云泉寺，乃是张垣第一名胜。寺系依山造成，楼阁嵯峨，建筑尚称不恶。庙内前部有偏殿一座，上书"武当圣域"四字。院内有明嘉靖五年进士蒋钦所撰的《重修云泉寺记》，足见此寺由来已久。碑旁楹联极多，有一长联系记明崇祯时巡抚景瑗，侍郎仲久，巡按贞固死节的故事。那上联是："大同死难，真定死难，南都复传殉节，念先祖碧血长埋，三百年永标忠烈；倘旧地化鹤来游，城郭是，人民非，对此茫茫应抱恨。"下联道："学书不成，学剑不成，市隐更属无能，欲浮生白头已届，数千里远隔乡间；盼佳儿梦熊应兆，仙名山，龙灵水，予怀渺渺总诚求。"下联所谓梦熊应兆便是指这赐儿山而言。直到如今来此求子的仍旧不少。庙内并有一联云："山名赐儿，令世间信女善男，都生贵子；寺号云泉，愿吾辈洗心涤虑，各保灵源。"从这里也可以看出上苍造人之妙，若没有这种求子孙若渴的念头，恐怕人类也早就绝迹了。后院里是大殿，并有麋鹿数头。庙内所供神像，种类极多，我也无暇去细看。殿前左首有"喷玉"、"泛珠"二泉。据传其一四季结冰，其一四季不冻，因此遂有"冰洞"、"水洞"之称，视之果然。不过据该寺的住持说，冰洞并非永久不化，水洞也并非永久不冻。而且水洞若结了冰，还可以用人工把冰敲碎，一般人夸大的言辞不过故神其说而已。庙后有小路可达山顶，其上有薝霄亭。在此远眺，四面峰峦层叠，蜿蜒起伏，张家口如在锅底。

张家口之清公〔河〕桥

下山后因开车时间已至，朝阳洞亦未及游览。下午四点三十五分，遂离了张家口。在车上用过晚饭，九点多钟便抵大同。一宿无话。第三日晨八时，便由路局雇好数十辆人力车，浩浩荡荡，向云岗进发。此地在城西三十里。来往车资，每人起码要一元五角，而且须一点多钟才能到达。不过这些天的气候真值得格外感谢，既不刮风，又极温暖，太阳在晴空里普照大地，像是撒下了一层黄金。途中穿城而过，街道很宽敞整洁，市面也相当繁盛，只是雉堞颓圮，未免显着荒凉。车经城下，见到高大的墙壁与宏伟的城门，规模形式仅次于北平，诚不愧为旧日帝王之都了（此〔北〕魏武帝于天兴中曾建宗庙于此）。一路上所见牌坊，其结构与北平所见者颇有岐〔歧〕异，充分表现着古朴之风。还有庙宇四周的角铃，式样古雅，仿佛一口小钟，北平反不多睹，想见晨风夜雨那清脆的声音，必定会令人起飘逸出尘之感的。

　　行行重重〔行〕行，出了城便是一片荒凉，很少值得欣赏之处。偶而看见两个人操着山西的醋腔儿在那里对骂，忽然想起山西人打架，越打越远之谚，不禁哑然失笑。这条路径坎坷不平，途中经过高坡，涉过小溪，沿着武周川前进。最后远远地看到一片冈峦，大家都欢喜得大叫起来道："到了！到了！"果然壁止〔上〕的穴孔越来越多。及至石佛寺前面，大小的石窟已像蜂窝一样，那时我暗自庆幸竟能目睹这千百年前的鬼斧神工。

　　原来石佛寺也叫做石窟寺。当北魏时，佛教之禁方除，云岗距那时的魏都（即今大同）甚近，为车驾游幸屡经之地。于是文成帝兴安二年便就冈崖分凿石窟，内建同升、灵光、镇国、护国、崇福、童子、能仁、华严、天宫、兜率等十寺。不过现在所余只有将近坼毁之石窟一寺，而且还是清初所修的。《续高僧传》云："去恒安西北三十里，武州〔周〕山谷北面石崖，就而镌之，建立佛寺，名曰虚岩。龛之大者，〈举〉高廿〔二十〕余丈，可受三千余〔许〕人，面别镌像，穷诸巧丽。龛别异状，骇动人神。栉比相连，三十余里。"其中所说三十余里，虽未免夸张，但由今日的残余，确可想见当日的盛况。至于各窟的历史与特色，近年来为文考究者极多，我这里不必再赘。石窟寺旁有云岗别墅，乃是骑兵司令赵承绶所建。别墅东面便是第一处大窟。走进去便觉着一股冷气与土味，抬头抑〔仰〕望，那大佛的庄严法相，便在阴沉昏暗之中现于目前。佛像的面貌慈祥美妙，极使人留连不舍。后来听说石佛寺内有更大的佛像，于是急忙赶到寺里去；这尊佛像在后殿内，果然比先前那尊还来得高大。全身非常完整，五彩斑烂〔斓〕，绚丽之极；估量过去，高度总在六七丈之间，人站在他手掌里，当不得他一个指头儿，要看佛头的仔细面目，还要爬到三层楼去！其实云岗之伟大，不仅在几尊硕大的佛像，可贵就是依山数里之地无处不是佛龛，里面更不知有几千几百的佛像，而且坐立姿态，各尽其妙，很少是雷同的。甚且每一朵花、每一片叶都令人生非常的美感。洞里多半都雕镌着人物故事，有威武的金刚，有栩栩欲活的鸟兽，还有长着羽翼的仙人，秀美生动，入目缤纷，那时只恨自己少长了一双眼睛，不能仔仔细细地去赏鉴！

由寺向东便是佛籁洞、五佛洞等处。中段诸洞，因有庙宇保护，最为完全。再向西行，便是全山最伟大的造像，不幸莲座已湮没土中，全身也几乎都暴露在日光之下。仰看那尊六丈多的大佛，含着微笑，用那慈祥慧澈的眼光，看着世上烦扰纷争的众生，经过千百年的沧桑浩劫。那面容似是怜恤，似是叹惜，看去如同一泓碧水，空灵无物，充分表现着佛法无边与超凡脱俗的气概。由此再向西行，窟洞渐渐稀少。总计全山东西数里，大小共有九十五窟。大者七丈余，小者盈寸。琳琅满目，美不胜收。所可惜的，窟旁都是些土壁，未免减色。而且附近一片荒凉，若有些树木泉源作为点缀，一定更使人留连不忍去了。

归途顺便到城里逛了一趟。偶而瞥到店铺门上的对联与别的城池颇不相同，细看原来户户如此。在别处商店门首悬的多半是"生意兴隆通四海，财源茂盛达三江"一类的联语，此地却不曾见，反而"挽救危亡"、"众志成城"的横额到处都是。还记得有一联上写"武装民众三千万，保卫晋绥三百州"，虽是俚俗之言，却反映当局对于救国工作之细心与努力。这与山西全省的人民训练同是可喜的现象。进城后首先到清远街之上华严寺（俗名上寺）。此庙乃辽时所建，供诸帝铜石各像，明洪武三年始改供佛像。建筑极古朴，屋脊作印红色。殿前写着"大雄宝殿"四字。门旁有"北魏古迹"小匾。殿内阴暗寒冷，不可久居。四壁绘画极精，中间供着宝生、弥陀、昆〔毗〕卢、阿閦、成就五尊佛像，雕镂精细，金彩夺目，但与云岗所见者作风迥异。

出上寺不远，便是下寺。这两寺原本相连，明代始断为两处。正殿较上寺为小，但藏经颇富。大佛座后悬有天宫楼阁五间，均辽代所建。所供佛像数十尊，都很精美。游过下寺，又到皇路街，看九龙碑。此碑全用琉璃瓦制成，系洪武九年建。高五丈，长约廿丈许，上面嵌着飞舞的大龙九条，小龙无数，姿态虽然美观，但似乎不如旧都北海公园内所见的精细。在此未多勾留，便又赶到久胜楼去。若只说这楼名或者少有人知道，但若提起《游龙戏凤》里面的李凤姐，大概看过几次平剧的人都是久仰了吧！据说此楼便是她当年当炉的故址。确否，固然无人去考证，却平空替这饭馆添了许多意外的财源。无论如何，李凤姐总算开风气之先，也可说是现在破鞋的鼻祖。或者就是由于她秀气所钟，如今大同的破鞋，已是无人不晓，而且被列为三宝之一。小小的一座城池演这种把戏的倒占去三四千户，也无怪乎会遐迩驰名了。有人说："破鞋与艺术结晶的石佛出在一处，委实太亵渎了空门的清净庄严。"我却同他开玩笑说："破鞋与石佛表面上固然迥不相侔，实际却是'虽相反而实相成'的，请想谁不知道'色即是空，空即是色'这句口头禅呀！"若讲到其中实在情形，决没有任何神秘，而且若真是身临其境，看到一个大红袄、大红裤、乱发蓬蓬、腰大十围的人，一张脸像剥了皮的猪也似；那不消说什么空什么色，包你会面面相觑，说不出半句话来！

瞻仰过酒楼之后，便回车休息。晚上九点廿四分离了大同，开向绥远。但想不到这节车半夜里竟出了毛病，只得临时换车，一夜都未曾睡好。

第四日早八时到绥远。省府已派人到站照料。遂乘特备之汽车至新城省府内参观。按此地有新城、旧城之别，后者原属归绥，北魏曾建都于此，因曾一度为蒙人所据，后又归顺，故名归化，乃是商业与住宅区域的总汇。前者则系乾隆元年增建，现在是政治中心。城内道路尚整洁，街市亦颇繁华。虽然比不上平、津，较之张家口却毫无逊色。到省府后，由曾秘书长略致欢迎之意，并领导参观云王所赠之蒙古包。此包系王公所用，故此内部陈设，都极考究。四周系用柳条编成，作圆筒状。包顶为圆锥形，也是以柳条为骨架。包外覆以毛毡，包内铺着极厚的地毡。各种茶几、小凳都绘着金色的花纹。因为顶上开了一个天窗，故此包内也很明亮，后来在百灵庙看见的蒙古包与此相较，便不啻有天渊之别了。

绥远的街市

出省府后，即至归绥工业专科学校。此校成立不久，分制革部与纺织部，规模粗具。我个人的意见这种学校应继续加以扩充，因此种技术甚合西北之需要也。此后又至绥远毛织厂参观。其规模略逊于军政部制呢厂，但出品尚称不恶。呢、绒、皮、毛本是西北的特产，若能加以改良与提倡，前途正不可限量。一行人把厂内设备，走马看花的浏览一遍后，遂乘车至乡村建设委员会。此会隶属省府，现有定县平教会的人员在内，专门训练乡村工作人员。有训育员二人，军事教练四人，教员若干。共分文化、政治、经济、自卫等组。这个机关因为有政治力量做后盾，故此比定县平教会还容易办事。训练人员期满后，便向各县局分发，充任乡村工作指导员，实施各种建设。这种机关的存在，充分表现着当局已了然下层工作之重要性。

　　下午参观国民军司令部。会到那里的副司令，原来这国民兵训练乃是绥远特有的制度，与山西的人民自卫团仿佛。据他谈世界各国所采的军制可分三种：（一）募兵（二）征兵（三）民兵。募兵制不足应付目前危急的环境，甚属显然。征兵制只要国民到了年龄，都有入伍的义务。此种军制，虽有技术精良、精神统一的优点，无奈国家负担太大，而且阻碍个人发展，家庭中经济来源也容易起恐慌，故此只有侵略的国家不得已才采用。其次民兵制是将军事训练与学校教育冶于一炉。学生毕业之后也就是一位执干戈以卫社稷的壮士。这方法好虽好，无奈中国教育太不普及，仍是行不通。目前绥远所采的国民兵制度，乃是个折衷的办法，是由民间抽调壮丁加以训练。其中组织与普通军队也无甚差别，不过加以许多政治方面的教育罢了。绥远全省由十八岁至三十岁的男子不过三十万。若每次抽调三四万，加以数月的训练，不出三四年，全省的人民都可以有军事知识，而且不会像普通乡愚一样漠无国家观念。即以上次绥远战事而论，不但后方无匪患，而且竟有二三十乡民守一小村抵御八九百名敌人的事实，足见这种制度收效之宏了。这个机关是与乡村建设委员会有连络的。主其事者也都是学识丰富，焕发有为。据说这种组织内个人的升降，无论长官或士兵，都是以秘密投票的方式决定。无论何人的过失，都可以通信揭发；在发言的权力与效力上讲，一个士兵与一个连长，甚至一个团长都没有一分一毫的差异。这种办法，若能施于正式的军队，那支军队一定可以称雄一时了。

当我们带着满意的心情，离开国民军司令部后，汽车便风驰电掣的开到阵亡将士墓去。在短短的垣墙内矗立着一个高大的纪念碑，上写着"五十九军长城抗战阵亡将士之墓"，碑前有一口池塘，碑后有一间小小的祠宇，此次百灵庙之役阵亡将士的遗像也挂在里面。祠内所见对联，颇为不少。有一联是："碧血溅边关，拼将头颅争国土；丹心昭日月，筑将祠宇祀忠魂。"另有一联道："百战树功勋，古北口前英风宛在；千秋怀壮烈，大青山下浩气常存。"我一边读着联语，一边想着当年战事惨烈的情形。那些勇士空怀着报国之心，山头肉搏，城边喋血；虽然肝脑涂土，究竟无术回天。真个是"孤城落日斗兵稀，力尽关山未解围"，到了这等地步，真令人放声一哭了。祠后便是墓地，景色凄凉，想起当时英勇活泼的健儿，现在却葬身黄土，不觉为之黯然神伤。

绥远舍利图召内之白塔

　　大约三点钟的光景，我们便急急地赶到昭君墓去。途中尘埃蔽天，到了目的地，已像埋在土里一般。我未来之先，早已听说所谓青冢不过是个土丘，今日亲见，果然荒凉得很。墓前有"汉明妃冢"的碑碣。其他碑文也很多，未暇细看。有些讲考据的人说这墓乃是个假的，我想这种斤斤于辨别是非的举动，未免有点杀风景。姑无论此墓是真，即使此墓是假，也不必去仔细推敲，正可以借此荒凉的景色，冥想当年，胡天夜月，大漠平沙，一声声琵琶弹出无处伸诉的哀怨！杜甫所谓"一去紫台迷〔连〕朔漠，犹〔独〕留青冢向黄昏。……千载琵琶作胡语，分明怨恨曲中论"，便是咏此。

　　归途顺便到舍利图召游览。按所谓召者，即佛寺之意。康熙西征时曾驻跸于此，赐名延寿寺。光绪年间，不慎于火，后又重修，辉煌都丽，为各寺之冠。山门有额曰"阴山古刹"，内有大殿二座。建筑皆系西藏式，色彩鲜艳，极为新颖。这种建筑的特色极多，殿前的柱子与大殿全部，外表都作方形，其他装潢的材料与风格也与普通庙宇迥异。后殿供着五尊佛像，殿内都有壁画，不过光线阴暗得很，故此不甚可辨。正中的如来佛面前有两条蟠着龙的柱子，龙身悬空，并不是刻在柱上，这也是平常少见的。召的前部偏院内有小白塔一，上面有五彩涂金的花纹，衬着两旁参天的古树，愈显得玲珑可爱。此塔据说是用以藏经的，建于清咸丰九年。由舍利图召向东即是五塔召。蒙语称为塔布斯普尔罕召（塔布作五解，斯普尔罕便作塔解）。此召乃清雍正五年所建，赐名慈灯寺。现在外殿已作军队驻扎之所。塔下黑暗异常，幸亏有喇嘛引路，迂回而上，不久即至塔顶。这五塔是以炼砖制成，上刻无数佛像。从前本镀有黄金，现在早已脱落，不过在素朴之中，仍可看出雕镂的精湛与技巧来。

　　游过五塔召后，因天色已晚，大小召都不及去，甚属遗憾。回

绥远阵亡将士墓

车稍事休息，即至绥远饭店赴省政府晚宴。同席尚有赴各盟旗考察之燕京大学教授及各校学生等，相见晤谈甚洽，宾主尽欢而散。

第五日由绥远出发赴百灵庙，由绥新汽车公司大汽车五辆输送。这种汽车与运货所用大致相同，不过蒙一张帆布蓬，以蔽风雨，车旁再加上两排木板坐位罢了。我们因为有行李当坐垫，倒还舒适。而且此次前去，经过三百五十里的长途，坐了整整十小时的汽车，竟没有一丝儿尘土，没有感觉一点儿疲倦，实在是始料所不及。

出城约廿里即至大青山。此山原是阴山一脉，在中国山系内还算是赫赫有名的。但今日身临其境，才知不过是濯濯的童山。"闻名不如见面"，此话毕竟不假。车上山后，路径愈见崎岖，旁倚危崖，下临深涧，满山都是斗般大的碎石。车身虽不免颠簸，究竟没有想像中那样困苦。山中积雪尚未全化，想起江南各地正是杂花生树、草长莺飞的时节，造化之无常，真是不可思议。车在山中走了三点多钟，方才到平原。纵目远眺，渺无边际。偶而也有三五头牛羊，很闲散的在那里吃草。不觉想起"敕勒川，阴山下，天似穹庐，笼盖四野"的句子来。可惜现在草还不茂盛，不然便真个是"风吹草低见牛羊"了。十一时许抵武川县（其实只算得

个小村庄），任便在那里午餐，稍事休息后，又继续前进。路上有
时见到成群的野马，有时见到奔驰如闪电的黄羊，凑巧也可以看
见成行的骆驼载着行旅，踏着沉重而稳健的脚步前进。偶而休息
的时候，下得车来回头一望，漫漫的长途上，只见四条小虫儿在
莽莽黄沙与丛生的乱草中蠕动；远看几条云彩横亘晴空，一直垂
到那茫昧不甚可辨的地平线上去。记得有一首旧诗："绝域阳关
道，胡沙与塞尘。三春时有雁，万里少行人。"确是实情实景。

　　约莫下午五点半的光景到了百灵庙。远远地已看见三五个戍卒
在山头巡逻，原来百灵庙自上次战役后已变为军事重地。庙内戒
备周密，刁斗森严。当下会见驻军的长官。寒暄后即派人领导至
各处参观。原来这百灵庙地势十分险要。登高一望，四面都是山
峰环绕，恰恰把那座庙围在垓心，几座玲珑的白塔，与正殿的红
檐金顶，在一片屋宇之中掩映生姿；清浅的百灵河发出银灰色的
光辉，随着山峰迎转。看过这种景色，旅途的疲劳，早丢到九霄
云外。庙的正面是女儿山，西北有当初伪军的飞机场；东北不远
便是蒙政会，全庙的形势，易守而难攻。据而有之，不但敌人失
去重要的策源地，而且可以遮断他们到宁夏等地活动的去路。至
于此庙的来历，相传是康熙所建，至今庙西尚有康熙佛爷山，据
说他西征时曾驻跸于此，因为庙南女儿山有众星拱北斗之势，颇
占形胜；夜间又闻有女子之声，恐怕有真命天子出世，故此建了
这座庙，为的是破女儿山的风水。这种传说本来不尽可信，尤其
是庙内的牛精像，更属荒诞不经。不过旧庙早被烧毁，新庙乃民
国十三年所建，规模上便不免是有逊色了。正殿内有如来像，两
旁有无数小佛龛，数之得一千余，壁上也都画着佛像与故事。除
去大殿外，尚有佛殿十余座，喇嘛的住所百余处，本可容数千人。
不过经上次的战役喇嘛都已逃光，佛像里面的金心、银心也都被
人挖去，侥幸房屋尚未曾炸毁。

百灵庙全景

用过饭已是晚上九点钟，我们便在大殿内举行一个聚会。在阴森森的庙内挂着几盏昏暗的提灯。一边排列着我们全体团员，一边站着为国效劳的将士，我们用亲切的热情互相劝勉，态度极严肃，精神极兴奋。两方的酬答极为有礼。当地的团长，并有沉痛的演说，听者无不为之感动，那时节的印象，恐怕要算我一生里最深刻的了。当天晚上，我们便下榻于此。

第六日当时针正指着九点的时候，我们因期限所限，不得不带着惜别的心情，坐上汽车。驻军的各长官都来送行。我们挥着手，喊着口号，唱着激励士气的歌辞，慢慢地离开这国防的前线。百灵庙的轮廓，终于在烟尘里消失了！

由百灵庙启程

那天回来已是六点多钟，稍事休息即行就寝。第七日八点钟向包头进发。这趟车是沿站都停的，故此下午一点钟才到。包头当黄河南折之冲，甘、新、宁、青的商旅、货物，都荟萃于此。土地也很肥沃，所谓"黄河百害，惟富一套"。输出以羊毛为大宗，货运的收入，在平绥线内可称首屈一指，乃是西北一个极重要的商埠。城内街市也颇热闹，只是尘土太多，这是市政需要改良之处。提到风景，城东有个转龙藏，上面有一座龙泉寺。虽则有点泉水、几株大树，点缀这干燥的漠北，究竟是一间门面，远道跑去，便有些不值。离城九十里本有华丽宏伟之五当召，此次因行色匆匆，未暇前往一游，未免遗憾。市内有中央政治分校，性质与普通学校略有不同。虽然是蒙、汉兼收，似乎是偏重盟旗子弟一方面。该校设立的宗旨，便是造就受近代教育的蒙古人与通晓蒙古情状和语言的汉人，故此蒙文为该校主要课目。现有学生四百余人，蒙、汉各半，膳宿各费，皆由校方供给。校中的蒙古学生，多半是贵族子弟，年龄并不算很大，智力也不弱于常人。我们曾请他们说蒙语，最后又由两位学生唱蒙古歌，那声调高吭悲凉，很有些游牧民族粗犷豪爽的意味。

第八日早到南海子。此处距城约六里。有禹王庙，庙前不远，便是黄河。这一带船只荟萃，不过没有看到皮筏，河身也很浅，想是未到涨水的时候。岸上有数十工人正在造船。船身用木板拼凑而成，接合处用麻塞紧，就是这样光溜溜的并不上油或漆。船的形式分宁夏造与本地造两种。船制成后，便由数十人推挽下水。那些工人做工时，怪声高叫，直到我离去，还听得一片鬼笑狼嗥之声。

第八日早十时离包头。第九日早抵平。综观此行印象，以晋、绥两省为最佳。虽然因期限短促，未能作进一步的考察，但就个人见到的负责人员而论，精神都很充沛，毫无萎靡颓废的现象，而且处处都可以看出他们苦干的决心。至于应改进的事情当然很多，目前最应革除的，便是种植鸦片。我在绥远车站时，曾见一个龙钟的老者，拿着一付四条弦的胡琴在那里卖唱。那支曲子的名称便是《种大烟》，记得其中有一段是："过了个大年是春天，外国人留下的种大烟，张子脑儿好地面，多种大烟少种田！"由此可见这种毒品深入民间的情形。现在若不铲除，后患何堪设想？自然其中因为税收的关系，当局也有不得已的苦衷，不过若说到土地贫瘠一层，倒可以施以人工的补救，而且也未始不可以媲美江南。其次最应提倡创办的，乃是讲求水利与种植森林二事。绥远省内虽有黄河经过，可惜支流不多。包头附近，本有民生渠，为今之计，应加以扩充，使各地均得灌溉之益。种植森林，看来虽无关重要，其实亦刻不可缓。目前西北各地树木极少，日推月移，恐有变为沙漠之虞。森林的好处，不但可以取用木材，而且可以调节气候，实际的施行，自然要看当局的决心如何了。

最后我还得到一个印象，便是中国的人口分布太不平均，在江南是人浮于事，在西北是事浮于人。即以绥远全省而论，一百五十万方里的土地倒只有二百三十万的人口，比较上海一市都有愧色。要知西北乃是个未开发的宝库，即以平绥路沿线而论，出产已属不少；如张家口之杂粮、口蘑、药材、铁砂、皮革与牲畜等，大同之高粮〔粱〕、鸡蛋与煤，绥远等地之牲畜、杂粮与毛革，陶思浩、萨拉齐与包头附近之煤，产量都极丰富。货殖委地，未免可惜。还有教育、交通、市政、工业等等，更是非人才莫办。一般人虽知西北是富饶之区，但因怀着榛莽荒秽，不可久居的念头，率多裹足不前。然而我经过这次旅行，觉得西北并不是棘地荆天，只要能吃苦耐劳，而且有坚强的毅力，那光明的未来是指顾可期的。

《旅行杂志》（月刊）

上海中国旅行社

1938 年 12 卷 2 号

（李红权　整理）

高原·包·女

——日本人的蒙古旅行记

[日] 村田孜郎　著　善阿齐图　译

高　原

我立于丘陵的顶上，眺望着伟大的蒙古高原。

像溶液琉璃似的透明的天空，从地平线的那一面涌上来缕缕白云，无垠的大草原，怎么看也没有何等相异的景色。同一色调，同一曲线！

时而现出牛、马及羊群之姿，但转瞬又是起伏的丘陵。

太阳放射出灿然的光辉，但高原之上一无所有，映入地的返照回光，刺眼作痛。所谓飒飒之风，一点不假，始终吹着沙沙音响。此外则什么声音也没有了，像针之落地的声音也没有！

在江户川上散步，据说某时有白昼的恐慌，但这里却没有这样异常的感觉。草原上的风光是没有明朗的快感。自己是得罪了什么？一个人出生于世界之上？我不禁这样在感慨。俄罗斯的蒙古学者曾说"高原的风光是能生出沉郁的宗教感"。现在我才证实了。

要被这伟大的环境压倒了吧！

牛羊的牧群，这时成了耐不住的寂寞的救星。说什么人是社会的动物，寂寞呀！

蒙古包

旅行于［在］高原上，红色的夕阳渲染了西方的地平线，疲倦的身子渐渐的走近了蒙古包之前。出名的蒙古犬疾风似的奔来，猛烈的狂吠。蒙古犬像小牛那么大，全身黑色，狞狰可怕，这是恐怕羊群被狼袭击，用以看狼的。如果骑的马，那犬是不离马屁股的狂吠。往访蒙古人家，当先大声喊："闯海，无知！"看狗之意，然后再说来拜访。于是主人由包内出来，把狗赶过一边，访问者才可下马。

蒙古包的外形，好像一柄伞撑在地面，四围完全是用羊毛毡子披蔽，如果是新的，则为白色。

入口处为了避免朔风吹入，多是朝向东南，有高约四尺的木扉。由这门出入，倘不小心，有把脑袋碰掉的危险。内部并没有像伞柄的柱子，当中放着铁造的火架子，访者来，主人便把干牛粪放进一点，再顺序坐下，烧火，煮茶。

干牛粪的蒙古名叫阿拉戞利。那里没有木柴和木炭，牛粪是唯一的贵重燃料，火力很强。拾粪是女孩子重要的日课。兽粪虽说是污秽，但那不要紧。在炉旁你可看见像鹰爪似的手，拿着羊肉骨头啃肉的样子，那真是一幅好画图。那阿拉戞利烧红的时候，卷起的灰片和赤面鬼一样，更是奇异。

旅行蒙古非常必要的用具是蒙古刀和木碗。木碗是平口粗广的木料制成的，然而富裕的蒙古人所用的虽也是木制的，但内部是镶以白银，成为好的装饰品。这碗可以饮茶，可以吃饭，在旅行中还可以当洗面器。访问蒙古人家，主人必以奶茶接待。那时如未带碗，主人也能给碗，但那碗好像从未洗过，碗里也不管有什么，主人随手拿起衣襟擦一擦，那衣襟也许是古旧的不知有多少年，恰似小孩子的衣襟有油亮的尘垢放光。喝罢茶，虽当两手把碗捧着递与主人，但必须用舌头将碗内舐净。喝完茶，舐碗是礼仪，也是习惯。但最初我们喝茶的时候，连最后的茶底也无勇气喝，那太脏了。如果不饮，便是不够朋友，在这场合，主人便睐着眼睛，作出怒容。有了一次二次的经验，无论如何，出门时自己想着带碗。

蒙古刀有一尺来长，和筷子一同装在鞘中。大半是从中国商人买来的，价由一元多以至七八元，然而富裕人家所用的筷子是象牙制的，刀鞘是银子镶面，系有美丽的丝绢垂穗，挂在腰间。小刀除了柄子普通，刃长约八寸五分左右，这是预备吃饭用的。蒙古人请客宴席，吃羊肉之时，左手拿着有肉的骨头，右手以小刀削着吃。相传巴布扎布作乱之时，有日本人被杀，便是用这蒙古刀。但现在看起来颇系疑问，因为我从未见蒙古人以蒙古刀作为凶器使用。

日本人起始使用蒙古刀以为用左手，但正式的使换却是右手。普通的蒙古人常由早起以至夜寝，不离卧处，尤其是玩阔的王爷之流特多。

蒙古刀越大越不好，刃长五寸左右的是上品。这样的一把刀，常有价值白银数十两的。

女

感动旅人之心最强烈的，是蒙古高原的草色一天一天变成黄色。然而最近更甚，我们二周之前由多伦出发，及到西苏尼特王府回来时，其间周围的景色竟大大的变了。

我想在草原——是有一半的砂丘，砂丘的边缘是略有泥土的沙漠，其中生着矫少的小草——的上面静静的躺下，以听取旷野之音。

抬头望一望碧空，灿烂的太阳光线非常的强烈，没有声音，白云像棉絮似的二片、三片的在飘浮着，这是蒙古之秋。

在原野的当中有一眼井，周围绕以石块累成的原始式的石栏，旁边放着木槽，那是预备饮家畜用的。蒙古人常在井边立一天秤棒以备汲水，他们在饮家畜的时候很怕家畜喝不饱，每每在木槽里放进满满的水。

《塞风》（半月刊）

陕西榆林塞风社

1939 年 2 期

（李红菊　整理）

阿拉善旗巡礼

商原　撰

　　阿拉善旗在宁夏北部，为蒙古、新疆间的锁钥，日本在那里已经活动了好几年，是它梦想中西进的重要枢纽。现在阿拉善旗的情形怎样？是一般人所亟欲知道的，尤其是在日本军阀处心积虑、跃跃欲试进攻西北的现在。

　　一九三九年到的阿拉善旗，从宁夏省城到阿拉善旗的定远营，有两条路可走：一条是捷路，是走出了宁夏西城门，越过中山桥，向西北走，经杨信堡、镇北堡、水口、下场子、上场子，爬过贺兰山，再向西南走；另外一条路，也是越西门的中山桥，不过走了一段不算长的公路以后，就折向西南，走那要经过三关，向西北折过了长流水，几个小时只有一二家人家的村庄，如果是天朗气清，就可以居高临下，遥见那沙漠之宫，阿拉善旗的经济、政治、文化、交通中心的定远营了。

　　这两条路，前者是要爬山的，石头很多，笨重的行旅，走起来很不便当。好处是不到二三十里，就有人家可以休息，少则两日，多则三天，就可以到达的。所以小贩的驴骡，邮差的担子，都喜欢走这条路。另外山后可以一睹贺兰之美和林泉之胜，可以把孤寂的长途跋涉，当着名胜的游览，是一举两得的便宜事儿。后者是大道，比较平坦，虽然不是人工修的公路，汽车却可以马马虎虎通行。路上有成群结队的运输骆驼，他们准备有帐棚和粮食，随处可以食宿，别的空行人是见不到的。汽车六小时可以完成这段行程，自行车也可以朝发夕至。

定远营是背山面水的，只有一个南向的城门。门上石刻虽然经历风雨剥蚀很厉害，但仍可以看出"定远营"三字来。城门是每天按着亮炮、定经炮启闭的。城里除有雕梁画栋的喇嘛寺，有旗政府达王公馆、大协理副协理住宅、小学校和一所东北人开的清华印刷局及一二家出售日用品的小商外，剩下大概都是些王侯将相权臣贵族吧。城外是商业聚集的所在，少数回民经营饮食店，山西人经营杂货店，大多数是甘肃民勤人开设的皮毛、铜器、织毡、洋货，蒙民用品的货店。民勤人在定远营的特别多。蒙民自营的商店一家也没有，大概蒙民是长于游牧，而拙于经商吧。最大的一家商号是山西人开的祥泰隆，一家是民勤人开的，但有达王股东的永合盛，他们远跟包头和新疆都有来往，大都是输出输入皮毛、布匹之类。小规模的澡塘有一家，简单的理发店有两家，如此而已。

机关有稽查处、电话局、无线电台、小学校。属于宁夏省的，有宁夏省政府派驻定远营办事处、警备旅，属于中央者有蒙藏委员会派调查员、军事委员会派驻阿拉善旗军事专员、邮局及其他征收机关。

旗政府的门对着南城，也是四合房，上房是办公厅，东房是政务处，西房是秘书处、教育处。当记者至政务处时，见大袍长绅的办公人员正坐炕办公，案头累累皆为记者所不识之蒙文，大概也是些"等因奉此"吧！记者不识蒙文，办公人员不懂汉语，故对其最近施政状况，未能多所深悉，其他各处因负责人不在，未便多扰即辞出。

王爷府——达王公馆东西两门皆悬马鞭、黑红棍，一望而知非普通民房，花园、马号、汽车间，无不一备，这里是"富贵无边第一家"，这里有牢不可破的封建势力。

协理维思凯巴图，副协理罗巴图孟柯，土著人分别称大马尼戈、小马尼戈，其地位仅次于达王。小马尼戈比大马尼戈阔绰些，房屋是去年新造的，北平工人制的家具、纱窗……化装品很多。他们都到过北平，会说汉语，不谙汉字，蒙文也认不多，室内的书籍、文字是看不到的，大概有些享福的知识，就不要文化教养了。

小学校是男女分立的，女校设在王爷府内，福晋（王爷太太之称）蔡鸾女士是校长，一位北平圣心女中读过书的金女士任教员，学生有五十人，惟自福晋到兰州后，学校无形停课。男校校长叶庄之君北平警官学校和中央军校读过书的，学校课程除掉蒙文外，大致同内地一样。记者发现学生们的桌子〈上〉都有一种《论语》，因确定他们一定念"子曰，学而时习之"的，叶校长说将来他们想把牧畜和自然科学注意些。

蒙古军队大部散驻于沙漠中，在定远营的××人，士兵饷×元，不扣服装、伙食费。蒙兵军民关系很好，惟干部等军事知识和一般军事训练有待努力。

电台的王台长去兰州，电台暂停工作，所以他们于中央广播抗战消息都无从知道，有人苦着脸对记者说："我们的耳朵被堵住啦！"我们以为至少在最近开展工作，无线电在现代战争是需要的。

宁夏省府派张国栋、李鹤举等在定远营设办事处，住×××内，即前日本设特务机关处。因为一方说是协助工作，一方是认为吞并手段，故未认可，十几位办事的人，有的围炉谈天，有的拉二胡唱京调，嘻嘻一堂！

警备×旅到定远营未几个月，军民关系还好，政治指导员是新近受完训的，都是中学学生，每学期他们给士兵上讲堂一二次，以排为单位举行过小组会议，虽为初作，成绩还好。他们想作民运，已开始学习蒙文蒙语。我们开过一次"政工座谈会"。青年人是容易接近的，他们让记者教歌，在开完会的时候，我拟了《打杀汉奸》、《大同府》、《干一场》三只歌，大家唱了一阵。他们感到新书太少，文化饥馑，对于战地文化服务处送来的书报宣传品表示十二万分的欢迎。

蒙藏委员会的工作者陈君永治，因新近中年丧偶，精神有点不好，记者访时未及多谈。另外一位是陈君中照，他告诉记者近拟组织小图书馆，想作些宣传工作。

驻阿拉善旗郑子献军事专员已离开定远营，现住宁夏城里，他的工作似已无形停顿。

其他邮局、税局等机关，这里不赘叙了，让我们看看定远营以外阿拉善的其他部分吧。

两匹蒙古马，飞快的在草原上奔驰着，塞外寒风，吹过航空帽子的耳边，响着哨子，人的脸上淌泪，马的鼻下结冰。穿过至德门，一直向北，三十里路是转眼就到，地方叫古里特。

蒙古马是不怕狗的——任几条唁唁〔猎猎〕不已的狂犬包围着，它昂着头，满不在乎的屹然不动。曹兹卑林队长先走了，漫漫草原里剩记者一人，兀立注视苍海一粟之渺的蒙古包，不禁有荒漠之感！

蒙古老太太带着儿媳出来迎接我这不速之客，竟下腰双手像捧着一件东西似的道声 Sebena（好的意思），少妇驱走了我身后的狂犬，我走进蒙古人的家庭，油茶再加黄油，骨制筷子由少妇手里躬敬的送过来。"阿其透施宾牙"（谢谢的意思），我说这句不大自然的蒙古语，自己不好意思的笑了，惹得大家都笑了。

底下是我们的谈话，曹兹卑林队长给我当义务翻译。

"请问贵姓？""白音诺苏。""家里几口人？""四口人，我儿子，儿子媳妇，放羊的。""多大年纪了？""六十岁，他们都二十多岁。""他们结婚几年了？""六年了。""有孙儿？""没有。""盼孙儿否？""盼哪。"我偶然发现少妇有些不好意思似的，老太太奇异的看我的航空帽，我顺便把话转到："看见过飞机没有？""没有。"记者因拿出抗战一年的中国空军铜版像解释〈给〉她看，并问中日战争知道否？他〔她〕摇摇头。我又指着一些著名将领问她知道否，她又摇了头不知道。次又问她："知道国内有哪党派？""不知道。"我又继续问："放羊的多少钱雇的？""三元钱。""养多少牲畜？""五百只羊，九个骆驼，还有四头驴，是运水和进城运粮用的。""一年纳多少税？""不纳税，年终给王爷送十元八元去就是。""老王爷好？小王爷好？""不知道。""王爷还在定远营吗？""不在吧？""愿意王爷回来么？""愿意。""种大烟不？""不种。""房子好，蒙古包好？""房子好，暖和。""你们的蒙古包不住人么？""过年待客用，现在供着神呢。"

我不会蒙语，不能畅所欲谈，有些感觉不舒服，随便用口琴吹起《义勇军进行曲》来，老太太说很好听。把抗战歌曲译给少数民族的工作，也是应该有人做才好，我想。

环顾她的房子，油、盐、奶、米、马鞍子、佛像、王爷和福晋像都放置得井井有条，室内颇清洁。

就用旗杆、羊圈、蒙古包作背景照了几张照片。一本《抗战一年》，一本《外人目觇〔睹〕中之日军暴行》，加上二元法币，全当这不速之客答谢主人殷勤招待的礼品。

我贪恋的看着她们的生活环境，曹兹阜林队长说不早了，回去罢。紧跟着队长马跑起的尘土，回到定远营。太阳落下去了，一群乌鸦在头上飞过去，许多的寒雀，在落了叶的枝头噪叫着，犬吠声、鞍铃声、寺院里的胡笳声，显然是塞外草原的景象，这是中华领土之一部分，这是蒙古人的阿拉善。

　　马为了我出了一身汗，回到房里，脱下长筒靴子，觉得两只跨
〔胯〕骨有些微痛，但无论如何，晚饭的时候，吸烟的时候，卧睡
的时候，都有一个浮影，是不可磨灭的印象——一个蒙古人的家
庭，和他们告诉我那些许多的——"不知道""不知道""不知
道"……

《导报增刊》（周刊）

上海导报社

1939 年 1 卷 1 期

（李红菊　整理）

河套行军

简绍熙　撰

自从西安出发，沿着咸榆公路，一直步行到陕北重镇的榆林。

陕北山路崎岖，土地硗瘠，人民寒苦，大多数人家吃黍子米，冬天晚间没有盖窝（即被子），一家人挤在一个屋子里睡觉。

从榆林过河至山西的河曲，榆林、河曲相距不过四五百里，倒有三百里长的沙漠，那黄瞪瞪〔澄澄〕细腻腻的小沙丘，对待走路的人，虽然有点刻薄，可是它却也另有一种风味。尤其当你在几个小沙丘的中间，发现了那青碧颜色的水湖，真感到有说不出来的爽快和兴奋。

后来又要到绥西的五原，五原是我们的目标。理想中时常幻想到路上的情景，一定时而广漠辽阔，时而青光闪烁，牛羊疏散其间，同时也一定会想到有一片无垠的沙漠。谁知道竟出乎理想之外，经过两三天的山地行军，以后便差不多都是平原了。路上人烟稀少，更谈不到村落。举个例说，东胜还是一个县城，城周约有二里，城里却更了不起，除过七八家商号以外，只有仅存的两家住户，和一个县政府，一所地方法院。据谈城内连县长的太太，总共只有三个女人。我们为了补充食粮，进城请县长帮忙，居然还能买到八只白菜，很算不错，痛痛快快，就在这里过了一个旧历的新年。

沿途所经地方的居民，多是由附近各地移来的，尤以府谷人最多，这大概是因为府谷地多沙丘的缘故吧。至于所见的蒙古人，不过才三五家，而且他们已完全汉化了。想看蒙古包，还须得到后山去（后山即大青山北面）。这里有一点很使我感觉兴趣的，便是蒙古人的汉化，和汉人的蒙古化。老百姓多吃炒米（就是炒熟的黍子米），懒于操作，可是每人种的地，平均起来，就有一顷至二顷之多。他们一年除过夏季或有的到河里洗洗手脚以外，只有旧历新年初一才肯洗一次脸。衣服呢，只有一套棉衣，夏天把棉絮取出来，到冬天再添进去。住的房子是六面黄土（屋顶没有瓦），但都是向着太阳的北房。除过几家大老财（大有钱的）以外，就找不出有院落的人家了。

现在要提到五原了，这广阔的绥西沃野上，只有五原、临河两县人多，合计还不到二十万的样子。今日西北重镇的五原，旧城内除过县政府、保安处以外，只有住户七家。土城内除去这些伟大的房屋居民外，还有残破的房屋，说是一所小学，其实里边除马粪外，还是马粪。西北边塞像这样的城市，是不足为奇的。五原很幸运，在城西北约二里之遥的地方，还有一个"补其不足"的"隆兴长"。"隆兴长"本是一个商号的名称，在绥远以商号名称当做地方名称的很多，因为一个地方起先有一家商号占居在那里，以后慢慢人越来越多，变成一个城镇的样子，就把这家商号的名称当做地方名称了。"隆兴长"便是这样发达起来的，才只有几十年的历史，筑有土城，周围约有六七里长，成为五原一带的"经济中心"。生意兴隆，澡堂、饭店都有，有名的黄河鲤鱼，一元钱就可买十斤。市街颇为热闹，妇女们缠得瘦瘦的小足，穿得红红绿绿，还和平时的打扮一样。

"天下黄河，惟富一套。"在后套（即河套）地方，土地肥沃，水利发达，种田的哥儿们，是不怕天不下雨的。他们常以此自夸，说他们不是靠天吃饭，真的每年差不多都是丰收的年景，在后套

的地方，实在找不出一个没有饭吃的乞丐来。但是后套人就因为
得天独厚，懒得却也实在要命，女人尤其利害，整天游游荡荡，
还有的抽雅片，懒和雅片，就成为后套人民的两大病根。这里地
旷人稀，每年不知有多少耕地，因为不能灌水，都在荒芜着，他
们也不介意，种田只是春天播种，秋天收获，锄耘一事，几乎没
有人肯那样干。现因驻军不少，人民的负担也很重，去年平均每
顷地，仅税捐和军粮，负担就有百元上下。

　　我们——××军政训处，为了这种天然农业生产的环境，并关
心着几十万大军的食粮问题，曾做过一次扩大春耕的宣传工作，
一时间死气沉沉的后套，马上紧张活跃起来，抗战的浪潮袭〔席〕
卷着后套的每一个角落，扩大春耕救亡的歌声，压住了这里过去
流行的什么"哥哥走西口（指包头），小妹妹也难留"的许多艳情
的曲调。这倒不是说我们的工作做得有效成功，而是证实了今日
全中国的民众，处处都需要有人领导，老百姓满腹的抗敌情绪，
只等候着有人来号召。近日来捐款捐粮的老百姓，一天比一天多，
实在够得说是"踊跃输将"了。真是敌人的侵略，正是我们"唤
起民众"的好机会。

　　西北是未开发的处女地，矿产之富，我因不是地质学家，不能
看出。不过就露出地面的矿苗看来，如煤田几乎布满了陕北和绥
远南部的地方，还有铁矿也不少。至于陕北的石油矿，更不用说
了。五原北狼山还出产有石墨。

　　　　　　　　　　　　　　一九三九，四，二七，寄自五原

《西北论衡》（月刊）

西安西北论衡社

1939 年 7 卷 10 期

（朱宪　整理）

从伊盟到榆林

——归程杂记之一

沙风　撰

四个月的蒙地生活，完成了"塞片"的两万尺外景胶片，离开我们的战时首都——重庆，为时已是七阅月了。在敌机疯狂的轰炸下，每个同志都纪念着自己的母厂。

这个长时间的坚苦工作，我们完成了"塞片"的外景，在七月二十九日一天的早晨，我们全体同志开始南返了。在前几日潘总干事已替我们把五十余匹驮行李代行的马匹和驴子准备好了。

虽然在工作的过程中是那样的困难，生活上那样的艰苦，但在这别离伊盟的今天，同志们的神色上，不免都有些黯然。是的，一向被人认为贫瘠的伊盟，我们却否认这是事实。因为它有着漫无边际的瀚海，翠绿的草原，雄壮的野马，金黄色的牧牛，洁白的羊群，丛生的红柳，取烧不竭的沙蒿。在那蔚蓝色的天空，朵朵的云间，飞翔着轻瘦的沙燕，暖风中播送着牧女的情歌，还有终日诚朴劳碌的人民。夕阳光辉里的驼队，荡漾在无定的山峰上，沙浪里，还有一切的一切，让它等待着诗人们来讴歌吧！

第一天的下午二时，在三里街打了尖。地名三里街，实际上没有三里长，仅在沿着山沟里有三数人家而已。我们休息的人家，主人姓刘，是本地自卫队的队长，年纪四十几岁，很和气。当我们进去时，迎面看见他墙上，供着福禄财神位，两边一付对联是

"宝马驮来千倍利，钱龙引进四方财"，屋梁上贴着朱砂黄表，五雷符咒，据说是春间邪魔作祟，家宅不安，由神木县请来法官——即神医，为斩妖除邪写下的。我们问他此地有无学校，他说："庄户（即农家）人家读书无用，没有学校。"几句简单谈话，我们觉得西北文化是急不待缓的等着推进呢。

别了忠厚诚恳的刘队长，翻过几道沙岭，穿过几片草原，渡过几条溪流，傍晚到达什巴尔台。

什巴尔台是一片广阔的原野，原野上有肥沃的水田，麦浪在田野上起伏波动，油绿的柳丝被晚霞渲染上金黄的色彩，在晚风里迎风招展着，格外显得她依依妩媚。我们一群疲乏了的同志们都躺在才〔打〕麦场的禾草上，仰卧着看那天空的流云，霞光，休息这一天的疲劳。

第二日，早饭后出发，先行了三十里的沙路，大伞高张在无云的天空，黄沙弥眼，草无一株，我们带的清水大有不敷应用之势，毛驴、瘦马都有点吃不住劲的样子，只好下来拉了它走。沙坡又高，太阳又热，走一步，退半步，上了又下，下了又上，把喝下去的清水，都变成臭汗，汗液被风吹后又变成了盐粒，存留在每个人的脸上，腮边。

下午的道路渐渐的开朗了，树木琳琅，村庄、田园一点点也繁盛起来，路上有了凉意，我们傍晚到达宿站——五道河子附近——刀兔。五道河子出着大量的煤，在途中来往的是驴子、马、牛驮着煤块，运往各处销售。

第三日刀兔出发，路上虽然还是沙，但已宽阔的多了。人烟也较为稠密。榆林县境的造林在陕北是相当著名的，虽然树种不多，仅榆树和柳，已经遮盖的满川青翠，山野碧绿，肥沃的田边，满植着大小不同的树苗及多年的老树，隆茂的枝叶在阳光里，迎风摇曳。

由五道河子到二道河子间有一段汽车路，两旁植了绿柳，左靠崇高的河峰，右临缓流的河水，堤边是稻田绿野，菜蔬、瓜果等无不尽有。人民的脸色，觉的丰润，衣服也觉鲜明整洁。食物在这里比起草地上（俗称蒙古为草地）便宜的多，鸡蛋每元可买到二十五枚，比伊盟便宜一半多。

中午在孟家湾的森林里休息之后，下午二时，就遥遥望见巍峨矗立的镇北台，虽然距离还近百里，但在西北的高原上，明朗的空气中已很清楚的看见了它。我们和它分别几近半载，今日乍见，格外觉的亲切，鼓噪不已。夜宿二道河子。

第四日同志们起身特别早，据说有人一夜不曾闭过眼，不用问是怀念着久别的西北抗战根据地。瀚海中的绿洲，沙漠里的水晶塔——榆林，三十里路程还骑着牲口，内心又是归心似箭，于是快马加鞭，不到两个钟头，我们都站在榆林的雄伟城外了。整着队，唱着歌，涌进来一支远征归来的队伍，这座古老的城池，格外显的年轻了。

《塞风》（半月刊）

陕西榆林塞风社

1940 年 6 期

（朱宪　整理）

蒙古的女同胞们

苏 撰

一 陶林掇拾

陶林，是大青山的游击队曾经一度打开的敌人在绥远的据点之一。

当你将要走近这座土城时，漫天的烽火和燃牛羊粪的气味，便会卷着黄沙袅绕成乌黑的浓烟向你扑来。在黄昏的时候，许多羊群由蒙古少女赶着，唱着塞外的小调在野草上踟蹰，同时也还有另外一些少女——其中最多的是蒙族中比较贵族的妇女们，穿着紫色的长衫，戴着满头的首饰——那些红色的无数条的珠环是一直垂到肩上的，她们驮在马上扬开长鞭在奔驰。这往往是蒙女的经常游戏之一，这也往往是她们与蒙古的男性逐角的嬉谑之一，她们还带有很浓厚的游牧民族的色彩，她们男女的关系是不像内地的汉人那般拘束的。

当你走到一个蒙古女同胞的家中时，甚至当你走入到一个和蒙人杂居在一起的汉人妇女家中时，如果你和她弄得很熟，并且她深深地知道了你没有仇视或贱视她们的观念时，她是可以告诉你许多关于她们生活中的事情。

比方，她首先便会说，蒙古的妇女是没有汉人妇女那般舒服的，她们日常的生活是在参加着劳动和生产，喂牛羊、晒牛羊粪（在蒙古地，因系沙漠，无燃料，她们完全靠在夏天时把牛羊粪，其中以羊粪为多，砌成砖形，名羊砖，晒于房顶和广场上，随时取来烧。在塞北的大风天，漫天飞扬的都是羊粪味，并且饭和水中很少能看不到羊粪的渣滓）、晒奶皮（煮牛奶时所凝成之皮，为蒙古人重要食料之一）、熬奶油，给男人做衣服、做饭，像这一切就是她们整个生命中的最主要的部分，你常常可以看到在她们的手中做着非常大的鞋子，并且很结实地在一针针缝着。她们也常常在推磨，把□米碾后炒熟，和奶油冲在一起名为奶茶，是她们早晨的点心，也是用来款待客人的。

她们在做姑娘时，虽然也同样参加劳动，但是比较自由的；出嫁之后，那生活便要变形了。当她们出嫁的那天，是仍然梳着做姑娘的发髻到婆家的，拜见了婆婆之后，就由婆婆给挽起个髻来，有的盘在头顶，有的垂在耳后两边。这个髻的样式，一直到她死是不许改样的。这个发髻上要盖上很厚的黑手帕，长长地垂至两颊，并且戴着许多红绿之类的翡翠，据说这是一种非常高贵的装饰，有价值数百元者，一个所谓"正经"的女人，关于她这头上的一切，无论在怎样的入暑天，她都必须佩戴的很齐全，尤其是当婆婆和丈夫呼唤她时，当她由自己的房中走出时，就必须急忙地把这一头东西佩戴好。

有几次，我们坐在她们的房中，看见她们由黑手帕的发边滴下了汗粒，于是我们便去抚摸了一下她的长垂的发，问道："这太热了，取掉点吧！"或者："你为什么一定梳这种头呢，怪热的。"

她仿佛很温顺地笑一笑，只简单地说："婆婆喜爱。"（即婆婆愿意如此）但在她们沉默无言的眼中，却也可以同时看出她们对自己装饰的不能自主含着怨意。

她们统〔通〕常是穿着长至脚踝的黑色大袍子，身子很肥大，开叉，像男人的一样，如果你由下半身去看她，在长袍下所遮盖的一双大脚，又像统〔通〕常男人的一样，你简直不容易把她分辨出来。但当她走起路时，你却又能看到她是较男子要慢而轻的多了。

她们在婆婆和丈夫的面前是没有行动的自由的，每当婆婆呼唤时，她总是轻脚轻手地走入，站在门旁不敢坐，听着嘱咐完了，遂倒退着走了出来。即在屋子以外的地方，当她们由婆婆面前走开时，也是先倒退数步，而后才转过身子去，这是表示恭敬的意思。她们头上所戴的装饰品，大半是由婆婆赐给的，她们保存它像保存着自己的眼睛一样。

她们有的住于蒙古包中，但靠近汉人的地方，因和汉人杂居就也住起房子来，她们也同样会说汉话，但她们的装饰和生活习惯一般地是保持着蒙人的原样。

有些蒙古的女同胞，大半是年青的，她们也非常愿意接近外来的人物，如一个学生，或一个由大地方走到她们那里的人，这些年青的蒙古女子也很愿意围拢你来问长问短，有时她亲妮地把你拖到她的家中，冲碗奶茶给你喝（一般的才到那里的汉人是喝不惯这样毡〔膻〕味的饮料的，但你如果拒绝，她则会不高兴起来，马上潜意识地汉蒙的隔阂便会立即印入她的脑海）。但是一些老年的蒙古妇女大半是保守的，她们不喜欢她的女儿和儿媳去和外来的人接近，因此，有许多做媳妇的，往往是暗地里和你表示着亲妮的状态，她们日常摆在桌子上的有一种食品叫"看盘"，在一个红色的木盘中摆满着许多积年累月的小食物，当有客人走来时，她即把"看盘"端在你的眼前，但不请你吃（如不懂得蒙礼的人要吃掉了时，她则会立即不高兴起来），另外再捡些小盘的东西给你，这是老老实实地请你吃了。但是一些年轻的蒙古女人，她常常因为和你表示好感——她是并不像日常所宣传的那般憎恶汉人

——也竟有时把"看盘"中的东西当婆婆不在时拿给了你吃。她们也常常羡慕"自由行动"、"独来独往"、"念过书"、"出过门"的妇女。

但是在另一方面，她们由于还存在了许多游牧民族的遗习，那些情歌是经常公开在牧羊女口中唱着的，同时，这些山歌民谣之中又有许多是抱怨男子在外"刮野鬼"（即成年离家漂流而不还者）和申述一个女子孤独维生之悲哀的。有时在她们中间抢婚制还有着残留的痕迹。因此，当你和她们熟悉了之后，她又往往可以告你说，她的耳环是哪个"伙计"送给的，她的戒指是哪个"相好"馈赠的，她曾经有过几个"来往"——就连和蒙人杂居在一起的许多汉族妇人，也是如此这般地述说着她的情史，像日常生活中的一件极平常的东西一样。

我曾经记得有一个五十多岁的老太婆，当她躺着在打烟泡时，她曾滔滔不绝地告诉了我们她的许多情史，在述说的中间竟把许多嵌着电盖的戒指脱在我们的面前——这是夸耀她过去的荣幸和惋惜着她今日破落的悲哀。

有许多蒙古女人是有本事的，骑马打枪是她们的能手，许多不备鞍子的蒙古烈马，一个蒙古少女可以毫不在乎的抓着鬃毛即跨上去了，由于那里村庄的疏落，马是经常的交通工具之一，而她们的程数也往往是以马的"奔子"来测量，但这些能干的蒙女们，在平常她们的这种顽强茁壮的勇敢只能做为游戏时的运用，因为"小孩"和"灶火"同样使她们和汉妇一样消磨掉了她们的青春和生命。

她们中间有许多是参加到土匪中去了，由于塞外人民维生的困难迫使着许多良民"拉了杆子"。绥远的土匪中女人就特别多。曾有一次在我们的××军中看见了一位旅长的太太，据说她是一个善骑〈马〉射击的蒙古女人，曾带领着三千人马在山上当寨主，后被××军剿破，收编了她的人马，并娶她为妻，她当时不得已答应了，但嫁后，突然儿、媳满堂，要她做起"偏房"来，她连给部队见面和讲话的机会都没有了，不久，她即抑郁而死。像这样的巾帼英雄在蒙民中真不知有多少。

她们非常迷信，家中供的拉麻〔喇嘛〕和活佛要经常朝拜，她们的生活也非常不卫生，长衫的两襟上往往是擦吃了羊肉的油手的地方，而谁衣服上油腻最多，便表现了谁家最有钱。

饭后，妇女们常把羊粪灰倒在院子中堆起来，据说这也是表示富豪的一种标记，看谁家羊粪灰堆的最高，谁便是羊最多的人家。

她们的院子里常常竖立着红色的旗杆，这大概还表示着她们的社会地位，当你看到她们，尤其是老太婆要问安的时候，一定要先说："你的羊好？马儿好？牛好？然后才问人的好？……"

二　内蒙妇女生活之一角——乌苏吉尔汉通讯

彭协中　撰

出了长城，就是塞外了，这是我们出塞第七天，九点钟就越过了长城，走向一望无边际的沙漠里……

在一个蒙古同胞家里

走蒙古地是有站段的，否则就有失路的危险，五点半就到了预定的目的地，这里有几个蒙古姑娘们在附近赶着千百来头山羊和绵羊，她们身体确实强壮，一个个都是穿长袍子，头上围着手巾，两股头发用玛瑙装饰得很沉重的向两腋下垂。年老的人们向我们打着招呼，"亚么雨晒"、"亚么雨晒"（安好的意思）。

一位老汉招待我们走进蒙古包，他们都能说汉话。蒙古包是个圆锥形，同图画上没有两样，家里面坐着一位年逾花甲的老太婆，比这位老汉要大十岁以上。我们的女同志就接近老太婆，同她说起话来了，不一会儿，走进来两位年青的姑娘，替我们做饭。据我们以后询问的结果，这三个年龄相差得很远的蒙古女人，都是老汉的老婆。蒙古地方，女人多于男子，三个兄弟必定抽一个去当喇嘛，清朝康熙皇帝压迫异族的手段多么毒辣呵！

蒙古女同胞的脚

饭做好了，吃了之后，谈得特别起劲：

"你们的脚为什么特别大呢？"一位女同志好奇的问。老太婆很爽直的说出："我们蒙古妇人是要'受苦'的，你们'依力更'（指汉人）女人受不了苦，脚小得很，所以蒙古人不讨你们的女人做老婆，你们也不要我们……"

与菩萨结婚

清晨我们又步上了沙漠，骆驼似的前进，在这沙漠里，连野草也很少见到，累人的沙漠，走一步退半步，歌声也没有了，沉重的脚步，如生锈的钟摆在移动。在中午的时分，左前方的远处，隐约地有一个蒙古包，我们到了后，一个老太婆出来拿酒给我们喝，我们说不要酒，喝水就好了。她说我的女儿今天结婚，所以有酒，说时一面用手指着她的女儿。我们好奇，争着要看新郎，并问他们的结婚规矩。老太婆指着门前石菩萨说："这就是新郎。"一面解说他们结婚的规矩："我们没有结婚的女孩，留一条长辫子结，婚后，就分成两股，女孩到了相当年龄，虽然找不到男人，可以'拜马'与菩萨结婚。"

到了喇嘛庙

喝了水，歇了会，马上又动身，今天我们要赶到五圣召住。

到了五点钟，才看见西藏式的喇嘛庙，五圣昭〔召〕到了。三五成群的喇嘛散在大庙的四周，走起路来，一跛一跛，原来喇嘛有些生了"梅毒"，他们虽然没有规定了的老婆，可是一出庙门，到"黑人"家里就做出非法的事来（黑人是非喇嘛的蒙古下层，他们是一切捐税的负担者）。

要赶走她

我们本预定住在这儿，后来一位管家的喇嘛来和我们说："我们活佛的圣谕，在庙的四周不准女人们住，因为她们身上不清洁，会把菩萨厌走的，如果你们硬要住，我们就要赶走她。"

我们尊重他们的教规，同时免得麻烦，虽然不早了，也就再走了。

《中国妇女》（月刊）
上海中国妇女杂志社
1940 年 2 卷 2 期
（李红菊　整理）

绥西安北县战地巡礼

廷璜 撰

一

绥西安北县，这个一向是为人所不注意的草地。它位置黄河上游，乌拉山之左巅，乌家河的天险，以北狼山（祁连山支脉）盘亘荒漠大原中，山峦起伏，地瘠民贫。幅员虽大，但人尚不及十万。为了自然条件限制着它的发展，在荒凉的绥西区中，就更显得落后了。

在这塞外一个世外桃园上生活着的人们，向来是不问世事的……但是，当敌人侵略血手，伸张到这个角落之后，随着抗战烽火的举起，即使被敌人认为荒漠偏僻的安北，也不得不卷入抗战火焰的漩涡了。

五月的十三，敌人如疯狂暴雨似袭来，从四面八方，向安北城围攻，当时城内的守军，为了避免剧烈牺牲，暂时退出县城，运用韧性运动战，把我们无数英勇坚决的战士，散布于沙岭草原间，开始浴血肉搏。一个半的礼拜的坚强苦斗，绥西整个版图，又恢复华夏颜色。安北，这个惨遭蹂躏的地方，又重回到祖国怀抱，这受了血的洗礼后的安北，又从酣梦中惊醒了。

二

　　敌人攻陷安北，盘据县城，不过短短二十几天，却使用着人类空前毒辣手段。把建筑结实，商业较好的东大街，完全毁灭于烟火焚烧之下。半个城市，只剩下些断垣残壁，破瓦碎砖，俨然一片瓦砾场！惨死的同胞，被烧焦了的躯体，遗留在灰烬中、路途上，破碎支离，焦头烂额，令人惨不忍睹！满街满市，堆积着残败家具，和泛滥着牛粪和腐烂粮草的腥味。暗淡的阳光，偶而从阴云中探出头来，照临一下这罪恶的场面，马上这世界就变为更恶臭了。

　　敌人占据县城首要的工作，就是建立维持会，以便征发壮丁、妇女与儿童。在安北，因为除了惨死的同胞外，多数事先逃避一空，伪组织便无法建立，当然日寇的兽欲亦无法达到，被激怒了的"皇军"，遂在城内大事烧杀，有许多没逃脱的同胞，便被杀害了。

　　敌人对民众惨暴兽行，真是无微不至。白天被抢来的妇女，禁闭在房间里，夜晚便拖出来，施行轮奸，许多女同胞是被蹂躏而死，或因强奸不遂，而死于敌人枪口刀尖下！

　　敌人临去时，除了烧杀抢掠以外，并拖带奸淫未死的妇女，和年龄幼小的儿童，去准备把天真无邪的孩子们，加以奴化教育，以作汉奸政权之基础。这些未来新中国的主人，在敌人蒙混下，就会忘掉祖国吗？

三

　　暮色临了，静静的安北城，抖动在漠原的苍茫中，阴森而且凄惨，像被侮后少女一样，在天风潇飒中颤栗着。偶尔从沙岭中透过一星光亮——是那样微弱而无力，亦徒然增加夜的恐怖而已！阴森的空气，布满在冷涩的原野里，大地的一切，都像是昏沉死去了。

是真的死去了吗？生力都消失了吗？不，死去了的，只是腐臭的心灵，而真正永生的活力，是已经真的降生了，这活力便是人们彻底不愿作奴隶的心像火热一样的燎起了。浩劫把人们从酣睡中惊醒了，过去那种怯惧、懦弱、愿作顺民、期望幸免心理没有了，每一人都觉悟到：要想活，就只有干，只有在塞北的草原中苦干。

夜是悲惨的，是恐怖的，光明和欢乐，只有在夜的终了，当黎明透过东方的时候。

《新西北》（月刊）

兰州新西北社

1940 年 2 卷 5 期

（丁冉 整理）

五原近影

赵启海　撰

你没有去过绥西五原吧？！让你先想想看，五原究竟是一个怎样的去处？满目荒沙吗？萧条凄凉吗？……其实满不是那么一回事。

也许你在两年前曾经去过五原的，说不定你仍会这样想：五原简直是一踏糊途〔一塌糊涂〕，什么民政不修啦，什么土匪遍野啦，什么豪绅强霸鱼肉乡民啦……其实也满不是这么一回事。

七八月间的五原是多么雄健可爱啊——它拥着一团团西北不多见的绿柳，它吐着终年流不尽的黄河水，大青山像个慈母似的，远远地望着它，成群成队的塞外野马，在无边无际的原野上奔跑、飞驰，多么自由，多么活泼啊！

五原，在从前仅仅是一座古老的旧城，现在却除了旧城之外，又添上了一个极闹热的镇市，地图上叫做“兴隆长〔隆兴长〕”；为了与旧城对比的关系，老百姓都叫它做“新城”，其实它并没有城墙啊，更何以谈到“新”字呢！

新旧城合起来是一段长约三里多路的地带，旧城在西北，新城在东南，旧城人家约二百户，多务农，新城人家则不下两千家，多经商，总之，五原的繁荣，是赶不上江南的一个大镇的，可是江南的大镇，往往是睡不醒的蠢猪，这儿，却在清醒中突飞猛进了！

　　天还没有亮的时候，远远地就传来迎接黎明的号声，一队一队的民族革命战士，一簇一簇的青年壮丁，经过门前，跨过小河，奔往遥远辽阔的山边去，这是健身的晨操啊！他们一面行进，一面歌唱着"……我们爱好自由民权……抗战建国成功不远……"原来，绥远最流行的就是这只歌曲，名叫《西北青年进行曲》，不仅学生、大兵唱着它，就是白发苍苍的老伯伯和三岁不满的小孩子也会哼着它！

　　上午九点钟起到下午五点钟止，是五原的防空时间，在防空时间内，五原的街道，好像溪水一样静，每家店门上都写着"防空时间，暂停营业"。有几次我因为意外的需要，亲自打门买东西，可是门里面的回声是："先生，门是不能任意开的，警察看到会惩罚我们的！"假使你再继续打下去，终于还是一个"只听人声嚷，不见门儿开"，于此也可看出五原一般行政的认真。

　　五点钟一过，街道从昼寝中醒过来了，店门不打自开，人们不招自来，车子声、马蹄声、人声、劳动的呼声，争争吵吵，熙熙攘攘，生活的鞭子，鞭抽着每一个人！

　　看！蒙古的姑娘们，也骑着马跑来了！

　　"——赛白纳，赛白纳。"

　　这是汉人最熟习的一句蒙古语，意思是"你好"。商店的伙计们都用它来迎接这些新来的侨客，于是蒙古的姑娘们笑了，然而很大方。

　　九点钟以后，一切都安息了，街上几乎看不见一粒灯光，有的，却是立在墙角下目光炯炯的哨兵，在凝视着黑暗的默静。

　　五原，这战时的五原，不仅民心异常安定，生活仍如往昔，就是救亡工作，也极其紧张活跃。这儿，首先要介绍一下住在五原的"省动员委员会"。它的诞生，仅是最近几月的事。傅作义主席再三再四注意到：绥远民众亟待组织、训练，加强战时教育……

所以对于这个组织极为爱护、抚养、倡导。它是五原民众的新生力，它是新绥远的工程师。也正因为它的责任重大，所以在组织上它也相当周密而健全。上自省动委会起，下至各县各区各乡镇，均有或大或小的细胞组织。说到里面的工作人员，则全是一些有热血、有头脑、有能力的青年。他们一面工作，一面学习。他们的确能做到有饭大家吃、有衣大家穿、有事大家做、有苦大家吃的地步。论人力、物力、财力，他们是远不及大后方的，可是，他们那种苦干实干的精神，却叫人钦佩到怀疑。不说别的，就拿油印来说吧，在纸张缺乏、油墨粗糙、工具不佳的当中，他们竟能不断地刊印着《动员日报》一大张，还有《学习周报》一小本，那种"清楚"、"秀丽"的程度，几乎叫人不敢相信是"油印"品。其他工作也可想而知了。

按照省动委会的计划，工作的步骤是：（一）宣传——使民众了解动委会不是腐化的官僚机关，以及了解抗战形势与世界动向；（二）组织训练——使民众适应战时需要与要求；（三）武装——使民众本身变成坚强的军队。至于工作的范围，则是先由各县城做起，而后及于各乡以至全绥西，最后，就是深入敌后了！

其次要提及的，就是这儿的民运情形——在省动委会及县动委会的领导之下，五原的一切，与前大不相同了。从来没有走出过家门的妇女，现在是参加到"妇女救国会"了。从来没有念过书的老太婆，现在手里也能拿着《民众课本》在看了。"三寸金莲"向来是被一般闲着没有事的老太婆所夸耀的，现在却会从她们的口中呼出"打倒小脚"来了。不仅如此，她们并且进一步地不让自己的小孩子缠足裹脚。

儿童呢？这儿的孩子与江南一样地聪明活泼，与上海那个"孩子剧团"里的孩子们一样可以深造，只恨过去环境的不良，把成千成万的优秀孩子葬送了！现在，好了！抗日儿童团组织起来了。常在街上打流的小流氓也参加进来了。他们跳着，唱着，学习着，讨论着。有一次，五原举行了一个"捕蝇运动"，他们不吃饭地在各家"搜索"苍蝇！弄得大人也跟小孩子学起来了！

除了壮丁训练之外，这儿最近召集了一个民众干部训练班，是由动委会主办的，每间选拔二位，从城市到乡村，一时空气"甚嚣尘上"，现在第一期已经毕业，相信他们都是民众间的新血液。

最后，还要介绍一个在抗战中锻炼出的新军人，那就是×××将军了！他住在五原的一个小屋子里，他手不释卷的看着一个时代一个时代的书，他穿的是和大兵一样的粗布衣，他吃的是和大兵一样的"奋斗饭"（一）。在他的梦寝中，他忘不了弟兄们的苦痛，在他的指挥下，有不下××万的正规军和游击队在给敌人决斗！许多青年干部在他的手下培植起来了，许多迫切工作在他的扶导下顺利的进行了，官吏再也不贪污，豪绅再也不敲诈，土匪变成了新的武力，民众见了他，好像得到了阳光。

敌人二次进攻五原的战争，又要降临了，相信有傅将军的"截甘蔗"战法（二），不愁不把鬼子打个落花流水！

注一：粉豆饭。

注二：截断敌军前后连络，施以中间击破的战法。

《战时青年》（半月刊）

重庆战时青年社

1940 年 2 卷 6 期

（朱宪 整理）

包头滩上

徐盈　撰

森盖在包头滩上之柴磴地方一带，有日渐坐大趋势，渠并以阿王为号召，企图动摇伊盟，实则伊盟盟长沙王德高望重，深得伊盟民心，绥境蒙政会在伊盟各旗政治上年来颇有建树，敌利用森盖在政治上有所企图，其计决不得售。现包头滩上我军已将柴磴包围，森盖不久即可歼灭。（六月二日电）

一

沙漠上的绿洲，仍然备具着沙漠一般的荒凉，但令人不寂寞的，则是到处到〔都〕是战斗的人心。

包头滩上的老百姓，和一切游击区域的老百姓一样也在忙碌着春耕。春荒时候，他们会把原有的草鞋送给军队，自己反而到野地里刨取草根，他们这样说：

"只要是咱们的中国兵，只要是为了打小日本，那就不论吃我们多少粮，多少草，白吃也好，发价也好，反正吃穷了也是高兴的，因为咱们都是中国人呀！要是日军来了，吃我们一顿饭也不愿意。你是不知道，这日军在我们这近处也走过，那真是些凶神爷，哪里是人呢！咱们都是中国人，中国兵过来吃穷了，想跟着走，我们也愿意。"

在最前线，战斗的心造成战的景色，在包头城外百里处，那是×××营，方进村，一位四十余岁的黑脸壮士跑来笑嘻嘻的问：

"同志们辛苦？来这里是帮我们打日本的吗？"他引我们进到一个屋子，对我们说："就在这里休息吧。你们看，这还是好屋子，地下堆了一堆柴草，炕上没有一块毡子，甚至于连一块破席片都找不到，别的屋子更不像样，炕都破坏不堪了。这些村子原先本来是很富足的，谁不知道这是河套地方！可是让日本鬼子践踏过后，就是这个样，唉！日军干脆不是人，打不完他们，我们就不能活！"

前线上的弟兄们，每天都是夜里作战，白天休息，吃的东西颇感缺乏，多半吃一点山药谷米粥，大家的面容都是又黑又瘦，但是他们的精神一个一个非常振作。他们不领半个饷，四五月天气，还是穿的破旧的棉衣，然而在战斗之中，他们寻求到了真理，这真理就是人人必须为保卫祖国而战，为保卫家乡而战。就如一位不知名的弟兄，在随意的谈话之中毫不犹疑的讲："我们不怕穿的破烂，吃的不好，反正打日本是个要紧，我们攻战了一个来月，夺回我们的家乡，现在耕的耕、种的种，秋后当然是有吃有穿，要不然老婆娃娃一大堆，去哪里寻穿寻吃呢！反正死也得和日本鬼子拼！"战士是在战斗中锻炼出来的。

登上堡垣，向北望去，大树湾的围堡看得十分清楚，而包头城北梁上的房屋也可历历在目。这就是说我们虽有了新的力量，但我们还要储蓄更多力量反攻进那个城去。

二

绥远西部有两个小傀儡，一个是王英，一个便是伊盟达旗保安司令森盖凌度〔庆〕，而后者便是背叛了康王，据在包头滩上的柴磴地方坐大的狗雄，至今听从着德王的命令。

抗战开始，森盖即与蒙古抗日军白海峰部冲突，后来马占山坐镇伊盟，他便过河来到包头边，利用劫来的杭棉旗的阿王来作政治号召，但由他部下马团的反正，给他不小的打击。

蒙古人奇云鹏被俘后，对于森盖逆部的情形有详细报告；

"官长要知道森盖的情形吗？森逆现在是伪蒙古军游击司令，原有三团人，马子禧团长率部反正之后，只留两团人了，这两团合计共二百一十人，由去年十月起到现在，半年里边，每一个弟兄共得到三元军蚀〔饷〕，除此而外，便一无所有了。我当上士，当护兵，前后共得到八元。枪炮是一点也领不到，这时所用的都是原有的东西，只有子弹可以随便乱用。森逆本人也是很不得意：他身边日本特务机关及伪蒙古军总部给他派来四个人，一个参谋，一个副官，一个司书，一个马弁，有什么消息，这些人立刻就报告特务机关及伪蒙古军总部，森逆个人简直没有一点自由。森逆的意思，原来是想坐坐官，发发财；在他没有投伪的时候，日军方面教伪蒙古军总部将他编为伪蒙古军第十师，等骗他投降之后，师长的头衔不给他不说，连以前允许下的五百支步枪也不给了。他想扩充实力，日寇根本不允许。现在森逆虽然算个司令，特务机关半夜来叫，半夜就得亲自去，不论谁叫都得亲自去，有烟瘾的人，晚间不能吸大烟，真是难过死了。就像过大树湾这面作战吧，伪第八师见他在民间弄到一点草，马上拿去了，见他寻到一点马料，也马上拿去了，每逢作战，常有伪第八师的士兵跑到面前骂他：'他妈的，不好好干，明天就切下你的头！'受日寇的气，又受伪蒙古军的气，像他那种官，实在太可怜了，与其说他是个官，倒不如说他是个听差来的合乎实际些。日本人害怕他底下的团长、连长和他团结在一起，时常单独的请团长、连长们吃喝玩乐中挑拨离间，所以实权也渐有分散的可能。反正森逆他把路走错了，一天一天只有倒霉就是了，像蒙旗白海峰旅长，那是多么光荣，多么得意呢！"

这位奇云鹏，自称现年十九岁，是中央政治学校包头分校小学部学生，包头失陷之后，被森逆（盖）威迫，作了逆部一个连部的上士，后又调作森逆的马弁，最近请假回家，被我自卫军俘获，他此时虽然作了俘房，但表示十分高兴。

三　蒙古人逐渐都知道了一切的真象

"我们都明白了，日本军阀们绝没有好心，他们完全是欺骗我们蒙古人的。口头上他们是扶助蒙古民族独立呢，而事实上将内蒙的察哈尔东部及热河全部都收到伪满洲国里面，而在蒙古的版图上只有绥远、伊盟、乌盟、巴彦特勒盟及察省、锡盟很小的一点区域了。伪蒙古军也是一样，一天一天只有减少，只有消灭。伪蒙古军号称十师，而在实质上，第二师因在察、绥作战，伤亡过重，早已解散，第十师自始至终不允许成立，实在的说，现在总共不过八师之众。八师分为二十四团，一团多至二百，少至百余人，合计起来，八师共有六七千人，这六七千人，每次作战都要损伤，损伤之后，日本方面还是不许补充，就像伪第二师一样，损失的多了，干脆解散了。最近想成立十师联盟军，日方也不允许，由这些事实，谁都可以看到日本军阀是在利用我们蒙古人，消灭蒙古人，绝不是扶助蒙古人。"

"李逆守信也是不得意，三番五次要辞职，始终辞不掉，这几月来，听说是准许请假，但须照常执行职务。李逆在一次酒醉之后，天良发现，对他的部下说：'我们自二十四年由热河西进，攻察北，取绥东，到现在一直进驻包头了，可是打来打去，除过惨杀了一部分中国同胞以外，有什么结果呢！所得到的只有逆贼之名而矣。率领着你们攻战，我觉的非常羞惭，此后你们各取自便吧！'"

"德逆原来是想利用日本，不想反为日本利用了，日军这时候只要他卖命抢地盘，势力一点也不让发展，实力消灭了，打下的东西当然归日本军阀们享受。到现在德逆也认识到供日寇驱策数军的结果，仅仅是'为人效劳，图〔徒〕劳无功'罢了。"

许多知识再低的蒙古人也都知道了，"汉满蒙回藏，譬如一双〔只〕手上的五个手指头"，大家要互相帮助，缺一不可；哪一个孤独起来，哪一个便要受人的欺侮。

四

一致沙漠外的××，现由反正的马子禧团驻防，地面极平静，百姓正在忙碌着春耕。沙漠里的绿洲，那里还有迟暮了的桃花呢。

马团长原系森逆基本部属，最近我军推进到黄河沿岸，他毅然决然率部反正，转向日伪军作殊死战，短时期内，已建立了不少的战功。近二年来他是真正蒙古军官率部归来的第一人，他的认识，他的思想都很进步，为人又和蔼忠厚，这次反正，更得到广大的民众的拥护与同情。

长谈之后，马团长觉的我们究竟是"自己人"，把我们看作他诉苦的对象，坦白的对我们讲："国军从绥远撤退的时候，王爷本打算随军西退，因为事先没有准备，马上不能移动，以致迟延数日，嗣后又因迫于情势，才不得不暂时对日本敷衍一下。事实上我们王爷到绥远走了一次，回来再就没有去。次后马占山将军派队来请我们王爷，王府附近的军队没开一枪，王爷走的时候，安〔吩〕咐我说：'只要国军回来，你马上就通电反正！'王爷到了马将军那里，还对马将军说有事最好和李文山连长接洽：'森盖已经执迷不悟，不可轻意凭信。'由这种种事实，即可明了我们暂时委曲求全的真意所在，我们绝不是真心要投降日本。"

"在伪军中，我们真是受尽了一切侮辱：日本人及伪蒙古军根本不把我们当作军队，完全是拿对待奴隶的方法来对待我们。伪蒙古军一到我们驻扎的地方，要我们切草，煮料，拉马，喂马，作他们的听差，作他们的奴隶。不管谁家的女人，想欺侮就欺侮，好好的老百姓，想杀就杀，想刺就刺。最近我个人一连受了三次欺侮，头一次是我在大树湾驻防的时候，人家来了不说青红皂白，将行李一齐掷到街头，立刻就驱逐我们出城。我们都是人，在那种情况之下，谁个能不泪淹心呢！不得已，我忍气吞声的率部到板汗圪堵驻扎；不想日伪军来了又是那办法，又把我驱逐起身了。到了三村，没隔三天功夫，又被驱逐到昭君坟。真是有人家的坐处睡处，没有咱们的站处。三十号自卫军来到三村附近，那时我已经换过手了，当然再不肯受他们的欺侮。我好比囚在笼中的飞鸟，自身力量不够，挣不破牢笼，只有忍受一切苦痛。这次好容易刘司令们为我打破牢笼，你想他们再怎么囚我。我为了国家，为了我们王爷，为了地方，现在只有牺牲一切，尽力驱逐日军，不然我就对不起国家，对不起王爷，那简直就不是人。"

"在伪军中精神上所感受的痛苦，已经足够了，而物质上同样也是苦不堪言。我是个当团长的，六个月总共领了四十元的薪饷，连现款带马匹，我个人贴钱六百余元，连长们每人领到二十元，一个人也得贴几百元。弟兄们每人领到三元，买什么都不够，鞋破袜子烂，真是可怜极了。"

"我们蒙古人和汉人一样，甘心投降日本的很少，信仰德王的人也很少，我这次反正，率领过来的人数虽然不算多，可是给与德王和森盖的打击却不小。因此他们对我仇视的很厉害，整天的派侦探出来刺探消息，谋害我和李文山君，昨天这里捕获四个。

没办法，他们只好枪决。”

满面的春风里，谁人会猜得出表面以内有这么多的隐痛呢。

五

包头滩在怒吼，包头城被包围着。城的四面都有人马在活跃。

三寡妇营有炮声，大青山峦的不烟沟有炮声，段家海子有炮声，大树湾和柴磴都在有力的步队监视中。

后套的粮食，后套的牛羊，支持着汉蒙的健儿……

敌人战栗了，他们在加紧作政治进攻，被称为西北万里长城的傅作义将军对人说："我们的胜利没有问题，问题，只在能不能巩固团结。""我们在西北抗战数年，曾牺牲无数的士兵和民众，如果不幸，个人不足惜，实对不起这些九泉之下的忠勇同胞。"这话值得在欢欣中沉思！

西北高原的胜利展开，正是开最后胜利之先河。

垦殖新村一带的桃花无恙，风吹枝颤，正在欢迎故人解甲归来。

《欧亚文化》（月刊）

重庆中国留法比瑞同学会

1940 年 3 卷 1 期

（李红权　整理）

冲进绥蒙中心的一群

金晓　撰

黄河静悄悄的横卧着，像一条僵死了的白色大蟒，那骇人的黄色巨浪不见了，河面上结了厚厚的坚冰。

宽大的渡船，像些破瓢，高高地搁在沙岸上，睡着了，醒来时要到明年二月里吧？

茫茫无际的流沙，被飓风吹皱成巨浪，在夕阳映照之下，泛起点点的寒光。

无数的人马，布满了河的两岸，在河中间，有蚂蚁搬家似的一条长线，牵连着这两岸的人马，络绎不绝地向河东岸前进着，刺刀、步枪、手溜弹，和驮马上的炮、机关枪、弹药箱……叮叮当匕〔当〕地响着，一个个穿着老羊皮衣的战士们，牵着自己的马在行进着，马蹄铁在坚冰上，嗤嗤地划着长条的白印，人也不断地跌倒。

严寒，静肃，紧张，急迫的前进，谁也看不出这些人马是已经驰骋了七八昼夜。

寒冷吗？然而这里有盖世英雄成吉思汗的陵寝，有古色古香的王昭君坟，有秦汉宋明的古战场，有古老悲壮的受降城，有听不完，想不完的故事和神话。

"哈哈，可踏进我们的失地了！"

"两年多了，这里就被敌人占领着，这里的同胞，该是多么想念着我们吧?"

一过了黄河,战士们充满了无限的兴奋,驻下马,七言八语的谈论着。

又前进了,在暮色苍茫里,在马蹄荡起来的飞尘里,向外散放着杂乱而又急迫的响声,忽隐忽现地在驰进着,被敌人蹂躏了数年的同胞们,乍见这些飞将军,始而畏惧的探望,继而惊喜若狂地道着"辛苦"。一刹间,"辛苦"声、人影、柴门、矮屋、"汪汪"狂吠的村犬,都纷纷地遗落在后边去了。

一阵快步,走了三十多里,到了大白庙子,下马了,战士们吃力地顿着两脚,驱逐他们周身的寒冷。陈昭壁团附,用低低地声音,和团长计议了一回,立刻又带领着准备大量破坏平绥铁路的一群,继续又前进了。

担任破坏铁路桥梁的五个爆破组,担任破坏电杆电线的通信排,担任在西老藏营子以北铁道线上埋设爆发罐,以备轰炸敌人西来的铁道炮车的一班,准备一举而攻下新农试验场的一排,以及担任阻止西来的敌兵的第一连之一部,和准备包围东老藏营子之敌及阻止东来增援之敌的第三、四两连,以及其他许多担任掩护这一巨大破坏工作的小部队,都在陈团附的统一指挥之下,分途前进了。

上弦的一钩弯月,沉入西南天边,除去远远的狗吠声和人马的行进声以外,什么也听不到。

自告奋勇的来作向导的几个同胞,也都扛了锹头,拿着镰刀,骑着自己耕田的骡马走在前边,絮说着哪里有多少伪单〔军〕,哪里有多少日本人……

这英勇巨大的一群,在不同的道路上,向着一个共同的目标——彻底破坏平绥路的交通,堵击归绥方面敌军的西援,掩护友军攻击包头——前进着。

　　首先，开始要完成的任务，就是歼灭新农试验场之敌的这一排，因为这是由大白庙子去铁道线上的必经要冲，有六十来个敌人在这个坚固土寨里盘据着，我们必须首先把这里肃清了，然后才能继续前进，不然的话，那么这一巨大的破坏工作，就要受到极不利的牵制。

　　他们这一排，一来到就挑选爬城的奋勇组，热烈参加的人，竟超过了所需要的一倍，由曹聚贤班长指挥着，以英勇的杜新义下士为首，很快的就攻了进去，敌人还都正在睡乡，营门口的卫兵，也正抱着枪打瞌睡，一刀上去，砍掉了敌人的头，勇士们都分头进了院里和屋里。

　　劈劈拍拍地一阵枪声，解决了，只有少数的几个，慌的连裤子也没有穿，越墙逃窜了。

　　"好家伙，真有种，这冷的天气，不怕冻死，怕打死。"一位"老总"兴奋的这么喊。

　　这里的枪声一响，其余正在行进中的大部人马，加速度前进着，后边的枪声还未停止，他们这一群也就各自到达了目的地。

　　西老藏营子的敌人并不多，根本就不敢动。

　　老东〔东老〕藏营子，被第四连围了个水泄不通，守寨的敌人，顽强地抵抗着，寨墙上的机关枪，和下边我们的机关枪互相对射着，手溜弹也互相投送着，经过了一阵激战，寨里也起了杂乱地叫声、枪声、手溜弹声，火光也起来了，一部分敌人向东南窜逃了。

　　从东老〔藏〕营子北面的第一座桥算起，挨着向西一共是五座大铁桥，用第一号、第二号，以至第五号等字样来标识着，这个巨大的破坏队，也就按照这五座桥划分了五个破坏小组，第一组由胡文秀班长指挥，专任破坏第五座桥，第二组由刘文治排长指挥着，赵名喜班长的一班破坏第四号桥，第三号桥就是中间的一座，工程最大，由技术破坏队吴树梓来担任这一巨大工作，算是中间组，第四组和第五组是刘蕴五排长和王永基连附分别指挥着李玉露和王尧年等各班。

一个个的战士，尽力地屏闭着他们的呼吸在进行着工作，静肃、紧张，充满在黑暗的夜气里，只有急迫的细微的动作声，其余什么也听不到。

被星光映照得发着微光的两条铁轨，远远的两端被黑暗吞没了，像在帮助着这一群的成功，空中的电线，被寒风吹得"嚹嚹……"的响着，远处和近处的村犬"汪汪……"的狂吠着。

轻微的"叮当"声音，和闭塞不住的急喘，在东西几十里的一条线上动荡着，绑炸药包，卸螺旋钉，挖掘枕木，锯电杆，缠电线……比他们在后套作秋收还忙碌得多。

"轰隆，轰隆，轰隆……"震天撼地的巨大响声，陆陆续续地发作了，这巨响被北面巍峨的大青山折成了噪杂的回声，缭绕在星空里，几分钟后，还不断绝，一处处闪电般的火光和镁光一样的明亮，照耀得周围几十里如同白昼，宿鸟惊飞着，野狗奔窜着，连农家屋檐下拴着的牛、驴都吓得浑身颤抖。

这是，那无数处的炸药包爆炸了。

电话兵们荫蔽着身体，在火光里，看见了自己手里的电线是什么颜色。

战士们，随着巨响的停息，又动作起来了。

正东麦达召、察素齐一带又传来了那样巨大的爆炸声音，缭绕在天空里的回音，比这里的还长久。

"这是哪里的？"一个电话兵，停止了工作在惊问。

"赶快干，问啥，××团的。"李新学排长这么答覆着。

被炸断了的铁桥，像死僵的巨兽，歪斜在那里向人呆望着，粗大的水门汀桥柱，只剩了半截，中间还有一个大漏斗，剩余的电线卷曲在地上，"仓即，仓即"的响着，枕木、铁轨、电杆……零乱地在地上躺卧着。

陈团附巡视着，从第五号桥向东都看了一遍。

整个的任务完成了。

这一群，带着胜利的微笑，满载着许多战利品——螺旋钉、红铜电线、白磁碣子……回去，向着预定的宿营地驰骋去了。

天刚一发亮，西南方向清水壕一带，就发出激烈的枪炮声音，这是萨县和托城的敌人，利用汽车绕到了我们的后方，和我们的第××团，在那里展开了激战。

这英雄的一群，一夜的兴奋还未脱掉，立刻又前往参加那里的激战。

这样鏖战了五天，敌人逃窜了。

计算着五天前破坏的铁路，敌人已在修复着，这英勇的一群原班未变，又重上前次工作的路线，驾轻就熟地又来一次。

这一次更容易地把任务完成了。

《战旗周刊》
浙江绍兴战旗社
1941 年 100 期
（李红权　整理）

麦达召游记

佟佳 撰

　　余醉心萨县胜迹麦达召之游久矣，以公私羁绊，志未得遂；本年上季，天朗气清，旭日高悬，于是约友朋二三，决计一偿所愿，于是乘京包列车，至麦达召车站，下车后，直趋山麓，攀棘扪葛，拾级而登，虽感万辛千苦，而反忘其维难也。

　　此召四周围筑以墙，入南门，内有钟楼，上有风铃，轻风拂拂，叮咚作响；门前有照壁，穿壁为洞，前供关帝，后供韦陀，为清同治八年八月所立也。入门丈余，为金刚殿，额书"寿灵寺"，并为满、蒙、藏、汉四体所书。喇嘛僧开门入内，知殿内前为经堂，后为佛身；经堂两旁有经橱，满置藏文经帙，佛殿黑暗如漆，吾等已入门，喇嘛始燃香灯，且喃喃作声，仅见灯光似豆，其中法物，不可尽辨识也。

　　正殿之后，喇嘛谓为财神庙，中有佛像数尊；后殿为古佛阁，此阁凡三层，下层供坐佛五尊，立佛十八，楼梯残破，攀登艰难，即上中层，而佛座间，仅供小佛三四尊，惟三面壁画，生动灵活，堪为美术中之佳作。是层楼板欲塌，以柱支之，攀登中途，轧轧而响，既至上层，仅供小佛一尊，四壁皆空，无足观览。后殿前，东为观音殿，西为罗汉殿。西北隅，有小塔一座，前立旗竿，颇具幽胜。其正殿：左为奶春殿，上有阁，为喇嘛诵经之所，后有小亭，翼然孑立，正殿右为喇嘛住宅，后有塔室，再后为本召主持之住所。塔室内西北隅，桌上置藏文经卷颇多，凡三种：一为白纸，书黑红字；一为蓝纸，写字处涂以漆，上书灰色字；一为白纸印本，乃清代乾隆年间之刊本，皆为稀世之宝也。

墙之四角，均有望台，殿旁蓬高〔蒿〕没胫，异常荒凉，而年久失修，几为残废，殊可惜也！

出召门数步，登一峭峰，涉足至此，颇觉幽雅闲静，令人飘飘乎如脱尘网而登蓬瀛，若不复知有此幻躯也者。伫立久之，乃躐步下山，仍循旧径而至车站。斯时也，月暗天昏，万籁俱寂，遥见点点灯火，穿挂林间，吾等始至旅馆。翌日仍搭京包火车而返厚和矣。

《大亚细亚》(月刊)

"厚和巴盟兴亚协进会"

1941 年 2 卷 5 期

(李红菊　整理)

石兰柴磴之夜

——蒙古旅行杂记之一

剑青撰

这还是去年冬天的事，太阳从地平线上爬起，透出一线黄金色的光辉，淡而无力地射向塞外的草原，绵亘的山峦和雄伟的黄河，射向像钢铁一般的坚冰，反映着白亮刺眼的芒光，朔风怒号地从辽远扫来，在天然的溜冰场上滚去，这一幅富有诗意的北国冰天雪地图，欣赏者是我们底守河战士。我交验了军用证明书，就通过了这在战略上占有重要地位的同兴堂渡口，走向沙漠中的绿草——沙王府——去。

过了河就是碱枢〔柜〕，到沙王府去有两条路，往南比较近一点，不过要走六十里地明沙（注一），沿河走没有沙，可是绕一些。因为刮风天短，再加上在这里所说的是跑马里（注二），又害怕走到黑夜，还在沙窝里打圈，结果我没有冒险尝试前六十里地明沙的勇气。

顺着河的弯曲往东南去，走不多远，迎面来了一个好像商人模样的老百姓，肩上荷着一挑杂物。我觉得很奇怪：听说这条路有六十里没有人烟兽迹的。那他这么早从哪里飞来呢？难道他是个披星戴月的急于赶道的夜行者？不，决不会的，我是热情的年青，终于被好奇心驱使着，向他诘问究竟。

穿军衣的，就有这样一个便利，也许他误认为我是位守河的官长，他竟义务的老实的十二分恭敬地向我报告他的来踪去迹。

"……昨夜我在离碱枢〔柜〕三十里地的石兰柴磴歇夜，住的是蒙古家，掌枢〔柜〕的叫舍不利，我不会说蒙古话，但是我认识他在土城子的姊夫陶海……"

"好！麻烦，麻烦。"我欢喜得像迷途的羔羊获得慈母似的，向他说了这么两句简单亲热的应酬话，同时内心中充满了新的希望，新的希望发出新的力量，踏着在太阳里闪出亮光的层层沙砾，向前走去，毫不费力像在西兰公路上一样的轻快适意。

"蒙古"是个多么神秘、古香古色的名词呵！"在蒙古家里歇夜"又是件多么有趣、疑神疑鬼的事情呵！我就抱着一种新的希望在风沙里快走，准备今夜□蒙古家去投宿，试验我在不久以前所学得的几句蒙古话是否正确而有效。是的！刚学会的玩意儿总想找机会试试。

走！这样快，走了好几小时，三十里地应该到了。那么，石兰柴磴为什么还没有见到呢？连我自己也不敢相信，太阳已经衔着西边的沙坡在拉长我的影子了。

"是时候了，该歇哪！"我着慌，我恐怖，在平地上扫视展望，在沙坡上高瞻远瞩，正是前无村庄，后无店站，只有一片无垠的荒漠野地。

"不要怕，怕什么？"我自己在安慰我自己。

风，呼呼地像万马千军般奔着，从西北疾卷到东南，冷，冷得发抖。无意间顺着风向看去，竟发现了在啃嚼枯草的羊群。"有牲口，就有主儿，有主儿，怕没家吗？"这是从绝望中获得生路时迸出来的壮语。

当我要往羊群步去的时候，忽见一个负薪的老乡，蹒跚而来，我高兴极了，不待他走到跟前，老远就嚷着："老乡！你好哪！这是什么地方？你住在哪里？"

"老总！这叫个石兰柴磴，我们就在沙窝里住，老总从怎地方在〔来〕？到怎地点去？"他一面说着这样漂亮的河套话，一面依旧彳亍走来。

"石兰柴磴"，这就是石兰柴磴，我才透了口气，挥一把汗，把压在心坎上的一块石头放下了。同时又像嚼着橄榄一样，回忆着早上那位老乡所说的话："石兰柴磴只有一家叫舍不利的蒙古家。"虽然他能说一口流利的本地话，但是终怀疑不肯放弃搜索破绽工作，要不看到他穿的牛皮靴，或许被这漂亮流利的河套语所蒙蔽，将不承认他是蒙古同胞。

从穿牛皮靴上断定是蒙古同胞，这是多么愚笨不正确的看法。经过太德海脑包之时，我才知道。

"你是蒙古同胞吗？"我觉得很惭愧的问，因为我们大家都是中华民族，黄帝子孙。

"是的！我是蒙古人。"他很自豪地承认他是成祖（注三）的后裔。

谁也相信吧！蒙古人最不欢喜和连一二句蒙古话都不会说的蛮子（注四）① 谈话。

"阿婆根！他师汉白纳！奎通萨（注五）②。"我很高兴的说这么一句很不成熟而生硬的客气话，同时又回答了他方才所提出的二个问号："恩德而，鄙五原黑叨以来（注六）③！扎萨营盘雅步纳（注七）④。"

因为我能勉强的说上二声蒙语，何况我又是个穿军衣的八少

---

① 见篇末注九。——整理者注
② 见篇末注四。——整理者注
③ 见篇末注五。——整理者注
④ 见篇末注七。——整理者注

爷，所以他竟用很亲热的惯熟的语调和我天南地北海阔天空地说了一大堆。

他告诉我：他是个穷得连牲畜都没有替人家放羊的黑人（注七），他的掌柜叫舍不利，今天过河购粮去了，你可以到他家去歇一夜，你只要说在路上碰见了你的朋友舍不利，这样，他们一定会像宽〔款〕待拉〔喇〕嘛一样地宽〔款〕待你。最后他声明在阳坡未落之前他是不能回去的，我可以照着他所指示的路，走到舍不利的家。

遵循着这条在沙窝里马糊的牲口槽纹，踩着一堆堆松软的沙坡，用尽力劲慢慢地向前行进，讨厌！风括〔刮〕得那么紧，一忽儿竟把仅有的槽纹也消灭了，我在这此起彼伏的沙海中，像失了舵的船，不知所往。

我刚想爬到那边最高的沙坡上去瞭望，正好有两个老乡从背后走来，一经讯问，才知道他们就是咱们郭师×团守河部队的便衣同志。

"副官！"他们对我尊敬而有礼节，而且很热情地绕着道送我到舍不利家。

在晚霞一抹的夕照中，倚着栅栏站着一个身体□□魁梧的、富有健康美的蒙古媳妇儿，她低着头儿，耐着心儿，看着刚下羔子做产妇的绵羊，啃嚼着她双手拿的磁盆里的食料，得意地咩咩地叫，看哪！咱们女主人的二个挂满珠珞银饰的垂鬓，多么美丽漂亮呵！看哪！咱们蒙古女人的头。真可惜，这里没有开麦拉（CAMERA），牺牲了这样好的镜头。

我们走到跟前，她才发觉，她用惊奇的眼光向我们扫射，好一回儿，始从牙缝里裂出像河曲一样的语调来："好哦！快上屋里坐。"

"不，我们要走了。"两位便衣同志向那女主人辞谢，同时向我行个十五度鞠躬礼说一声："副官，你歇着吧！"

那女主人连忙放下磁盆，走过来打起毡帘，让我进去，我刚把右脚跨进去，又很清晰地听到那二位同志掷来的话："蒙古，你得好好招待咱们的副官。"这种热情，真值得令人感谢的。

在这房里，东西二个对面炕，北边一副二眼灶，南边是门，门的西面是火炉。房子是狭小低矮，空气倒很暖和，我借着炉灶里火光，辨别出做饭的是个小后生，而且是穿牛皮靴的，因此我就说了一声："灯司塔（注八）。"说蒙语真能行，那小后生果真听话，点上了灯，从这点看靴说话小测验成功上，我的脑海中又刻下了这样一个机械的影子，"这是蒙古"。

待那女主人进来坐定之后，我就寒暄了一番再告诉他〔她〕，我是舍不利的朋友，今天要麻烦你们，在这里借歇一夜，同时指着那个穿牛皮靴的小后生，要她告诉我，他是什么人？蒙古呢？还是汉人。

"先生既然是我掌柜的朋友，没关系，在这里歇吧！就是没有好饭，吃小米儿。"她非常镇静地客气着，不像方才那样慌张，"他吧！他是个受苦的蛮子。"〔（注九）〕

晴天里滚起了响雷，穿牛皮靴也有咱们的汉人吗？我对她的说话，犹怀疑着。

"同志！为什么不穿鞋子而穿靴子呢？跟蒙古受苦，一月挣多少钱？有什么好处？"

"放羊，走沙窝，穿靴子当然比穿鞋子强得多，不进沙，结实耐穿。受苦挣钱是跟蛮子一样的，每月四五元，只管一身皮衣。好处就是能学两句蒙古话。"

我不懂，为什么咱们自己称自己是蛮子呢？

蒙古人的习惯，一天冲炒米喝三次茶，到黑夜才吃一顿米饭，不过菜一般的要比汉人丰富些。

米饭、烩菜，我吃了一个饱。不一回，我们三个人（女主人，小后生，我）就在东炕一块儿睡着！不过，那女主人很爱和那小后生说趣，睡到半夜里还在吱吱格格地笑。

当阳光突破了黑暗，在黎明的晨曦中，我叨扰了女主人破例特煮的米饭，披上征衣，便向距此七十多里的石拉召进发，脑海中还盘旋着女主人和小后生的一幕。

（注一）明沙　指没有花卉草木，大道小径，一片闪砾〔烁〕的荒漠沙坡。

（注二）跑马里　指蒙古骑士一挥鞭所说的里。

（注三）成祖　是复兴蒙族、征服欧亚的成吉思汗。

（注四）"阿婆根！他师汗〔汉〕白纳，奎通萨"，蒙语译音，即"老汉！你好，冷吧"之意。

（注五）"恩德而，鄙五原黑叨以来！"蒙语译音，即"今天我从五原城来"之意。

（注六）"扎萨营盘雅步纳"，蒙语译音，即"走扎萨营盘"之意。

（注七）黑人　宗教阶级分喇嘛、黑人（俗人），〈黑人〉居下层供布施。

（注八）"灯司塔"，蒙语译音，即"点灯"之意。

（注九）蛮子　蒙胞习俗称汉人之谓也。

《西北研究》（月刊）

西安西北研究社

1941 年 4 卷 3 期

（李红权　整理）

沙原三千里

——伊克昭盟见闻录

萧雏〔离〕 撰

一 楔子

由绥远西部到西安，摆在面前的，有四条可走的路：

一、由临河入宁夏，经平凉，转入西兰公路；

二、由五原走东胜，穿过伊盟中部，绕至榆林，直下西安，这条路比较远；

三、由临河南渡黄河，经杭锦旗、乌审旗到榆林；

四、与第三路同，只是由乌审旗直下，不绕榆林。

在我们去绥远的时候，虽也曾走过蒙古地，但由河曲去五原那一条路，名为蒙古地，实际上已和内地差不多。居民绝大多数是河曲、偏关、神木、府谷一带的移民。近千里的途程中，蒙古包不曾见到一个，就是汉化的蒙古人也不易见。这对于我们"到绥远去"的欲望自然是难能满足，我们时时刻刻怀着那个梦。

可是，这个梦，一直不得实现。在后套——绥西各县，统名后套——因着本身工作的关系，不能到大青山后去了解蒙古兄弟的一切情形。然而在山前的，所能见到的除了王公贵族而外，也只是些内地化很深的蒙古村落。

这一次，难得的机遇，当然不肯把它轻轻放过。为了"深入"蛮荒的蒙古草地，实际的了解一些虽是比较浮浅的问题，我们决定走那四条路中最近、最荒凉、最少人走的第四线。

由临河经蒙古沙原入陕西境，究竟有多少路，谁也说不清楚。有说两千来里的，有说一千七八不到两千的。我们多方的打听，但一个人嘴里说出一个数目，数目越多，越使我们相信：只有用自己的两条腿，才能作最后的判断。

为什么里数这么不可靠呢？这很简单，这里没有公路，也没有人测量，精确的里数当然无从知道；又因为来往的人不多，所以大约的里数也没有，所可依据的是所谓"马里"。"马里"是当地人骑着马，马上一鞭。你如问他，他便漫不经心的回答你说："五头几里吧？"这"五头几里"有时比我们南方的十里还远。所以，我们每天只要走过十个或至多十二个"五头几里"时，两条腿便几乎不再是自己的了。

"要多少天才能到呢？""这个——走着瞧吧！不刮风不下雪，一个月——吧！大概一个月吧？能到安塞。"（注一）

地图上，那么个不及三寸的距离，我们得走三十个日子。也难怪，我们是在地上爬呀！

二 行路难

没有走过极荒僻的地方的人，是不会有这个经验的。这一条路上，近代化的交通工具当然是用不着提，但是通行于绥西各地那种圆板毂辘的牛牛车（注二）——我们称之为黄帝时代以前之产物——也不能通行，于是问题就来了。

冬天，走沙漠里，不能不带东西，更不能不多带东西。可是，两条腿担负自己已属过量，那么，筹备交通工具就成为第一个问题。

"买头骆驼吧!"四个人,一个骆驼除了驮东西之外,至少还可以坐上两个,可是,骆驼是比较难买的。而且,过了沙漠地带,骆驼在生活上一定要感受许多不便。于是,只好另想办法。马也不行,脾气大,要踢人,吃的东西蹩扭,最成问题的是,到一个地方,得先遛遛它,并且每天夜里得喂它三次草,这是我们四个人谁也办不到的。

于无办法中,一人买了一头小毛驴。一方面固然是便于驾驶,但另一方面,它们那四张长长的脸,和毛茸茸的八只小腿,也曾一时引起我们的很大兴趣。

这四头可怜的小伴侣,它们的命运完全由我们来安排。在它们身上,除了携带被褥、衣物之外,大至馒头、米料,小至酱醋、辣椒,他如针线、糖茶、小锅、火柴、蜡烛等,一切在我们平时旅行时决想不到的东西,我们都不能不备其万一。

下面是一堆话,带着关切和显示着自己是"过路人":

"蒙古人是认话不认人的,能说——哪怕几句蒙古话也可能占些便宜。要不然的话,多带些冰糖、砖茶、洋火之类的东西也好,未进门,先送礼。

"水井少啊!哪儿有井,就得在哪儿住下。不要性急赶路,回头出麻烦。比方说,今天走三十里有一口井,那么,今天便得住下,不要往前赶。万一两头落了空,你就得在沙漠里冻一晚上。

"人冻一晚上还不要紧,忍着点,吃得饱饱的,盖得暖暖的,凑合一夜。牲口可不行啊!驴子一天不喝水,晚上一冻,准掉尾巴。

"那还是小事呢!只怕你们在红柳林里迷了路,或是起了风,路给沙盖了,那才叫没办法。不过也不要紧,晚上看北斗,白天——白天啊!看太阳。你们老朝着东南方走,不会错。不过,呃!

瞭山头（注三）吧！

"但是，到了那一处太难走的地方，从可可木头（注四）到陶立明（注五）吧！还是想法雇一个人好。

"处处留心点，说个不吉利的话，沙漠里往常可有些不太平，碰运气吧！谁也不敢说一定……"

终于在去年十二月二十八号，我们开始了这个长长的行旅。每个旅人的心中，多少仍有一些"原始的恐怖"，就说我们那四位驴伙伴吧！它们要是有知，在它们那四颗年青的心里——它们最大的是四岁，最小的才两岁——将如何忐忑。我想，对于这一段漫漫的征途，它们并没有怀着如我们一般的诗意的幻想，它们担心啊！它们不情愿到大后方去看"文明"，它们情愿呆在草原里啃着无尽的青草和享受无限的自在啊！

三 在可可木头

第三天上，一天走了可怜的十五里地。

因为这天是过黄河，河身大概不及一里宽，但是，从冰上踏过，要循着冰路才行。蜿转曲折，一共有四里多。这四里多路，花费了整个上午的时间，而且，每人都使出了最后的气力。

冰上，是相当难走的。人呢！一不小心，就得摔倒。驴们可更比人不如了，人穿着"卡登克"或"人事可"（注六）。驴们可苦了，硬硬的蹄子上还加上一副铁掌。我们用着十二分的小心，抱着驴头，拉着缰绳。可是，终于难免的是一头毛驴摔下了，好容易拳打脚踢，揽腰抱腿，把它给请了起来。紧接着，前面那一头又来了一个"如法泡〔炮〕制"。两天的相处，我们知道这一头的体力较差，把一切可能做到的方法都做过了，驴呢！依然躺在冰上。四个人坐在满"冰"的行李上默默相望，三头小驴在惊恐着险运的到来。

河上的风，刮来刺人肌肤，冰层下的破冰偶尔撞击着上面的冰层。或是奇寒时冰层因冻裂表面发出惊人的声响，使谁也得打个寒战。生和死的幻影，浮在我们的面前。

在一个短时间的休息之后，我们不约而同的同情起那位躺在冰上的驴来了。我们明白了它并不是闹脾气，而是，胆怯和没有见过世面，使得它实在没有站起的能力。而我们又不知道提尾巴的诀窍，便把鞍垫子、军毡等给它铺在冰上，它总算对付着起来了。

所以，这天一共走了十五里，夜宿可可木头。

也许是出行不利吧！到可可木头后，接连刮了两天大风，路是不能走的，而且，据说像这样的风，在沙漠中不算希奇。于是，我们在可可木头过了一个年。

这里的驻军是"蒙古骑兵第×师第×团"，我们高兴的是同一位王团副很谈得来。他今年大概将近四十了，蒙籍，国语说得很好，似乎还是保定军校学生，精神很好，永不会忘掉自己是一个蒙古青年。他虽是蒙籍，但是他深义大明，狭隘的地方观念在他脑子里，一丝也没有积留。他说：

"蒙古是中华民族一分子，我们都是兄弟，抗建的信念是一致的。所以，这里的一切，完全听命中央。这是一支新形成的蒙古武力，力量是脆弱的。但是我相信，这不过是一支庞大力量的基石。

"问题是在蒙人对于当兵的愿望，还不如去当喇嘛。他们认为当兵是苦事，最下流的，只是当喇嘛才是高贵。因此，动员蒙民参加抗战的基本的和技术的问题，是颇值得我们研究的。

"在我认为，教育问题是蒙古问题的中心，教育不普及，文化水准不提高——目前是无所谓文化的——一切问题都很难迎刃而解的。"

　　我们四个人，用严肃的眼光投射在这位蒙古兄弟的脸上，他的口齿很好，见地也非常正确。我们在折服之余，也将傅作义将军的"扶植蒙古同胞，完成平等团体"的意义，略加申述之后，王团副又给我们讲了一个故事：

　　"那是正当伊克昭盟郡王旗被敌人骚扰的时候，我们忍着痛，作这样的想法，蒙古同胞遭受这一次蹂躏，也许可能在他们的脑子里，刻上这一个深仇———刻上民族间的仇恨，而使他们滋长出一种抵御外侮的意念。所以，我们想，这一次的遭遇，与其说是祸，无宁说是福。

　　"在敌人走后，民气的确非常激昂，可是，可是啊！也许就是我们习惯所说的那个所谓'五分钟的热度'吧！耻辱的痕迹随着日子一天天的淡下去，最后，那种曾经敲打着每一个人心坎的事儿，再也不被人提起了。"

　　说到这里，王团副的声音相当低弱。他用无可奈何的脸，苦笑朝着我们，但是，我们的心情和他是一样的。蒙古弟兄的耻辱，就是我们的耻辱，也是每一个中国人的耻辱，我们不用话语来说明，但彼此间都已了解。今日所开展边疆的种种设施，虽然不能说是尽善尽美，但是，满清政府给蒙古同胞留下的毒根太深，是造成今日一切蒙古问题的主要因素。时至今日，蒙古同胞对于那些毒害不仅不严加摒除，相反的，他们却带着眼泪去迎接。因此，王团副加重了他的气力在下面几句话上：

　　"解决蒙古问题或把蒙古同胞的力量引在抗战建国上，不可操之太急。我觉得，应该从教育入手。"

　　夜深了，在风沙中，我们目送着这位蒙古青年向风沙里走去。在可可木头住了两天，招待非常周到。刘团长——他是此间东管府的"贾格〔克〕齐"（注七）——还亲自来看我们一次。

四　拓荒者的厄运

离开可可木头这天，不是没有刮风。但是，我们不能尽把日子打发在沙漠里。为了怕在风沙中迷失路途，便用两块钱一天的代价，雇了一个人。

风沙大得可怕，顺着风走时，只需要举起两只脚，但一逆风，那么，步步都是困难的。塞上的风，无情的吹透了皮衣，又吹透了棉衣，直吹到心底。风里夹着细沙，吹打在旅人的脸上。我们各自戴上了刑具似的风镜，和昨晚连夜赶成的口罩，低着头，脚下使着劲，没有一句话在相互之间来往。

一重沙梁（注八）又一重沙梁，在我们〈的〉脚底下［的］滑过。这六十里路，我们几乎花费了三倍的气力。而在路途中，没有人给我们一口水喝，也没有一个处所可供我们和暖一下凉僵了的四肢。只有三五只骆驼，自在的在漫天的风沙里寻觅适口的食粮。

但是，我们到底到了"黄台子"。黄台子家里正办丧事，这个独家村自难容纳过多的过客，我们只好住在相去不远的另一个独家村里。

这便是我要告诉读者的这个故事。

黄台子是陕西北部人，十五岁时便走向沙漠来讨生活。在沙漠里，他整整过了五十个年头，就凭着双手和一张会说蒙古话的嘴。由担挑的行商，居然在荒漠里开了一爿不太小的杂货店。房屋的四周，用柴草围成各样牲口的圈栏，那圈栏里喂养着很多的牛羊等。说起来也不容易啊！五十年里，黄台子账〔攒〕下来的，除了牛羊等而外，只〈有〉两千多块现洋，和七十多两大烟土。

黄台子有了钱，开了个店铺，于是，这个地方便成为附近百十里"贸易"的中心。按照这里的习惯,人们用不着另费脑子给这个地取个新鲜的名字,所以也就地以人名的叫做黄台子了。

黄台子有了钱,名声自然也就不会太小,正赶上冬令,没钱使唤的小伙子两只手直痒痒。而沙漠里,地广人稀,那不太成数目的蒙古保安队,几乎处处鞭长莫及。就因为这个原故,惨案便发生了。要不是刮大风,我们是一天到黄台子的话,恰好正赶上这幕惨剧。可是,炕上的老头说:"你们要是早一天来,那般灰货(注九)还不敢下手呢!"没有想到,二尺半的衣裳,在土匪面前也都有些尊严。

"昨儿个晚上,"那老头开始感觉兴趣:"四个年青小伙子,四匹牲口,住在黄台子家里。天刚黑时,那四个家伙把黄台子家里的年青人都支了出去,接着动的手……"

"四个人只一支小八音,"一个中年人抢着说:"可是,一枪也没有打。可怜那老汉,硬被铁镐碰死的。钱完了,大烟土完了,黄台子也完了。"

正说到这里时,远处扬起一阵尘土,每个人互投着一种无名的眼线。

骑在马上的,是十来个蒙古装束的人,每人右手上,挂着一支枪,直向我们奔来。我们私自的在心里盘算着未来的命运,我们虽是四个"兵",但除了挂在身边一把预备在沙漠里吃羊肉的小刀外,没有第二件武器。

"不讲理……杀人……往沙里一埋……完事……"这一串带着颤栗的字眼,同着寒气,窜进我们心头。

"保安队哟!"那中年人叫起来了:"前头那个不是'扎克龙'班长么。"听了这话,放下一半恐惧的心。

他们下了马,一直走进我们谈话的小屋里,问我们由哪里来的。我们告诉他"我们是傅作义的队伍",由那位中年人担任翻译。他点了点头，同那位中年人咕哩咕哩的谈了起来。我们所会的那几句蒙古话自然不足以帮助我们听懂他们说的是什么，但是，由他们的表情上看来，大概不外乎有关黄台子的事情。

这时，我们已经把心安排得很平静了，开始欣赏他们的服装。他们都穿着袍子，戴皮帽，那班长还加上一件马褂，束了一条皮带，挂着一支手枪。

"牙布牙!""牙布牙!"他们互道再会了，翻身上了马，那班长使劲的在马屁股上抽了一鞭，十几匹马一刹那间便埋在沙里了。风送着他们，目光送着他们，他们奔向黄河边去了。

五　沙漠的故事

在这里，先请读者们闭上你的眼睛，你想一想，沙漠是个什么样子的。于是，"平沙无垠"、"一望无际"等的概念就会浮上你的脑子里来。而实际上，那些想法都是不完全正确的，真的，旅行过一次沙漠的人，多多少少的要打破一些他关于沙漠的"罗曼谛克"的幻想。

漠南各地的沙漠，大部分是由同一的暗黄色细沙构成。像漠北那些砂石，这里大概很少见到。

沙漠并不是一望无际的，虽然在沙漠，好的天气特别蓝得可爱。但是，原于沙漠的底层并不是一带平原，沙漠也就地层的起伏，而成为无数的小沙丘。人们沿着沙丘转来转去，难得走一条直路。

同时，在沙上行路，固然很费脚力，但也并不像传说中的"连脚也拔不起来"。普通只是齐踝的深度，费力的是沙太软，使不上劲而已。

沙漠中也处处有水草，奇怪的是：沙能够征服高山，而不能征服小池沼。沙哪怕在池沼边堆成了小山，但它们绝不浸进水草的区域。这也许是自然界为生物们留下的一条活路吧！但是，人类的力量是一天天发展的，在沙漠里，已经有若干地方的居民用种树的方法来征服沙漠，树木一成了林，沙漠就得搬家。

"沙漠南迁"，使好些老百姓担心着自己的产业。在路上，我们见到好些地方，慢慢的被沙漠吞食。高高的山上，如果已发现铺满了一层薄薄的沙时，便是说明在不久之后，这里将是一座大的沙梁了。

这确实是一个问题。在地图上，只有绥远境内有沙漠，而实际上，榆林现在已是沙漠中的城市了。当地的人说，这不过是近几十年来的事。

六　草原千里闪青光

你不要想成沙漠里尽是沙，沙漠里可也有水草茂盛的牧场。牧场上，有马、牛、羊群，当然少不了骆驼。由于蒙古人见面先问"牲口好！"这个习惯，你可以想见牲口的地位。因为，它们是蒙古人的经济命脉。

在一个留居沙漠里内地人或当地人家里，有五百头羊、一百多条牛、百十匹马，这数目并不足以惊人。据说最多的到两千多羊，在归绥便有一家有五百匹骆驼的商人。

牲口太多，一个地方的水草往往不够吃，所以，牧畜的每年得搬好几次家。当我们到一个叫"达卡尔"的地方时，这里有三家人共养一千多羊，但是只有一口井。于是三家轮流"饮羊"，可怜羊们每三天才能喝一次水，但它们并不瘦。

羊在沙漠完全可以任其自由生长，但是，沙漠里狼却给人和羊人许多不便。狼在沙漠里常常成了群，有时能整晚闹得一个村庄不安静。就是大白天，它们也趁着牧羊人不备，叼去一只半只羊，所以牧羊人在这里是非常必要的。每一个有羊的人家总得豢养着一两只狗，大概是一百只羊需要两只狗，所以狗多的多到十余条。这狗不但对狼怀着敌意，那就是对于来往的过客们，也决不放松。因此，去蒙古地里旅行，一条不太细的棒子和一套打狗的技术是相当必要的。

这些狗们"价价大概都在二十元以上"，从小就得把它随着羊群带到山里去，训练它那副鼻子，让它认识它的仇敌，好为主人效忠。不过，他们对于狼——哪怕只有一只，也是怀着戒心的。只要狼一来侵犯羊群，只要来侵犯羊群的狼被它们驱逐稍远之后，便夹着尾巴，信信的回在主人那枝红缨枪的附近。

各样的牲口虽然数量不少，但为自己使用的却并不多。羊供给肉、皮和毛，有时也取用羊奶。牛是卖给汉人，小部分供肉食，而主要的却是取奶制成奶皮、奶油、乳酒、酪弹子（注十）等，马和骆驼是为骑用或出卖。

实际上，大量的畜力在这里是"具而不用"的，我们看那些在水草中"饱食终日"、"怡然自得"的牛们，比起内地它们的伙伴来，它们是真太"享乐"了。

七　蒙古包之夜

这一天，带路的那个大烟鬼对我们说：

"今天过了乌加庙，再走三十里，就到唐柜……"

"有几家人？"

"一家也没有，只有一口井，在离那口井五里的大沙梁背后，有两个蒙古包……"

两个蒙古包，今晚便是我们过夜的地方。今天要十足的同蒙古弟兄生活在一起，我们都为了这一个新的尝试而兴奋，笑声和幻想搅成一团。

这口井，正在大路上，是这附近二三十里内唯一取水的地方。

远处的马群奔向这里来饮水，最后是一个蒙古弟兄骑在一匹无鞍的马上，扬着马鞭，马的毛色非常平整而光泽，上面找不出一道苦痛的痕迹，它们还是半自然的生活在草原上的。

上了一个沙梁，上面是一带平原。这时，冬天的太阳已偷偷的从天边滑了下去，红光照射着地面，那大烟鬼指着地平线上的那一端说：

"蒙古包就在那两头牛那里"，可怜，那两头牛现在看来还不及黄豆大，但路总是要走的。驴走得乏了，人们拖着两条腿，天渐渐黑了。至少也有一个多钟头，我们才走完这五里地。

大烟鬼先去办理手续，因为他常来常往，又会说一口蒙古话，所以，很快的我们便进了蒙古包。

实际上，在西北比较偏僻的地方，人们对于远行的旅客是各具同情的。只要你住下了，喂牲口做饭等的帮助，似乎已成为一种"地主"的当然职务，不像内地的老百姓家甚至"留人小店"见了不是做买卖的，"茶水"也不"方便"了。因之，到沙漠里所获得的这一份温暖，一方面固可以增强旅人的脚力，另一方面，使我们深深的感触到天真和淳朴的可爱。

当我们走进蒙古包时，十几双似欢迎而又惊诧的眼光投射到我们身上，一阵热气扑上我们的脸。蒙古包中间那堆熊熊的火光，照着每一个人。他们正在用晚餐，这是一顿和羊肉煮在一锅的小米饭。

他们淳朴的没有一点虚伪，不会盛情的招待我们。但可以由他们的表情上看出来，我们并不是使他们讨厌的过客。也许因为我们虽穿兵衣，但却文雅，或是我们之中还有一位女兵之故。

大烟鬼指着包的西南边，让我们坐下，我们颇不堪于而又不能不听他的调度，因为他不止一次的对我们说过：

"鞭子不要拿进包啊，要从毡帘的右边出入，不要坐在正西方，那是佛爷的神位啊……"

"还有吗?"

"多呢! 不要在包里吹口哨，不要拴马在包前的旗杆上，不要……"他还想没完的说下去。

每个人都怀着戒心，一切平时习惯的动作，现在都得三思而后行。因为都怕偶一失当，引起他们的反感。不过这样也好，我们可以静静的坐在火旁，借着火光去看这新奇的一切。

这时，包里共有九个人，一个老妇人，三个女人，两个已出嫁，现在不知为什么回到家里来。一个二十岁外的儿子和他约七八岁的弟弟，另外，是上他们家里来作客的三个中年喇嘛。

大烟鬼一面同他们谈话，一面把他们和我们互作介绍。这些介绍颇引起双方的兴趣。

这是一个中产家庭，有三百多羊、几十匹马、几十头牛、两顶蒙古包。这蒙古包的老主人已经去世，原先是三个儿子，大儿子很聪明，从小就去当喇嘛。今年冬天，庙里不念经了，他带了两个朋友回家来过冬。第二个儿子比较笨，至今头上仍留着头发，每天到处找酒喝，大概很少当喇嘛的希望。第三个还小，只知道把羊羔抱进抱出。至于他的三个女儿，两个出嫁的如今也回来了，第三个今年才十六岁，长得一副结实的身体，比内地二十多岁的女子还大得多。在她眉目间尚能找出一丝半丝处女的羞赧。

他们吃过了饭，我们也就开始忙碌。三个喇嘛中，比较见过世面的一个，用半通的国语同我们谈天。

对于我们身边的琐物，件件都使他们感到希奇。自来水笔他们得接过去嗅一嗅，然后在指甲上画着。表呢，他们接过去听得很有趣，看看正面又看看反面，秒针疾速的旋转，更使他们飘然神往。他至漱口碗、被子、围巾、手套等，他们都得一一过目或试用，嘴里不断的给予每样东西以解说和介绍。

女人们终究沉默得多，只瞪着两只眼睛听男人们谈话，她们一面用手指把饭往嘴里拨，随着又去拣取那干牛粪，投向熊熊的火里——男人们用筷子，女人不用，这是一件我们觉得奇怪的事——红的火光照耀着她们满头的装饰品，乌黑的眼珠，整洁的两排牙齿，更衬托出那位十六岁的蒙古姑娘原始的真和美。

他们的碗是不用洗的，饭后各自用舌舐得很干净，然后用那条用处颇多的小手巾一揩，便算完事。嘴上或手上的油呢？顺便往上身一擦，时间久了，胸襟和袖头上都被抹上了一层油光，这油光的厚薄恰是蒙人贫和富的分野。

我们的饭做好了，虽然他们刚吃完，但是，因为我们的邀请和他们希见的稻米的香气，他们每人都分尝了一点新，只有那位二十多岁没资格当喇嘛的年青人吃得最多，他像同谁在比赛似的，把粘在锅边上的每一颗饭粒都刮个干净。最后，拿起我们用来盛油的水壶说：

"是酱烧酒么？"

"不，是酱油。"

"我喝——喝——一口"，他用请求的眼光看向我们。

"喝不得，是咸的……"

"我喝一口，我喝一口……"他顽皮得像一个孩子，也不听我们的话，说着第三个"我喝一口"时，他已恶恨恨的向那壶口吸了两口。

"吐吐吐……"酱油掺和了口液从那贪婪的年青人口里吐了出来，整个蒙古包都被笑声充满了。

时间不早了，天际的小星星已由包顶上的天窗孔里，向我们微笑。包里每个人仍睁看〔着〕一双疲倦的眼，相互闲谈。包外则是一片寂静，牛羊和它们主人的一切笨重物件，都自在的躺在沙漠上。

那个老三把一些小羊羔一个个的抱进包里，包里是那样的温暖，熬得穿单衣还免不了要流汗。但是，虽则如此，我们都不敢推开棉被和皮衣，因为，常识告诉我们，半夜过后的蒙古包是寒气透骨的。

喝过了浓而且咸的砖茶后，那位蒙古老太太和三位喇嘛开始了他们的"宗教活动"。连连跪拜，口中念念有词，大概这样一刻钟，这个蒙古包才静了下来。按照蒙古的规矩，我们都得头朝火盆，虽然头脑有些热烘烘的，但是，规矩可不能不遵守啊。

这一夜，便在这种规矩之下，十来个人把这座蒙古包填满了。

早上，天尚是乌黑的。女人们便七手八脚的起来做早茶了。我们也匆匆起身，免去了洗脸和漱口，把一张一元的法币塞在那年青人的掌心，他并不感到满足或其他，也许他还不太知道这一张纸便是现社会一切的主宰。

"喂！会剃头不会，会剃头，再住一天"，他却真的脱去头上的皮帽，拍着长长头发的脑袋问我们。但我们给予他的却是失望，这时，他身后转〔传〕出了那个较为懂事的喇嘛的声音：

"好走好走……"

八　王爷及其下属们

在蒙旗，各个旗的最高首长当然是各旗的王爷，但各旗之间，依着自然和历史的关系，划分盟旗。盟有盟长，王爷又名"扎萨克"，王爷下则有"协理"，协助王爷处理蒙政，协理下有"贾克齐"，管理全旗军队，再下有两位"梅令"，各管半旗，梅令下有

"加拉",则是一种较小的政务官。

蒙旗,在组织上自然有他的缺点,使得王公在行使职权上发生许多困难。但是,主要原因还是基于各旗属地的辽阔,人口稀少,且游居莫定。好在,王爷与其所属之间,并不一定需要保持如何密切的关系,王爷只须到时派人到所属家里去要羊要马等,属下也只是去为王爷当兵,当差,和一定时间的送礼而已,彼此之间的关系都非常自然。因为尚有一种宗教的观念,织绕着他们的心。

王爷多是世袭的,所以,在现在绥蒙各旗的王爷中有两个尚是幼童,乌拉特东公旗的王爷今年八岁,乌拉特西公旗的王爷不到四岁,但其中却已有一位精明有为的康王,他是乌兰察布盟乌拉特中公旗的王爷,老王爷在时是绥蒙各旗的盟长,所以在蒙旗中,他承袭着一份光荣的威望。

他现在是乌拉特中公旗中将防守司令,四十左右的年纪,高高身材,戴一副眼镜,白皙温雅,颇像一个南方人,在五原前线的每一次大会中,都可以听到他的讲演,他能讲一口很好的国语,但演说时总习惯的用蒙语。

他是一位富于革命性的蒙古王公,不仅对于蒙古民族的前途认识得非常清楚,计划着一定努力的步骤,即就是对于琐屑的"繁文缛节",也想将之逐渐消泯。

康王不愿意人家叫他叫"王爷",他喜欢别人叫他叫康司令或康济民同志——这是他的名子〔字〕——他不要他的臣民给他行跪拜礼,他更不太高兴他们献鼻烟壶或哈达(注十一)之类的东西!他说:"……行三鞠躬好了,不要这些封建的玩意儿。"

王爷与臣民们除了阶级地位不同外,其他相异的地方,只怕要从服装上去发觉了。王爷穿黄或紫色,平民则是黑色或蓝色,长袍、背心、靴子都是一样。讲究些的穿件马褂,只是喇嘛特殊,虽是平民出身,但一出家,即与贵族平等,由此也可见以前对于当喇嘛的奖励了。

除了用以表示阶级不同的服饰而外，在生活上的享受，自然也不一样，王公贵族可以常吃乳酪、白面、羊贝子（注十二）等，但一般的人当然不能这样。

九　沙漠天堂

虽则如此说，但沙漠里除了铺上两三寸厚白毡子的蒙古包可称尊贵而外，也尽有的是天堂，但是这些的天堂，却是为了"饱食终日"的喇嘛们建造的。

乌审召在万顷的沙漠里，然而召附近约莫十里之内，不仅遍地水草，而且是一脉平林，这是沙漠上一件非常不协调的事。有的地方煤炭很方便，有的地方只有小草可烧，有的地方大量的用牛羊粪做燃料。但一到乌审召，柴火多得触目皆是，就在这个平林的尽头，几只夕鸦盘旋在古老的槐树上。我们已知道了，在槐树的圜抱里，一千多活生生的人在过着"寂灭"的生活。

近二十天沙上跋涉的旅人们，如今好像回到南国的家乡，碧蓝的天、和暖的阳光、密密的小丛林，哪一样看来都不陌生。然而，这终于是一个幻觉，这天地实是太小了啊！一转眼，又有千万里的黄沙，铺在我们面前。

出了丛林，蓦然间，一座白塔矗立在面前，渐渐的，一切金碧辉煌的建筑物，都呈现在不远的地方。黄绿相间的瓦，红的墙，嵌着黄或白的台阶或边缘，式样的奇特、颜色的鲜明，与文化水准非常不协调。更奇怪的是：这些建筑材料，是从什么地方，用什么方法运输而来？曾经有人说过，越是文化未发达的时代，越能完成一些神奇的工程，埃及的金字塔，中国的万里长城，都是建筑在科学尚未昌明的往昔。

进了"经道"(注十三),我们各拉着一头驴向召里走去,喇嘛们围了上来,他们的粗俗无礼,粉碎了我们整个虔敬的心情。有的甚至涎着脸向我们要东西,开玩笑。我们在极端的疲惫之余遭此种种,心中烦厌到极点。我想,这一群的喇嘛,他们不但未得"佛"的真谛,便连一些外表,也远不如和尚们装得文雅。

在往常,召内是不许可居留任何旅客的,但是,我们说他是一种"对于文明的让步"吧!第一步,允许男子留住召内;其次,允许女人通过召庙,但不能停留;第三步,允许女人在召内打尖休息,但不能过夜,也许再过不久吧,女子在他们那里,也能争到一分与男子相等的权利。

在召里重重被喇嘛包围,起初还想同他们试验几句我们初学尚未成熟的蒙古话,慢慢我们向他们瞪开了眼,因为,他们之中,没有一个人肯为我们找个过夜的地方或是草料等。人和驴,在这"佛光普照"的圣地里,得不到一丝的慈悲。

薄暮,才找到一所替喇嘛们做工的木匠(注十四)的房子,因为他是内地人,在半强迫之下,我们算是有了睡觉的地方。不过,因为有一位女同志的关系,半夜里经过长时间的争辩,召里大喇嘛名叫"噶苏鬼"的说:

"你们不怕出马达(注十五),那就住下好了,"他开始用生死威胁我们:"在前些日子,有一个婆姨(注十六)硬要在这里过夜,当下,就病了,不到三天,死在路上……"

可是,前面还得走三十里,才有人家,人和牲口都不能支持这一段途程,我们也只好不怕死的住下了。这一夜,虽然十分疲倦,但总难安心熟睡,怕的并不是泥塑木雕的神给予我们的任何惩罚,而是恐惧于传说的他们有相当数量的武装,沙漠是四望无根〔垠〕的,谁能再往下想呢?

算是睡了一觉吧!不约而同的翻身下了炕,以十分钟的整理时间，在黑沉沉的绝早，我们离开了这座"天堂"。晨间的寒气扑在我们脸上，皮帽沿上结了一层白霜，人们怀着紧迫的心，踏着严肃的步伍，一步一分的减轻心头的重量，这样的走了近四个钟头，太阳才从地平线上爬了上来，我们向着漫天的红光嘘了一口气，每个人用曝在阳光里的面庞，相对微笑。

下面，让我［两］用宁静的心情对读者们介绍这座召庙和里面的人们吧！

这个召，位于伊克照盟乌审旗的中心，是全旗宗教的中心。全召喇嘛有一千多人，在我们二十多天的途程里，很少见有十个以上的聚集。这里当然是洋洋大观，可惜，这里不是一个大的蒙古部落或是一支庞大的蒙古武力，这仅仅是一千个无所事事的消费者。

在前面已经介绍过，这座宏大的召庙的建立，花费了不知多少蒙古信仰者的四〔心〕和力，再加上那一千多位"佛爷"们所需的供养，都是由每个蒙古信仰者负担。

据说这是全神庙，连关公、吕洞宾都有一份香火，菩萨多得不可以数计，而且都修葺得十分光彩而完整，不像我们过去见到的那些"破落庙"似的凋零。在召的附近，环达〔绕〕着一列平房，间或点缀了几座蒙古包，这些俱是喇嘛的居处，或者我们可以说他类似一所大学吧！真不知道哪年我们才能见到，一座大学巍然的站在沙漠里呢！

召庙建筑在沙漠的中心，蒙古人民从各地走向这里来，每人怀着一颗茫漠的心，把自己的一身，交给这座巨大的建筑物，一〔千〕个喇嘛死去，又有一个站起来，还没有桌子高的小喇嘛补充上来。几百年就是这样"轮回"下去。

喇嘛庙可不比和尚庙"组织化"，在和尚庙里，似乎一切都听命于老和尚。和尚们一听见撞钟，便鱼贯的走入经堂，去吃那顿同一的不含肉腥的食粮。喇嘛们则不同，他们的享受全不一样，家里有钱的喇嘛呢，衣着、饮食都非常讲究，住的蒙古包也收拾的十分清爽。比较贫寒些的喇嘛呢，虽然他们家里对于他的供应是曲尽所能，但是，也难免"捉一〔襟〕见肘"，而喇嘛终究也是人，对于一些世俗的势利，不会太两样。

文化程度的低下，在蒙旗各地是一种普遍的现象。据一位蒙古知识青年对我们说，蒙古识字的不过百分之一，除了其他种种政治的经济的原因而外，蒙古文的繁难，也不能不算是原因之一。蒙古字母一共有一百五十多个，而且又变化复杂，所以造或〔成〕绝大多数的蒙古人不识字的现象，在这里，我要请读者注意，你们不要以为喇嘛们念的经是蒙古文，他们念的却是十足的是西藏文。满清政府消灭蒙古文化的毒辣手段，即就是对于喇嘛们也不放松。

成天念经，成年念经，但喇嘛们却到老也不懂得经里面都说些什么。大喇嘛把它当成一种必修的功课，小喇嘛则两眼瞪着看那两只"包格苏"（注十七），老喇嘛们也许悟了一些"佛理"，但是，谁能知道哩？

十 勿略勿鄂博下

大烟鬼大概是过足了瘾，精精神神的同我们谈了起来："今天咱住勿略勿鄂博哟！"

"那里也只有一家蒙古人，一个老头子叫贾克苏甲，六十多岁，有三个老婆，是个老财呢！一家人有四个蒙古包，"大烟鬼越说越有劲，两排黄牙不时咧出嘴外："……三个老婆哟！大的是管家的，第二个是养孩子的，第三个啊，今年不过二十岁，是个受苦的！"（〈注〉十八）

"那个养孩子的也给他养了孩子没有?"

"有一个,今年才八岁吧!咳!怕不一定是那老头子的。"大烟鬼打了一个哈欠,沙漠前面一座小山岗便呈现在我们眼前,他揉眼了:

"那就是勿略勿鄂博,过了鄂博不过五里,就到了老头子贾克苏甲的家了。"

"鄂博"是一种用柴草堆成的东西,设置在沙原里的山梁上。原是蒙古人一种祭拜的对象,但实际上现在已成为沙漠上的灯塔。要是没有它,茫茫的路途会给人们许多不便的。下了山岗,远远的瞭见了贾克苏甲蒙古包前招展的旗幡,正迈着步子,向圈里走去,后面是一个穿着花背心的(〈注〉十九)蒙古妇人,扬着长鞭,打着嗯哨。有时,一两声原始的歌声,从远远的地方,传到我们身旁。

进了小树枝织成的藩篱,老头子用和善的面孔迎了出来,他殷勤的为我们指点住宿和饮牲口的地方,除了语气生硬而外,颇不像一个蒙古人。

在短短的篱笆里,安置着四个蒙古包,三个较小的是作为存放东西之用,一个大的则供住人,这些蒙古包已不再是用毡子和木棍搭成,已不再能被三两只骆驼把它载走,这是进化的了,由游牧进为住居,在形式上不脱包的样子,而在质料上已是改用砖或泥砌成一个圆圈,上面塔上木棍、树皮,再加上一层土,外面看来非常整齐,内面刷上白粉,又十分雅致。

物质文明已侵入这个家庭,包里的用具不尽是土货或铜器,橱上放着一个玻璃瓶,一只洋磁脸盆,另一座小泥炉子上还装了几节洋铁烟筒,习惯让我们把它当成一根柱子,几次无意的扶上,烫着手都得装得若无其事,因为,那位老太太时时都在等着一个"叫唤"的机会。

大概这个家庭已在走着逐渐汉化的路了，他们知道另在包外打两个小灶，以备炒米或其他的使用，大量的柴在围子里堆成几大堆。另外，还买了几口大缸，淹些青菜、生葱之类的东西，已不是完全畜牧，虽则还不会种粮食。可是种几种普通菜蔬的本领，老头子是已经学会了的。

我们洗了脸，坐在用细草根做成的垫子上，同老头子谈天，我们说我们是从"套里"（注二十）下来的，他很兴奋的说："那你们是傅主席的队伍啰！包头这会儿怎么了？"他脸上浮着微笑，每一条皱纹里都游移企望的光彩，我们反倒被他惊诧住了，用极慢的音词，告诉他这一次出击包头的胜利，他愉快得快流出了眼泪，问起了我们的家、父母，和我们间的关系，最后，他说："你们太辛苦了，在前方打日本，要是你们不好好打日本，日本打过来了，不说你们内地人过不了好日子，我们这里也不会有好日子过的……"我们四个人，被他这句句真诚的话所激荡，压抑不住内心的兴奋，真难得，这一套国内各民族共同抗日的大道理从一个淳朴的〈蒙〉古老人口里说了出来，怎能不打动我们的心呢！

这时，突然的，一只小手掀开了帘子，接着一个小脑袋钻了进来，但一看见有生人，便很快的缩了回去，包外起了一阵细碎的皮靴声，

"马甲尔！马甲尔！"老头子一面召唤，一面向我们介绍，这就是他唯一的儿子，为了不愿叫他去当喇嘛，从小就把他许给神灵，直到十三岁以前，马甲尔不能吃别人给他的食物，这时是马甲尔忸怩着进来了。

他长得非常秀丽，服装虽不十分讲究，但却配搭得很为得体，头上挂着一个小项圈，细腰带束着小小的身材，一双牛皮靴，更小得有趣，他老是侧着身偷看我们，一条小辫子在背上摆来摆去，不时从那嵌着一对大眼珠的脸上，投递过来天真的笑靥。

　　我们都非常爱他，有的说他很像《红楼梦》上所写的贾宝玉，有的说他或许是未来的小王爷。于是想了种种方法逗他过来，但他总像一只小绵羊似的胆怯，把身子藏在他父亲的身后，但不一会却又露出半个脸来对我们笑。

　　我们给了他一张"王老五当兵打日本"，又拿出一些照片来，这孩子终于渐渐的同我们熟悉了，指着图上问哪一个是日本鬼子。

　　"嗒嗒！"随着放下帘子的声音，一个少妇的影子闪了进来，跟着又是个中年妇人，前者是马甲尔的第三个母亲，后者却是老头子那个管养孩子的女人。

　　大家围坐在火旁，蒙古老者送了我们一些生葱和山药蛋，我们请他们吃大米饭，只有马甲尔不能吃，把双大眼瞪着大家，这样，包里的空气融洽得像一个和美的家庭，我们唱着学会不久的几支蒙古曲子。但，她们很是吝啬于自己的歌喉。

　　喝过了茶，人们随着炉火沉默了下去，老头子保持着他八年来露宿的习惯，同那位"受苦的"，带着一些老羊皮，去到包外，包里的一半地方，则让给我们尽量的甜睡个通宵。

　　第二天一早，我们要告别了，"离别"对于我们早已不算一回事，但这一次，每个人都有些怅然，难得啊！在荒漠的边塞上，我们获得了这么一份温暖，怎么不令我们恋恋难舍呢？

　　行前，彼此都有些馈送，我们送他一些砖茶、几粒针、蓝线白线各一绺、火柴一匣、铅笔一枝，老蒙古则送我们牛油一块，此外把我们那个空下不要的篓子里，塞一篓酸葱，硬装进我们的行李里。

　　一家人——连同小马甲尔送我们出了篱门。

　　"什么时候再来呢？"蒙古老者的声调里孕着深深的情感，我们相互看了一眼，什么时候再来？我们哪里知道？

　　"三四个月啊！再来时另外给你们带些东西来——啊！一定给

你带几张蒙古报……"

"牙布牙！牙布牙！"他们一一把手曲伸在胸前（注二十一），为我们祝福，我们也向他们点头，心里涌上一阵的酸痛，走了很远，回过头，马甲尔他们仍向我们扬着手。

渐渐的，贾克苏甲的家埋在沙漠里了。

十一　无定河边的一夜

进入了万里长城，下了一座极陡的大沙山，这一夜，我们住在无定河边的一个独家村里，河虽然就在面前，但是毛驴——尤其在晚上是绝对不能过去的，水流得很急，紧接着是一个不太小的瀑布，我们在河岸上便已发抖，一下水，连人带驴加上东西，都得变成"可怜无定河边骨"。

这一夜，我们心情都很好，坐在河边大石上，在瀑布中，大谈其当年这一个争战之地。我们都以为在这一带一定可以发掘出古老的兵器，但是，这终于是一些无济于用的幻想。沙漠中，却另外的埋藏了一些更宝贵的东西。

"你忘了那位老乡说的吗？在'阿马恰哈'，盐卖一块钱四十七斤。那老乡还说：'这年头，啥都是贵的！'真好笑！"

明天，我们就要和蒙古沙原告别了，什么时候再能吃那一块钱四只的羊腿呢？是的，在明天，我们要渡过无定河，虽然前面还有沙漠要走，但已进入到陕北区，一切风俗习惯已失了草原里原始的气息，我们将再难重见着淳朴、淡泊、恬静的生活，我们将踏进别一个社会了。

二十多天的日子，我们把它和着梦打发过去，所见的，所闻的，什么不像是一个梦呢？一个文人在他的《苦闷的象征》里写道：

"……梦是因着一种压缩作用的原故，这恰好比演剧中把上下三四十年的事象用三四小时的演排来表出……"我们这一次，也恰如看了一个历史的纵剖面。游牧生活、半游牧生活、农业社会以及它的初形，这些各种不同年代的，都在这十多天里，在我们面前划过一条直线。

这里，我们默默的为全中华同胞尤其是为蒙古弟兄祝福，企望着因着抗战的洪流，把沙漠中的一切涌到时代的巨手下，获得飞越的进步。

一钩残月，满天星斗，塞风轻吹我们的征衣，无定河中的流水，如昔的奔流天际，站起来，拂了拂身上的尘沙。

"明天啊，还有一万里的途程，在等待着年青的脚力！"

二十九，六，九，于凤翔

注：

（一）陕西北部一县名，北距延安五十里。

（二）牛牛车，即牛车，沙漠一带〈人〉多［人］习将两字叠用，如牛牛、驴驴等。

（三）瞭山头，在沙漠里，很难有一定的路可走，只有山头可作路标。

（四）黄河南岸，离临河不远的一个小村落名。

（五）陶立明，沙漠中的一个新兴城市，是由包头通宁夏的大道，伊盟各旗的中心。

（六）短统毡鞋叫卡登克，长统的叫人事可。

（七）贾克齐，蒙古管军队的武官名称。

（八）梁，山丘在蒙古地理的别称。

（九）灰者，坏也，意即坏家伙。

（十）用牛奶制成的各种食物，以奶皮、奶油为上品，奶弹子则稍差，是一种酸味泡在炒米里喝的。

（十一）哈达，一种薄的丝织品，由数尺到一两丈长，黄或红色，蒙人用之作馈赠或敬佛之用。

（十二）羊贝子即全羊大菜，是蒙人待客的贵重食品。

（十三）径〔经〕道环绕召外，每年喇嘛盛会时循道而行，亦作"喇嘛"与"凡俗"之分野。

（十四）蒙古人自己多不会做鞋、成衣等各种手艺，内地汉人寄居庙中，为喇嘛服役，经年一归。

（十五）麻达，即麻烦。

（十六）婆姨，妇人之称谓。

（十七）包格苏，类以麻花之一种油炸食品，喇嘛每次课毕，予似〔以〕二枚。

（十八）受苦，即是做工的。

（十九）蒙古女子但结两小辫，着长袍，不加稀〔饰〕物与背心，已出嫁者，则穿背心，用以识别也。

（二十）套里，即后套之别称。

（二十一）蒙人的一种礼节，两臂曲及胸前，手掌平伸。

《西北论衡》（月刊）

西安西北论衡社

1941 年 9 卷 1、2 期

（李红菊　整理）

陕坝至宝鸡沿途纪事

陈毓璋　撰

作者由绥西陕坝步行赴宝鸡，共历四十余日始行到达，沿途见闻，均系亲历，此处所录者，仅纪事中之概略耳。

编者

由绥省临河县陕坝登程至宁省磴口县属之三盛公，有若罗似网之水渠，导源于黄河，环绕于此广阔无垠之平原，其中可耕可牧，获利甚易，当地人民之职业，多以务农为主，而以畜牧业附之。因此所产皮毛及米麦甚富，但因交通不便，商业难振，人民唯赖车马运输货物，食粮便宜，布匹昂贵，驻扎各乡之军队，每村不下数营，平时除操练外，并力助人民耕作，以求军民感情之融洽。然而敦厚诚挚之民性，经此长期教化后，对国家之认识及此次抗战之意义，亦甚能深切明了，瘁〔淬〕励奋发也。各乡虽设小学，但多设备简陋，经费不足，师资欠佳，待遇微薄，故教育之成绩殊不显著。

沿黄河两岸沙漠垠垠，起伏如波，临近西岸之大道，虽可行车马，但常因河水泛滥，泥泞难行，即单人徒步，亦不易行进。此段路程，村舍稀少，居民多以蒙族为主，皆逐水草而居，以畜牧为生，境内因有湖沼，故产盐殊多，皆集散于磴口县，而磴口又为宁省北部之重要商埠，位于黄河西岸，运输皆以船只往来，顺水而下，可达临河、五原、包头等地。

　　从磴口南行，便见绵亘之贺兰山，巍立于黄河左岸，中夹康庄大道，直抵石嘴山，此段路程虽云平坦易行，然而平日多为匪盗出没之所，故旅客非结伙成群，不敢通过。又因人烟稀少，每日不能按照一定行程前进，沿途无房舍可资住宿，所以旅客所需食品，除自己携带外，实无法购买。到石嘴山后，即可购到食物矣。石嘴山为宁省北部之重要门户，西频〔濒〕山岭，东依河水，形势险要，商业兴盛，今前方战士之家眷，多居留于此。

　　石嘴山至宁垣，沿途多有水渠，灌溉田野，而村镇星罗，人口繁密。土筑堡垒，或十步或百步，各居一方，触目皆是，人民亦多以务农为主，故产稻殊盛，而所种之西瓜、葡萄等瓜果，产量尤丰，品质极佳。人民多信奉回教，善于经商。

　　自宁垣出发到金积县，虽有数日行程，然其沿途风景不啻一幅图画，良田毗连，禾菜油然，绿林遍野，鸟雀纷飞，行人络绎不绝，或徒步，或负荷，形形色色，南来北往，熙攘之状，极为热闹。吴忠堡乃为宁省内地商业中心，各处小商多赴此贩运货物。

　　从金积县再南行，乃由一片优美之地，复转入荒凉之区，人民穷苦，食物昂贵。至峡口，则有青铜峡之佳景，水势滔天，浪声震耳，源源不绝，滚滚而去。行数里则复见白冢点点，依山临水，俗传为宋代穆桂英之坟茔。至中宁县，则又睹热闹市街矣。

　　出中宁县，极目四望，一片荒凉。每隔数十里，始有村落。人民穷苦，无衣无食，饮水味甚苦，不能下咽，穷苦之状，为沿途所仅见。

　　由宁夏至平凉，约八百余里，在此长途中，以由杨家塘至韩福湾之一百四五十里为最艰苦之一段，一般人民都以苦水为饮料，苦水水井甚深，竟有达三四十丈以上者。苦水浊臭而涩苦，易使肠胃受刺激，胃弱者饮后即患痢疾，故农民每当夏秋落雨后，将雨水收而存之，用为饮料，此种雨水喝后，不生疾病，为该地最好之饮料。头营、三营、七营等地方，乃宋朝杨家将弟兄辈军营驻扎之地，在此一带，共有七营，都是当年兵戎战马驰聘〔骋〕之地。到现在交通仍不方便，地形大部为平原，农产以麦、米为大宗。沿途村落稀少，颇为荒凉。通过宁省同心县与甘省兴隆堡的划界处，乃为一凹形地带。本段路燃料太缺乏，一元只能买到二三升碎炭（碎炭用量米的升子来量，亦属罕事），可见燃料的困难了（产炭的地方，离此还有三四百里地）。一般农人都以牛马粪作燃料，食粮以米为大宗，每元只能购到一升，其苦状可想而知了。凡此种种困苦，大都由于农业出产太少，但同时亦受了交通工具的限制，所以往来于这里的人，无不叫苦连天。此道在抗战后已变成一条军事、经济、政治上极有价值的公路了，政府亟应设法改善之。

由固原至平凉，山脉连亘，间有少数平原，但大路及公路，则多筑于两山之间的平坦地带，故行人不感跋涉之苦。由瓦亭镇起，经青石沟至三关口，约□十余里，山势最为雄壮，大道依山而筑，夹山草木丛茂，溪水淙淙，声音潦〔嘹〕亮，更使行人有清快之感。沟中阳光，每天正午始能见到。至关口下，山势更险，两山夹峙，其间距离只不过一二丈，山坳有宋杨六郎庙，据云三关口即古金佛峡，乃当年险要隘口，用以拒阻匈奴的。清光绪元年才开辟道路，便利行旅，工程非常浩大，现在道路虽极平坦，但其山势之雄伟，仍不减于当年。出关后，路旁建有关岳庙，颇壮观。庙前有小商贩两家，可供行人憩息。过此五里，即是蒿店镇。山势渐形平展，农产以麦子为大宗，高粮〔粱〕、玉蜀黍次之。距平凉八里有八里桥，是一座铁筋洋灰的大石桥，桥洞十九，全长约有数十丈。平凉市面繁荣，物价甚高。公路四通八达，东去西安，西去兰州，北去宁夏，均有定期班车往来，是一个交通重镇。

出平凉东关，沿公路东行，至四十里铺，由此东去有公路直通西安，南行有山径直达陇县，沿途山脉绵亘，道路崎岖，时而悬于高崖，时而陷于深谷，谷中常有溪流，架石为桥，步履极危。行人或乘轿，或骑马，或徒步跋涉。径才通人，若对面相逢，则不能让行矣。住民回汉杂居，共事而不共食，人民以窑洞为屋，以玉蜀黍为食，衣衫褴褛，形容憔悴，盖由于饥荒之所致也。陇县境内稍优于其他各县，农产以麦、米、高粱、玉蜀黍为主，果品以柿、梨、栗、落花生为多，将来陇海路继续西展，陕、甘、宁、青各省货物，皆可以此为集散地。最近政府已令西北公路局开辟宝平段公路，由宝鸡经此地直达平凉，本年六月即可完成通车。

由陇县出南关，有小河一条，人民利用河水磨面轧花，获利颇重。南行一百六十里，为康庄大道，可直达宝鸡。路旁多为可耕梯田，气候较为温暖，田间碧色一片，四望无际，风景绝佳。故虽徒步至宝鸡，亦不觉其苦楚也。宝鸡现为陇海路西达终点，东通西安、洛阳，南有川陕公路可直达重庆。此两干线在国防、民生上，都占着很重要的位置。本年六月宝平公路完成后，由重庆经宝鸡可直抵兰州，宝鸡当成为西南公路与西北公路之联接点矣。由此可以打通西南国际路线与西北国际路线，实为西北与西南交通的咽喉。是地因交通便利，街市颇为繁华，较之战前，直不可以道里计也。

《西北论衡》（月刊）

西安西北论衡社

1941 年 9 卷 8 期

（李红权　整理）

塞上的行程

——绥远青年剧社巡回劳军公演散记

凡塞撰

××兄：

早晨，陕坝□上的人们，还都睡的呼呼地，我们上路了，目的地是巡回劳军的第一个据点——临河。

我们本来是十二个宝贝的，除了在家留守办刊物的三员将外，就只剩了九个了。再加上我们特约的小演员——曾在《北京人》里饰小柱儿的奎生，他的年纪恰好是我们最小的同志年龄的一半，所以这次巡回塞上草原作劳军巡演的全部阵容，只能算有九个半。以这么一个可怜数目的剧队，去作这么一个繁重的工作，真有点那个。不过我们都不泄气，都相信不致于太拆烂污而弄得丢人现眼的。

这九个半的队伍，在一清早，并不浩浩荡荡的走上了临陕公路。倒是那两个破旧的轿车和一辆装景片的马车，还有些风尘仆仆的旅行味道。

太阳刚从东方的天边上露出头来，微风拂到脸上，特别使人有一种清新之感。沿途都是菜园、瓜圃，刚刚有些嫩苗生出来，我们从前方回来的时候，大概可以吃到嘴里了。回过头瞧瞧，陕坝埋在绿丛里。车过圆子渠口，天气有点热起来，越走越热，好像是下雨以前那种闷气，使人发燥，后套的气候，就这么变幻无常的。

上午十点钟，到临陕公路的中点——红鞋店，这是多么令人销魂的香艳的名儿啊！这个地方方圆左右都叫这个名子〔字〕，也真的有这么一个店，凡是来往于这条路上的旅人，都会到这儿休息打尖的。你看到这个店的命名，就会联想到这一定是个"女店主"开的。在快到这个店的时候，金鱼（注一）告诉我们这个店主是一个风流貌美、小鸟依人的少妇，我们听了，都打算看看这位小鸟，紧紧跑上几步赶进店里，谁知不看还好，一看令人捧腹，原来这位小鸟已经是四十多岁胖胖的"老鸟"了，大概阴雨天伤了风，脑门儿上印着一块挺大的紫红色的"圆章"，像是刚上过屠宰场似的。那双尊足穿的也已经不是红色而是黑色的鞋了。不过穿的倒很干净，招待客人也殷勤，凡是客人需要的，她都给你预备好。就在我们打尖那会儿，就看她跑进跑出，一会儿烧柴，一会儿倒茶，一会儿给车夫找草，一会儿算账，又一会儿丢了三颗鸡蛋，忙忙的找东找西，找了半天，没有认账的，她才开始咕嘟着嘴骂起来：

"是哪个灰圪泡（注二），吃了鸡蛋不作声？"

骂完，她自己又咯咯的笑起来，跟炕上坐着的许多客人念叨着说，她每天都会有几个干货（注三）和鸡蛋丢了找不着认账的人，她一边说一边随手剥一个熟鸡蛋吞到嘴里，塞得腮帮子鼓鼓囊囊的：

"让那些灰儿（注四）偷吃了，不如自己吃一个哩！"

说完客人们笑了，她也笑了，接着她又忙忙的摇摆着那堆胖肉到别的屋里招待客人们去了。就这样，她会使客人们非常满意。她虽然有几个"吃苦"（注五）的，可是只烧烧柴、喂喂牲口，别的，什么也不成。她一个人，招待大几十个客人，几个屋子跑，使得每一个屋子沉闷的空气都活泼起来，让疲倦的旅人们有说不出的满足而忘掉征途的困乏。

我们在这儿打完尖，已经过了晌午了。继续往前走，天气格外热起来，这条公路也太坏，东一个坑，西一个洼，尘土有一尺之厚，大车、牛马都在上面走，有两条很深的辙，好像到处都是筑好的工事，随时防御敌人的前进似的，骡车走在上面，颠簸不平，心脏衰弱的人们坐在车上，自然不大合适，就是很正常的人也会颠成胃病的。我们那位冯"之更"（注六）先生在半路就吐起来。不过，听说最近已开始兵工修路，但愿回来时，已有好路让我们走。

拉布景片那辆车的马，不像唐吉诃德先生的那匹也和达□安那匹坐骑差不多，肋骨一根根快透到皮外面了，吃排骨也嫌没有肉，要是在肚子里插上一支蜡烛，就会成了马灯。这匹可怜的牲畜，一边走一边叹气，它那位主人又太不会体贴，一看见走的慢些，就拼命的打。我们见它太可怜了，告诉那位车倌，走得慢点没关系，别再打了，打死了不是更没办法吗？终于这匹为人类辛劳的动物，走在丹丹木头，就再也不肯走了，结果只让它停在那里，等我们到临河再派匹马来接它。

我们那两辆车的马，也是不大容易找到的，我和金鱼这辆车的马，也和那匹马差不多的瘦，营养不良，又加上上了点岁数，走几步就停下来喘气。车倌告诉我，这条路太难走，得"缓缓"，假使你是急性的而又□紧赶路的话，那么热的天气，你很有脑充血的顾虑。另外那辆车坐着两位小姐和小柱儿，那匹马较比好，虽然有点肺结核的嫌疑，可是不咳嗽，有时候只是哼哼一两声。

黄昏时候，我们这个幸运的队伍，才过了□道桥，走进临河的街区。

宿营在新××师的通讯连。在师部吃完晚饭，已经是深夜了，才把疲惫的身体倒在炕上。

第二天，因为战友们都在三四十里地以外挖着渠，临时召集不及，而且我们也要做些准备工作，所以没有演出，当天只是排排戏，把舞台装置好。

临河是后套顶富的县份，县城离黄河才二十里，南北九十里，东西一百二十八里，渠道很多，产粮最富，不过全县已垦的地还不到一半。这么肥沃的土地，弃置不耕，真是有点"暴殄天物"，但愿这次修渠能有更大的收获，使"地尽其利"。县城里的商业可不算繁荣，店铺倒不少，里面没有多货，掌柜的、伙计们都伏在柜台上打盹。不过物价比陕坝反倒便宜，譬如，一磅凡士林，陕坝"面子事"还要一百二十元，而临河八十元就痛痛快快买到手里。许多日用品的价钱，也比陕坝低个一两成，相隔六十里，而货物是一个来源，物价就高低不平，这也许是陕坝的人，比临河有"子儿"吧。

二十三号早晨开始演剧，早饭后，舞台下面就坐满了战友和民众，看起来足有五六千人。太阳还不太热，十点钟开幕，一共是六个节目：《歌咏》、《这一代》、《杂技》、《客店》、《相声》、《明天的胜利》。在向劳苦功高的战友们致词并简单的报告剧情之后，节目便开始了，杂技和相声使老总们笑的合不上嘴，《这一代》和《明天的胜利》可让他们掉了泪，在他们泪还没流完，我们的相声又使他们咧开大嘴笑起来，他们纯洁的感情，是随着舞台的情景而转变的，同志们表演很带劲，虽然是空场而且有点风，可力气都没的少卖。

因为天气热，二十四、二十五两天，都改在下午演，观众一天比一天多，演出的戏有《萧忠义》、《黄莺儿》、《人约黄昏》、《罗国富》，干不了也得干，中间都配合着歌咏和杂技，台上台下都够紧张，得到了预期的效果。

我们本来打算在这儿演完休息一天，作点访问工作的，因为陕坝来电话催着到百川堡慰劳刚从第一线归来的骑×师，所以不能不在二十六日一清早便赶往百川堡了。

现在就此打住！到百川堡再向您报告吧。

祝您

好

　　　　　　　　　　　　　　　　　　凡塞于临河

注一：我们队里一位同志的绰号，你不用管。

二：后套骂人语，私生子也。

三：在途中卖的食物如大饼、麻花等，统称干货。

四：后套骂人语，灰者，坏也。

五：即长工。

六：蒙语称驴，其音如"知更"，在这里也是我们队里一位同志的绰号，所以，你也别打听。

《文艺》（月刊）

陕坝绥远青年文艺社

1942 年 2 期

（李红权　整理）

蒙古生活片断

谢再善　撰

初上征途

数年前，我为了一个好奇心，同时也是为了友谊的热情，我立定了一个志愿，就是走向边疆去，我愿欲将我疲乏了的体壳、死灰似的心灵，休息一下，调差〔整〕一下。这虽然只是利己的，为了一己的私心，但我也有一番壮志。我们广大的边疆，正是需要建设，青年人到那里去，也是一个报国的机会。我何必永远在内地过着穷困而流浪的生活？都市的淫佚，农村的凋敝，我再也不能生活下去了。于是我到了蒙古。

抗战开始了，我仍然居留在边地。在伟大的抗战怒潮中，我尽我所有的能力，为全民服务，争取边民们参加抗战的行列。虽然为功极微，然而也竭尽了我满腔的热血，自觉还没有负朋友的盛意，往大处说，也可以说是为国家民族有所努力。在抗战建国的途程上，并未像某一些人似的优游后方发国难财，做国难官，或者跑到港、沪等地去说风凉话。自己问心尚觉安然，现在不妨将居蒙的生活片断，追记一下。

× × ×

在绥远的舍利图召，我拜见了图扎萨克。这位蒙古王爷给予我的第一次印象，是沉默寡言。他穿着长袍马褂，布底圆口礼服呢鞋，温文儒雅，和蔼可亲。异样的只是他还拖着一条发辫。承蒙他的允许，我可以随着他到旗下去。

几天之后，图扎萨克动身回旗，我便随着前往。至包头，我开始看到蒙古人的刻苦生活，王爷是住在旅馆里，随从的人极多。我好容易在王梅林的房间里住下，而跟随王爷回族〔旗〕的人们（有喇嘛，有俗人）则拥挤于檐下廓〔廊〕前住宿，没有行李，合衣就地而卧，那种生活，我还是第一次见到。每当王爷或仕官经过，他们便跪下为礼，我看到这情形，便有些异样感触。边疆的生活，于今开始了？我愿完成我的志愿，任何的苦难，我都不怕，我非到蒙旗去不可。我的意志，反而坚定了。

是五月的天气，一连下了几天恶雨，因此等候旗下送来的马匹，误期了。

"你明天可以先走，坐着给王爷拉东西的车先过河回去，"王梅林对我说。

"我明天走？那么你什么时候走呢？"我听到走的消息，把多日盼望速行的心情平静了许多。

"我还得等两三天，马匹还得几天才能送到。"

"那么我不能骑马走吗？"

"不成，送来的马，各人是各人的，没有多余的。而且你也不会骑马，不如跟着车走，坐坐车，或者在路上找个毛驴子骑骑，还安稳得多。"

就这样决定了，第二天早晨出发。

王爷很多的笨重器具物品装了五大车运到黄河岸上。渡口的船只仅有两只，及到渡过河南岸时，已是下午三点了。

当渡船走到黄河中流的时候，有三两只渔舟靠近来，渔夫们持着新打上来的河鱼向蒙古喇嘛们兜售。喇嘛们把鱼买下了，不吝惜的出给高价。把鱼拿到手来，立时投向河里去，渐渐的老年的蒙古人也出钱向渔人买鱼，蒙古妇人们也解开布囊出钱买鱼。他们把鱼买来后，就投到河里去。渔人们的样子很高兴；喇嘛、老年蒙古人、蒙古妇人也都很高兴。渔人们是打得鱼来，利市三倍，而喇嘛们则是购得鱼来，放生大吉。这好像似各得其所。但是喇嘛们的虔诚态度，却使人感动。宗教家的热情和市侩的狡猾面孔对此〔比〕，在这荒凉的黄河渡口上表现得那么亲切。

黄河南岸是一望无垠的平原，沿河阡陌纵横，有的地方也现出几簇绿树，风景并不十分单调，只是人烟稀少了，没有房子。河岸有一家小店，但是仅有三间土屋，我们这一大批人当然是容纳不下。夜间，我们在黄河岸上露营。夜半天气变了，下起渐沥的小雨，渐渐的大起来。一支布帐棚里边放着王爷的东西，再加上十五六个人睡眠，已经挤得满满的，可是这么一来，在帐棚外露宿的人也进来了，于是帐棚里更为拥挤。妇人、小孩、喇嘛和保护王爷东西的蒙古兵挤□在一起。天犹未明，人声更嘈杂起来，小孩的哭叫声、喇嘛的念经声、妇人的唱曲声、士兵的吆喝声，嗡嗡一团，压倒了帐棚外的风声和雨声。

天明雨住，但阴霾四合，仍未消散。我们急于赶路，便草草吃了一点炒米，赶着车马动身。感谢一位好心的德木齐（注：藏〔蒙〕族仕官名，即事务员之意），他把他的一匹马让我骑着，而他却随着车步行，每当车难行的地方，都在后面用力推车，或在前面牵挽。他是那样的在加意小心为王爷服役，保护王爷的东西。说起我的骑马，这还是第一次，而且说实话，我们到蒙古地方想骑骑马，这是一个心愿。可是当我第一次把马缰把到手里，左足踏上马镫，要"飞身上马"的时候，那马却向前一跃，把我摔倒在地下，惹得旁边的蒙古人哈哈大笑。幸亏德木齐又给我把马拉住，扶着我的手才得骑上去。车走得很慢，马，因为我不会骑，也走得很慢，可是我却精神贯注的骑着，缰绳把得紧紧的，几乎用尽全体的力量来骑着它。这样的走路，真比徒走还累人，但也渐渐的疲乏了，大半也是骑术比较好了点罢，紧张的心情便松懈了些。

路途在马前展开了，好像似越走，那曲折的路线，越向前伸长。

阴暗的天，越发阴暗了，雨又洒落下来。可是摆在面前的是一片荒凉而漫长的沙漠之路，没有避雨的地方，没有休息的地方，只得朝前走。经过一座喇嘛庙，一个老喇嘛披着黄色的雨衣，赤着足走过去。我以为在这里可以暂时避避雨，可是车子仍然向前进，没有停止的希望。我身上的衣服被雨水湿透了，一阵阵感到渗凉。经过一个小村子，三五家人家，妇人和小孩穿着破乱的衣服在破垣间向我们张望，在她们的目光中似乎还羡慕王爷的东西，又看见一大批车马经过，也许在惴惴不安，怕他们的拉差。我们过去了，没有停留。

雨越下越大，所有的东西都被淋湿了。可是非走六十里路不能休息。

六十里路那个站口，有一家小店，我们住下了。

晚饭是稷子米饭，黄色的米粒，香味喷喷，我饱餐了一顿。

夜里雨住了。我缓步屋外，望着由云隙中透露出的星光，眺望着被夜幕笼罩了的藏〔蒙〕古旷野，我觉到这初次踏上蒙古原野的风味，的确是与众不同。

旅途打尖

已经走了二十里路，太阳从东方的地平线上渐渐升上来，几片朝霞涂在天际，沙漠里的朝之景色显现得像一幅图画。回头望一望，那一座小店的房子已经隐没在沙原荒草间，我们前进的路子已引入了一道大沟中。顺着沟朝前走，路子已不完全是沙地，在沙子中间夹杂了好些鹅卵大的石子，时而还遇着三两块大石头横在路前，车子走起来有些困难。路旁是一条小河，细流从石隙流过时，还发出呜咽的声音。河畔上长些青草，沙漠里的植物，多不知道叫什么名子〔字〕，那些草零乱的生长着，给这条小河增加了不少的点缀，同时也能给旅人遣一遣乡愁。沟的两旁，沙漠壁立，约有二十多丈高，那上边连植物的影子也没有，太阳光射上去，发出耀眼的光线。

说是坐车走，可是车上载着很重的东西，乱七八糟，就是坐上去也不舒服，所以我早上动身的时候便徒步跟着走，起先还没有什么，渐渐的腿有些拿不动了，然而勉强走起来，还可以挪动。二十里地走过了，便不行了，于是我要求赶车的巴图说：

"我走不动了，坐坐车好不好？"

"不成，再走一回，把这难走的路走过去再说。"巴图摇摇头，鞭子指着前边的路。

我只得前进。路也确实不好走，一头老牛曳着笨重的车子，走在崎岖不平的路上，很费力的移动着它的蹄子，样子已十分可怜，我不好意思再坐上车去加重它的担负。好在慢慢的走，还可以一步一步朝前挨。

昨天一大群人和车马都不见了。我很奇怪，巴图说都早走了，已走在我们的前头，这辆车留在后头，是在等候一个人。

"等候谁呢？"我问。

"等候那个人一块走，他要坐车。"巴图说。

"那个人到现在还不来，大概是不能来了吧？我先坐在车上不行吗？"

"……"巴图没有回答，摇着鞭子打牛屁股。

　　于是我明白了，这个赶车的巴图也居然狡狯起来。王梅林说的很明白，我在路上可以坐车子，为什么又把车装得满满的，竟容不下一个人坐呢？这分明是巴图闹的鬼。我正想质问巴图的时候，后面有几个骑马的蒙古兵赶上来，他们看见我便招呼说：

　　"××！给你抓来牲口了！抓来两个毛驴子，你快来骑。"

　　我回头看时，果然是他们赶来两头毛驴子。他们骑着马，把两头毛驴子赶得满身是汗。

　　毛驴子并不容易骑，没有鞍子，把一条破毡子搭在驴脊梁上，用绳捆住，我便骑上去。可是没有笼头，一条绳子绑在驴颈上，拉在手里做缰绳，当驴子向前一跑时，我冷不妨〔防〕从驴上掉下来。二次上驴，才稳当了一些，随着车子慢慢走。这时那几个蒙古兵已经打着马驰走在前头了。

　　天快晌午了，太阳光照射到身上，有些异样的热，因为由沙漠上反射出来的热从四面围拢来。在一条大沟中，看不见一个行人，我随着巴图的车默默的走着。我们的旅伴是巴图和一个牛、一个驴、一个车子。

　　"什么时候打尖？"我的肚子觉着饿，骑在驴子上问巴图。

　　"快到了，前边有一家人家，还有五里地。"

　　五里地，走起来也不近，大约走了有一个半钟头才到达。一座土房子，房子的旁边还有禾稼，自然，这又是汉人农民住的地方。房子左面的河畔上是一片草地，有五六匹马在那里吃草。我下了毛驴，走进屋里去，看见那几个蒙古兵倒在炕上吃洋烟。他们看我进去了，打了一个招呼，那个德木齐还把烟袋递过来让我抽。我只好辞谢了，在边地吃洋烟是这么方便！我颇为惊异他们烧烟技术的纯熟。一个烟泡子在烟灯上烤了烤，用手捻一捻，按在烟斗上，就很难掉下，一口气便吸尽了。

　　德木齐洋烟抽足了，坐起来，又抽纸烟，面上浮现出笑容来，问我说：

"路上走的疲倦了吧？今天咱们吃羊肉。"

"疲倦极了！我得好好休息休息。"我斜倚在炕头说。

"你真不善，能走这么远的路子。我们草地是苦地方，你来到这里是受罪呀？"德木齐又说了。

我没有心思和他去攀谈，身体已经疲乏得要死，闭着眼睡去了。

不知道睡了多大时间，德木齐把我叫醒来。我睁眼一看，炕当中摆了一盆羊肉，果然是要吃羊肉。德木齐坐在炕里边，几个蒙古兵分坐在两边，赶车的巴图也坐在炕边上。房主人在灶下烧火，锅里还热气腾腾，我坐起来之后，德木齐让我坐在炕里边他的身旁，于是便吃起来。不知他们从哪里弄来的酒，一面吃肉，一面喝酒，兴致真不少。

"你也喝一杯！你也喝一杯！"大家都再三的向我劝酒，可惜我的酒量不行，不能陪他们豪饮。

"羊是从哪里买来的？"我问德木齐。

"向哪去买羊？这地方没有卖的，这是在老百姓家里抓来的，给了他一块大洋！"德木齐醉薰薰的说，面上现出得意之色。

真的，这里没有卖羊的。蒙古兵去抓来的，这个尖打得真好，每个人都是酒足饭饱，连那个狡狯的赶车巴图也喜得唱起歌曲来。

在打尖里，我看到蒙古人的豪爽，慷慨好客，这是他们的特性。然而我也看见到狡狯的小人，那个赶车的巴图。也是如何的狡猾啊！这种人在沙漠里也不能免，我颇为感慨了！

垦荒者

乔老汉招待我们很周到，昨日夜饭给我们煮面条吃，面条里还有羊肉，我和几个蒙古兵饱餐了一顿。旅途的疲劳，似乎吃上了一顿饱饭，夜间得着安暖的住宿，就心满意足了。所以早上起来精神便畅快许多，把昨天骑驴赶车的事忘掉一大半，我又在追求蒙古原野的生活。

乔老汉自称他家在这里住了五十多年了。他说他家迁来这里住的时候，简直是一片荒凉，景象凄然，望不到人家，见不到树木，所能作伴的只是他每天牧放的几头羊，那是他惟一的伴侣，每天赶这些可爱的伴侣到草地去牧放。他父亲更是辛苦了，操持家务，应付旗政府派来的差役，每天忙个不了。那时他才十三岁。父亲死后，他奉养母亲，由于勤俭持家，渐渐的羊多起来，大约已经有了二千多只，又在旗政府领了一片地种植，居然在沙漠里建立一个生活安定的新家庭，于是结了婚，现在已是三个儿子，大儿子三十岁了，二儿子也二十多岁，都已结婚，孙子也有了四五个。这位乔老汉的精神还很好，具有刚质健劲的塞上风格，谈起来他过去开荒的艰苦史，颇为得意。是的，在这里我第一次看见了拓荒者胜利的面孔。

临走时，乔老汉送我们很远，并且说下次从此经过时务必来住宿，盛意殷殷，令人感谢，也是我在蒙古旅途上初遇的一位热情的老人。□□□□□□□□□□□□□□□□□然而我仍是骑毛驴。□□□□□，乔老汉家门的柳稍渐渐的隐没在沙漠里，而前边现出的又是起伏的沙原，塞风漠漠，景象是比黄河畔上凄凉得多。但我的目的地是在前进中，惟有前进，才能达到目的地。一个人在异乡里常常会于月白风清之夜，或者是于风雨晦明之夕，发生乡愁，这似乎已是人生途程中的不幸遭遇了，然而这个人他大约未曾参加过战场生活，在枪林弹雨中讨生活的人，我想他会忘掉乡愁的，把枪口对准敌人射击，是比什么都快活。在沙漠里的旅行，凄凄的景物、困苦的行旅，也是容易使人发生乡愁的，何况我又是孤身一人向一个未可知之乡进发呢？但我那时是没有这样感触的，似乎旅途越艰苦，越有兴味。于是我想到历史上的开边人物，持节不屈的苏武，铭功燕然的窦宪，立功西域的班超，只身和番的昭君，这些忠臣、大将、志士、烈女，他们当年亲历边廷〔庭〕，为中华民族的结合融洽而奋斗，现在看起来确是具有相当的意义。他们不都是备尝艰苦，冒着万险，栉沐朔风冰云，在边疆上为国家民族奋斗吗？我虽然不是那些历史上的大人物，但一个小小的志愿——到边疆去——已经开始在实现了。

毛驴不停蹄的跟着牛车前进，而我在默默沉思。

午间是在一个喇嘛庙上打尖。庙宇不很大，只有一间正殿，另外有五六间喇嘛住的房子。老喇嘛给我们捧出酥油和炒米吃，味颇香美。临走的时候，赶车的巴图把喇嘛的鼻烟壶拿走了。在路上巴图对我说这鼻烟壶是什么玛瑙制的，很珍贵，他便作了小偷偷取了。说罢哈哈大笑，快乐异常。

当日暮的时分，几个蒙古兵从后面骑马驰来，冷不妨〔防〕在我的毛驴屁股上打了一鞭说：

"快点走！到前边住宿！"

毛驴向前一跑，险些把我跌下来，回头一看，那个打毛驴的蒙古兵裂〔咧〕开大嘴笑：

"快点走！快点走！到那边住宿。"

他的马鞭子指着前边的小山头，又吩咐了赶车的几句之后，他们打着马先走了。

据那蒙古兵说，到住宿的地方仅有十里地，可是牛车和毛驴走起来却慢了。说话时太阳还高高的，但到达住宿的地方已经夜幕沉沉了。

这里的房舍很不少，是一个大院落，大门外有二十多株柳树，在夜色沉沉中还约略可以看出临风摇曳的姿态。那几个蒙古兵的马拴在门外的马桩上，黑狗闻见我们到来，疯狂似的扑将来，吠声好像分外响亮。巴图一面赶着车，一面还要妨〔防〕着狗，我骑在驴上不敢下来。幸亏主人很快的赶出来，把狗打到一旁，我才下驴进了大门。

进到屋里以后，看那几个蒙古兵在喝茶，我坐到炕沿上，主人站在地上和那个黑脸的蒙古兵谈话。他的打扮是这样：上身穿着蓝布短褂，腰上围着蓝布带子，下身穿着一条白裤子，散着裤脚，脚上穿着一双□布鞋。面色黎黑，一张扁平的鼻子，头上还留着短发，披散到后脑上，一眼望去，好像个剪发的女郎。

"掌柜的贵姓？"我问。

"姓张。"

"在这住多少年了？种多少地？"

"我的原籍是神木的，搬到这里已经二十多年了。种地不多，才三四十顷。"他说时很虔恭，但眼望着蒙古兵。

"你们的家人很多罢，房子不少呀！"

"我们一家有十五六口，我们是弟兄四个，在这里种地，还放些牛羊。在这个年头，对付着生活而已。"

"这很好呀！你现在不是成了老财了吗？"

"什么老财？原先是逃荒来到这里的。"

他说着，外面进来一个小孩把他叫走了。

"这又是一个边地的垦荒者！"我心里暗暗的说，于是便端起一碗茶喝起来，看那蒙古兵已在吃旱烟。

这夜的晚饭吃得很舒服。主人指挥着家里的妇女们给我们做黏糕，煮羊肉。吃饭的时候，那黑脸的蒙古兵最快活，每当那个中年妇人送菜来时，便裂〔咧〕开大嘴笑，向德木齐睐眼。他这样子，连赶车的巴图也眉开眼笑，大口吃黏糕。寝前德木齐对我说：

"你看那个女人怎样？"

我笑了笑，这些蒙古兵，在旅途上是会寻开心的。

王府一瞥

五天的旅程，在路上徒步、骑马、乘车、骑驴，的确使人走得疲倦了。今天早上一起来，巴图告诉我说，今天不待日落便可到达王府，于是我非常高兴，暗暗的谢天谢地，久已盼望的蒙古王府今天有达到的希望了。

主人殷勤的招待，似乎比昨晚还周到了，早早的给我们把马匹喂好了。吃过饭，那几个蒙古兵仍然骑着马先走了，巴图把车套上，摇着鞭子，吆喝着，牛车慢慢的又在沙地上移动了。而我，我仍然跟着车后走，但今天的心情平夷了许多，因为有了一个希望，那就是今天准可到达王府。

走了一段河滩，又翻上山岭，山路很崎岖，牛车勉强可以走过。被水冲断的山岩，露出粉色的土块，山脊上也生着些种类并不繁多的沙漠植物，矮矮的，在那艰苦的生长着。走到山顶上，向前一望，平原上有一片湖水，清明如镜，又绕过一个山头，平原上隐约现出几座房屋。巴图用鞭子指着说，那就是王府。在那么大的一片平原上，一望无际，那几座房屋布置上，真是微乎其微。然而除掉了王府，再也看不见什么建筑物，空旷的很，像汪洋大海，然而连一片风帆也没有。

下了山坡，有一家在山路旁，很远的狗便吠上了。我们到了门前，一个人立在那向巴图打招呼，巴图也笑逐颜开似的说：

“掌柜的好？掌柜的好？我们回来了。”

于是把车子赶进院里停下，进到屋里喝茶，我也到屋里去休息。

掌柜的姓王，在这里作买卖已有二十年了，作的是蒙古生意，茶、布、烟、糖是卖出品，收买的是皮毛。据王掌柜说生意还好，因为有了历史的关系，远近蒙人都有来往，信用也靠得住，生意更好做了。现在除了做买卖以外，还种了一百多顷地，每年要打下千余石粮食，已经是老财了。

时间已有十二点了，我们从这里出发，到王府还有十八里地。但路已平坦了，虽然是沙堆，牛车走起来，总比上山走得快。过了一道小河，王府便在跟前了。

到达王府，给与我第一个印象是人很多。王府的门外拴了有百十匹马，许多蒙古人都戴着红缨帽走来走去。我心里想，王府这么热闹，倒也不寂寞呀！我便问巴图说：

"这里人这么多？"

"哪里！因为开赛马会，才有这些人。"

"现在还赛马么？"

"不，今天已经完了，前天、昨天、今天一共三天赛马大会。"

我很悔恨，这一个好机会错过了，蒙古赛马大会，竟然因为晚到一步没有看见。王府外面是土墙围着，王府是在里边。巴图把车子停下，他呼了一个人把我引到屋里去喝茶。

一群陌生的人，面孔冷冷的，语言不一样，衣服也不一样，他们对我表示出奇异样像，以为我是贵客，让我在炕里边坐。献上茶来，还给我两个面饼子。我一面吃着，一面用我这个初学尚不流利的蒙语，和他们攀谈着，他们也用着奇黑的眼光看着我，对答着。

他们每个人都戴着一顶红缨帽，穿着长袍子，小坎肩，腰上系着带子，带子上系着小褡连、烟荷包、小刀鞘等物。尤其是他们的帽子和袍子，使我想起在内地，惟有在旧剧场里才能看到这样的衣帽，这不是现实的人物，是历史上的陈迹了，然而沙漠里的服装，仍然是古式的，这还让我们说什么呢？

我问王爷在什么地方住，他们说在"商"里，不出来，轻易不容易见到。这次因为王爷外出，公爷（王爷的儿子）主持的这次赛马会，成绩还不算坏。我说我可不可以见一见，他们竟说不能，于是我打消了见公爷的心意。

久盼的王府到达了。给与我第一个印象是人很多，但他们说明天便都走光了。王府是寂静的，人并不多。

达尔济台吉

我之认识达尔济台吉是在王梅林家的一个宴会上，那天是王梅林请喇嘛讽经的日子，时间是旧历七月初八日。王家的亲友来的很多，在这些蒙古亲友中间，王梅林特别给我介绍达尔济台吉。他当时介绍道：

"这是达尔济台吉，他的蒙文很好，你可以跟他学一学蒙文。他是很热心教人的。"

于是我认识了达尔济台吉，但我并未立即跟他请教蒙文。

达尔济台吉已经上了年岁，有七十多岁了。头发斑白，但脑后还梳扎着一个小辫子，戴一顶大红圪结帽头，面部上宽下窄，额上刻着许多横纹，眼睛深陷，而鼻梁却显现得高起来，两撇斑白的胡须，口里的牙齿还未脱落，说起话来沉慢慢的，但是却含有十分热情，充分的流露出爱护后进的盛意。

在这个宴会里，因为人多事杂，我们并未多谈什么就分别了，后来我知道达尔济台吉的家住的并不远，只有三里路，在我们住所的南方。另外我又听劫〔到〕一个传说，那就是他曾经得过外财，所以现在有钱了。外财是怎样来的呢？原来他住的地方是一个土城，城墙都已倾圮平夷，但现在还有些断砖残瓦遗迹。传说他便是在这个城中掘出了一坛金子，黄金是人人爱的，因是他便有钱了，直到现在，他家还是住在这个土城里。这个传说我并未注意，只是这个土城遗迹，我倒想去看看。

有一天我到达尔济台吉家，是在下午里，到达时他并未在家，他的儿子也不在家，只有他的儿媳和他的孙子在家。我述明了来意之后，他们也很高兴，让我少等一等，达尔济台吉便可回家了。她让我喝茶，献上炒米等类的蒙古点心。我喝一碗茶之后，便走到门外去看这土城遗迹。土城并不大，看其遗迹只有半里之方，墙基还没有坏，墙已倾倒无余，城里有五个隆起的地方，每一个隆起处，那残碎的砖瓦，似乎原先是建筑物所在。达尔济台吉家的院墙便是拾取的这些残砖筑的。我没有发现其他什么东西，这个土城大概是从前驻军的营址，但年代是不知道的，这连达尔济台吉也不知道。

达尔济台吉回来时，已是夕阳平西了。他进门见我来了，大为欣喜，急忙吩咐他儿媳烧茶。留我晚上不要走了，我接受了他的美意，便答应今天不回了。

晚饭，他煮的羊肉，做的米饭给我吃。饭后，他点上了油灯，躺上吸烟，我也陪着他躺上。在萤萤的灯光下，我们畅谈起来。

"老先生种多少地？有多少牛羊？"我问。

"地是有些的。只是都是招人种的，自己不种。现在家里养有五十头牛、五百只羊，还够自己食用。"他把烟袋〈放〉在一旁，用灯签剔一剔灯芯。

"老先生过去都干过什么事？"

"惭愧，没干过什么事。"他把烟袋拿起来，吸了一口烟说："过去只是胡跑了。我曾到过外蒙，到过北京，去朝过五台山。"他说的很兴奋。

"去过外蒙吗？什么时候？"

"民国七年。那时外蒙已发生革命，宣布独立。但他们那些有远见的人，还是希望中国的，例如哲布遵丹巴活佛，他便是倾心中国的一个人物。再说一般牧人更是不愿和中国脱离关系。那场革命，我未看出来生出什么效果，给蒙古人造出什么福利。"

"你是不赞成外蒙独立罢？"

"什么独立？还不是那么回事，给人家牵着走！"他简直有些愤然了。

"老先生经历很多，做过什么事？"

"过去曾经在衙门上当过书记，又曾教过书，此外也没做过什么正事。"

"请教，蒙文书籍、蒙文历史著作，请你介绍介绍，我是要学习的。"

"蒙文书籍，我这里倒有些小说之类，像《三国演义》、《今古奇观》等，你看，可以拿去看。至于蒙文历史著作，我曾经看过几本，但是我这里没有。以后再找一找看罢。"

蒙文历史著作是很多的，我知道，于是我便和他谈起成吉思汗，他根据蒙文记载，滔滔而谈，这在他是最喜欢谈的，表示出他对于祖先敬仰。

此后，我离开蒙旗。二十七年，我又到蒙旗去，路过他的家门，不料再去拜访时，他已经作古了。这位老年的爱国蒙古人，在抗战中死去，使我十分怅惘！为什么不能再活几年，看看抗战胜利后，中华民族的光荣呢？现在想起来，更是有些怅惘了。

《西北研究》（月刊）

西安西北研究社

1942 年 5 卷 7—10 期，1943 年 6 卷 2、7、8 期

（李晓晶　整理）

塞上行程录

藏园居士　撰

一

丙子四月初九日，余以重修《绥远通志》，为塞上之行，摒挡涉旬，乃于是日启程。先是，乙亥冬，李婿静远由友人谣诼来函，言绥省通志开馆，编辑已历数年，近以初稿粗完，欲延聘通人为之厘订。时宗人宜生督府方主省政，谬采虚声，欲举总纂之任相属。余学殖疏庸，兼之暮齿衰颓，深恐弗任。旋又遣使来告，谓志稿各门，咸已断手，第以体例之商榷，与文字之要删，非得闳通博览之才总揽其事，无以观成。终以谊不可却，勉承其乏。洎今岁新正，宜生遣土默特旗总管荣祥将命来京，代致聘币，并订莅馆之期。且谓塞垣寒冱，要以春晚为宜。月之五日，电达绥垣，告以行期，宜生遣其驻平处长马秉仁彝轩来迓。是日午后五时，赴西直门车驿，长男忠谟、四侄遹谟侍行，乡人李育灵留学德意志，夙工绘事，颇思揽朔方风景，亦附乘同行。近暮过南口，抵张家口，车小停，已夜午矣。

初十日，早七时睡起，已过平地泉；午后二时半，抵绥远省城。馆长郭并卿象伋、副馆长阎敬亭伟、总管荣耀宸祥（兼志馆编辑主任）迓于车次。傅主席与厅长诸君，咸遣使持柬来迎。入旧城，下榻于圪料街晋和玉，以院宇深静而距志馆为近也。并卿约饮于麦香村。六时至新城，赴宜生主席之宴，两儿及育灵同往。席散，狂风忽作，天地晦冥，驰车急返。夜，微雨生寒，可御薄棉。

尝考史籍，绥远古今沿革，在汉为定襄、云中二郡地；后魏初建都于此，号盛乐城；永熙中，置云中治，归顺县，领盛乐、云中等郡；隋复置定襄郡；唐置单于大都护府；五代后，唐时入辽，置丰州天德军，属西京道；金因之；元属大同路；明宣德初，筑玉林、云川等城，设兵戍守，后为蒙古所据；嘉靖间，俺答筑城于丰州滩，架屋以居，谓之板升，是为西土默特；隆庆间，封俺答为顺义王，名其城曰归化，此为旧时得名之始。蒙古有库库河屯城，周二里，高二丈，清天聪六年，太宗征察哈尔，驻跸于此；土默特部落归顺，编为二旗，设左右翼都统；康熙三十五年，圣祖西征，自白塔来驻跸；乾隆四年，于归化城之东北五里，筑绥远城，命将军王常督工，有碑纪之，城周九里十三步，高二丈九尺五寸，移右卫建威将军驻之，此新城创建之始也。二十九年，设清水河、萨拉齐、和林格尔、托克托通判，与归化、绥远二同知，号为六厅，属归绥道，隶山西省。民国初年，改为特别区，置都统。十八年，创立行省，先后增设县治，凡十有六县、二设治局，分设民政、财政、教育、建设各厅，官制略与内地同，遂成为今之省制焉。余于癸亥秋，为云冈之游，曾来此小住，街市道路，咸未修饬，新旧城之间，触目荒寒。今甫越十二年，而市廛阗溢，街衢平治，赴新城官道四五里间，夹路槐柳，绿阴成幄，滩渠流水，潺潺有声，商肆工场，如云而起，仿佛津门河北初开商埠之象。可知频年以来，官民合力，锐于建设，致此蕃昌，良足庆也。

是日，自麦香村归，过延寿寺，因步入眺览一周。寺为明代所建，蒙古名西呼图召，一名舍利图召。康熙三十五年，圣祖西征厄鲁特，驻跸此寺中，赐名延寿，并御制碑文，勒石寺内。门前木坊垂檐复拱，上覆琉璃瓦，宛若悬云，制作殊异。前殿门榜曰"阴山古刹"，东院白石经塔，高可五丈，颇华伟。正殿基址崇高，殿制正方，纵横各列九楹；外壁嵌五色琉璃砖，刻镂龙文；殿顶前檐列四金鹿，制度奇丽，光彩照人，内地所罕见也。后堂纵横各七楹，正中五佛，高丈许，像设庄丽。香案供宣德铜炉，重三十余斤。两壁藏《甘珠尔经》、《丹珠尔经》全部，皆西藏文。最后连楼九楹，则僧徒诵经之所，全寺之屋，逾三百楹，亦绥垣之有名巨刹也。

十一日，并卿及耀宸来，略谭《志》事。宜生来答拜，坐谈逾晷，育灵就客座为写一像。临去，于庭前合摄一影。午后散步街市，馆员韩子丹桂为导，先入崇福寺，俗呼为小召。康熙三十六年，讷依齐托音呼图克图所建，时值圣祖西征凯旋，驻跸其中，遂以御用服物、衮带盔铠、弓矢囊鞬、宝刀雕鞍之属，赐存寺中。每岁以六月朔抖晾，纵人观览。余请启正殿一视，像塑伟丽，庭柱雕刻盘龙，御服诸物，即陈于殿内两旁，亦储梵文经典二部。庭中有《平准夷纪功碑》，为满、汉、蒙古、唐古特四体文字，规制极闳，而修葺失时，倾颓已甚，殊足惜也。至平康里，入慈灯寺，一名新召，俗呼五塔寺。寺始于雍正五年，为崇福寺喇嘛彦察尔清所建，十年乃赐名慈灯。殿宇规模，与崇福差同。寺后有砖塔一座，其最上层，涌小塔五座，与北京正觉寺五塔相似，所为金刚宝座，仿中印度式也。塔身四周，刻梵文佛像，环以木栏，栏中绕以铁莲花灯，北墙有石刻六道轮回图，天神人物，意态如生，闻敝坏已久，近者土默特旗署，乃出公帑修饰而鼎新之，壮观重恢，鸿功不坠，可谓知所先务；然群寮列屋，犹有未遑，固知物力有盈虚，斯图谋宜有缓急矣。又南行半里许，观海窟，乃平地一井，泉清而甘，供人汲饮，水溢出者，潴为深潭。俗言中有一穴，深不可测，故有海窟之称。然余观斯泉之溢水，盈井口，乃在平地上二尺许，知其泉脉之高且远也。泉侧文昌阁，构架颇奇，丹腰尚新，庭树一碑，为并卿所撰。西北行，过额穆齐召，即隆寿寺，为康熙八年绰尔济达赖所创。嘉庆初，毁于火，当即重建。光绪初，札萨克喇嘛诺尔丕力又募资修葺，故庭宇差为完整。门内有塔一座，阶下列两碑，分镌蒙、汉文，即光绪丙子《初建讽经禅殿碑记》也。据志载，"额穆齐"蒙文为医师之义，寺僧夙精医术，国初被召，入内庭治疾，遂蒙建寺赐额之命，此教徒传说，要无纪载是征，姑存之，以备异闻耳。归途经舍利图召，重入，观石塔，遇番僧名公布札布，其人通经典，颇类有道者，为崇禧寺素应大喇嘛，延寿寺僧堂屹色贵，育灵因就塔趾为之绘像。入暮，赴志馆郭、阎、荣三君之招，饮于绥远饭店，同座民厅长袁君祝三、财厅长李君芷政、建厅长冯君、教厅长阎君，座间闻傅公今夕赴太原，以李达生〔李生达〕军长被刺于离石，宜生与之交谊素笃，特往吊唁。

十二日，游乌斯图召，约韩子丹为导，候车不至。午后三时始发，育灵及忠、通两郎亦偕行。渡沙溪，经民政厅衙前，即归绥道署故址，绿柳青溪，宛然图画，为绥垣八景之一。出土城，守卒讥呵至严。西北行约二十余里，抵阴山下乌斯图村，寺在村西山麓，为庆缘、长寿、法禧三寺，梵宇相联而自为院落，土人遂概以村名呼之。余下车，飞步缘坡而上，先入长寿寺少憩。寺原名广成，庭院狭隘，徘徊良久，诸人乃至。再北行百许步，至法禧寺，殿屋颇精整，后殿正讽经，香灯四绕，铙钹争鸣。东廊下雏僧数辈方习晚课，梵诵琅琅，育灵就此为写一图，以志殊俗。周观殿内，帷幡华焕，供设严洁，可见规律之整肃矣。晤主僧书吉圪泰，字玉甫，颇通汉语，住持召中三十余年。后殿东角有小楼，登之可揽寺内外全景。东厩马槽，凿石为之，制作甚奇，式若牌楼，门外幡竿，长石琢成，高四丈许，皆他寺所未见。寺后双塔涌出，夕阳掩映林间，景象殊丽，属儿辈往摄一影。庆缘寺即在西邻，入门略窥，以日晏不及详览。就僧询本寺源流，知庆缘创建在明万历间，当为顺义王袭封后所建。乾隆四十七年重修，长寿、法禧则后人所增筑。相传庆缘开山之祖，为明代大青山四大比丘僧之一，后以证果转世，永为本寺之主。清初，曾受呼图克图之封，因精通医术，故别建一院，供长寿佛，即以榜寺。至今寺中尚藏有藏文医药书板，蒙人习医者，皆来此纳资摹印焉。三寺倚山而构，前带清溪，近山居民多种杏为业，缘庆旁涧，无虑数万株。暮春三月，塞上风和，绿杨夹岸，红杏在林，号为锦绣之谷。会垣人士嬉春之会，多集于此，盖景物清丽，为近郊名胜之区，不独圣迹精蓝，发思古之幽情而已。晚景将沉，匆匆言返，夜赴交通银行，四厅长及曾秘书长公宴，肴馔精腴，主宾欢洽，不图塞上得此嘉招。酒罢归寓，嘉宾满座，延接为疲。

十三日，为郊外之游，省府大型汽车来，商定游程，上午先游青冢。九时出南关，循新筑土路南行，经土城，讥察再三，乃得出，缘归化旧城已撤，昨岁以防匪故，扬言拓环城官路，实为军事筹防计也。行四五里，途中积沙近尺，新路又累沙其上，车凥不得驰，过黑河桥，步行里许，凡上下车者数四，望青冢，尚距二三里，以农作方亟，决道通渠，路为阻梗，遂令停车，联步而往。十一时，始至贾家村，见所谓青冢者，乃巍然土阜，平地突起，高三十丈许，环周里许。考张文端《使俄行程记》、钱木庵《出塞记》，皆言其地多琉璃碎瓦，冢前存石虎、石狮、石马及石幢，刻蒙古书，皆已渺然。旧时有石形如碌碡，文字剥蚀不可辨。清季副都统三多来游，谓是汉石，移入署中，今亦不知所往。宋牧仲《筠廊随笔》载，曹秋岳尝至昭君墓，墓前石案刻某阓氏之墓，为蒙古书，曾拓数纸以归。而《奉使日记》亦云石碣有蒙古字，译为喇嘛所作，与宋说相符。是国初实有此石，今访之绥垣人士，无有知之者矣。自昔所传，冢草独青，今身历其地，则冢头濯濯，渺无绿茵，平原浅草初芽，亦与他处无异，可知文人藻饰之词，流传遂成故实，初不足信也。或又谓青冢之状，日凡三变，朝起视之，圆如粉盒，以至日中昃，皆易其状；冢前出白土，细如铅粉，妇女用以装抹，无异官粉，因有昭君粉之名。要皆事出传闻，证以目验，咸为虚说。即钱氏所见大柳一株，根分为二，数尺外复合，骨去皮存，浓阴满地，亦皆不存。惟新柳数行，于淡日黄尘中，摇曳生姿耳。育灵就柳阴写墓图，儿辈则登高摄影。墓前石碑数通，旧者为升寅（道光十一年将军）、彦德（道光十五年将军）、耆英之诗，新树为马福祥《墓碑记》、冯曦《青冢植树记》，其文皆无关考据。此外为李培基、李廷玉等题字，而叛将吉鸿昌亦于其间大书深刻，亟宜曳仆，无使玷污英灵耳。余徘徊凭吊，意有所触，亦口占二绝，书之耆英诗碣之侧，自笑亦未能免俗也（其后当事命工刻之，并以拓本见寄）。

按昭君青冢，传闻不一：言在金河县者，杜氏《通典》，《太平寰宇记》也；言在大同府西者，《水经注》释地补遗也；言在西黄河岸及瓦剌地者，《朔平府志》也。后二说皆荒渺难稽，而包头南海子俗传亦有青冢之迹，则为鄂博之误，更为凿空无实。惟在金河县者，较为有据。考金河县为唐开元时就振武军所置，即丰州故地，与今归化城为近。故《辽史·地理志》云：“丰州有青冢，即王昭君墓。”《嘉庆一统志》即据此以定其地址。青冢条下注云：“在归化城南二十里，蒙古名特木儿乌尔虎也。”是青冢所在，自唐宋以来，咸指在金河县黑河南岸矣。第余以史记参证之，窃有疑焉。东汉以前，单于建牙，皆在漠北，即今阴山之后，漠南固无王庭，今归化城在阴山之南，阏氏之墓，似不应远越阴山，南迁千里，入葬于此。颇疑此阜突兀平原，自是陵墓旧址，或北魏建都盛乐时王公帝妃之墓耳。昭君为国请行，孤身远嫁，后人怜而敬之，流传遗迹，用寄哀慕之思，故自古以来，初无文字之确证，而文人学士亦从而咏叹之，不深究其疑误者，职是故耳。嗣阅许同莘《恒代游记》，亦疑青冢所在，决非今址。据《汉书》言，元帝以王嫱赐单于，单于欢喜上书，愿保塞，即光禄塞也。其地在阴山之北，距今归化城尚数百里。汉与匈奴以阴山为界，则归化非匈奴所居明甚。且《琴操》言，昭君卒，单于举葬胡中。胡中多白草，而此冢独青，则又明言地在胡中矣。许氏亦颇疑今之青冢，当是魏之金陵，其意正与余合。且引《一统志》载，后魏金陵在古盛乐城西北，以《水经注》白渠水在盛乐县北推之，当在青冢东南，地望亦合。是金陵之说，更为有据矣。逾午返城，途中大风飞扬，天地晦冥，至不辨途径，行路之难，非意所料，塞北风沙之苦，亦稍领略矣。下午三时，仍乘原车行，出旧城，东行穿新城而过，经新林场，新种杨柳万株，亦蔚然成林，惟地多浮沙，车行往往下陷，招人推挽始出。风飙骏利，汽机力至不敌，濡滞久之，约行五十里，乃见白塔，孤立荒原，涌出云表。此地旧为白塔村，原有城垣基址，尚隐约可辨。此塔即在城之西北隅，垒砖而成，高十四五丈，阔三十二步，八面七级，鹅廊斗拱，雕镂精工。塔外刻菩萨天王，面面拱立，下层刻莲花台以承之，花瓣外撑数尺，因以为檐，刻划玲珑，生动如真，石额篆曰"万部华严经塔"。下有石香亭，柱刻金天辅年号，张文端《奉使记》谓其莲花台砌人物斗拱，较京天宁寺塔尤巍然也。惟时塔旁殿宇，倾圮已尽，仅筑有短垣护之。塔门窒塞，无路可登。然余以塔中多辽金人题名墨迹，颇欲身入而目验之，时烈风严寒，以畏险而止。逷谟仡少年英迈，愿贾勇一往，乃以人为梯，踏肩升至上层，复从莲瓣斜出处仰翻而上，竟得门而入。余辈枯坐车中以待之，历二小时许乃出。据言，下层四周，嵌石碣八方，所刻为看经人姓名，男女人数，殆逾千百，有忠勇校尉、汉儿都目、女直都目、通事等官名，皆金世宗时所泐。末有看经人数，纠首比丘福州惠仁发宏誓数行，此外别无可考。自二层以上，四壁题字殆满，惟塔中阴沉，墨渖黯淡，多不可尽识，只采其年代远者，略志于手册中，携以呈览。余归后，以《出塞记略》及《绥远志稿》所记核之，大抵略同，惟遹侄所见，有为前人所未及者，如钱氏所记，有大定、至元、大德、至治、元统六则，今又得中统、元贞、皇庆、至正各一则，则百闻不如一见，岂不信哉！其题名繁多，不能悉录，兹取其有关考证者，略附数则，亦史乘之佚闻也。

按，此塔形制伟丽，为塞外所稀觏，钱木庵疑为后魏时所造，《绥志稿》断为辽金建筑，其言较为有据。以塔内题名观之，最古者为大定十一年，其距构造之年，当不甚远也。余意此塔壮大如此，则当年寺宇之闳丽可知，且地当孔道，官吏行旅，往还所经，故登览留题，历朝不绝。其有资史事者，如金大定之关西镇戍军、元至元之丰州管水鸦提点总管府判、西夏国仁王院僧，皆可记入志乘。惟文山幕客，不留姓名，深为可惜。其钦差戴聪明一则，正为吾邑中人，异时正可补入县志。钱木庵曾载之，余深重其事，特令遹侄登塔摄影，俾得传信，不意摩观数四，竟不可得。或以年深墨淡，为后人题字所掩覆，以致湮灭，尤可叹也！绝顶东壁，大书"大金大定二年奉敕重修"一行，尤可据为辽金创造之证。《归绥识略》言，德祐帝降元封瀛国公后为僧，住白塔寺，疑即在此。余按白塔寺之名，所在多有，元世祖于亡宋帝后，礼遇优厚，似不至远徙之塞外荒寒之域，且其说初无他证，余意即燕京城内之妙应寺欤？寺宇久毁灭无遗，此塔以风霜侵剥，亦渐形残损。十九年夏，省主席李君涵础来游，悯其荒敝，力主护持，乃醵得千金，略事补修，兼筑周垣，俾资环卫，并刻石以志之。第以边防方亟，官帑难筹，不得大兴工役，俾复旧观耳。盘桓逾晷，日暮风寒，急就归途，因避沙坑之险，迁道南行，沟洫纵横，车行腾越而过，往往陷入泥淖。适过一村，村中方春社赛神，乡人云集，乃觅人为导，不意其人亦迷方向，误入水渠，轮轴入于泥中者数尺。同行者皆下车挽引，又聚十数人相助，幸而脱险。抵新城，叩关而入，灯火满街，旋客邸已逾九时。甚矣，行路之难也。

十四日午后，诣通志馆，与并卿略谈《志》事，因昨日送来《志稿》六十七册也。命驾出，答拜诸君，遍历新旧城，凡十数家，多不得见，惟晤归绥县令郝君西园耳。夜赴绥远饭店公宴，主人为垦务局总办石华严、稽察处总会办靳瑞萱祥垣、李慧卿秀中、塞北关监督张兰亭秀升，席间详询本省开垦及关税、财政情状，诸人各举所知以对，酬酢尽欢而散。

十五日下午，步行入市，至大召，即无量寺也。寺本明代所建（在崇祯时），清初都统古禄格楚琥尔奉命展拓，始赐今名。康熙三十六年，奏请正殿用黄瓦。光绪三十年，又加修葺。规制闳壮，殿宇五层，左右别院凡二百余间。正殿与后佛堂相接，纵横各五楹。令蒙僧启钥入视，盘龙为柱，雕刻精妍，佛案前供铜城一座，金采辉丽，两壁皆藏、梵文经典。后楼榜曰"普照普愿灵应阁"，用汉、满、蒙、藏四体文，亦他寺所无也。惟寺门旧为市场，嚣杂污秽，非净域所宜。山门题"九边第一泉"榜，然其泉实在寺门外横街之南。泉与地平，源脉殊盛，甃为方井，护以石栏，全城皆就此汲取，一日十二时无少盈缩，意其来源甚远也。土人传言，清圣祖征噶尔丹之役，乘马至此，忽尔长鸣，奋蹄掘地，遂得甘泉。品其质味，与燕京玉泉相埒，因命有司，益加浚治。玉泉古井，绥人侈为名胜之一，食其利至今。事出传闻，初无纪载，然虎跑马掘，因而得泉，所在多有，况塞上沙漠，人畜资水为生，一勺之甘，贵于连城之宝，边人侈为灵异，固良非偶然也。诣通志馆，访询郭、荣二君，历年采访编辑情况。夜，民厅长袁君、教厅长阎君，及荣总管觐宸来客邸久谈。

十六日为五素图召之游，凌晨而兴，七时携忠、通两郎行，育灵亦愿从。志馆中遣韩君子丹为导，乘早车西行，过台阁牧，八时抵毕克齐。其地夙为市集，亦边关之要隘。乾隆三十年，以色尔登巡检移驻于此。车驿距乡镇尚数里。先期由郝县令谕知，故余至时有乡绅康君普民，率团丁、警吏来迓，并备骡车二乘。行三里许，始至镇，康君邀入公所少憩，命乡兵四人持械护行。此村为归绥邑大镇，居民二千余户，人家殷富，田亩滋腴，以地近大青山麓，当五素图涧泉之下流，环村数十里中，资以灌溉，农家岁获丰饶，易以致富也。出村即见清流瀎瀎，绕屋成溪，浣纱之女，驱鸭之儿，点缀于白板桥头，绿杨堤畔，宛然江南水村风物。沿途罂粟花盛开，红白被亩，妖冶动人。缘溪北行，约七八里，始入山口，重峦夹峙，一水中通。车至此，涉水而行，再进山势愈束，溪流益怒，穿岩触石，琤琤有声。余等咸下车步行，或踏涧腹，或攀岩唇，陵高坠深，倏忽异状，山重水复，乍断忽开。行峡中约五里，转而西出，忽升高坂，已见灵栖，远望碧瓦丹垣，涌出于苍岩之表，至此群嶂忽开，循坂斜上，连峰苍翠，咫呎〔尺〕相招。又行五里，抵前寺，闻久已荒敝，不及入览。取侧径至后寺，寺为活佛消夏之所，故屋宇差完。入后院东廊小憩，大喇嘛阿斯勒甲本姓出而延接，其人字寿山，近村人，言论开朗，曾至五台参礼，亦彼教之秀杰也。住寺僧三十余人，一老僧状貌癯古，殆类画中罗汉，育灵呼来，为之写照。正楼为活佛所居，楼下七楹，阔敞华洁，余升法座，忠郎为摄一影。活佛闻已往五当召授小活佛经典，不在寺中。此刹本名广化寺，以地当大青山之喇嘛沟内，故俗呼喇嘛洞召。考其创建，在有清之初，盖本寺第一世活佛名乌勒得勒本第雅齐，明清之际，入山潜修，号为大青山四大比丘之一，四人咸得证果，各自募缘建寺，今之广化寺有中、东、西三寺，皆其手创。西寺在萨拉齐县之沙尔沁村，正殿供弥勒佛，高三丈六尺，其壮伟为绥省各寺佛像之冠。寺后孤峰耸拔，翠柏连山，无虑十万株，号为塞垣幽胜之域，中外人士嬉春消夏，于焉游赏。中寺在归绥县之珠尔沟，距县百余里（一名珠尔沟召），环山饶水田，寺产号为富裕，故屋宇至今修整，生计亦视他召为优。此刹为东寺，构架崇闳，规模壮阔，于三寺中特为甲观，惟近岁以来，寺租歉薄，窘苦不支，又经戊辰地震之灾，壁坏檐欹，无力缮治，断垣残瓦，触目生凄，寿山言及，为之累欷。然其景物幽邃，犹为胜观。寺倚峭岩，浓青泼翠，灿若锦屏，洞流发其胁，百折始出山，清响泠泠，宛如琴筑，左右岩阿，弥冈缀壑，松柏森森，极林天石海之观。时逢初夏，野花怒开，有名马乳子者，娇黄惨碧，缘溪被岭，艳冶绝伦，其花丛条繁蕊，枝叶瓣萼极类蔷薇，惟花萼差肥，而边地乃锡此嘉名，未知其种类孰为同异也。楼前白海棠双株，古干稠枝，绿阴被院，乃二三百年物，惜芳时已过，飞英满庭，未免动牧之来迟之感，只徘徊花下，摄取一影，聊志鸿爪耳。欲游喇嘛洞室，尚远在高峰之下，雏僧导出寺右，寻仄径而入，行马乳花林中，拂帽冒衣，无非仙蕊，锦绣万花之谷，殆无以过。洞据山腰，其中建佛阁三层，庄严仿乌斯藏式，自上而下，累白石为阶，外护以雕栏，凡百有二十四级，扶筇躞屧，再息始达。升岭引望，峰峦拱揖，云岚往来，来时鸟径，已落井底。山外芳原百里，绿杨如荠，杳霭无垠，恍然如置身天平、龙井之间，何意绝塞穷荒，乃有此苍润碧鲜之境，洵可谓洞天福地，最胜觉场矣。据《志稿》云："传言此寺初为五当召活佛卓锡至此，开拓之始，种麦山垅，以证因缘，已而麦苗为山羊啮尽，乃移钵他往，其后本寺圣僧接踵而至，遂肇启灵栖。"岂机缘未至，虽古德亦不能违天耶。洞室中自佛像外，空无所有，荒凉芜秽，似阒寂久无居人，闻山后径路四通，崔苻时警，避暑之期，活佛亦频年不至矣。洞中供佛，《志》言为开山祖师真身，就加金饰供养者。余谛审再四，殊未足信。洞外石壁，遍镌佛图，皆为远近朝山人发愿所造，间有题字，咸属蒙文。余遍览山崖间石洞及前后二寺，欲求一文字纪载，以资考证者，竟渺不可得。盖喇嘛礼佛诵经外，研求中原文字者固绝少也。洞口白石如雪，坚洁异常，四方来谒洞佛者，多携鹿角磨取石粉以归，言服之可以宜男，斯亦广结世缘之妙术乎？盘桓良久，题名于洞口而返。途中见乳羜一群，蹒跚花丛中，驯扰可爱。雪衣翠帐，绝好画图，令忠郎急取镜摄影，以志塞上风物之异。濒行，过前寺，入门一观，殿前古松双株，盘拿怪伟，势拟蛟虬，亦灵秀所钟毓矣。寺右连峰秀拔，松林尤茂密，潭柘视此不如。左岭横亘，有骨生棱，缀以雏柏，岭外护以石冈，气势猛厉，宛如伏虎，通侄登高见之，为余侈言其雄秀，惜余颓老，不得策杖披云，尽探此奇妙也。倚徙斜阳，不忍遽别。步行出山，至山口已过五时，登车疾驰，抵车驿，乘包头来车还省垣。入夜归寓，告疲就卧，犹觉松云涧籁，时时恍我梦魂也。按，绥垣名胜有石洞函风之目，即指此地。

十七日午后，耀宸来，约同车出至土默特旗总管公署。此地旧为副都统署之兵、户两司，以总理旗务，民国四年一月，裁副都统署，设总管，遂改为总管公署，中分财政、教育、军务、司法、实业各科，以总管总其成。耀宸被任已二年，盖绥远建省，皆就旗地改设县治，然本旗所属之地，其一切行政，仍由本旗处理也。旋诣耀宸家，兼邀并卿来，为设樽酒，谭宴欢畅，抵暮始散。内蒙各旗，以土默特被汉化独早。耀宸家世，尤为雅旧，父子咸以文学知名。耀宸著有《瑞芝堂集》，词旨清绮，洵边才之秀拔者也。居宅新成，入其室，图书充溢几案，清严殊有雅人深致，在志馆中致力甚勤，地理沿革各卷，皆其手撰，博辨多通，知其涉猎者广矣。夜，冯、李二厅长来谈，述本省施治、理财诸大端，粗得梗概。宜生主省政三年，厉〔励〕精图治，百端并举，各厅长官，多一时妙选，相助为理，兴利除弊，绩效斐然，取于人民者，未尝增，用之地方者，皆核实，上下一心，日以御侮图强为急，于垦边之计，规画闳远，倘中枢能倾全力以助之，十年以后，万里长城隐然可恃，国家可无北顾之忧矣。

　　十八日早七时，乘早车西行，九时有半，至麦达召车驿，讯之驿长，言距村市尚远，无车马可赁，乃相率步行。平野大风，吹人欲倒，冲风而北，凡八里，行一时许，始至麦达召村，然已疲苦不支矣。入村，绿树成帷，清溪绕屋，风景清嘉，乃出意表。寿灵寺踞村之中央，雉堞环周，丽谯耸峙，四角设望楼，垣上通马道，巍然如严城。入门小殿三楹，为过堂正殿，再进，前为经堂，后为佛宇，通贯为一，纵横九楹。后殿有左右庑，最后为砖楼三层，气象伟岸。院内东西各有亭阁数座，或正方，或八棱，形制非一。稍东北，方亭一座，内供白石塔，俗传为萧太后庙，实即忠顺夫人之殡宫也。觐宸曾为余言，幼时见室内悬图六帧，皆绘当时盛典，如元日生辰、各盟旗部落朝会觐贺贡献诸图，俨然东朝称制之礼度，盖忠顺夫人主边政三世，各部皆奉为盟主，尊崇备至，留此图绘，而世俗乃传为萧后墓，不知绥远往时并未属辽也。其后此画为人盗去，售与俄商，古迹沉埋，深为可惜，爰令忠儿就室内摄取塔影，以存故实。此寺后倚宝丰山，左右冈岭环护，形势最佳，山麓泉脉亦盛，贯垣而入，满地沮洳，苍翠数株，枝干奇古，皆前代物。缅怀创建之初，其楼殿之恢闳，景物之丰丽，可以想见。今者残垣败瓦，遍地荒芜，别院有蒙僧数辈守之，日食且不能自给，亦坐视其颓敝而已。余谓忠顺夫人自受明封，恪守盟誓，岁通马市，边烽不举，塞垣安谧者垂三四十年，其大功必不可没。世人见明代纪载，以历嫁三王，羞称之，然余总纂《绥远通志》，历考当时奏牍及边事诸书，老王初逝，忠顺欲率万人筑城别居，嗣以中朝劝谕，姑允再事嗣王；及嗣王继殁，已决计西去，其时总督方逢时更以必取忠顺要胁其孙，事非得已，亦蒙俗使然。余特撰《忠顺夫人传》，以明辨其事，原稿录附于后，观之訾议可以息矣。日前，耀宸语及，欲向中枢请发库帑，重修殡宫刹宇，俾复旧观，此洵绥怀之要策。耀宸又世居此村，桑梓敬恭，尤义所宜尔。余拟别传一文，以告当局，使知此举非徒为保存名迹，以侈游观之耳目也。山门石额，刊有颂词，前书"元后敕封顺义王俺答呵嫡孙钦陞龙虎将军大成今古妻前庆大义孙五兰批吉，选择吉地宝丰山起盖灵觉寺，不满一月，工城圆满"云云（字蚀不可辨），后署"大明金国丙午年戊戌月己巳日庚午时"云云。按，丙午为明万历三十四年，以《明史》考之，谙达孙格根袭封，于三十二年殁，诸孙争立，至三十四年其孙博硕克图始受封顺义王，则门额署名之大成今古，当即博硕克图之译名耳。至大明之下署以金国者，以谙达本为国号，其正译曰"阿勒塔"，即汉语之金，子孙虽受明封，而仍系以旧号，示不忘本也。灵觉易为寿灵，无纪载可考，然额字兼用满文，则其事或在康、乾之际，以其时方尊崇黄教，为羁縻蒙古之计耳。又案《志稿》云："凉城县之岱海召，其佛楼上藏有灵觉寺旧榜，字迹印文，雕刻完好，断为明代中原人名笔。"当是寺名改题后，取旧额移庋于彼，安得还之本寺，使先朝故迹，得以长存乎？游览既周，日晷逾午，寺僧为赁牛车，载赴车驿。待东车久不至，驿长方君石城肇柱，延至其家小坐，询其家世，知为皖之定远人，希伯之族叔也，在京绥路局已二十余年，安贫守职，亦束身自好之士，感其雅意殷勤，允归后书联幅以赠之，聊以志萍水之缘。三时后，适有加车，遂乘之而西，经萨拉齐公鸡板，升至磴口，见黄河即在其南，新开水渠，纵横布列。驿北十里，有沙尔沁召，跨山而筑，仿西藏拉萨式，远望颇为伟壮。闻殿后高楼三层，中供弥勒大像（即前日所记之西广化寺也），四壁画阎罗鬼怪，猛厉如生，中有切实格拉像，译言欢喜佛也。环寺松柏蓊苁，漠北号为名区，惜行程迫促，不及下车一游。五时至包头县，下车后，无人来迓，子丹以电告县衙，少顷，县署秘书濮君经畲思耕，驰车已至，因同车入城。道中公安局长赵君仲容、七十师参谋王君绥琪，亦闻讯驰至，邀往中国银行下榻，皆袁厅长预以电信告知也。晤行长郑君恩卿相臣，宁河人，坐甫定，来客纷至，延接为疲。有田涵泉旅长树梅、于静漪院长存灏，及电报局长胡百生、《包头日报》社长李聚五先后来晤。田、赵、王三君，即就行中设筵相款，看核精美，颇有南风，宾主谈谐，至为欢适。席间告田旅长，以欲游五当召，若得汽车驰往，九十里程一日可返，允为商赁，并以兵士护行。夜间，《日报》记者席子杰来谒，勉为酬对，片刻即去。

十九日凌晨即起，汽车已至，租金四十圆。同行者周剑吾（屯垦处处长）、阎富斋、杨毅明、公安局李巡官裕，田旅长派护兵三人，余偕子丹、遁叟，凡十人，七时登车，出东北门，逾山脊而下，巨石荦确，车行腾越而过，颠顿不堪，时虞倾覆。数十里中，崇崖曲洞，辟径自行，危险可知矣。五里前营子，十里开州窑子，五里鸡毛窑子，十五里董瓜，五里福印居窑子，十五里二相公窑子，凡六十里（塞外土旷人稀，凡垦地远来者，多掘土窑居之，俗呼为窑子。其后人多，渐成村聚，遂即取以为名也），又五里至石拐沟，河流清驶，涉河而北，十里至召沟门，见有石灰坑，停车一观，炭质尚良，蕴脉甚浅，故采掘为易，以运输艰阻，只能行销近地。自此两山夹耸，巨涧纵横，车即缘涧涉水而行，赭壁青林，时见野花四发，连冈被坱，皆紫蕊黄英，山容益行秀丽，忘其为关塞荒凉也。岩回涧复，百转益深，山势忽开，遥望高楼粉堞，皓若雪霜，环耸山椒，其上碧瓦朱垣，连云而起，景状殊诡，恍如行海国夷场，触目为之耸异，即五当召也。车抵山麓，先入山盖寺，达喇嘛沙木特，及禄布森尔勒出见，告以来此瞻礼，进谒活佛。入客座憩息良久，乃由达喇嘛等导引而入，见于府第内室，寒暄数语，皆由侍者译述。余请其手书字幅见赠，旋出至外庭，同摄一影而别。活佛年甫十八岁，其封号为对音库尔班迪达呼图克图，视其行貌，颇为聪颖，经典蒙文汉文，皆延专师教授，日课甚严，不敢暇逸。所居之室，门屏、几案、帷帐，色皆黄紫，入见时，趺坐北榻，宾客延于西榻，自达喇嘛以次，咸雁行侍立，礼度特为尊严，盖彼教宗旧制然也。寺依山而构，合七八寺为一，台阁相联，随山势坡陀而上，频转益高，吧尔勒登导往遍历登克尔（俗呼为黄庙）、勒崇（即乃崇也）耐蒙洛全灵大庙、阿洪苏拉尔盖各殿宇，惟大庙及全灵两处，特为新葺，雕绘华焕，像塑精严。殿内供设法物，与绥垣大召相同，惟建筑全仿乌拉藏式，殿顶复构高楼，有至三四层者。楼上周廊铺石为阶，人行如履平地，其屋制横斜衔互，初无画一之规，往往斜梯曲磴，回转而升，迨升至屋顶，又忽开院宇，别为一寺。惟磴道深暗，梯级陡峻，登陟殊劳耳。余偶过一殿，历阶数十级，直升殿背，其上乃有广台，百余人环侍一大师，方演论经典，盖此为讲经之台，一日聚此听讲凡二次也。凡瞻礼各殿，守僧多请于佛前点灯，余点灯四处，各布施一金，其灯皆用黄油长命灯，每年需油一百六十斤（每金值银八角），可云重费矣。案上多供人脑壳碗，以贮清水，其他供设法器，亦与中土殊异。院内有蒙古包一架，言备活佛所居，入幄一观，幄为厚毡所制，以细木柱为架，如张伞然。幄内设三座，席地而坐，中置火炉、水桶，地小不足回旋，余小坐而出。返客坐〔座〕少息，与禄布森开尊谈本寺僧徒讲习之制。开尊字崇智，为荣觐宸之亲兄，幼入寺为喇嘛，今充广觉寺地亩总理，及矿产处经理，于经典及蒙、汉文字皆精研有素，所言皆余所未闻也。余夙闻此召后山风景绝佳，开尊欣然愿为伴往，仍登汽车，由寺左沿涧而入，约三里许抵涧下，巨石当路，车不可通，相率下车，循东涧斜上，傍岭胁行，松柏弥山，飞英满地，锦屏绣谷，目不周玩，情不暇赏，奇丽乃不可名状。人从绿阴中曲折取径而行，林樾蓓深，窈然翠幄，坡陀上岭，累转益高。渡一深涧，涧泉自石坎悬流而落，聚成短瀑，散如马尾，声籁清泠，视其下，乃有层冰冱结，厚逾半尺。渡涧，复循仄磴，欹危上升，历数百级，径若悬云，选得磐石，小坐息喘，喘定复行，如是者再。路愈狭，山愈峻，时方亭午，日暄风暖，热气内逼，汗出浃衣，加以跋涉疲劳，心烦力敝，气逆作呕，几不可耐。开尊探囊，出药粒吞之，神定气振，仍强自支厉，奋步上腾。峰头忽现丹垣，则根毗寺也。寺只小屋三楹，一喇嘛守之，六日一轮值，凡召皆荤食，惟山后五寺独茹素，其人沉寂，似有道者。凭门极览，来时群峰，皆在眼底，如绿螺隐现于碧海中，万松谡谡，只见其巅。寺后高峰名吉宏龙托山，嵬然壁立，岩石斜皱，缀以乔松劲柏，烂如古锦。若得马远、夏珪之笔写之，或可得其仿佛耳。山中花草树木多不知名，涧谷内产药尤富，赤芍、党参俯拾皆是。行茂林中，清风微送，芳馨之气，时袭鼻观；山鸟飞鸣，啾唶清越，羽毛鲜丽，多非关内所常见；深壑时有鹿群，各寺率于垣外备石槽，置豆麦，任其晨夕来啖，谓之养鹿台。余山行时，尚闻呦呦之声，出于隔涧，亦所在多有，盖山深气燠，水土丰腴，故动植百物皆易于蕃育也。开尊为言，七八月中，山果既熟，霜叶渐丹，岩阿之中，秋色特为妍丽，殊令人动再来之兴。入寺烹茶小座，少息尘劳，屋小无延客之座，守僧跌坐诵经，前列低案，因掩卷，以一席相让，就经案置茗碗而已。僧言，自此逾岭上行，尚有四寺，视日影已斜，不及周览，乃题名于寺壁而出。归途从西岭而下，岩际细径如蛇，俯视懔栗，然欣赏幽奇，转忘险峭也。回至涧上，仍登车出，余等来时取道东涧，颇喜其幽邃无伦，闻西涧亦复深蒨，未得穷探其胜，殊足惜也。回山盖召，达喇嘛以活佛书藏文一幅见贻，幅以黄龙缎为之，开尊为译其旨，亦吉祥颂祝之词，上钤二印，拜领申谢而别。出召南行约二里许，至营房，乃开尊治事之所，驻蒙兵二连，终年守护，凡本召地亩租税、矿山产业，及食用购置、财务支销，咸由此司之，盖活佛之行政总管也。至此已届五时，同行者既疲且饥，开尊煮粥煎饼以饷焉。开尊言，本召秋季例有社集，自七月二十日至八月初三日止，为期十三日，名妈尼会，有跳神打鬼诸典礼，蒙人远近朝拜者累数千人，其时车驼络驿，商民纷集，食宿视平时为便，大可乘此时来游，一揽山中秋色。余闻之欣然，与订再来之约，珍重而别。归途车行较速，经二时许，已抵城外，视日色未曛，迂道至转龙藏一观，即龙王寺也。在县东门外，踞濠边高阜上，绿树如云，醮影清流，景物韶美。泉自石穴溢出，汇于池中，从三石螭口中喷薄而下，坡下更盛以石池，注入渠中，泠泠有声，阖城数千户，皆取汲于此。县城依大青山之麓，凿井极艰，城中数井，深至二三百尺，然皆苦涩不可饮，乃地涌灵泉以福斯民，亦云异矣。闻故老传言，五当召开山祖自塞北初来，先驻锡于此，已而默悟灵征，言兹地山势环护，土厚泉甘，数百年后，当有万人之聚，兴于此间，且为商贾殷盛之区，遂舍此入山，别开圣境，即今广觉寺也。凡古来尊宿，皆具绝大智慧，其说或非浪传乎？

　　余就访开尊，以此寺传灯久著，衣钵广延，则圣迹之留贻，统绪之绵远，宜有载籍以纪源流。据言，旧有寺志，然原为藏文，颇难译述。考其开辟，当在明清之交，异兆灵征，传者非一，而寺志固未有明言也。尝闻教中所述，开山祖师既修正果，遂发神通，因循阴山而西，随缘卜地，用建道场，先后三迁，咸以胜缘未至而去。其后至此，人多信奉，遂诛茅暂居。适鄂尔多斯部准格尔台吉游猎入山，就师求食，师松下支铫煮茗以进，群从争索，连进百碗，而铫水尚盈。台吉异之，叩师所愿。师言欲就山创寺，而独力难成。台吉语师曰："吾闻清兵追察哈尔汗甚急，旦夕西来，锋锐殆不可当，吾将遣使输诚，而恐迫不及事，欲仗师神通，以三日达此书，若大事可济，则檀施金帛，我独任之。"师慨然请行，如期返报。其后内蒙底定，朝廷于准格尔眷遇特隆，台吉既恪践前盟，属部亦争修宏愿，黄金布地，白莲告祥（五当召，唐古特语谓之博特古勒，译其意，即白莲也），遂成此璀璨庄严之圣城，而开山祖师亦永为本寺之转生活佛矣。以余观之，夫飞一纸羽急之书，抵十万横磨之剑，免众生于兵劫，实普度之本怀，论崇德报功之典礼，亦宜之，固不必侈语灵奇，转为世俗所怪也。

广觉寺香火地，幅员至广，南北八十里，东西一百五十里，南界之石拐沟，北界至稠阳南山毕齐沟，东界至萨拉齐后脑包，西界至紫脑包。牛、马、羊、驼孳畜富衍，皆寄于山后，各旗本山养马只二百余匹，羊群常年数逾十万，昨冬大雪成灾，耗失殊巨，所余尚六万头。蒙俗于所养牲畜，讳言其数，谓明定数目，将干神怒，恐有灾害也。寺屋占地前后约三里，横亘亦相等，僧房错落，上下数十所，约千余楹，现留寺喇嘛四百余人，盛时多至千人。召内不留妇女，定制綦严，若携家来谒拜者，当日即去，或宿于召沟外，即五当沟口，距本召已二十里矣。余曾披检案牍，知管理此寺，定制极严。每岁春秋两季，军署派员往寺中查喇嘛，按册点名，每届将军莅任，亦循例亲往察看，三年又特查一次。缘此寺僻在深山，聚僧众千数百人，恐有滋扰也。光绪三十三年六月，将军贻谷曾有附片奏报，亲往查阅情况。其略云："自萨拉齐境石拐子入山行，迂纡数十里始达，查庙宇宏阔，缭以僧房千余间，尽是层台，处处为犄角之形，居建瓴之势。寺前后百里内外，均属庙产，供给不难，招致最易，一入冬令，远近喇嘛以习经为名，往往聚至一二千人，而其报部，不过循例分别喇嘛、黑徒两项三四百名而已。及到此详加点查，仍是向来例数。闻前一二日，匿于山后，散布该寺，地户居多，密派人探，情事属实，由来已久，无足深诧。但深岩寂窔之中，据此形势，聚此徒众，庙产又足以济之，不宜任其漫无限制。当经严饬，嗣后内外各僧不得过五百人之数"云云。由此观之，以山中一寺之故，而藩部定为专条，季有报，年有查，甚至以军府之尊严，亦必拥节驰车，以躬莅其事，固由边防慎密，别寓深谋，然亦可见此寺鼎盛之时，声势豪雄，盟旗景附，故以徒众聚散之微，亦上动九重之耳目也。近年以来，自外蒙独立，商贩不通，贼匪横行，各盟贫困，此寺虽地广产饶，而今昔异宜，生寡食众，当事者刻意筹维，差能自保，非复往时豫大丰亨之象，亦足慨矣。

　　绥远盟旗各地，皆信奉黄教，其教亦源于宗喀巴大师，其行于内蒙，盖远在明代中叶。近代考史者谓，蒙古诸部之尊信黄教，自顺义王俺答始，当时建有仰华寺，以奉达赖第三世锁南嘉穆错云云。考蒙文史册言，阿勒腾汗（即俺答）中年后，以诸子壮大可任事，己遂有厌兵之意，闻西藏有活佛曰达赖喇嘛，能忏恶业，修善果，遣使求其经典，广度蒙民为喇嘛，黄教因之盛行各地。适达赖第四世降生于蒙地，藏人命使来迎，汗出金玉、珠宝、驼马数千，资送入藏，更发精骑二万随行，遂留戍藏边。嗣藏人言戍兵搜掠行旅，入藏礼佛者为之裹足，请撤归，汗令退驻嘉峪关。未几，达赖四世忽殂，汗疑为藏人所害，起兵西征，声言为达赖复仇，藏人败，乞和。时明边方有事，乃与订约，令铸达赖四世金像一尊，命贵人徒步赍致其父母家，原赠送之珠宝、驼马，如数责还，并遴选高僧二人入蒙传教，藏人愿如约，遂班师，而仍留嘉峪关戍兵，以促其履约。其后藏中送金像至，高不盈尺，责以违约，则以等身之像不能徒步荷负为解，其他珍宝、牲畜视原数大减，汗亦无如之何。惟传教二僧外，随来徒众多至百十人。诸部奉二僧为活佛，并于库库胡同之南与西，各建一寺处之。由是各处向风，开山建寺，黄教遂遍布于全蒙矣。《明史》亦称俺答受封后，请金字经及喇嘛僧，又于海南建寺，赐额"仰华"，其事与蒙文史记载差违。以余测之，俺答年老厌兵，信教甚笃，其请经迎僧，当在藏僧入蒙之后，或欲兼得中朝经典，俾与藏文互为参证耳。其仰华寺地址，新《志稿》谓即归化城内之延寿寺。然据《明史》言，锁南坚错①至青海建仰华寺处之，又有海南建寺诏赐寺额之语，是其地宜在青海之南，去归化固辽远，未可并为一谈。至谓藏中遣来之高僧，即今之呼锡特呼图克图②，其所居，蒙语即称之为锡呼特召，康熙时赐名延寿寺，蒙文史所称建寺于库库胡同之南，亦即此寺。盖库库胡同本归化城旧名，自明及今，蒙人尚沿此称，其说较为有据。是延寿寺虽非仰华，然绥远黄教之寺，当推此为最古矣。

　　回车入城，已届九时，饭后，有李君孕育来访，以字册见示，题为宋元嘉刘城所书，有梁武帝天监七年龙德殿题字，后有欧公诸人跋，年代渺远，非愚昧所能识矣。

　　二十日，十时始兴，昨日疲困犹未解也。属李巡官以电话告二里半村，属其乡长张儒来见，询以四德堂地亩情形，盖余于癸亥秋，与友人为塞上之游，在包头小住二日，时方置设治局，见其地为西北管毂，水陆要冲，因约守遐、止庵、蛰人合资数千金，

---

① 即上文之锁南嘉穆错。——整理者注
② 后文又作"呼土克图"。——整理者注

置地数十亩，遂题为四德堂。十余年来，边地不靖，工商未兴，兹地遂弃置，不遑经营。余告张儒，以同人缘内外远隔，经理维艰，意欲贬价让人，渠允为随时留意而已。余初意欲诣南海子，亲行履勘，既经面询，遂止此行。当时以游屐所经，私计十年以后，开发西北，此地实扼商业转运之枢，不意时事迁流，征战不已，城南新市虽分划成区，而莽莽荒原，迄少营构。坐视黄金掷于虚牝，亦可叹也。十一时，答拜官商界诸君，惟晤商会领袖董君三五世昌，正午至饭店，赴于院长、董会长、李社长三君之约，兼晤贺子和昱功、孙绍三焕基、朱希斋贤五，皆本邑商界闻人也。座谈良久，一时半入席，又一时辞归，急束装行。三时抵车驿，郑相臣、胡百生、李聚五诸君皆来走送，余以游踪偶至，小驻行幨，而诸君雅意殷勤，连日既荷嘉招，复劳相送，道左拳拳，惜别之情令人永志勿谖矣。逾一刻车行，抵绥垣，近夜八时矣。

二十一日，连日劳劬，卧至十时始起，逾午不出。并卿来，携土产物相贻，如营盘蘑、长寿米，皆嘉品也。写楹帖，题小像，分赠本地诸方。静亭来谈，托其电致大同，告以行期。薄暮，地方法团公宴于麦香村，主人为宪政会长潘箴四秀仁、农会长温芋僧廷相、商会长贺和厚秉温、教育会长陈绍曾光祖。晤曾秘书长言，已电告大同骑兵团长哈子军，属为将护。郭、荣二君来长谈修志事宜，子刻乃别去。

二十二日侵晨，子丹即至，相助检理行囊。八时赴古丰轩，馆中诸人于此饯别，食羊肉纱帽（即烧麦），为归化著名之食品，风味殊隽美。同人把盏相酬，为之薄醉。酒罢，就庭前摄影，借以纪别。还寓少息，行李待发，李芷政厅长来电，属稍待须臾，因命两郎治装先行。少顷，芷政来，同车赴车驿，馆中郭、荣、阎三君继至，曾秘〈书〉长、袁、阎二厅长、张监督、李会办亦先后驰来相送。十一时，车东发，下午七时，抵大同，入客邸，与周、邢二君相见。此后行程，则纪于《北岳游记》中。余来绥垣，先后只旬有三日，与诸君酬酢往还，情谊款洽。咨访政情，考询风土，咸倾怀相语，故于本省情况，虽未必洞晓源流，而大端固已略备。耳目所经，视简册所载，要为翔实可信。于异时修志之事，裨助良多。诸君之所以惠我者，实无涯涘。临别依依，情深谊笃，咏"桃花潭水深千尺"之诗，感荷之怀，有非言语所能罄者矣。

<h1 style="text-align:center">二</h1>

余自出塞以来，遍游各召庙中，观其制度，考其规律，言者多不能详。及至五当沟广觉寺，晤开尊大师，知其深通汉、蒙文字，于黄教经典，特为精习。住寺数十年，于召中学制等级、事务职掌，皆所亲历，因就而咨访，陈述至详。余更旁咨博询，参以《志稿》所载，粗得大凡。因略为条次胪举于后，庶后来言蒙事者，得以取证焉。

黄教制度大略

首述活佛名称品次之别。按，活佛乃蒙人尊礼国师之俗，称其意，即圣僧也。其地位本极尊崇，德望又复隆重，国家因锡以封号，遂为各部所顶礼，第其名品亦有不同，兹分述于左：

一、宝阁第，译为至圣之意，如西藏班禅额尔德尼，则称班禅宝阁第；外蒙哲布尊丹巴，则称阿尔宝阁第。若内蒙黄教中，惟明季大青山之白圣僧称察格宝阁第，崇福寺活佛称湍宝阁第，后此三百年中，各召活佛，未有锡此名者，其崇异可知矣。

二、呼土克图，译为大国师之意，凡受朝旨加封此号者，皆于国家有大勋劳。如绥境延寿寺之锡呼特呼土克图，崇寿寺之伊勒固克森呼土克图，皆于清初有化导蒙部之功。陵寿寺之伊穆斋呼土克图，以精于医学，为内庭治疾而受封。宏庆寺之伊格宁呼土克图，以邃于经典，为国家设醮而受封。迨民国初元，各召活佛，多有以翊赞共和而锡此封者，然蒙人视之，不若昔年之崇贵矣。

三、班德达，译为别派修成正果之意。就道行言，宝阁第如至圣，此则亚圣也。就名位言，呼土克图为国家所封，此则教中所封也，故其名贵，视前二者只略亚焉。如大青山后之班定召，其活佛即奉以此称，因取以名其寺（班定，即班德达之缩音），所以标异于众也。曾闻深于教义者言，凡被尊为班德达者，既精研黄教经律之奥蕴，复兼具红教经咒之神通。传言五当召开山祖师，其募缘创寺，即大有神通，方寺之初成，适藏中班德达欲试其法咒，遣火蛇入栖殿幄，师举手指之，蛇应指而枯，视蛇行处，焦痕蜿蜒如线，时人骇其神异，群奉以对音库尔班德达之号，其后袭而弗替。今受呼土克图之封，则民国初元所加也。

四、格干达，译为大智慧之意。盖教中以修成正果者皆能不昧前因，故各召活佛，均得奉以此号也。

五、第雅齐，译为隐居得道之意。绥境诸召，惟白圣僧之四大弟子始获此名称，亦活佛中珍贵难得之号也。

六、呼毕勒罕，译为变化转生之意，如道家换易宅舍之说，此为最初觉悟之本能，在活佛诸称号中视为初步云。

次述执事喇嘛中之名品。

一、掌印萨克扎〔扎萨克〕喇嘛。自明季以来，黄教盛行于藩部，其教权所属，可分为四区：前藏达赖领之，后藏班禅领之，外蒙哲布尊丹巴领之，内蒙章嘉领之。绥远地属内蒙，自应属章嘉统理，然定制有特殊者，即统绥远十五大寺，专设掌印扎萨克喇嘛以治其事，权力最伟，等于行政长官，不受章嘉之统辖。遇掌印缺人，例由十五大寺活佛，及扎萨克喇嘛中，选名德尊崇者，由将军、副都统会咨理藩院题准，方得补授。至民国二十年，经蒙藏委员会呈请，以明令撤销此职，于是教中行政之任，以七扎萨克喇嘛为称首矣。

二、扎萨克喇嘛，为活佛座下掌理本召教务行政之职，其属于掌印者凡七寺，各设扎萨克喇嘛一人，即无量、延寿、崇福、崇寿、隆寿、宏庆、尊胜七寺也。此外属章嘉呼土克图者，惟广觉寺设有扎萨克喇嘛，其他寺未闻也。

三、锡连达喇嘛，其职分略如寺中首座之意，多以退职之扎萨克，及行辈尊老之达喇嘛处之。职任未为重要，而礼貌则至尊崇，藏语谓之赤贲喇嘛，如放头之礼，扎萨克喇嘛及达喇嘛均不敢受，惟锡连达受之不辞。召中执事，虽升至达喇嘛，不得着红色靴，惟锡连达可着之。至广觉寺之赤贲喇嘛，恒兼领扎萨克或达喇嘛，位尊权重，冠于百执事，与他寺之仅示优礼长老者，其情事迥不侔矣。

四、达喇嘛，蒙语称长官或首领皆曰达，世俗或称为大者，非也。其制即众僧首长之意，扎萨克以下，以此职为最尊，各寺召皆设有达喇嘛，以管掌全寺徒众，及教课、财产诸事，然寺大事繁者，亦得增设数人，以专任其职。如讲经台、诵经室、时轮殿、医药科等，皆设一达喇嘛分领其事是也。

五、第德达喇嘛，即达喇嘛之副贰也。凡寺已设有扎萨克，或一寺设有达喇嘛二人以上者，皆不得设此职。若寺大僧多，而限于定制，只设一达喇嘛者，或因达喇嘛年高，不胜繁剧者，皆得请于掌印扎萨克，添此一职以协佐之，盖因时变通，非常制也。

六、达得穆齐，此亦达喇嘛之副，但专以奉命承转，综理寺内事务，略如行政官署之总务科长耳。若年劳既深，亦可升授达喇嘛。

七、格司贵，译其文，颇类监督之意。大凡寺置一二人，多或四五人，其任事不同，故虽同此名，而权责乃大有轻重。如经堂、禅房、食堂、法物等，皆有格司贵以监理之。其总经堂者，名为萨克沁格司贵，当讽经大典时，全寺僧徒入笃供大经堂，上自活佛、锡连达喇嘛，下至群弟子，均屏息危坐以听命，而萨克沁格司贵则在堂西南隅，巍然高坐，冠服辉煌，手御禅杖，金彩四棱，威仪伟岸，气象崇严，一堂之内咸受指麾，虽名族贵人，无敢逾越规矩者，其执法之严可知矣。至其他格司贵，只克恪恭奉职，视此盖远逊矣。

八、温德扎，笃供大经堂之首座也。专以教授僧徒讽经为职，凡领此职者，必经律渊深，记诵娴熟，方克胜任。教中规制，凡入笃供大经堂讽经，不得携挟经卷，惟听温德扎笃开诵何经，即随声而和，故开堂数日，各经皆须暗诵如流。其讽诵之时，不特于经文须见强记之才，即梵诵之高下疾徐，声韵之起落转变，亦宜合于规律，其间节奏科范，更有振铙吹角，拍掌擎螺诸式，尤应铿锵合拍，故此职非教中之名辈大师不敢轻肩其责。寺中活佛及锡连达喇嘛对之尤深表崇敬，或诵读偶有差误，即达喇嘛与萨克沁格司贵亦不得在堂指摘，盖隐其优礼师儒之意也。

九、昂穆布，寺中执事喇嘛，专理财计出纳之事，居达德穆齐之下，承其命而经画之，亦如官署之司计员耳。

十、小德穆齐，即达德穆齐之助理庶务者，或谓之博格穆齐，略如官署之事务员。

十一、小温德札，即经堂副首座，亦称为第德温札德。凡笃供大经堂诵经时，正中设活佛高座，次为锡连达喇嘛与扎萨克喇嘛左右座，又次即温德札正副之座，俾分占徒众左右长榻之上首，温德札有事，则副首座代，为全堂诵经喇嘛之领袖焉。

十二、尼尔巴，为昂穆布之副，盖昂穆布职在总司财计，尼尔巴则分掌催取、散放、募集、核计，下至采办什物、备置饮食、凌杂琐屑之务，咸躬亲检点，大会或增至三四人，略似官署之庶务员焉。

十三、刚湟尔，此类职任卑微，专任祇应佛殿之事，如晨夕香灯，殿堂管钥，皆令其掌管。又必须分别经咒，晓习礼节，以便延接宾客。其供设物品、应用法器，亦责其检察，盖寺中徒众初应职事者，多属以此事云。

十四、巧艺布，亦佛前执事喇嘛，专任殿上设供物品诸事。此职虽甚细微，然求其胜任适宜，良非易事。盖黄教中于设供一端，制作纷繁，规法严密，与中原寺观不侔。其最视为重要者，为摆供品，其法用麦粉和水，揉作胶泥，以手抟成各种物品，如宝塔、灵山、金城、玉殿、诸佛菩萨、宝像庄严、天龙八部、鬼神变怪，下而珍禽异兽、珠树琪花，千形万态，尽巧极妍。模胎既就，涂以香膏，敷以彩绘，擅五光十色之奇，抉鬼斧神工之秘，称心而出，触目如真。其精妙之处，有非雕镂图画所能到。尤可贵者，其摹拟人物，点缀景状，虽极细微，亦咸与经典中故实相合，决非出于臆造，洵可谓良工心苦，妙技通神，匪寻常艺术所能比拟矣。故昔年各寺，凡举行盛典，必广致名工，陈兹法供，万人瞻礼，千里奔趋，远近檀施，布金满地，盖即此区区之微，亦隐助佛法宏敷之力。今则故旧凋零，此技殆成绝响。余游绥垣时，遍礼各召，其佛前所供，咸因陋就简，粗具规模，无复精奇耸人耳目者。呜呼！盛衰之际，良足慨矣。

次述喇嘛学业之等级名位：

一、设必纳勒，此初学之名称，凡大寺僧徒众多者，其幼童出家来寺，均授诵经、讲经之课，统名曰"设必纳勒"，如内地之初高小学生也，其学期为五年。

二、格不什，凡为设必纳勒者，肄业十年，举行毕业之考试，及格者，称为格不什，略如内地之中学毕业生。愿升学者，仍留寺肄业，否则授以职事，俾服劳于本寺，若外来附学之客僧，其去留听之。

三、阿灵金巴，自格不什毕业后，更肄业十年，平时日习外，月有程，季有试，年终有会考，或互相辩论。及毕业时，试验规制尤严肃，由活佛与赤贲喇嘛临场监试，及格者授阿灵金巴之号，略如内地大学毕业生之学位。每年甄取最上等三人，由活佛亲授哈达，并赐以念珠，其念珠百八粒，上缀以银珠十枚，以示旌异。其中等则用铁珠矣。此试入格甚难，故与选者人人视为荣贵，各寺延聘，讲习经典，教徒授众，所至之处，咸以大师之礼尊之。每次毕业，前列三名，例须各具肴馔，大宴寺众，一食之费，累至千金。家寒不能具食者，戚族为醵贺钱，以助成之，其为蒙旗所重可知。闻五当召旧事，其宴时恒以寺中大釜炊数百人之食，釜底原有孔大如钱，学生炊饭时，如其人操行贞正，则入水不泄，否则底漏而饭不熟。其釜为五当召创寺时募缘所铸，最后有人来施钱一文，执事者以其戏侮，怒掷之。其人言，吾施虽薄，此釜或待此一钱而始成也。执事者不纳，其人投钱炉中而去，及铸成，釜底果有一孔，正如钱大，屡补终不就，遂留此异迹，为后人卜验之准，亦教中神话也。凡学生在寺，服饰皆有区分，以辨等级。如初入小学时者，上衣下裙皆红色；中学者，裙紫衣红；若大学毕业，则衣裙皆紫。至着靴之制，凡喇嘛皆着皮靴，若大学毕业任事寺中者，得着绒靴，不稍假借，盖视此为最高之学级也。至如进而研考高深之学，或旁求医算专门之长，别有名称，更详左幅。

四、强尔记，译为经、律、论兼通之意，地位尊如三藏法师，或为巧尔气、却尔济，皆译音之转。绥垣有巧尔气召（即延禧寺），其祖师以精通三藏而得此位号，遂榜为寺名。近年此号久未授人，亦可见教宗之不振矣。又案黄教学制中，尚有喇嘛〔棱巴者，其等级在阿灵金巴之上，必其人于经典有阐明撰述之功，始获喇棱巴之名，然后得升为强尔记，然此称惟西藏有之，蒙部知者亦鲜矣。

五、孟阿棱巴，此研习医学毕业之名，盖初级所授之学位，与讲经期满之格不什略等。惟绥境各召，专设医科者绝少，其讲经喇嘛有兼习此学者，俟其十年期满，授阿灵金巴时，则兼授以此号也。

六、额穆齐，此医学高深之位号，视孟阿棱巴为优，盖前者重在学术理论，此则精于实施疗诊。隆寿寺之活佛，号为穆额齐呼图克图，即以精通医药而受此封号也。

七、菊勒海齐，此通习算术之名号。绥境各召，未有专设之科，亦悬此格，以授讲经僧徒。兼习此学者，其布算方式，用盘沙、竹签划演，与中土不同，而推步计历，颇能精确，蒙人极笃信之。

以上喇嘛、执事、僧徒肄学，其名称品次，咸据闻见所及，证以志乘所载，撮举其大凡，俾世人得晓习黄教之情状。其他杂徒微职，亦有足述者，如世俗人民隶属于召寺，服役于喇嘛者，教中称为黑徒，蒙语谓之"哈勒设必"，犹言在家弟子，以别于黄衣弟子也。考黑徒之原始，多由其本管王公，因笃信黄教，尊礼活佛喇嘛，以其所属田地、人民，拨归召寺，用为供养，于是自由之民，遂夷为布施之品，举其人之身家性命、妻女子孙，永沦陷于淫威之下，终身服役，永无解脱之期。凡黑徒之家，其资生耕牧之源，咸仰赖于膳召地，而治理刑赏之权，亦操诸喇嘛，旗署无由过问。且其人天性愚朴，长依教门，崇信已深，故喇嘛对于黑徒，其剥削之方，暴举横施，初无顾惮，而黑徒亦惟吞声屏气，视为分所宜然，而不思解网脱羁之法。尝闻诸地方贤达，有言黑徒之害，实有类前古酋长之风，不意世界开明，而奴隶之恶制，犹近在耳目而不能湔洗使重见天日，斯亦吾辈士夫之耻也。余述教中杂事及此，深慨斯言，佛法以慈悲为旨，黄教亦不乏明达之流，倘能幡然变计，革去旧污，愁怨之气化为和祥，亦边地人民之福也。

凡黑徒在召寺有年，资劳渐深，得由活佛给以宰森职衔，盖藏语仆役领袖之称也。得此职名者，有冠服顶戴之荣，且有指挥徒众之权。为活佛御车者，名曰"缰朗沁"，在侍辈中亦为优职；为活佛牧牛马者，名曰"阿导沁"，其为召寺公中孳畜者，亦可获此名；为召寺经营耕种田地者，名曰"檀莱沁"，蒙语谓谷为檀莱也。其他杂役亦各有名称，多不胜举，姑述其执役略重要者数事，以见一斑耳。

黄教举行经会，为大召寺最隆之典，每年咸有定期。夏历正月望前后三日为第一会，五月或六月望前后三日为第二会，仪式繁重，自诵经外，有跳步战、请乃崇、送巴令、迈达尔出巡诸事。三日诵经，皆端坐堂上，早茶午食，均由小格司贵提壶散放。入晚，按级散给经钱。跳步战者，乃舞蹈娱神之戏，或曰跳步扎，蒙语谓之跳切穆。跳者以服装、面具制为各种形状，或作菩萨、罗汉、弥勒，或作沙弥，或作老人，或作天魔修罗狞猛之象，或作鬼魅骷髅怪丑之容。演时默诵藏文口诀，佐以梵乐，用为步武疾徐之节，穷形尽相，怵目骇心，观者为之回惑。闻此剧原由复仇而起，昔藏王达朗玛者〔者〕毁法灭僧，喇嘛逃窜入山，密谋复仇，伪为舞蹈之戏，王闻而招之，乃藏弩于袖，跳荡方酣，众弩齐发，王殒而教复兴，故今之舞装仍存广袖，所以志也。请乃崇者，俗称顶神官，蒙语谓之"请沙靠色"，译为护法神之意。召寺之奉沙靠色，犹沙门之供宰〔韦〕陀也。凡黄教大寺，皆建乃崇庙，以供沙靠色。其请神也，必附于人身，以问吉凶，而决疑难，惟附体之人，必先为选定，其选人之法，择少年喇嘛数人，其生辰年庚与经典相合者，依次入乃崇庙默坐，别令人鸣鼓铙，诵经咒，神灵降监其人，必有异征，即可决选。至请神之日，改御法服，铜胄钢甲，佐以彩戟绣旗，秘咒既行，神即来附，容状威猛，运转如风，由庙驰出，诸人诵经鸣鼓从之，先谒活佛，次入佛殿顶礼，出至广庭受僧俗瞻拜，然后巡阅全寺，论功过，施赏罚，执事咸听受惟谨，巡毕返庙而罢。迈达尔出巡，亦经会应行之礼，蒙语之迈尔达〔迈达尔〕译即弥勒之意，其音由弥勒转为弥得勒，又转为迈达尔也。凡开跳步战，事先奉迈达尔像于殿外，座像高尺余，缨络庄严，迨步战既终，拥像升舆，诸人推挽而出，神舆绣幔银钩，雕饰精丽，舆前悬引帛二人，长三丈余，僧俗挽之以行，绕寺一周而散。若在省垣大刹，则必环巡旧城四郊后，乃齐集慈灯寺前，合行跳步战一次乃归，其意谓以消灾患而祓不祥也。送巴令为教中驱邪送祟之典，经藏中别有秘咒，专为送巴令而诵者，凡经会既终，必以为殿。其巴令也，制由巧艺布喇嘛，用麦粉、乳油揉成形状，高二三尺，上装魔首，顶插一箭，染以茜草，置之经堂中。其上更悬降魔菩萨小像一幅，以示厌胜之意。喇嘛环坐诵经，以二人夹侍巴令，左右为之添香注水，梵诵既毕，侍者捧巴令出，僧众鸣螺伐鼓随之，送至山门外焚化。如有沙靠色伴送，至焚巴令时，必向火发矢，并自烈焰腾身而过。闻此种送祟之式，青海、西藏等处呼为达朗玛，即古代藏王毁教者之名，教中创巨痛深，故即取为恶魔之号，为法所不容者。由格司贵请于达喇嘛，令戴纸冠，衣纸服，更以烟炭涂其面，用送祟之法，乘夜诵经，鸣铙击鼓，驱而屏诸门外，以示深恶痛绝之意。昔尧舜之世，画衣冠而民不犯，若此者，其犹有古风欤？

　　绥远建省以来，其政治设施，宏规远画，端绪殷繁，余税驾旬余，考览未周，何敢轻于论列，第以志乘所资，未容忽置，连日旁诹博采，询之地方官吏，访之本省士夫，参以案牍所存，证以见闻所得，举其要务，粗述大端，期以效史氏采风之职云尔。

一、边防之重要　绥远为边疆重镇，自明中叶以后，即为中外交争之冲。清初土默特部落归顺，设官置戍，义取羁縻，未尝加意经营，一任蒙藩之统治，不特汉官少至，即旗员亦不假事权。光绪初年，山西巡抚张之洞始上疏请增厅治，改汉缺，并编定营制，始有发愤筹边之意。迄于末年，外蒙多事，边防益急，朝廷以蒙民昧弱，土宇空虚，听其荒弃，易启戎心，特简重臣，大举垦辟，且有建省固边之策。虽牵于众议，硕画未克尽行，然旧习渐坠，新规已启，国人骎骎知归绥之为西北重防矣。辛壬改革，政纲解弛，盗匪纵横，灾歉荐臻，边民流离困苦，甚于倒悬。军府一再易人，师旅数动，仅而勘定，然民力虚耗，元气瘝伤，中枢顾念边陲，频议改制，以便设施。初改特区，旋颁省制，至十八年，置官分治，行省规模，灿然大备。历年疆吏，如马福祥、李培基诸人，亦颇思锐志振兴，强固边圉，适以中原多故，未遑展布。近者外患日亟，风鹤时惊，绥远迫在近边，政府欲大树国防，妙遴镇将，乃以宗人宜生来主省事，由是二十年来纷扰之区，数千里外荒寒之域，至此乃入于建设之途。宜生忠勇沉毅，当代知名，其莅绥也，用人行政，一以开诚布公行之，僚吏参佐，皆广致才贤，指臂相使，百废咸兴，若迟之数年，其成功殆不可量。余尝谓绥省横跨西北，形胜天然，阴山屏障其北，黄河横贯其中，平原千里，水土滋腴，民风朴厚，物产丰饶，若加以生聚教训之功，实大有可为之地。惟是辽沈事作，外蒙变生，形势既浸以不同，风云复相乘而起，绥边冲要，十倍曩时。然事机既亟，为救亡计，政地诸公，宜急为长驾远驭之图。太原霸府，更同凛唇亡齿寒之惧，正当宽其衔勒，假以事权，能倾全力以相助，自可克日以程功，内力既充，或外侮不作。尝以此意语宜生，辄慨然兴叹曰："吾辈武夫，惟知捍国保疆，设人不我助，亦当发愤自谋，第恐时不我与耳。"（忆见授《志稿》时语余，以三月为期，余告以亟事删修，亦需半载，君言恐不及事）其含意未申之故，宜可以深长思矣。

一、垦政之废兴　谈绥政者，以垦务为第一要义，盖土地既辟，斯人聚财丰，凡百政事始可措手。其垦事始末，《通志》为列专门，凡古今利害得失，备载于编，无庸详举，要其大端可述也。秦汉以来，于朔方、五原等地，列郡县者以数十计，置兵戍，徙贫民，费逾百十巨万。当时之鸿规硕画，书阙有间，不可具详，然官有田禾之号，县有美稷之名，其成绩彰著可知。建安以后，中原大乱，塞外遂荒。元魏崛兴，近在畿内，开富平渠，溉田四万顷，使东平公督五原、稒阳屯田，农稼大获。隋赵仲卿、郭衍、长孙晟等，咸议屯垦塞上，其致工多在恒安、夏胜之间。唐兴，拓地远略，西起振武，东逾云州，极于中受降城，垦田三千八百余里，岁收粟以给军省，度支钱两千余万缗，其利可谓闳矣。辽金割据，迄于有元，征战频仍，禾稼之地，复为游牧之场，汉唐遗规，湮废殆尽。明代疲于边患，惟勤修营堡，独曾铣创复河套之议，卓有远识。清初康熙时，有"赍送宗室官兵往口外耕种"之谕。雍正时，有"特简总理大臣，专司口外报粮编审"之谕，频加诱导，人民出塞者渐多。至乾隆三十九年，丰、宁二厅报垦太仆寺牧厂地者已有二万三千余顷之多，而蒙民私垦者尚不可计。道光以后，汉人至河套租垦者日增，且绵延及于后套。开渠数十道，辟田数万顷，筑室庐，长子孙，视同内地，骎骎然复汉唐之景象矣。顾先后三百余年，筚路蓝缕之风，皆听民力之自为增展，国家未尝为全局之通筹，官吏不闻定管理之详制，于是如王同春之流，以一匹夫之雄，起于垅亩，拓地及数百里，聚众至数千人，富厚拟于王公，声势震于部落，争渠夺地，动起兵争，乡间隐忍，莫敢枝梧，官吏亦束手圜视，而不为之裁抑，甚者或更倚之为利焉。嗟乎！大利所在，而末流之归，弊害乃至于此，非其人之不足与谋，抑亦法令宽弛，而积渐使然，可不戒哉！光绪中年，晋抚张之洞、刚毅、胡聘之等，迭请开放蒙荒，迄未施行。及至季年，中朝怵于时事阽危，以防边首在实蒙，实蒙莫先开垦，乃特简贻谷督办其事，先授以藩衔，继使领军府，崇其权任，责以成功。由是东盟、西盟先后放荒，河套水利同时修举。尝披观垦务奏议，及参案调查记，其规画闳远，实足树不拔之基，而才略通明，亦不愧识时之俊。乃以图功急切，谗口訾謷，一挂弹章，竟兴大狱。夫以经营六七年之久，几经顿挫调停，东西两盟始得全行报垦，计日可以观成，而当事者借快私仇，尽翻全局，绥省人士悼叹至今。自贻谷去后，迄于民国初年，仅事清厘，未闻倡导。四年始设专局，旋改制，以都统督成于上，总办综司于下，行之历年，增订章程，修改规则，后先颁布者，裒然成帙，所以通下情、恤民艰、防弊兴利者，条制日以完密。蒙人皆悟舍旧图新之不可缓，各旗召报垦者，岁月不绝，虽其间迭经国、奉各军之进退，地方不宁，垦事亦为之阻滞，然其后晋军来绥，政局敉定，垦放之地，渐臻普及。故通计清末至今三十年来，已放之地多至二十万顷，而其中为民国所放者，约得十一万顷。盖历经官吏之筹维、人民之奋发，精神血汗，耗竭于冰雪风霜之中者，殆不可以量计，而始克臻此。呜呼！难矣哉！

一、水利之兴作　绥省地势高燥，常忧旱灾，故谈垦政者，尤重水利。塞外开渠引水，为农民命脉所关，故各县渠道繁多，岁时疏凿，常耗巨款。《志稿》水利一门，于水渠分县详纪，多至不可胜述。惟萨拉齐县之民生渠工程最巨，中外咸知，兹粗举源流，衡其得失，以告来者。萨县境内为黄河经流之域，然初未开凿大渠，以收灌溉之利，且时被冲决之害。民国十年，邑人倡议开渠，引用河水，延五原王同春来邑测验，同春于后套开垦有年，凿渠尤具专长，脉土酾流，精确无差，其才殆出天授。准其划线计工，谓非二十万金不办，卒缘艰于筹集而罢。其后连年荒歉，都统李培基笃念民生，力图拯救，议开萨、托两县，磴口至高家野场水渠一道，兴工代赈，请于中枢，允加平绥路捐以助成之。开工未久，以灾巨用繁，势将不给，乃遣使入京，与华洋义赈〔振〕会商贷款合办之策，此民生渠之议所由起也。次年，会中测绘队至，旋命章元善来商定合同十条，大旨省府拨款二十万元，振会垫款二十四万元，贷款按年增息，以渠成获利取偿，议定兴工。二十年六月，干渠修成，支渠成者及半，闸门、桥梁、河坝亦次第告竣，乃于二十二日举开闸放水之典。本省官绅、中外宾客，不远千里而至，来庆落成者殆数百人，极一时之盛会。凡历时三年，渠长一百九十五里，用款至七十余万元，宜乎为振古之鸿功，百年之大利矣。然余访诸绥省人士，言及凿渠一役，遗议孔多。盖振会施工之始，工师皆美国专门之士，始用编工之法，旋改包工之制，于地方情形，乃多所扞格。立法既近琐屑，放款复苦稽延。集散灾民而用兵法部勒之，未半载，而工人数千不堪其苦，散去殆尽。次年，改由建厅代募，三年复由县署征工，省府急于观成，又请驻绥陆军抽拨工兵四千人助成其事。迨渠成之后，于水量既不逮原议所期，而翊年适遭黄河漫溢之灾，干渠填淤者半，支渠更成废区，近渠之地且有因筑渠而反不能过水者，人民未食利而先受其害，嗟怨之声四起，咸咎当事之失策焉。以余平情论之，渠工浩大，独立难成，故引华洋义振总会为助，振会以救灾为念，人才既众，财力复饶，且可借此为工程之练习，事本两利，相得益彰。惟工师为美国之专家，其人多偏重学理，于吾国情事，非所夙谙。至塞外河流之猛，风沙之烈，气候之严，其土脉、地形变迁最易，更非外人所及知。若能博访周咨，择善而从，自可事半功倍。闻其初测垦线时，取舍失宜，群情惶急，建设厅长冯曦深以为忧，曾致书劝告，言修渠本为民谋，利在普及，不可以图省费而失民心，尤不能以一隅之便利，而置全局于不顾。盖不以先开渠南支渠，而不开渠北为然也。而工程总监处及萨拉齐县、托克托县两地人民，均于当局迭有陈述，请依王同春采定之线，万不可舍顺就逆，因小失大，胪举利害，深切著明，而工师坚持己见，不采舆情，以致铸成此错，亦非初意所及料者也。其后省府请于中央，力筹补救，经专员来绥履勘，以工艰费巨，得不偿失，不若别开他渠为言，而振会亦以耗弃可惜，欲更为改修计画，以竟前功，计须更筹十六万余金，差可集事。然官吏、人民咸戒前车，惮于再试，无复补牢之意，因循及今，终以款绌而罢，良足惜矣。

一、屯垦之规画　至于屯垦要政，民国六年，以本省剿匪事急，主客各军供亿纷繁，民力不支，始倡创办之议。时朱淑薪主其事，撰具章程十三章，一百三条，计画闳远，条理精密，都统蔡成勋伟之咨呈内部，核议推行，终以巨费难筹而罢。至二十年，王师长靖国始试办垦殖队于五原县，略著成效。二十一年，省府议扩充其事，乃选调兵士三连，试办兵垦队于临河县，甫阅一年，而开渠筑堡，通道路，建新村，规模略具，由是乃锐意大举。先以军官五百人，编为屯垦队，仍就五原、临河两地行之。既而合晋、绥两省之力，集军民两长诸人，上设督办，以总揽其成，下设坐办，以专负其责，制定纲要，划为专区，重其事权，以收群策群力之效。设总署于包头市，以资控驭，其大旨分调查、试办、实行三期，及今二期之试验已告成功，此后各地皆设屯垦团，民兵协力，大启鸿规，西北实边之谋，从此本根永固，隐然巩若金城，岂不盛哉。

以上诸事皆绥政荦荦大者，或陈往事，或举近情，聊以明其梗概而已。至欲详考兴废之源流，筹计之得失，千条万绪，则《志稿》纪载翔实，此毋庸赘述也。

　　附载万部《华严经》塔题名①

　　　　大定十一年八月初五日□氏题。（文为反书，字迹秀劲）

　　　　大定十八年三月十二日关西镇戎军樊典到此题。

　　　　逸德术士李德咏塔记：危危宝塔□□□上达云汉□□□寰瀛睹□犹掌上天下峰□惟此高。大定岁在丙□□□。

　　　　崇庆二年十月初六日，□□游记。

　　　　中统二年十一月初三日，无名氏题。

　　　　至元五年五月，元帅府史令孙执中到此。

　　　　至元六年五月初二日，武得新到此。

　　　　至元六年五月初三日，文山相国幕下相士三人到此。

　　　　大朝至元八年，西夏国仁王院僧惠善同进宣冲平五禅师到此记。

　　　　敬禅师、宣禅师等五人，至元十年五月□日到此记。

　　　　至元十年五月二十三日，小芦□笔：万事无心一钓竿，三公不换此江山；平生误识刘文叔，惹起虚名满世间。（录前人题钓台诗）

　　　　至元十一年五月五日，丰州管水鸦提点王仲祥、丰州管水鸦提检王英祥、丰州管水鸦提领张伯川、丰州总管水鸦马天祐达鲁花赤兼都点检押。

　　　　至元十一年五月五日，马天祐、王仲祥、王英祥、张义之等，于在城北角内宣教寺宝塔上偶游至此。

　　　　至元十一年五月十一日，车巨川等五人到此。

　　　　沙井府治中一行十人，五月十五日到此记。

────────

　　① 本篇以下文字中之"□"为原文所有。——整理者注

总管府判石仲玉至元二十年八月初一日来游于此。

青山无数，绿水无数，那便白云无数；霸陵桥上望长安，动不□八千里路。来将春暮，到还秋暮，归去也，又还冬暮。想人生会少别离多，好相看，能有几度？大德元年哰□寄《鹊桥仙》。

天堂路大德二年五月初九日书。

皇庆元年四月十五日，白海子等到此。

皇庆元年四月十五日，大同路孝慈录正校丰州判官李良□题。

皇庆元年四月十五日，宣德州宣德县□□□题字。

延祐五年六月初四日，冀宁路□□□一行人到此。寻春误入蓬莱岛，香风不动桃花老；采芝何处不归来，白云满地无人扫。至治三年二月十一日书。（按，此诗王渔洋曾采入《笔记》）

至顺元年闰七月，太原榆次常乐寺悟谈等题。

钦差戴聪明，四川江安县人，元统二年四月初八日来登。

今人如古人，残月如新月。至正十年正月二十二日，刘拱同浑川二妇人同姐、闸姐题。

至正十一年六月初九日，东胜州吴□武题字。

至正十一年六月初九日，东胜州吴张国让、张传贤题。

至正十二年五月初一日，丰州在城管五奴项头官王金管等题曰：玉殿金科四十年，当时所有尽英贤。

大同中护卫前百户管下军人王有，洪武二十七年题。

朱朝大明国嘉靖四十年六月初八日记留名姓。

山西太原府代州崞县儒学增广（原误光）生员段清，字希濂，家半山，时至嘉靖三十九年九月十五日大举，鞑兵攻开堡寨，将一家近枝大小人六十五口杀死，抢去各散逃生，止遗生一家大小五口，俯念斯文，得留性命。路逢房叔二人、妹夫一人，生向恩人达耳汉处苦告，拿来在此一同受难。房叔段应明、段茂先，妹夫石枚。

右所撮录，通三十条，有元贞一条，通侄以时促不及录存，及归，检钱氏《笔记》及《通志》访稿，均无之，留俟异时得暇，属人入塔补录。其余文词鄙俚，字迹讹谬者正多，无事胪陈，徒占篇幅也。

忠顺夫人传

（补撰《通志稿》，录附于此）

忠顺夫人者，袄儿都司女也。明丽多智略，人称为三娘子。初为俺答孙那吉把汉所聘，俺答闻其美，夺之，那吉恚，遂率众叩败胡堡求入，宣大总督王崇古、大同巡抚方逢时纳之，籍〔借〕以招俺答。俺答以爱孙故，愿就约束，遂缚叛人赵全等就款，敕封为顺义王，具誓条，告谕诸部，贡市之议得定，夫人与有力焉。时隆庆五年也。万历十年，俺答卒，子乞庆哈袭封，夫人率众西走，总督郑洛使谕夫人，从其国俗，仍事嗣王。十四年，乞庆哈卒，子扯力克当袭，夫人以年长，方练兵万人，筑城别居，洛恐贡市无主，复谕扯力克曰："汝能匹夫人则王，不然封别有属。"扯力克从命，于是夫人历事三王，主贡市事，诸部守约，边塞熄烽火者二十年。郑洛上其功。十五年三月，诏封忠顺夫人。后宾兔等扰河湟，扯力克西行，遗洛书，以赴仰华为名（西宁寺名），洛使从塞外行，又谕夫人曰："彼中抚赏不能多，且王家在东，恐有内顾忧。"扯力克不听，及至仰华，火落赤真相挟，以为重扰临洮、河州。关中大震，诏洛经略七镇。明年，洛入西宁，扯力克与夫人输罪请归。三十五年，扯力克卒，未有嗣，夫人率所部仍效贡。卜失兔欲停大市，夫人力持不可，四十年六月卒。七月，总督涂宗濬奏，忠顺夫人自纳款以来，约束部夷，贡市惟谨，今兹物故，委宜褒恤，以示天朝旷大之恩。得旨，忠顺夫人输

诚款贡，始终一心，准予赐祭七坛，彩缎表里如例。子三，不
他失礼黄台吉，授龙虎将军，升都督佥事；沙赤星台吉，授明
威将军；倚儿将逊台吉，授百户。孙素囊黄台吉，授都督同
知。今萨拉齐县东四十里，有巨刹，名美召岱，旧称灵觉寺，
为顺义王家庙，疑即夫人所筑城也。寺在宝丰山下，北倚连
嶂，如展翠屏，山泉贯垣而出，碧玉交渠，萦带左右。门外高
柳成行，殿前双松翼然，若张大纛，楼阁巍闳，隐然如王者
居。崇墉峻堞，上可驰马，昔时王庭壮丽之概，犹可仿佛。寺
内东北隅，夫人殡宫在焉。覆以方殿，俗呼为太后庙。中供沉
檀宝塔，四壁旧悬图画，绘岁时令节部落王公朝觐祝贺之状，
其图像流传中土，明代名卿，如于慎行、冯琦诸人，皆有题咏，
芳徽盛烈，固不仅驰名塞上也。自俺答受封，讫于万历之季，前
后四十余年，朝贡岁至，边市大和，皆赖夫人隐为之主，其为功
于国伟矣。顾世之论者，辄以历事三王为讥，而或者又深讳之，
至斥《明史》所纪为妄，然参稽往籍，则夫人之一再绌节，皆由
边帅谆谕所致。缘夫人久主兵事，众情所归，设一旦退休，款局
必生纷梗，故为国与民计，不恤屈己以徇俗，固非为一身之宠荣
也。王嫱之适，复株累单于，前事固在，斯则夫人之心，宜可以
共谅矣。其后有把汉比吉者，为卜失兔妻（一作博硕克图），以
素效恭顺，万历四十一年封为忠义夫人，今美岱召门额刻石犹存
其夫妻题名，盖就忠顺遗刹而重事修茸。第其名曰大成今古，曰
好五兰批吉，则蒙汉译文之岐〔歧〕出，非有误耳。

　　　　　庚辰三月二十八日，江安傅增湘撰

《旅行杂志》（月刊）

上海中国旅行社

1942 年 16 卷 9—12 号

（李红权　整理）

绥西一瞥

崔鹏欧　撰

"风驰电掣去如飞，只拟平戎不拟归。"（前人句）

崔车中绝句

绥西，那里是国防前线，那里永远受着敌人威胁，同时那里是一块肥沃的处女地。我们的工合战士崔君，去年春天抱着"平羌"的壮志出征，到现在已经一年多了。

当然这"羌"可以解释为敌寇，为民族敌人，然而更正确点说，这"羌"应当是绥西的自然环境，绥西落后的工业环境，他是去用工业合作的器武〔武器〕去打丈〔仗〕的，而那里的工业发展起来后呢，不用说也简〔间〕接的巩固了这国防前线。

最近编者检得崔君关于绥西的一个重要〈报〉导，时间上虽然过了些时，但是从他详实的报导里，使我们嗅到了那种淳横〔朴〕的带着原始性的迷人气味，会使人爱慕起辽远的国土来呢！

现在先把描写地理环境的一章刊出，此后当再续刊布。

编者

"黄河百害，惟富一套"，目前的绥西，正是全部后套，绥西未沦陷的也只有这几县及伊盟。二十八年冬敌人也曾一度侵入，旋经我军奋勇夺回，三年以来的绥西，已非昔日的〔张〕荒凉可比。

绥西的面积共有三十余万方里，人口二十余万，大多为居此已久的陕、晋籍农民的，虽近年也有些甘、冀各省逃来，去年又来了一千余户山东难民，现已实行新县制，改鲤划〔归化〕为五县，二设治局，□临时□省市。

物产以糜米（为小米之一种）、羊毛为大宗，其他农产品如麦、豆类次之，近来更推广棉花、稻米的生产。牛羊牧畜业颇盛，阴山中亦有各种矿产。南部伊盟，产盐、硝、碱等，并有石油矿，大多数土地均未开垦。因土地肥沃，人工缺乏，耕种极为导〔草〕率，往往野草与田禾生在一起，但产量仍多，且渠道纵横，种田不靠下雨。工业有官商合办的毛织、皮革、印刷、造纸四厂。民营小工厂、作坊数百家，内以皮毛、纺织最多。以前农民初来之时，仅有鞋匠一人偕来，是为绥西工业之始祖。树木经外国教士的提倡，近年亦渐广栽植。商品均由陕、甘、宁夏运来，只有极少数由敌区输入，因此日用品价格远较内地为高，农产品亦较宁夏为高。

学校有国立绥中及新设的奋斗中学二处，小学一百四十余处。官办的《奋斗日报》每日出版半张，消息相隔一天。蒙古卫生院可以治小病。青年团办的青年剧社有时公演，曾演出《北京人》、《面子问题》等剧。国剧社也有时公演，教会方面有基督堂、天主堂各一所，人民信天主教者甚多。在昔神父势力高过官厅，自此次大战中法、比战败后，气焰大减，神父们现在已靠把以前种的树，砍了换饭吃了。

人民五方杂处，本地的居民，程度极低，性情较懒，妇女风气尤不佳。若去年才来的山东难民，则极为勤劳，可惜现在尚得不到耕地。商人以晋、冀二省为最多，是这塞上最奢糜的人物。

陕坝是由蒙古字变化成的，昔为小村，近年渐兴旺，略如内地一普通市镇。人口万余，大小商店数百家，现为绥西军政之中心。市上凡旅馆、澡堂、照像馆、小书铺、秦腔、戏团、小作坊、洋货店、杂货店、妓院等，应有尽有，惟均太贵。另有邮局、电局、省银行、中央银行，寄渝航信二十余日可到，寄陕快信约两星期，每日白天防空六小时，届时商店一律休业。

各机关作风颇朴素。傅副长官，是十分和蔼可亲的人物，寝室、办公室均合在一起，多用土桌、土凳办公，穿土布，睡土炕。木器、陶器、燃料均太贵，普通公事，均用粗劣之土纸条。此地另外还有两难，一是找屋难，常有数对夫妇同睡一炕的，二是人材难，找职员，找工友不易，大机关不得不向后方招考干部。

农村合作已有二年的历史，现在信用社一百余所，三个合作农场，三个生产社。陕坝市有一个机关消费社，宁夏农民银行派员在此主持农贷，三十年放出九十八万元，三十一年放出一百六十八万元。各信用社现多已改为乡保社，并多经营公开，为全国农村合作一个新鲜试验。

塞上常患鼠疫，去春鼠疫中死了七百多人。幸而地旷人稀，未致普遍传染。每年冬季渠水结冰，敌人易于进扰。陕坝东，距最前线二百余里，距北孤山后敌占领区只七八十里，夏秋敌人曾进攻两次，幸兵力不多，均被击退。

全绥西最重要地方有三，即陕坝、临河、五原，对外交通，以水运、陆路为主。去年西北公路局来此设站，由十月起通车，每半个月由宁夏对开一次，三天可到。

塞上春日多风，水果极少，夏日瓜类尚多。四郊挖有单人露天小洞，以供防空用途，但数月来仅有惊〔警〕报一次，敌机亦未来此。

最廉之物为黄河鲤鱼及黑瓜子，鱼二元五角一斤，本地人是不喜欢吃的。瓜子每斤五元，夏日西瓜二元可买一大个（注）。

俗称后套有三套，一曰黄套，即肥沃的黄土；二曰红套，即女人的红；三曰黑套，即鸦片，惟近年已严禁。至于红套问题，有一次王厅长曾嘱我设法推动妇女生产，以谋矫正，其实我以为这个问题不要只在女人身上下手，这里风气之不良，实是一个社会问题。人们在枯燥寂寞的环境里，要无正常的工作和娱乐，是容易被颓废的趣味拘引的，所以一方面固然要提倡妇女生产和教育，以及各种文化娱乐设备，同时更要注意训练男性工作。

我们希望由"改为三套"、"三化"〔"三套"改为"三化"〕，即农业机械化，之〔工〕业现代化，合作普遍化，总将〔之〕这里是一个急待开发的〈地〉方。将来抗战胜利，火车通，则包管〔工〕此地将是一个最有希望的新农业和新工业区域。

（注）指三十一年夏物价。

《西北工合通讯》（周刊）

陕西宝鸡中国工业合作协会西北区办事处

1943 年新 8 期

（丁冉　整理）

绥陕纪行

澎鹤　撰

尘心消尽道心平，江南与塞北，何处不堪行。

——东坡

绥宁道上

在一年以前，由绥西若回内地，还非骑马或坐大车不可。如今西北公路局的汽车早已畅通了，因为水灾路坏的原故，等了一个多月汽车，才于八月廿一日动身南旋，上车以后，遥望着一年以来朝夕晤对的阴山，低诵着"来时热血归时泪，不堪回首望阴山"的句子，不胜依依之感。

由陕坝到宁夏，汽车共是三天路程，当天上午经过黄杨木头和头道桥，入了宁夏界。下午在三圣宫渡口过河，三圣宫是西北天主教的中心。在周围破烂土房中，矗立着一座很庄严的教堂。当年外国神父气焰万丈，往往干涉地方政治，如今法、比、荷相继沦亡，国外接济断绝，神父们早已低头靠变卖度日子。三圣宫附近的农民，家家都是天主教徒，外国人深入宣传的功夫，实非吾人所能比拟。

过黄河时，有一条船家所养大黑狗随船游泳横渡一里多宽的黄河，使我非常羡慕，恨不得也跃入并驾一游，河岸上站着几个蒙古老汉和小姑娘，老人慈祥皱褶的脸神和小姑娘天真美丽的面孔正成一个对比，使人深切的感觉到人类博大的爱，实可珍贵。西北一带，无论蒙、回、汉族的儿童相貌都很美丽清秀，只是一长大了便觉得丑陋不堪，唐人诗云"从来幽并客，皆共沙尘老"，正足以说明其中的主因。

回忆去年出塞时，万里长征，雄心壮志，过黄河时曾有"丈夫不死褥床间，此行原未计生还"之句，当时啸踏疆场，志在必死。如今依然故我，实令人有无限的感慨，刘克庄有词云"当年目视云霄。谁信道凄凉今折腰？怅燕然未勒，南归草草……"正道我心，弥觉沉痛，当时我不禁也苦吟"如今又渡黄河水，辜负当年出塞时"这句了。

过了黄河，入伊盟境，又行四十里，天已黄昏，至一名叫老文召的蒙古庙中住宿，四外别无人家，静得像太虚幻境一样，真是修行的好地方。是夜睡于宽大的僧房中。两个蒙古喇嘛扶持我们十分周到，他们都会说汉话，称我们为"官长"，当晚我把茶叶、白糖、西瓜、哈密瓜、鸡蛋、点心、炸酱等尽量给他们吃饱并留下许多，两人扶持得愈加殷勤。我很喜欢和生活不同的人多接近，可以从其中得到很大的兴趣，我相信每一个作边疆工作的人，如果完全以真诚友爱的态度与各民族相处，不久的将来中国真可以消除"民族问题"这一个名词，孔子云："言忠信，行笃敬，虽蛮貊之邦行矣"，只这三句话，足抵一篇现代专家大著"边疆问题"的总论。

蒙古召的外形，颇如一个散漫的小村庄，外表上恍如一片洋房，红白相映，十分好看。内地的和尚庙都是整整齐齐一个大院子，而蒙古召则只中央有一个大诵经堂，四面都是单独的小院子，院内各有几个房间，每隔数日，集合诵经一次，蒙古喇嘛真正能清修的人并不多，这种分居的办法对于有些事情倒也方便。

　　第二天清晨便又上踏征途，这一天四百多里的路程完全行驶于伊盟沙砾地上，除去偶然见到牛羊群或骆驼群以外，始终未见一个人家，地上乱长着一丛丛的甜草（牛、马、羊吃）和咸草（骆驼吃），也有许多鲜艳的野花，每遇停车时，我便跳下车来采摘玩弄，同行的人均以此地艰苦，我却以十二分的愉快心情尽量欣赏这塞上的风光，仰头观看，雪白色的彩云布满了长空，其美丽实非内地所能想象。伊盟有许多地方很可以开垦，大量发展畜牧业尤为适宜，《礼记·曲礼篇》说："地广大，荒而不治，此〈亦〉土之辱也。"中国新教育了几十年，而边疆至今仍如此荒僻，记得从前官场中有"刮地皮"一说，其实我认为"地"字实应改为"人"字，果真大家都去"刮地皮"，则棉麦也增产了，煤铁也不至于像如今这样缺乏了。

　　这一天的旅程，在灼热的阳光下，大家均口渴得很，幸尔随后遇到两口井，我们只好像饮羊一般的以冷水灌肠，而沙地里的井水是十分甜的。我们都自备许多干粮，以防意外，假设路上车子出了毛病，我们的食宿均大无问题，那时只有过等于原始式的生活了。

　　黄昏，又渡过黄河南岸，抵石嘴山。石嘴山虽是一个小镇，战前从兰州到包头水运畅通时，也曾相当繁荣。最近宁夏省政府在石嘴山办了一个碱厂，用伊盟出产的大量天然碱制造各种化学品，将来不难与塘沽永利、久大两厂比美。附近山中盛产煤炭，目前宁、绥二省用煤，大多取给于此，石嘴山村北挖地数尺，即得煤炭，不过成分差些，因此无人开采，西北资源的丰富，实不容吾人忽视。

　　第三天，由石嘴山本应很早就到宁夏，谁知雨后路软，汽车屡次陷入泥中，一弄就是几个钟头，结果到了距宁夏省城二十里之处，天也黑了，油也完了，只好停车。这一路上渠道纵横，人家甚多，黄渠桥、平罗县城两处，尤为富庶，男女老少，虽均衣土布，而皆整整齐齐，不像绥省农民穷得夏天尚有穿羊皮裤的那样子。这一带水果很多，桃子、沙果都很好而且便宜，最大的西瓜五元可买一个。我们路上大吃特吃，这一天我一共吃了四个半大西瓜，因为我听说陕、甘要数十元才买一只，且时届秋令，到达时恐已吃不到了。

是夜，车停于田野间一农家院旁，起初蚊子很多，真是蒙蒙乱扑行人面，不胜其苦。我们便抱了一些柴草，燃火冒烟驱逐。后来到附近农家吃了些稀饭，找到一个空房间，但因车上另有两位女客无处住宿，我遂让给她们，自己用毛毯睡在车上，当时乌云遮天，虫鸣唧唧，思前想后，辗转难眠。半夜里忽然下起雨来，初遂蒙头忍耐，其后愈下愈大，遂跑到农家院内一间堆什物的客房中席地而卧，身旁停着一具黑漆的空棺，只因搬动费事，且恐惹起主人反感，不然，我颇想打开棺盖，睡在棺中，早晚人人都有这样一个归宿，我何妨先尝尝这滋味。

廿四日晨雨止，车子很快的就开入了塞上天府的宁夏省城。

一路上青山绿水，遍野稻田，树木、菜园甚多，人家十分稠密，真不愧称为塞上天府　路上曾经过青铜峡，为黄河最窄的峡口　峡北公路旁，去冬曾破获黑店一处

宁夏风光

宁夏号称"塞上天府"，亦称"塞外江南"。去年春季经过时，因田禾未长成，并未□觉有江南风味，这次旅行正值夏末秋初，禾粟十分茂盛，一路上青山绿水，遍野稻田，树木菜园甚多，人家十分稠密，农民衣着也很整齐，县城市镇，都很殷实富庶，泂

不愧称为"塞上天府"。当时正值水果收获时期,西瓜五元一个,沙果一元六枚,葡萄四元一斤,他如梨、桃、苹果、哈密瓜等均多而且便宜,有几次午饭,我完全以水果充饥。

宁夏为西夏故都,明清时繁华超过兰州,后因同治回乱焚毁,逐渐衰落,但在抗战以前,也还相当繁荣,彼时兰州与包头、平、津间的贸易,以黄河水道为主,兰州、包头间曾试驶过内河浅水轮船,后因滩多危险而停顿。彼时宁夏正是交通中心,四方商贾、货物云集,西人也多来此设庄收货。战后交通断绝,商业不免衰落,例如地理书上所述的宁夏城东三十里之横城堡,当日千帆云集,如今则只余一片荒凉的河滩和偶然停留几只木船而已。

宁夏省城略如天水、平凉等地,除电影院停演外,其他各种商店,都还应有尽有。住于银川饭店中,是宁夏最阔的旅馆,来往多为要人,市面上充满了安闲的气象,高级公务人员出门办公多坐新式马车,旧式骡车亦时在街头出现。彼时正值政治部张部长去宁、绥视察,市容焕然一新。城西北角有一个中山公园,面积数方里,花果树木甚多,而游人则不拥挤,在西北一带,这是一个是好的公园,我曾去观赏数十年一开的昙花,可惜前后只开四小时,我去时已经调谢了。

宁夏饮食价钱,比绥远略高,在西北一带居到第二位,而日用品如布匹、棉花、纸烟、洋货等,则在西北一带价格最廉,且不缺乏,此因宁夏商家多甚殷实,过去进货很多,本省销数不大,且限价得法,故一般物价在西北最低,住家最为合适。

宁夏境内有秦、汉、唐、惠四大干渠,及无数支渠、小渠。渠工比绥远八大干渠好得多,大闸、小闸,皆用石头修筑,十分坚固。盛产稻米,宛如江南,城市中人,均以米为主要食粮。贺兰山中,煤、铁储量均很多,惜尚未大规模开采。山西面森林亦多。宁夏滩羊也很著名,□毛白羔皮筒,驰名全国,今秋价格,每件二千五百元左右。紫羔（黑羔）则比青海出品略差。实则宁夏的皮筒，只是硝皮的技术好，大宗的来源还是由伊盟收集，经石咀山渡河而□，因为伊盟为沙砾之地，羊毛不易沾上泥污，且水草丰美，故蒙古的羊群均洁白肥大得十分可爱。此外最著名的特产，有中宁县出产的枸杞（补品）及各县的头发菜，还有贺兰山的石砚和石章，石砚多则一二千元，少则四五百元，石章百元左右一方，石质极细，雕刻亦精。

宁夏的保甲户政，在全国中成绩办得最好，公务人员若没有护照，老百姓若没有保甲证明书，便一步也行不得，人人皆有身份证，此外如造林、修路等，成绩也都可观。

宁夏居民回胞甚多，而在党、政、军界中，大部分均为河北、山东人士，商人也以平、津、晋、陕各地人资力最雄厚，因此在市面上充满了华北风味。省城有电灯，无自来水，有几个中学，和几家大工厂。四大国家银行均设有分行，报馆共有三家，报纸由警察按家派送。数年前省城也曾被敌人轰炸过，街上时有蒙胞及少数番胞（青海）走过。

宁夏到平凉

在宁夏等了一星期汽车，多亏当地好友帮忙，才买到一张汽车票，绥远到宁夏的汽车是十天对开一次，宁夏到平凉则七天对开一次，路程一共四天，但有时竟需十天左右才开到，登记买票，也十分拥挤。

由宁夏开出，当天中午渡黄河住于吴忠镇。吴忠镇属长武县，为宁夏境内黄河西岸最大码头，街道整齐，市廛繁盛，其地位颇如宝鸡之对于西安，不过表面上没有宝鸡繁华富丽，而当地回商之殷实则恐为宝鸡商人之所不及，此地纸烟最廉，盗牌和哈德门牌只卖三十元一盒，水果也极多而且价廉。

　　第二天，由吴忠镇开出，经金积、中宁等县抵同心县，到了宁、甘交界。路上曾经过青铜峡，为黄河最窄的峡口。峡西岸有一百多个石堆，传为穆桂英大破天门阵之处，石堆即一百零八将之坟。峡北公路旁去冬曾破获黑店一处，据〔掘〕出死尸数十具，实属骇人听闻。峡南传为牛头山，即牛皋气死金兀术之处。均为野史传说，不可深信。同心县回胞最多，地方贫瘠，人民穷苦，匪患时生，县城很小，饮水苦咸，也没有一处较好的店房。

　　第三天，由同心县开到甘肃固原，汽车十分顺利，沿路三百五十里，全像荒地，不见人家，其间也时常发生匪患。

　　固原县城很大，是旧日所谓三边重锁。在昔汽车未通之时，北走宁夏，南走平凉，东走榆林，西走兰州，地位十分重要，如今早已衰落。民国十九年且遭强烈地震一次，死人数万，至今附近土山腰尚遗有地震痕迹，若干农民均活埋于窑洞之中。清末名将马福祥即固原人，如今子孙已经式微了。

　　固原物价很高。附近及通平凉公路上，多合抱的大柳树，想亦为当年的左公柳，因当日左宗棠平新疆回乱之时，曾遣将刘松山等率兵北攻宁夏之回匪，想亦为当时行军所植。

　　第四天，汽车由固原前开，沿路童山荒谷，渐露甘肃风光。公路在六盘山下转入西兰路上，十分平坦，不久即抵平凉。六盘山是当日成吉思汗西征避暑晏驾的地方，一代英雄，至终于此，实令人有无限空叹凄凉之感。在平凉西七十里，经过三关口杨六郎庙，两山壁立，一线中通，十分险要。《宋史》上说杨延昭"寒不披裘，暑不张盖，有功推之部下，待下极宽厚，与士卒共甘苦"，故不愧为扼拒敌将，不仅像"辕门斩子"中所描写的那样平凡也。

平凉到宝鸡

平凉到宝鸡，本已修好汽车路，但尚未正式通车，故仍须绕道西安。在平凉因雨等了四天汽车，当时我帮助了一位难妇三百元钱，而上车时除了票价外竟无剩余，幸亏平凉事务所杨先生来找我，向他借了三百元，作为路上的膳宿费，因此未受困窘。老子云"圣人无积。既以为人，己愈有；既以与人，己愈多"，正说明了这个道理。

由平凉到西安，汽车是两天路程，路上情形，大家均已深知，不必细述。在咸阳一带，古帝王陵墓极多，惟只余一堆黄土，十分冷落，令人伤今怀古，真不知人生有甚么意义。从来咏古迹之诗人，多感伤悲叹之句，独清人季木考工〔功〕赋曲江诗云"韦曲杜陵文物尽，眼中多少苦儿坟"，把皇帝称为苦儿，其胸中傲兀之情，实非凡人可比。

到了西安，看到街头熙熙攘攘的情形，回想到塞上苦寒孤独的生活，别有一番感触。休息了一天，遂搭火过到宝鸡，正好像远嫁的女儿回到娘家一样，说不出的喜涕悲欢。回想去春出塞的情景，恍如昨日一般，而时间上已经过了一年半了；一年半自然不算太长，而细想过，人生共有几个一年半？□忽□过去，一事未成，言念及此，实令人触目惊心。武穆词云"三十功名尘土，八千里路云和月"，有心人，读此便感觉有无限的悲凉了。

《西北工合通讯》（周刊）

陕西宝鸡中国工业合作协会西北区办事处

1943 年 16、17 期合刊、20 期

（朱宪 整理）

从西安到伊盟

姜同大　撰

　　我们——政工四队——是今年三月三日的早晨出发西征的，经过陕、甘、宁、绥四省的疆域，渡过了天险的黄河，终于在一个火焰般的炎阳的正午到达了绥西重镇的陕坝。现在的陕坝，是绥西军事、政治、经济、文化的中心，那整齐的街道，繁荣的市场，庄严巍峨的军政机关，朝气勃勃，社会各阶层中，没有一点丑恶的蕴藏。市民、公务员在晟〔晨〕曦隐约中，常常看见胡子花白的公务员站在整齐的行列里喊一二三四——一种新生伟大的力量，显示着抗建前途的辉煌！

　　在陕坝奉副长官部的命令暂时停留几天，蒙傅副长官和张主任热烈的招待和亲切的慰问，使离母校塞外长征的一群疲乏枯寂的心灵上，得到了无限的兴奋和安慰，在每个久经风霜的面颊上都显出了愉快的微笑。

　　在这短短的七天内，除去副长官每天有固定的一小时精神讲话或自我介绍外，其余时间则由政治部主任和秘书主任以及各科长轮任介绍边疆蒙旗过去组织之概况及其演变进化之情形，并介绍驻绥各部队的一般建制，官兵的素质及其特殊作风，末尾三天则专讨论工作技术，工作方式及中心目标，并由副长官和张主任恳切的指示政工人员应负的使命及奋斗的路线，我们虽然在这一刹那的停留，但我们确实得到许多宝贵的教训和高明的指示，使我们获得了今后工作的对象，发现了针对现实奋斗的方针，这一些宝贵的教训和指示，对于战场生疏的我们，是有莫大的补益和帮助的。

为了联络各方感情，借资推进体育起见，在百忙中我们应了陕坝奋斗中学的约，做了一次友谊篮球赛。是日下午四时，战干健儿，以英勇姿态出现于奋中战场，头一个6：2，第二个10：4，第三个12：2，总结果为20〔28〕：8，我方大胜而归，临走还有人在问"你们是什么队"，顽皮的同学答道："我们是'无名英雄队'。"弄得一般学生莫朋〔名〕其妙，战干威名轰动全市！

我们现在有的分发在陕坝附近，有的分发五原方面，有的分发到陕北榆林，有的分发宁夏境内，其中以我和二十个同学工作地区最远，而工作最艰苦，生活最困难，待遇最微薄。但是我们为了效忠党国，更为了要完成所负的时代赐予的使命，我们不得不重踏上征途，再渡天险——黄河，奔赴黄沙白草渺无涯际的沙漠地带的伊盟。

过河走了四十余里，只见一群一群轻巧的白羊在荒草地上食野草，一群一群的马、牛、骆驼慢慢地在山坡上行走，在寂静的沙原上，常看见三五个童子集在一块唱我们听不懂的歌曲。伊盟是一个荒凉沙漠地带，我们夜以继日的走了三四天，没有见到一个人家（我是随骆驼走的，因他怕晒），映在眼帘的只是渺无涯际的沙漠，和荒冢般的蒙古包，构成一种绝妙幽雅的画图。晚上以宇宙做旅社，以沙漠做床榻，寒星伴着冷月，朔风卷着飞沙，砭骨的冷气冻的人们不寒而栗，只得将头深深的藏在被里，向梦里去寻求温暖和安慰，这些艰难困苦，并没有动摇革命的意志，相反的更加强了我们奋斗的决心，启示了创造的勇气。我们在渺茫无垠的沙漠中，拔〔跋〕涉了十五天，始达到东胜伊盟政治部。该部原先住在扎萨克旗，因惨遭叛军摧残，部内同志在虎口余生下逃到了东胜，当我们到部时旧同志甚为欢迎，都说"我们又添了一批生力军"，……因部内实际的需要，故将陕坝原派职务稍为移动，原派四个上尉干事则分任各科科员，余管理政训业务，其余同学担任政工队员。

现在我们到部已两个多月了，除了办理各人的业务以外，我们曾经在东胜城内举行两次扩大宣传工作，共演出四个抗战独幕剧，一个歌剧——剧名为《长城月》、《地窖中的人们》、《敌人残暴》、《胜利前夜》、《黄花曲》，由我和罗同学导演，颇得东胜各界之好评，打破沙漠剧运的纪录，给与伊盟民众一个深刻的好印象。现政工队同学正在积极排演大批的多幕国防及爱国剧，拟于最近赴各旗长征。

我们每天的生活虽然是这样的艰苦，吃的是粗糙的小米饭，睡的是破烂的房屋，而且在三伏天里还穿离开母校时所给的棉军服，现在已是破绽百结、棉絮翻飞了，但是我们没有一个人发牢骚，或怨天尤人。我们工作情绪非常的高涨，奋斗的精神非常的焕发，革命的意志非常的坚决。我们深切的了解这一切艰苦的环境，是谁造成的，我们为了完成我们的使命，达成我们的任务，洒我们的热血，断我们的手足，牺牲我们性命，我们都甘心愿意，我们为了给侵略者一个强而有力的答覆，我们今后只有英勇的奋斗，加倍的奋斗，以我们鲜红的熟〔热〕血，创造前途的光明，争取最后的胜利！

末了，我们以十二万分的热忱，盼望母校常常给我们一种新的指示、慰勉、督导。不要因为昆仑山脉的横〈断〉，黄河流域的险阻，沙漠地带的荒凉，而抛弃了刚离母怀的一群孩子。

一九四三，八，四，写于伊克昭盟保安长官公署政治部

《战干》（月刊）

中央战时工作干部训练团

1943 年 202 期

（李红权 整理）

绥行见闻

杨培基　撰

五月二十日，经理班分发命令揭晓后，同学们皆争先恐后在军需局报到，踏上征途。惟我们到绥远去的十七个同学，因交通关系，延至六月七日才辞别了母校，乘西兰汽车向西北驶去。

时天气炎暑，太阳惨烈，加以乘客拥挤，车中人无不唉声叹气。正苦闷间，忽有一小姐喊道："杨同志，你看那武则天灵〔陵〕!"大家看时，汽车却飞奔过去了。下午三时宿邠县汽车站候车室。翌晨八时，再依泾水西行，出邠县约十华里，过水帘洞，即孙行者修行之所。

下午三时，达甘肃陇东重镇平凉，此地居民多回族，市街尚繁华，因平宁车由此分道也（平凉至宁夏）。因候车，停驻十天，每日由〔游〕逛柳湖，柳湖有左宗棠征回乱时修下之书院，四周满植杨柳，内有湖沿〔亭〕，水源为温泉（此水夏凉冬暖），有左公所题笔迹，现有平凉师范在内，风景甚佳，为陇东名胜。

因汽车无油，六月十九日，由平凉乘兽力北上，当晚驻蒿店，次晨过杨六郎把守之三关口，两边山峰耸起，绵亘不绝，孔道约数公尺，脚下流水不息，山腰有六郎庙，再上有关公寺，口外有居民数家，关口之险要，实为他关所不及。当晚驻固原。

　　次晨还未起床，早有□□①军同学来客栈，说明下落（平凉同学通电故也），当即邀至军部，慰问一切，并设席招待。翌晨微雨，路上泥泞，但未因雨阻止前进。此地是一高原，又加以微雨，气候严冷如冬，同学们由包里内取出大衣，脚都冻麻木了，在此六月天气，耳朵居然冻得红肿，可见这儿的寒冷了。

　　由高原徐徐下坡，下午一时许，即入平地，远远望见倒塌墟垣，形如营房，问之，乃宋朝杨业之长子大郎之营盘，为当时对北口作战之驻扎所，今仍为称〔称为〕大营。北进相连即二郎营，当晚驻三营。此地为回教镇市。次晨经四营、五营、六营，驻七营夜宿。此营非他营可比，虽城垣残败不堪，但住民很多，回人尤多，商民均戴白帽。次晨起程，经过八营，当晚驻高崖子。同学皆准备些回回头（白面做的，如人头一样，百姓皆称为回回头），预备次日食用，因一路无人卖东西也。翌晨十时许，即入宁夏省区，此一段路，为小沙漠地带了，一天中确实见不到一家住户，甚至一棵树也没有，远望山脚下倒有一群群的羊在吃草，别无所有了。当日驻陈麻子井，此地有十多家人烟，因自三营到此地，约几百里之路程，饮水皆苦水，此地本宜为苦水，因姓陈的一个人，面生有麻子，喂了一匹马，拴在树上，一天马用前蹄，抓出水来，饮之为甜水，因此成了一个井，甘、宁行人均在此井饮甜水，陈麻子井由此得名。

　　由陈麻子井起程，还是沙漠，下午三时，沙漠渡尽，远望杨柳婆娑，村落相连，麦波涛涛，水渠川流，莺歌燕语，花朵芬香，此乃宁夏之中宁是也，大有江南风味。城内不大，但非常热闹，物价又低，时猪肉每斤八元，馒头每斤四元，鸡蛋每个七角，大

------

　　① 此处"□□"为原文所有。——整理者注

米每斤三元，在战时物价波动下，可算便宜。中宁城北约五里许，即黄河，今年水势特大，因此公路亦被淹坏了，奈何！二十九日即乘船向东北航行，下午四时航至青铜峡，西边高山，水从中流，河宽约三十公尺，加今年之水大，水流之速，船行如汽车一样的快，待要出峡，西岸山脚下现出堆堆之天门阵来，排列得非常整齐，据船夫说，共有一百单八阵，上有穆桂英庙一所，同学莫不注意观望，哪知到此，水向下流约十五度斜度，涛涛之水，如狼似虎，倾刻间舟流过去，如脱缰之马，急行三十里，乃入平地秦坝关，水才缓流，当即驻下。

吴忠堡在黄河东岸，为宁夏东南隅最富庶之区，咸〔盛〕产大米、小麦，人烟密集，又为通宁要道，所以马主席（鸿逵）将此镇改为一市，街道整齐，一律小西式方屋，菜场、市场俱有。马主席花二百万元建筑一座人民大会场，更为宏丽，不断有马少之职（马主席之子）出演，因繁华之故，有小宁夏之称。由秦坝关，三十日，抵吴忠堡北三里之古城湾，因候船留驻十余日。一日同学出街游逛，回来说，见有一商店老板，卧食雅片，同学皆惊奇不信。下午我即和几位同学上街参观，果然当真，即问之，回答曰："宁夏省吸食大烟是公开的，并不犯法。"大家都愕了，回去细问店主，方知此地特殊，禁烟还在缓期呢。七月十一日，船北行，十二日至宋朝穆桂英大破横州之地处，船踏浅水沙滩，寸步难行。船夫用尽九牛二虎之力，推也不动，结果同学下水，才划出沙滩。遥望横城，乃一破旧城垣，西临黄河，东连长城，南北皆沙漠，回忆穆桂英破此城，亦确实不易。

十五日到石咀山，因候缓〔绥〕干团李教育长夫妇，十八日开船。一天因近伊克昭盟大沙漠，风势大作，靠岸下船，才知山内蕴藏了无量的煤炭，用足一踢，炭即现出，遍地皆是。

陕坝为战时绥西重镇，省府各厅及副长官部各处有关各机关均设此镇，市街繁华，廿五日到达，驻青年食堂，安置妥当，即往经理委员会接洽，次日傅副长官招集谈话。在傅副长官指挥之下，三个军派来之同学，共十五名，至副部大会报到，听候训话。副长官着士兵服，小皮带，朴素已极，如没见过的，谁也不当他是一个上将副长官。未开始训话前，先个别问姓名、年龄、籍贯，然后开始训话，第一点欢迎，第二点也是欢迎，第三点还是欢迎。内容我不必再说了，接着把河套流行之病症、风俗、习惯、部队生活，一一告诉明白。每人发洋五百元，以作洗尘。

　　廿八日，副长官部派马将我五人送至距陕坝北四十里之蛮会镇，当时到骑四军部军需处报到，和蔼的处长即握手谈话。天晚安寝，次晨由处长、各课长作陪，设宴聚餐，以示欢迎。饭后慈善的军长及参谋长招集谈话，安慰一切，并饬休息数日。在这休息期间，我们几个人乘机备马，到宋朝杨老将碰死两狼山李陵碑处参观。此处尽是蒙古同胞，遍野尽是马、驼、羊之类，系蒙胞所牧。蒙人住帐幕，临时可移动，不分男女，均穿红绿衣服，但不穿裤子。吃牛羊肉、乳之类，不讲清洁，终年亦不洗脸。吃饭以手指代筷子，最崇敬活佛喇嘛。最奇怪者，未出嫁的姑娘，和拴马柱子一拜天地，生下孩子，就不羞耻了……

写于绥远蛮会镇骑四军军需处

《战干》（月刊）

中央战时工作干部训练团

1943 年 202 期

（丁冉　整理）

巴林蒙古杂记

胡巴剌　撰　　岂然　译

赴蒙路径

汽车在起伏不平的草原正中间进行着，闷〔宛〕如乘一叶扁舟泛大洋，摇荡着自大郑线的通辽一直往西跑下。通辽——开鲁——林东——小巴林——王府——白塔子，这些地方之间来往，哪一个都需要一日行程，随走随看着，草原的景象也微妙的变化下去。

碧绿一色的草原，仔细看去才知道也是复杂多样的，越往奥地去，草花的数量和种类越多，白、黄、蓝、红、紫等好些样的颜色，美丽的点缀在草地上。在这地方有一种被日本人称做蒙古樱的草，高一二尺，小枝稠密，在那小枝的先端生着小米樱样的白色东西，像淡雪样的美丽，这并不是花瓣而是花萼，花是黄色小形的，开在萼的中心。因为花落后白色的花萼还是永久的残留着，便把这反而当着花看了。据说从前的诺门汗樱便是这草，相闻之下，更增人一番感慨。其他各种野花却在蒙古草原到处密生着，再有甘草是内地的特产，可以看见把干燥了的用牛车往东方搬运。

及至林东以西的山地，便可看到丛生的杏树。正好果实透着红色，但味却苦涩。杏仁最好，根是被土民掘出做燃料用。听说数量渐减了，在煤不自出的蒙地，是个重大的问题。

草地上似乎是野鼠类小动物的巢穴无数，被汽车的响声惊飞到空中去的姿态真是敏捷得很，令人一点也看不清。还有穿了绛色背心的螳螂掠过地面飞来，不觉令人感到蒙古风的色彩。

往昔，不过长春以西是曾属蒙古的地方，郑家屯附近已经散见砂丘地带，自开鲁赴林东的途中，远远地可以看见露出在地平线上罔〔宛〕如怒涛的砂山红红的光彩。据说在赤峰附近的沙漠是要年年向东移动的，这也许是那些砂的堆积吧。远望去，那砂山是划开地平形成山脉状，及至渐渐走近去看，便失去高度，已变成一带砂原了。这样的旷野似乎到处都同样，而起伏的棱线，随行随消失于足下，就是站立在顶点时，也以为是走在一望无际的平地上。

草原的雨和河

今年只在五月中旬下过一次雨，直到七月上旬，是沿途到处都在赤日灾〔炎〕威下的状况。草原低部还残余些绿色，此外都是退色的青草，和被日光晒焦了的赭色草稀稀地覆在砂地上。自通辽往西，前边的旷野是承受着烈日的炎威，已达燃烧样的热度。但那里边的高梁〔粱〕，黍类光滑的叶子是绿绿地让热风吹动着。这些植物的强力似乎是和汉民族的强根性相通的吧。

所以，沿道的部落才都有求雨之举。也许是有了效验，因为由通辽出发那天的午后，来了一阵大雨，苏生了农家的生气，好在我们的巴斯虽慢了二三小时，入夜便到开鲁了。

汽车，是这地方唯一的交通机关，但遇雨则停止进行，那是因为路上，堆起来的灰土和雨水混了起来，弄得车轮空转不前，还有想不到的河泡阻住去路的关系。就是那样时候，有牛车和马车摸索着无路的路，让浊流浸到腹部渡过去。文明的利器非合于人民的生活程度，牛马是不会发挥它们的机能的。还有河底的无定，也是大平原之常，好容易数万金架了好好的桥，被一场雨便把河给随便移了位置，变更了方向，把桥抛在原河迹的中间而去的事也不少。

自开鲁乘汽车向一日行程可达的林东去，途中来到差不多快到目的地的一块盆地时，又遇了大雨，在附近一带丘陵积汇的雨水，一时都奔流到低地，在草原中间形成滔滔大流，路也被冲失，汽车和载重大汽车都难动寸步，空空白费了两小时的工夫，这样情形似乎也是常常遇到的。

鸟居博士夫妻旅行蒙古的途中，渡过解冰期的潢河急流时，在夫人所为的旅行记中曾有一节，那时父亲和大车被浊流吞没，哭叫着的小孩子便看不到父亲的姿影，两手牵着牛和马，走向乌丹城的归路，是叙述着这样可惨光景的。

看去，兴安岭的余脉突兀之外，缓慢丘陵的起伏，和被绿色和草花包围了平原，只觉得是优而美的东西。但，这其间大自然的魂和人事等固不待论，连地心火焰也都在不停的吐着生息的吧！

契丹族的遗迹

林东是巴林左翼旗公署的所在地，土名小巴林贝子庙。往时契丹族在此奠都种〔称〕霸天下的故地，即辽代上京临潢府。在街市背后台地上新设的兴安西省史迹保存馆里面，搜集多数当地出土的辽代遗品，展示着辽代文化的贵重资料，这对于研究家是一种颇难得的施设。出土品中直径一尺许的饭柜型三彩陶砚，更是稀有的。

遗迹的代表者，有临潢府址、祖州及太祖阿保机的陵墓、后昭庙、怀州、庆州、瓦尔因曼哈等，直到现在，祖州建筑址的轮廓〔廓〕，刚刚清楚一点，至于发掘还仅不过稍见端绪而已。这些调查若进而达于完成的地步，则不仅前记保存馆的内容可以因之充实，同时将成为世上堪夸的存在吧。

在这史迹保存馆的后方，有辽的古塔，已崩毁了半截，还立在那里。由这丘上望去，上京址的广阔的城郭，被绿绿的夏草覆蔽着，横在眼下，令人感到今日又望见了远古的时代。

后昭庙距林东约二十粁，出西门，渡乌尔几木冷，将到达丘陵，在那形状奇异的岩山谷间的几种〔间〕喇嘛庙便是。在正殿的里侧，有小石窟三并列着，有已风化了的石佛和有若武神的浮雕，但可惜一部用石灰涂刷而化为俗恶之相了。谷间苍郁的杨柳根部被细流清洗着，形成宛如南画的仙境。在那左边，像毫无所事的小喇嘛僧的让日光曝晒过的红色衣被风吹舞着的风情，还印象的残留在眼底。

祖州遗址是在林东西南约五〇里山麓。在人迹绝少的荒凉地域内，土壁的残迹清楚的遗存着。这里被认做是太祖的御容殿址，依这次发掘之功，当时被火烧落的正面兴圣门址和殿址的位置才得以明了。殿址周围的铺石还保持着美丽的青色，这令人忆及往日的庄丽。

殿址的背后，是嶮峻的岩山，只有一个地方像关门似的开着，从这山溪有路可通群山围绕的山峡中。溪长约一粁，周围的山岭宛如走到这里便是终点，像石塀〔屏〕风样的屹立着，把太空给区划个别境。那左方山峰下来在中腹部慢圆的丘陵，可以推定这里便是太祖的陵墓，但尚未着手发掘。据说直到二三年前这山〔神〕还是匪贼的巢窟，不知怎么令人感到一种凄怆况味。

自小巴林王府往白塔子去的中间，四围被山所围绕着的平地上有土城址。依山为背的岗岗庙孤独的站立着〔陵〕，这里测定为埋葬太宗的怀陵的奉陵邑怀州地方。渡过西北方的河，接连着由山麓走过去，有湿地，这一带有稀见的柳条繁茂着。

白塔子在巴林左翼旗的西方，是已和内蒙接境的地方。在这里土城址内建筑的白塔，壮丽雄大，简直有如在今日夸耀着辽代文化的精粹，是砖筑涂白垩的八角七层塔。每层外壁都有浮雕的立像，第一层的四壁上雕着自西域由巨象和狮子背驼贡品来朝图，四面之中总有三面在吐着火焰，这是有着某种意义的吧！我简直为塔的美所留恋，弃却了瓦尔因曼哈的古坟行，在塔下送走了一个整日。

强烈的风吹向白塔，无数的鸟以塔为家，来回飞鸣着。在那不绝的尖锐鸟声之间，夹着风铎，像梦样的摇荡着，叫着，宛如传达中古的梦境似的在半空中的鸣响，我只有茫然的听着。

被牲畜养育的蒙古人

家畜是蒙古人唯一的财产，一般人以为是他们在饲养着家畜，其实不如把他们看做是被家畜所饲养之为当。

把退化到那么半原始式的民族——现在的蒙古人也算做五族之一，该怎样去教导呢！这是现地机关的人们常常感到头痛的。

在白塔子的喇嘛庙度过一宵，天明时，这村里住着的唯一日本人某氏请我喝了蒙古茶，边喝边谈着关于治蒙一切话题。

这时所喝的蒙古茶，是蒙古人常用有如中国茶风味的茶砖。茶砖的产地原是汉口，据说俄人得以操纵外蒙，也是为了压制汉口茶的关系。蒙古人是那样的不能离开这茶的。茶砖是长六七寸、宽四五寸、厚寸许的板状，上面刻压着文字或花纹，把它搓碎用大锅去煮。蒙古人的食事是把炒米（即把有如蒙古特有的粟名麻黍子的一种杂谷焙干的）放一把到碗里，再把混了牛奶的热茶泡在上面，这样经过四五杯后，等炒米像花样的泡开后再去吃它，在这里边切了有如蒙古风的奶酪放进去，再把香味的浆汁溶化里边。加上少量的糖或盐是非常好吃的，极贫的人们似乎也有空腹饮茶而忍饥挨饿。

在白塔子也有蒙古人的学校，学生都被收容在寄宿舍里，并支给一切学〈习〉用品、食事、衣料等。散居在这广漠的草原中的他们，来往通学既感不便，本来双亲们又不高兴送他们进学校，说饲育牛羊是概不需要学问，倘如让他们有了学问而回不〔家〕便不愿意照顾家畜了，听说其中还有只希冀着学校所给的几许费用的家长们。

这是我在林东听到的一段话，为了让他们认识大东亚战，曾在喇嘛庙举行了战捷祈愿祭，但结果反促成了相反的效果。他们说让喇嘛祈祷，则日本旗的颜色看去就很不好了。还有曾经贴出击灭美英的漫画宣传画，宣传画上有画着日军在军舰上起来击伏敌舰的，也有爆击夏威夷的，但是看到这画的蒙古人们，竟有人说："军舰上只载了一个人吗？听说军舰很大，这不比骆驼还小吗？"还有说是："夏威夷离得远，这不是近得伸手可达吗？"这样情形，真太给现地的官方人们失面子了。对于这样人智未开的人们，也真难插手，至于想让他具备国民意识，让他们理解大东亚战的意义，只一想到便令人头痛，但现地机关的人们是在聚精会神的努力着呢。

蒙古人的不幸是胚胎于他们的无智，并且对于喇嘛的难撼的迷信也是祸根之一吧！昔日的武勇文化完全失掉的满洲的蒙古人，一步步后退着的现状，该用怎样方法使它再生呢！这该是个至难的问题。

阆〔宛〕如村塾样的白塔子国民学校的学生们，在一个晚上，为我们唱了蒙古歌。歌有《成吉思汗出征之歌》、《奔波里》——

据说歌的意义是表示圆的，歌尾有奔波里、奔波里……的歌调——，其他还有两三个蒙古歌，唱毕又用糢糢糊糊的日本语和不清楚的节拍给唱了《爱马进行曲》。坐在月下草原上，听着天真无邪的学童的歌声而想到他们的将来，胸内不禁紧张起来了。

《太平洋周报》

上海中国文化服务社

1943 年年 1 卷 84 期

（李红权　整理）

包头的风光

西冷　撰

为了生活，我不得不离开学校的乐园，到千里之外的包头摸索着谋生。整整两年，两年是多么悠长的一个时期？

在这里有新建较窄的洋灰街道，有汽车、自来水、电灯……总之包头已渐渐的追逐着大都市一切应有的设备。

城内少见树木，虽是春夏的季节，除去感觉到干燥、闷热之外，一些绿意在城内是见不到的。春夏在故乡，实在是良好的季节，但在这里却是整日尘沙蔽天，刮着恼人的塞外狂风。

塞外的冬天，人们脑际的印象，多是冰天雪地，令人思之而彻骨生寒。塞外的冬季确是严寒，有时连牛羊家畜也会冻死，寒暑表到零下几度，"朝穿皮袄，午穿纱，围着火炉吃西瓜"，从这句话就能明了此地气候的多变。

本地人的食品，多是山芋、莜麦。关于莜麦的吃法很多，是外人所难尝到的美味。至于出产有皮毛、石拐子的炭、黄河鲤鱼、肉类、纬炭等。

这里的妇女大多比较男人闲散，仍盛行着小脚，穿着拖到地的旗袍，服装的颜色，多为大红大绿，紫色袍就是较为摩登的服装了。她们傍晚成群结队的站在巷口或街心，为着一点小事情，也能把交通阻断，拥得水泄不通。

婚姻纯为买卖式，无钱，别妄想！为着婚姻所起的一些奇奇怪怪的纠纷，像婚后女方逃跑再嫁，转卖自己太太一类的事，是屡见不鲜的。

"镶牙"在包头是特别风行的，无论男女老幼嘴里都有一两颗刺眼明亮的金牙，因之镶牙业也曾一度发财。

这里所住的房子，十分之八九是大杂院。正方形的大院，至少也得住八九家，纠纷当然是不可避免的，有的较大一些的院子，甚至住到二十多家，每日想安静一会儿都不能。尤甚是烧饭用的风箱，不停的发出挂答、挂答的燥〔噪〕音。北房多是房东居住，无论谁家的院子，外人进出是自由的，所以也给那些梁上君子们，留了很好的机会。他们乘此，可以大施其偷的技能，甚至可以借寻人之名，推门进室去偷你，本地称此为"闯糟"。

包头值得人留恋的地方，是东门外的转龙藏，外方人士到此都要出城一游。

转龙藏在东门外的一个山上，古器〔木〕参差，绿荫蔽天，登在山的高处，包城即在脚下。南望黄河，似一条带子在包头的南部萦绕着，黄昏日落，河中白滚滚的水，与晚霞在辽远的地平线上，合成一幅难以描拟的美景。泉很多，有龙泉寺，泉水澄清碧绿，夏日寒凉爽适，淙淙的依荡着，流向遥远的黄河。城中的自来水即引此水源。在转龙藏的亭上，有这样的一首题诗：

转龙藏寺近包城，筑就山川气不平。滚滚黄河横锦带，重重清岭列华屏。三更电色夺星色，五夜车声杂鼓声。更有天然绝妙景，源泉混混水澄清。

……茶余饭后，涉足山寺，有亭翼然临于泉上，南面黄河，北靠青山，晚见电灯之闪闪，早听火车之隆隆，不觉心怡神旷，胸怀为之一畅，偶成一律以留雪鸿泥爪云尔。

这也就是包头唯一使人依恋的地方了。

《吾友》（月刊）

北平吾友报社

1943 年 3 卷 6 期

（朱宪　整理）

绥西道上

逯申　撰

如今，我已离开了曾经苦心培育过我的母校，向辽远的塞北行进。

临别的一刹那，我真觉得有点惘然，但是回过来一想，这正所以报效母校、报效国家的时候，便欣然的踏上了征途了。

一路，我欣赏着西北的风光，几乎忘掉旅途的疲惫。可惜我不是诗人、文学家，写不出什么感人的东西来，只有凭这支未曾熟练的笔，记述一点沿途所见。

三月二十七日上午十一时，是一个雨后澄清的天，春风吹拂着，送走了远征的人，我们坐上了西兰公路的汽车。汽车像一匹受伤的野兽，拼命的往前飞跑，树木、村庄从两旁溜过去了，大地在向后旋转着，咸阳、水帘洞、罗汉洞、大佛寺，一个个城市与名胜，从远远地迎过来，又忙忙的躲到后面去，在一切景物疾驰飞逝中，令人追想起过去的一些日子，一张张熟悉而带点孩子气的同学们的脸孔，一件件回忆起来，令人微笑的事，都和眼前的景物一样风驰电掣的从脑边过去，隐约的脑子里又驰现出一些未来的日子，心里头真有点飘飘然。

在汽车中颠簸了两天，我们这一群已被载到古老的平凉城里。在四天的候车中，我们恢复过了疲劳，也曾用一种闲逸的心情去游过北郊的柳湖，参观了水磨回来。

　　四月一日十一点钟，汽车又跃上了公路，继续我们的行程。沿公路两旁的左公柳，临风飘拂着，韵致悠然，在这春光柳色中，缅怀先人的丰功伟绩，使人兴奋。今日，我们正负着开发西北的任务，应如何的自惕自励啊！在这一条道上，有不少的历史遗迹，诸如三关口、青钢峡、一百单八阵、扬〔杨〕郎镇，以及巍然的贺兰山，汹涌的老黄河，都仅一瞬目，无从浏览。

　　汽车在甘、宁境内疾驶着，穿过了广漠的田畴，越过了险峻的高山，已经是我们回胞藩衍生息的所在，你看着他们结实健壮的体魄，那白色小帽下面眉宇间所透出来那种坚强英俊的气概，使人不禁寄予民族光明的前途。这里的女孩子也是美丽的，他们头蒙着黑纱，装束得花花绿绿，别饶风致，把西北的原野点缀得如图如画。他们经营着自己的土地，愉快而恬适的生活在自己的土地上。我们沿途和他们接触所得的印象，是一种力的象征，创造的源泉。

　　车行了整整十六天，我们才到达了宁夏，宁夏是宁夏省的政府所在地，这里一切都在突飞猛进的建设中，市内有宽广的街道，耸峙的高楼，伊斯兰教堂，巍峨宏丽，给人以一种崇高伟大的心理上的感印，他如游泳池、中山公园，在在都吸引我们，这些景象曾给予我们这群远来的旅人不少的安慰。

　　在这里逗留了三天，我们得到充分的憩息以后，汽车又向陕坝驰去了。在旅途中，我们尽情领略过三百里的罗布泊沙漠中的落日，成群的马，成群的骆驼，成群的羊，有如沙漠中的浪，映着璀璨瑰丽的晓霞，是一幅生平罕见的图画！

　　在后套的原野上纵流着九条大水渠，堤旁都栽着成行的柳树，鸭子悠然地在水上划着，不时屁股尧起来，把头钻到水里去了。牛，吃着草，一面摆动着尾巴，三两成群的散布在河边树下，空气恬静得有点使人发酥，却又被孩子们一阵叫笑冲破了，这境界，简直如置身江南，谁说西北是荒芜的呢？

　　现在，我们来此已一个月了，我们从没有感到生活上的枯燥，假使当你看到在扩大增产声浪中的后套田野所呈现的那种蓬勃的气象，一定会使你兴奋鼓舞的，一句话，绥西每个角落都在动，都在不断的成长进步中。

《战干》（月刊）

中央战时工作干部训练团

1944 年 213 期

（朱宪　整理）

内蒙特约通讯——内蒙锡林郭勒盟旅行记

本刊通讯员宗丕城　撰

一　前言

在亚洲占广大领域之一，十三世纪时也曾以武功称霸欧亚，使欧洲人至今尚残留着黄祸的"蒙古"，至今在国人眼目中不曾获得相当的地位与认识是件相当遗憾底事。尤其在像笔者本人，身居靠近内蒙的地带，一向或许被人目为蒙古人的察哈尔地方的人，不能对内蒙情形有一些概括的印象，更是觉到充分的惭愧。

所以在很早以前，旅行内蒙——至少是内蒙地带——的愿望，便存在在心灵中了。

儿时的记忆是深刻而惹人回忆着的。今日虽已离开童年，而连童年的甜蜜情景也渺茫到难以捉摸了，但十年前的每一个冬天底深夜中，朝拜五台山的蒙古人们，载满珠宝的骆驼群，深闷的铃声，鼓荡在故乡底城市中的记忆，却始终留存在脑际，不可磨灭。只要童年的记忆之门被打开时，第一幕浮上心头的总是这些。

几年来，朝拜五台的蒙古驼群，跟着和平的消失，虽然已不再见，而那奇怪的服装，有些笨拙的赤铜颜面，坐在载满东西的驼背上打盹的蒙古人们，和故乡的一句谚语——骚鞑朝五台，自找倒霉——仍残存在故乡人们的脑海和口际。这令人难以了解的奇怪习惯和迷信程度之深，的确是蒙古民族和汉族不易沟通的症结吧。

照片说明

喇嘛教信仰下的蒙古民族，对活佛是无上的尊崇的，所以，活佛的出临，正像旧日的贵官或帝王似的隆重，只不过是因为天然的限制，不能净街洒道而已。本图乃郝勒盖图鄂博祭时，驾临该祭典的活佛底卤簿，最后之幕，为活佛休憩所，活佛坐于幕前正中，左右侍立者为大喇嘛，活佛之上有黄绫宝伞，前有一绘制法轮之牌，左右两列，身着清朝官衣，大褂、马褂、马蹄袖及补子俱全，头戴纬帽，且有带顶及花翎者，手持物除旗等外，有瓜、斧、鞭、铜等，并有身背印信、宝剑、弓箭、经典者，跻跻跄跄，极为隆重，由此可以略见过去专制时代之遗型。同时本活佛不过内蒙一胡图克图，即如此庄严，若喇嘛教四圣，更不知当如何的讲究了。

虽然笔者没有什么研究蒙古民族学术的宏愿，而且也不敢那么崇高地做万一的遐想，但在过去见到外蒙与中国关系的离合，总不免对中国缺乏对蒙古系统的研究文字而输人一筹，同时对满清政府的怀柔愚弄蒙民引为对照了。

　　依照笔者现在的肤浅观察，蒙古人民一向在尊奉着成吉思汗太祖，以成吉思汗的精神做为共同精神的维系。七百年来保持着一贯的封建制度，说起来有些不适于生存在现时代下的社会组织，可是这种既存的形态，却一直笼罩着全体蒙民的思想，神圣不可侵犯般的，即使说蒙古民族能继续存在到现在，也正为了这些。

　　自十九世纪以来，俄国人已在研究着蒙古了，国人们却好像仍未注意到许多种珍贵的研究文字是产生在俄国人的笔底，渐渐的确认了蒙古民族的特点，和其在东亚之自然文化上的资料，即以蒙古的社会制度在满清时代的情形说，俄国的蒙古研究权威者乌拉吉米索夫，即曾有过眼光犀利的记载，阐明在清季的蒙古，能始终不渝二志的原因。他说：

　　"满清征服了蒙古诸部族，即系征服了蒙古封建集合体的大部分，但大体上，并没有破坏他们的组织，富于统一封建集团底经验的满清皇帝，宁可以蒙古之僧侣、诸侯阶级底基础，为其统治蒙古的武器。满清为了再组织支配阶级，运用其种种方策，使封建制度官僚化起见，加以种种的强制，但在蒙古的诸侯及其家臣的关系上，完全没有触其手脚。

　　从十七世纪起，满清诸帝把所有的蒙古诸侯加以怀柔，或者以武力征服，自己坐了成吉思汗所创建的蒙古王朝。元朝的大汗事业底承继者，蒙古的封建君王、汗、济农、台吉、领侯的佛教教主等，业已承认他的蒙古大汗的最高权力，同时也不得不承认把满清皇帝当作自己的封建君主看待了。满清皇帝对于中国人是一个支配者——皇帝，但对蒙古诸侯却是一个继承成吉思汗直系之权利底封建君王。"（见该氏著《蒙古社会制度史》第三章第二节）

　　这种观察是十分正确的，我们姑不论清室对蒙古的这种怀柔对蒙古的利害，但这种统制手段却相当高明。同时，清室为了把这种思想使人人都明了的具体化起见，造出元朝皇帝的，即内蒙古最后大帝林丹汗的儿子，传授给满洲皇帝的传统；但事实上，当蒙古大汗惟在察哈尔称之为"汗"的时候，汗的碧玉印玺，被满清皇帝所得，蒙古诸侯们常常悲叹着这种损失。但在蒙古诸侯，并不是拿被征服者的地位来尊崇满清皇帝，而是以像尊崇自己大汗般的心地来侍服这一点上，满清对蒙古的政略，总算得到了成功。

其次，对于蒙古民族的生活习惯以及一切文化上，我们很渐〔惭〕愧的都不曾有过像外人那样详尽、确实的调查和记载，使这蒙汉两个民族，总不免存在着不了解的隔膜，彼此的长处和缺点，都不易互相传达。

虽然笔者像文首所写的那样，不敢有什么崇高理念，可是不做一次实地的体验，终究是闷闷于心的。本年夏间——自五月十八日至六月二十五日——总算得着一个旅行内蒙的机会，所以便毫不迟疑的由张家口出发，在锡林郭勒盟管内大概的看了看，这固然不能说够得上什么，可是总算宿愿得偿，不再在书本上、画面上，或者旅蒙商人的口里去找寻一些零碎的情形，而亲自得到了一些比较概括的印象了。这篇内蒙风光一瞥，便是这三十多天的日记和札记所凑成。

不害臊的说，笔者也许有过非分的妄想，在出发之前，做过要收获多大成就的梦，可是梦想谨〔尽〕管梦想，总跳不出事实的范畴外去，想着要亲身实地去研究一些什么的理想，无形中便被打破，只有这一点儿的杂七乱八的东西，勉强可以叫做是所得而已。

第一旅行的期间太短，大部分的时间全消耗在行程和做饭上面，根本就不得机会去实地考察。其次，语言不通，又不曾有一个像样些的翻译，许多的地方翻译说不出相当的汉话来，便只有由意会中得一个朦胧的印象。第三，许多珍贵的参考资料都不曾找到，这种种的限制，遂整个将原来计划推翻了。

眼光肤浅得很，笔笨拙得很，姑将这勉强算做纪行的文字供献在这里，做为一块引玉的砖头。笔者所期望的是较为完备而有系统的蒙古研究的书籍，继此而出现。

以上是为前记。

二　旅行之发端

本次的内蒙旅行，目的并不是什么研究性质，旅行团的分子也非常复杂，不过大部是宣传关系者，旅行的目的不是什么考察，只是宣传，所以里边没有专门人材，即使有调查事项，也不过附带在宣传中罢了。不过旅行的目的地却是纯蒙古游牧地带的锡林郭勒盟。

旅行团的结成在五月十七日，以日系人占最多数，汉人只有笔者，蒙古人有团长以外三个翻译。团长是锡盟管内东乌珠穆沁旗人氏，翻译中有两位是察哈尔盟的旗民，一位是鄂尔多斯人，汉话都仅只能达意而已。

旅行团的经过路线，中途虽有点变更，不过大体上，和原定计划无大出入。由张家口出发，西北行经张北、德化至西苏尼特旗，东折经东苏尼特旗至贝子庙；由贝子庙北行，经代喇嘛咳庙、大布苏庙，至喇嘛库伦，由喇嘛库伦东行，经嘎西鲁庙——而至东乌珠穆沁旗所在地的诺内庙；再由诺内西南行，经英齐根庙、西乌珠穆沁王府、东浩齐特王府，返贝子庙；末由贝子庙循原路西行，经西阿巴嘎王府、西苏尼特王府而返抵张家口，全体行程，约在万里左右，经过三十八日间。

按锡林郭勒盟，位在旧察哈尔的北部，南接察哈尔盟，西连乌兰察布盟，北毗外蒙古，东连"满洲国"兴安西省，总面积十八万三千七百平方公里，是一个纯蒙古民族的游牧地带。政治组织有盟公署，设置在贝子庙，盟下有十个旗。盟有盟长，由各旗王公中选任；旗有旗长，由各旗管旗札萨克担当。全盟计十个旗，九十八个部落，包含苏尼特左右翼旗（左翼旗通称东苏尼特，右翼旗通称西苏尼特，其余类此）、阿巴哈那尔左右翼旗、浩齐特左右翼旗、阿巴噶左右翼旗、乌珠穆沁左右翼旗，总人口五万二千七百五十六人，汉商四千六百十八人，喇嘛僧占总人口百分之二十八，男人百分之四十二［人］，有一万一千二十名，人口的密度是相当稀少的。

照片说明

　　喇嘛庙的前边，时常有所谓经壁者存在，本图所示，乃贝子庙崇善寺前的经壁。所谓经壁者，系砖质建筑物，高约六七尺，壁前的中央部分，雕刻着藏语经文，"愿善吉祥，愿最善吉祥"字样，壁前平铺着木板，极类佛前的拜垫，木板上面并预备四五寸见方的毡块，因为蒙古人和喇嘛们礼拜的时候，是五体投地的，用手扶在毡片上，便全身爬下去，使前身的各部，俯伏在木板上，年长日久，木板上遂变全光滑的数道条纹。经壁在蒙古人眼中，几乎和鄂博一样的受着崇拜，喇嘛僧固勿论，即一般黑人行路经过时，亦必定至诚的向他五体投地的礼拜。

蒙古语的意思，锡林是阒无人迹的意思，顾名思义，当可想见其一斑了。

草原中，由戈壁沙漠中吹来的季节风，无时或已，大陆性气候的特征非常显著；所以我们全准备着初冬的衣服，虽然这时候正在夏季的开始。

此外，我们要预备一切的日用品，除去盥漱用具外，像烟草、糖、茶叶、饼干、药物……等等，以及炊事用具、大米、酱油、蔬菜、食具等，这时都成了我们的必携品。在旅行内蒙之前，依我的感觉，最好能像飞机出发前的检查一般的细密，否则到达草原后便会感到不便的。

经过这样的整备之后，我们一行二十多个人，便在五月十八日的早晨，离张出发，开始了这次不算很多的旅程。

三　旅途日记

五月十八日，晴

为这次旅行所兴奋了的自己，整夜在辗转反侧之中，清晨七时半便起来准备，可以说打破年来起床的纪录。

天色异常晴朗，太阳暖洋洋地照在身上，感到初夏时特有的轻松。上班时间以前的张家口，市街上非常清静，因为树木稀少，连鸟的歌声全听不见，只有公共汽车不时嘟嘟地响两声。此外，马路上便只有一些公务员们夹着皮包在向各自的勤务地出发的急速步履。

九时半的时候，全员集合。十时，一行便行向北去。

离开张家口向北行，这还是首次，沿途只有感到一些异样。塞外的风物虽无足观，但初夏时也毕竟是可爱的。走出西沙河以后，已踏上过去张库路——张家口至库伦——的遗迹，只是晚间既不曾熟睡，早晨又起来很早，在汽车震荡中，遂不知不觉的入了梦乡。及至盹睡醒来，车已过万全坝，将近十二点了。

逐渐的，车行至河渠中，万全城也过去了。数条清水，在山崖下潺潺的流着，虽仍然濯濯的童山，为水的润泽，却也清秀了不少。

三点半的时候，遂行抵第一日目的地的张北县。

张北现在是察哈尔盟公署所在地，城市并不大，只是颇为热闹。附近是粮区，这里是粮谷集中地。由甚短的街市上，可以看得出当地的富庶来。蒙汉杂居地带的察盟，蒙古人已显著增多起来了。

在张北，我们住在日式旅馆的张北旅馆内，恐怕要算本次旅行中最舒适的一晚了。以后呢，谁又料得到不会露天而宿。

晚间，电影班上演影片，观众云集在日本国民学校前，只是气候较凉，街头露雾甚重，不能久站，加以劳累过度，十点钟便就寝了。

五月十九〈日〉，晴

清晨六点钟便起来了，毕竟张北要冷得多，盥漱时有些冰手。早餐以后，太阳虽仍然像昨天那样，只是风已强劲许多，有些感到衣服的单薄了。这里是内蒙高原的顶南端，气候已有了这样大的差异，自然是自然的限制。

九时半的时候，离开张北，行向德化去。

一步步走上内蒙高原了，山反而稀少起来。漫平的原野，满是一望无际的草地，绿茵茵的是大自然得意的渲染。看不见一棵树，所有的只是寸许高的小草，间着一群群牧放着的牛羊。蒙汉杂居地带的德化途中，已经犬少人稀了。

干燥的朔风，在汽车飞驰中带起不少砂土，弥漫在每一个旅人的脸上、嘴边、眼角、耳孔诸处，太阳暖洋洋地晒着。在近午时的大陆里行军〔车〕，季节风是相当可爱的。

草原的季节风，无日无夜不在继续地吹着。德化和张家口只离开二百多里地，气候已这样显著的变化了。

十二点钟时，开始野餐。饭是由张北带来的，菜是罐头海苔。口中夹着砂粒的吃法，还是今生首次，仅有的一些水，谁也舍不得用来漱口。"这像不像一群花子呢？"

被弃的玻璃瓶，寂静而孤独的立在路旁，载它来的汽车却又弃它不顾，又行向北去了。

到德化时，已至午后三时有半。多半日的汽车生活，使自己成为古稀老人似的行将就木。在公会堂前等候连络的时候，便顾不及地上有没有牛羊粪的躺在地上。

好容易找到了一所下榻的地方，是一家朝鲜料理店——平壤馆，二十多个人便只好勉强住在一个四铺席的房间内。

这是一家规模甚小的饭馆，我们的饭只好自做。锅埋在地上，燃料是树枝和牛粪。十几个脸上布满砂土的旅人，围在铁锅的周围谈笑，使人不禁想起中世纪的骑士生活来。

晚〈饭〉后，已近傍晚，明天预定要向西苏尼特行去，所以便早早的休息，极度疲乏以后的身体，是顾及不来舒适的。

四　荒凉的德化

二十日，晴

晚间因为电影机发生障碍，只好停留在这里，算做临时休息二日，同时赶回张家口换机器去。

虽然枯守德化，无所事事，颇觉无聊，好在休息两天，也未尝不美，何况又有些不服水土的模样呢？

总是因为水土关系，突然间肚腹有些不适意了。如果在闲散时，闹点小病倒也没什么，只是旅行途中，却不应该罢了。

午前，和其余的几个人出去了一趟，德化地方本来很小，所以很快地便折回旅馆。

按德化原名札普寺尔〔札普尔寺〕，民国二十年以前，汉人即移民来此；民国二十三年，宋哲元主察时，更大量移民，与崇礼、尚义诸县，同时设置，遂成为纯汉人之垦殖地带，蒙古人乃逐渐迁北；迄今全县计分为五个乡：仁爱乡、义勇乡、礼让乡、智明乡、信威乡，人口约二万四千，纯系汉人。教育甚不普及，全县仅十所小学校，收容学生在三百人左右。只是交通甚便，有汽车南通张北，北达西苏尼特旗；市街仅一条，长不足二里，商店林立，亦颇整齐，只是客岁及前年，因歉收关系，地方不靖，现时乃呈有荒凉景象，以致商家多半关门，人口亦形减少。只是食用品较内地便宜，且民风淳朴，生活的维持，究竟容易得多。

午后落了一阵小雨，空气益觉清新了不少。傍晚的云朵十分可爱，只是冷的厉害，不能在屋外久站。

晚间没有电灯，蜡烛又不敷用，只好很早的便入了睡乡。

二十一日，晴

天色已经转过来了，爽朗的太空，布满太阳的热力，但气候毕竟是新鲜的了。

过午时，天色突然变了，朔风怒吼不止，片云飞来，又簌簌地落起雨来。德化的气候，本就凉得多，这时益发冷了，我们只好躲在旅馆里睡觉。所喜二时左右，回张家口换机器的赶了回来，明天就可以赶路了，株守在像这样不汉不蒙的地带，一望尽是荒凉，真够腻人的！

明天也许会更冷，不过砂土总会少些的。

二十二日，晨阴，过午小雨

晨八时起床，草草的梳洗一下，便开始准备，十时左右，才得出发。

今天气候仍然不好，有欲雨意。中途，在一家蒙古人住家的附近，吃了早饭，才又开始出发。这时已经走出蒙汉杂居地带，进入纯蒙古人的游牧地带了。

大约许是接近汉民族的关系，蒙古人们也有从事农耕的，蒙古包与土屋相间，小的院落里，除去包外，最显著奇异的，是他们用来贮藏食粮的仓库。

这种谷仓，完全用土质建造起来。全体成为一个馒头形，很像蘑菇，在中间开一个四尺见方的口，粮食便放在里面。粮食和地面并不接触，这是在内地不会看见的特有建筑。

这时，雷声隆隆地越响越近了，只好加足了马力飞驶。沿途一望无际，满是寸许高的小草。风吹草偃，极似微风拂过的湖面，绿茵茵地。这时的我们，对沿途的景物，并没有欣赏的心思，所唯一恐怖着的只是暴雨的来临。但终于遇上了，走了差不多四十里左右，雨点已疏疏落落地下起来。这时汽车上遮盖货物用的防雨布，成了我们的共同雨具。藏在布满了油渍的绿色帆布下面，只听得雨点打在上面澎澎地响。三时半，才到达西苏尼特，雨点始终在不急不缓地下着。

五　蒙古包

西苏尼特是德王的出身地。德王府和该旗公署相距不足五里，一所相当宏伟的汉式建筑，除去府门左右矗立着的包外，不会使人相信这是一位蒙古王爷的府第。

在王府的前边，向德王及王嗣子都嘎尔苏龙札萨克致寒暄后，即进入接待用的蒙古包内，略为座谈，算是第一次尝到奶茶和饽饽，而鉴赏了内蒙第一流的豪华包。

照片说明

　　游动性的蒙古包，在拆卸时既非常容易，而建造时也相当简单。在他们择好地点以后，便开始了这样工作，他们首先把用柳枝作成的骨骼（如图所示的方孔），圈成需要大小的圆形，然后在圈内的正中，竖立四根木柱，木柱的功用，相当于伞的杆，在木柱上面，架起伞形放射形的木椽来，这样变〔便〕形成了一个蒙古包的模型，这时并把甚厚的毛毡覆盖在上面，顶部留一个可以启闭的天窗，四围作成毡的墙壁，一个蒙古人的住家便完成了。

照片说明

　　蒙古包的内部，颇觉简单。正中是火池，正对天窗，火池左侧是客席，右侧是主妇席，后侧是主席，主席之后乃佛座，正对门口。本图所示，乃包之一部主妇席的地方，隐约可以看得出一些陈设来，除图像、笔筒等外，在榻上立放着一具驰名于世的蒙古乐器——马头琴——和一管笛，方格部分是包的木枝墙壁了。

　　蒙古人的普通饮料是砖茶，无日无夜釜内的砖茶始终在沸腾着。这里面搁一些牛奶，便是奶茶，用来招待客人。假如放一些糖时，倒也不难喝，只是蒙古人们的调味上好品是食盐，所以有的人家的奶茶便既咸且涩，不能下咽了。饽饽是一种用面做的点心，长数寸，宽寸许，厚亦六七分，用牛羊油或黄油炸熟，蒙语名饽饽，大约系满洲语传过来的。

　　晚饭后，借住在旗公署的宿舍内，甚小的土炕，挤了四五个人，地下堆满了东西，有些像乡下小店，一阵阵的膻气送入鼻孔，抬头是巍然的蒙古包——这是旗公署的办公室，电话便装在包的壁上。坐在屋中，吃着旗下送来的饽饽，没有桌子，只好以皮包作为写字台来记日记。来往的蒙古人们，一个个褴褛肮脏，对我们好像并不感多大奇怪，大约是旅人常来到的关系吧。

　　傍晚时，雨已经住了，美丽的云朵，点缀在草原的晴空，远处自由放牧着的马群，不时抬起头来长啸一声，汪汪的蒙古犬在雄浑地吠着，偶尔有一两个骑马的蒙古人往来。离开张家口才几百里地，已经到了另一个生活方式的世界了。

　　二十三日，晴

　　早晨醒来的很早，天色极为晴朗，碧澄澄地太空，不见一丝浮云，雨后的草地上湿漉漉，没有一些尘土。季节风虽仍在不停地吹，却已不感到一些凉了。站在旗公署的前面，呼吸着大地的香，极目全是起伏的山坡。马兰花蓝灿灿地迎风飘摆，浑身感到的只有轻松。

　　早饭后，已经十二点了，和另外的一些人们，上王府去，坐在昨天接待我们的包内，和蒙古人们闲谈。

　　蒙古包是蒙古人在草原游牧生活中的至宝，拆卸和建筑，全非常容易。全体呈一个馒头形，建筑材料几乎全是羊毛制的毡和牛马毛拧成的绳，只有包壁、包顶和木柱是木质的。

包壁的骨骼，是经寸的柳木组成，能自由开阖。建立之始，用这围成圆形的墙，上部架上一具伞骨状的椽，中部开天窗的地方，用四根木柱支起来，便覆以甚厚的毛毡。天窗部分是一块能开闭的毡，向东南的部分开门，高可三尺。冬天时，在包周围的底部，毛毡和土地接榫的地方，用一串木片围起来挡风；热天时打开壁上的毡条，骨骼的空隙，便是极优良的通风口。这种家屋，能抵御甚大的朔风，利用圆形，减小风的压力，极具物理条件。普通蒙古人们到达目的地以后，建筑这样的一个家屋，最多用不了三十分钟，拆卸时尤其简单，体积既小，运搬也非常便利，无怪直到现在，蒙古人们犹视之如宝了。

包内的装置，普通大约是这样的：门口的一块不铺毡，有的甚至是砖质或木质的；中央正对着天窗的木柱中间，有四方尺左右，放置火炉，中燃牛粪，煮肉烧水，蒙古人视为圣所；正面置一个木炕，铺以甚厚的绒毡及靠垫，是最上座，只有活佛可以坐；稍下紧靠火池的地方为主席，只有主人的男子可以坐；活佛座的右侧是佛坛，左侧是放置箪笥的地方，主席左侧，成为直角的地方是客席，客席对面是下席，主妇和主人家的妇女们坐在那里，客人与主人成为直角，颇有一些西洋礼节的风味。

二时左右，到王府附近的大庙去了一趟，首次看见了喇嘛庙的特异建筑和特异法物。这是一处比较小的庙，而且因为没有翻译，一切只能看看而已。

六　全羊席

晚间是德王嗣子，西苏尼特管旗札萨克都格〔嘎〕尔苏龙招宴。吃着所谓全羊席，席间并有乐人奏乐。在每人的面前放着一个红漆小几，一碗酸的奶酪，一碟食盐，一碟炒米，一杯奶茶，之后便是整煮的羊和奶酒。客人少时，羊便放在桌的中央，由客人自己割食。但我们却不习惯这样吃法，只好由主人的下人们替我切成一片片的来吃了。

"诸位知道这是什么酒吗？"当酒过三巡的时候，主人拿着酒杯问我们。

"好像白干！"一位同行者细酌了一口，"只是有一些骚气！"这是我们第一次喝到奶酒的缘故。

"这就是诸位久已知道的奶酒，味和白干差不多，原料却是马奶。"主人笑嘻嘻地说，接着又把奶酒的制法简略的说明了一下：

"奶酒有牛奶酒和马奶酒两种，味道全差不多。牛奶做酒时需要适当的温度发酵——大约在摄氏二十五度左右即可，笔者注——马奶则本体即有甚大的醉性，味极酸，多饮即易致泻，所以做酒很方便。把发酵以后的奶，蒸馏一次，其味甚淡，骚味甚浓，蒙名'阿鲁黑'，即第一酒；再蒸馏名'阿鲁齐'，即诸位现在所饮者是；三次蒸馏名'郝鲁齐'，甚烈；四次蒸馏名'耶鲁齐'，微饮即醉。"说着他把手举起来，伸出拇指，使手背上现出小洼："只有这一洼的酒就够，这种几度蒸馏的制法，只有本旗附近之大马群场尚传，是过去王公们习用的。"

"现在一般平民所饮只有第一酒'阿鲁黑'。"最后，他又补充了一句。

饭后已将近十点了，遂告辞出来。归后又饮了不少由张家口带来的日本酒，醺醺然的入了梦乡。

七　"怀抱火炉吃西瓜"

二十四日，晴

今天的预定距离很长，约在三百里左右，只得在清晨六时许，便离床了。

虽然是个快晴的早晨，但西苏尼特的朝时，气候相当地冷，用凉水洗脸，简直有严冬的景象，毛巾很快的就变硬了。

离开西苏尼特时，才不过七时半。

朔风飕飕地吹着，穿着棉大衣，犹有寒意。十二时许，大概已有二百多里路了，汽车发生障碍。这时，日至中天，已开始酷热起来，是一个旷野的地方，除去为汽车所压成像麦陇似的大路外，几乎不相信这会是二十世纪时代的大地。

车夫忙着检查车体，我们只好躺在草地上休息。一个钟点过去了，只好先吃饭。饭后仍然没有希望，也就只好躺在草地上嗅着草香，望着海似的碧空聊天儿。

三点多了，总算能转动了，于是再度出发。去了不足三十里地，又发生障碍。眼瞧着日已衔山，今天无论怎样是不会到东苏尼特的，只好下塌〔榻〕在路旁的札拉庙内。

按蒙语札拉是命令，札拉庙者，大约是敕建之意，是一个完全藏式的庙，不过现在已经坍塌不堪，成为"善邻协会"和汽车公司的办事处了。大殿——我们的临时宿舍——只剩空房一个，佛像和壁画已完全不见，残存的仅有门上的四天王绘像而已。这种宿泊，其实和露天差不多，略为扫除秽土，垫上两块破毡，铺上毛毡，便成功了床铺。二十多个人占据了一个角落，空洞洞的；风由窗隙钻进来，烛光摇摇地晃动，劳累了一天的人们，也便顾不得潮湿和冷，早早的安睡了。

二十五日，晴

昨宵是前此未受过的罪。红日满窗时醒来，腰部发生剧痛，大约是夜间着潮的缘故。

近午时，汽车修理完毕，乃离开札拉庙，行向东去。

凉风习习地吹着，汽车后带夹起的砂砾，落在路上沙沙地响，不禁想起静夜时蚕食桑叶的声音来。

　　草原的气候，变幻得极快，清晨甚冷，午间便会酷热，这里有句俗话，"早穿皮袄午穿纱，怀抱火炉吃西瓜"，正堪为这里的写照。

　　本来预定在三点多钟即可到东苏尼特王府，不料中途车体再度障碍。直到五时许，才行抵达鲁黑庙前（意即菩萨庙）。金碧辉煌的藏式经塔，在夕阳斜照中，反射着灿烂的金〈色〉，和庙宇的金顶相映，一闪闪地，远远地取水的牛车向塔旁行来，天空开始布满了美丽的云朵，似乎到了童话国般的，对一切全感到新奇。

八　东苏尼特王府

　　耽延复耽延，直到七点有半，太阳的一半已隐到西山背后时，才找到了东苏尼特王府。

　　王府离开旗公所甚远，四无人迹，前三面是荒草滩，背后是砂渍地，地理不熟的人简直无从寻找。王爷名林沁旺都特，是有清和硕亲王，前任锡林郭勒盟长，现在的东苏尼特札萨克兼"蒙古政府"特任参议，一个相当魁梧的典型蒙古人。所幸我们的团长墨尔根巴图尔也是锡盟闻人，才爱屋及乌的招待了我们，为我们腾出了三个大包，收容下来。一行全长吁了一口气，即使主人不欢迎这些不速之客，今晚总算有了安宿之处，不至再受一夜罪了。

　　二十六日，上午晴，下午微阴，甚凉

　　这是头一次在包里睡觉，揭起毛毡——虽然有二寸多厚——便是砂土，仍然免不掉潮湿，这大约便是蒙古人罹疥很多的原因吧。

　　佛坛上是不许可睡觉的，但为了人多的关系，也顾不了许多，临时充充活佛也好，虽然送馎馎、奶茶来的蒙古人们有些不愉快之色，只是半夜里由包壁底部的空隙里送入冷风，总不免要一个寒噤醒来。

王府西北部，为砂丘所环绕，在季节风的吹拂中，形成波浪般的起伏着。大风吹过时，在砂雾弥天中，又有沙土的细音，如果不是细砂时常侵袭到眼中来时，倒也是很伟丽的奇观。

依照水草来说，苏尼特左右翼旗并不丰美，所以居民甚少，东苏尼特全旗才六千八百九十人，人口的密度和世界各大都市相较，直不成比例，怪不得奔驰三百多里会遇不上一个行人呢。

正午和林王在客室内座谈，又发现了一口弄弯的中国刀，据说是萨满教的巫师所为。

九　萨满教

萨满教是蒙古民族的固有宗教，在喇嘛教未传入之前，像多神教统制中国人般的受着蒙古人们的信仰，即使在以喇嘛教为国教的现在，这种固有迷信依然存在。萨满教并不像喇嘛教般，而是由巫师来传达神的意旨，只有巫师是职业的。据说在神附体以后的巫师，即有了不可思议的能力，能治病、预卜，使信仰它的人遵照神的意旨，而趋吉避凶。这神附体以后的巫师，便时常把质料很硬的单刀弄成弯形，以表示他的神力。有地位和有钱的蒙古人家里，这样的东西非常普遍，而且不许轻易移动，免招神怒。有钱的人总不免贪生怕死，于是求神问卜，探询未来，这种心理该是人类的通病吧，所以他们也就不免要请动巫师来跳跳"来青"（跳神之意），而弄弯了一口刀挂在壁上了。

此外，他们还不时请喇嘛僧来家诵经，这种仪式不仅在婚丧大祭时，王公富户甚至每日有若干喇嘛在家中念经祈福。这时林王府中便正有喇嘛念经，大鼓的咚咚声和大喇叭的呜嘟嘟声间作，顺着风的方向播扬着，这也是蒙古人的特异风俗和信仰喇嘛的表现。普通人家也五日或七日一次的请请喇嘛，贫家至少也要每月一次，经几个月不闻经声的人家恐怕没有。

午后，天色突然变了，狂风骤起，走石飞砂，朔风有些砭骨起来！

晚间，林王招宴，又是和西苏尼特大同小异的全羊席，不过多了几样黄花、木耳等汉式菜，因为林王对汉话略通，对汉物有些爱好的缘故。

风渐渐静了，一切全归入寂然，草原的一日算又告了结束。

二十七日，上午小雨，午后晴，到抵贝子庙

清晨离开东苏尼特时，才不过六点十分左右。

昨日半日狂风，清晨异常寒冷。穿着胶底鞋，像踏在冰地上一样。装车的时候，太阳尚不曾露面，碰在铁器上面的手，有些麻疼，健忘的人，也许会想到这是冬天吧。草原气温的变幻，令这些生长在内地的我们奇怪不已，这里还不是无人迹的沙漠呢，戈壁中当更为显著了。

坐在汽车上，披着毛毡犹冷，好在是向东方行去的，北风的威劲减杀不少。偏偏天公又不作美，中途又疏疏落落地下起雨来，汽车也屡次发生障碍。上贝子庙去的道路，因为常有汽车公司的营业车，倒相当平坦。

午后四点多钟，总算望得见贝子庙的三寺了，雨点也停止下来。灰黯黯的天气中，露出红色的建筑物。庙后的山顶上，矗立着草原路标的鄂博。这时距离预定宿泊地的盟公署尚有不足二十里地，朔风已不像先前那么遒劲了。

十 神秘的鄂博

鄂博，读如奥包，乃蒙古人用来祭祀天地神祇的地方，也可以说是草原的路标，大率建筑在山顶上，中央一个略大，用土石等建筑起来，上植树枝等物，像一盆丛生的小草，左右各六个略小，并用白垩质涂染成白色，行路的人，由很远的地方就能望得见。在创始者，除去路标外，尚有境界牌的意思，不过后人只剩下迷信的崇拜，对原意已不去追寻了。

每年农历五六月时，正草高马肥、牛羊健壮的时候，各处的鄂博便分别举行鄂博祭典。在鄂博之前，陈列着整个的羊只，以及饽饽、奶酒、奶食、炒米等物。喇嘛僧分成两列，坐在鄂博的前面，击着大鼓，朗诵藏经。本旗贵族及管旗札萨克以及旗民等，坐在较远的地方，虔诚礼拜。祭典完毕，便开始余兴，竞马、角力、竞射等，这时本旗活佛也来参与祭典。这与喇嘛庙会，被称为草原二大盛事。

蒙古每一个旗内，全有一个乃至数个公共鄂博，王公及富人甚至有私人建筑的，规制大都仿佛。蒙古人们对这有着极度的崇拜，在他们过鄂博时，必定下马虔诚地礼拜。贝子庙的鄂博祭在每年农历五月十三，只可惜我们出来的稍早些，赶不上鉴赏这盛大的祭典。

车行过三寺后，已望得见盟公署的灰色建筑了。这二十多里地，坎坷的厉害，直到五点多钟才安抵目的地。

十二点钟了才开始安息。寂静的草原中，只有闪闪的星星在注视它。

二十八日，晴

清晨的贝子庙盆地，没有一丝风和一粒砂土，望不到边际的碧空，像清澈无波的湖水，百灵鸟轻脆的鸣声，隐约可闻，是内地亦所罕见的清新飒爽的天气。

依照预定计划，已不可能，中途不止在德化耽延了两天，东苏尼特又耽延了一天，所以今后的路程，乃决定变更，定三十一日离贝子庙至东阿巴嘎旗，六月一日返贝子庙，二日至代喇嘛咳庙，四日至西庙，五日至大布苏庙，六日至喇嘛库伦庙，八日至新庙，十日至嘎西鲁庙，十一日至东乌珠穆沁，十三日至英齐根庙，十四日至西乌珠穆沁王府，十六日至东浩齐特王府，十七日重返贝子庙，十八日休息，十九日至汗宾庙，二十日至西阿巴嘎旗，二十一日返至西苏尼特，二十二日返至张北，二十三日返张家口。

路线决定之后，这一天便算休息了。晚饭是盟方请吃羊肉，十二时左右，一行在微醺中入睡。

一一　贝子庙三寺

二十九日，晴，参观贝子庙三寺

天气虽然快晴，只是雨水已经干燥，风过处不免夹带起不少砂土，不像昨天那么爽飒了。

早饭后，我们离开盟公署，行向三寺去。这是来时的路，距盟公署有不足二十里左右，路非常崎岖，雨后铺路的石块完全峥嵘地显露着，在汽车上颠荡，有些像在摇篮中似的。

贝子庙是锡盟盟公署所在地，又是西阿巴哈那尔旗的首府——勉强可以算做是〈首〉府吧——喇嘛的寺院更相当出名，规模的宏伟，和拥有的喇嘛数，除去多伦诺尔的汇宗寺和善因寺外，内蒙恐无出其右者。红色的砖墙，围着壮丽的建筑，由老远即可望得见庙后矗立着的鄂博和在日光中熠熠反光的庙宇的金顶。

庙是向南建筑的，背后及左方靠山，崇善寺、庆善寺、延福寺，三寺并列。前面左右各有一个小型的藏式经塔，其余规制悉仿自汉式。大殿则与午门无异，完全用红砖建筑起来，覆翠绿的琉璃瓦，雕梁画栋，极尽豪华。此外，在崇善寺左侧，尚有一个青色建筑，规制略小。因为庙方谢决〔绝〕参观的关系，不详何名，大约是密教的寺院吧。

据庙方执事喇嘛僧的说明，该寺起工于清雍正七年，乾隆时御赐今名，三庙的匾额完全是御笔，像旌表的小型匾，悬挂在各大殿内，蓝地金字，用满文、蒙文、藏文、汉文写着庙名。本尊是释迦佛（崇善寺）、接引佛（延福寺）、三世佛（庆善寺），此外尚有无数的金装佛像、狰狞的明王、化身的诸天，以及菩萨、罗汉、欢喜佛等，大都是数百年前的出品。塑像庄严，雕刻精致，颇有不少极富艺术条件的，就中尤以接引佛为最。佛身高三丈余，是镀金的铸像，手印上悬垂哈哒极多，左右各有金莲一枝，高俱在一丈左右，佛前的金质法轮，高亦数尺，系乾隆年间物，尤为名贵。只可惜笔者对佛教是门外汉，对密教又一无所知，同时又限于语言，不能详细探询，同行中虽有一位曾由喇嘛还俗的蒙系人，也无能为力，只有像刘老老初进大观园似的，糊里糊涂的浏览而已。

喇嘛教本以密教的成分最多，所以崇奉的对象，除欢喜佛外，特别尊敬着千手千眼的观世音菩萨。勿论佛尊或壁画，除本尊外，几乎全是些多首多眼的化身法王，尤其狰狞的化身欢喜佛，更令教外的人感到新奇。这里的喇嘛僧们，好像固执一些，欢喜佛差不多全掩藏起来。在参观之前，即谆谆嘱咐我们不要随意乱动，所以有许多很名贵的壁画全被一层黄绫遮蔽起来，未能一睹。

这里的庙会是阴历六月十一，鄂博祭是五月十三，可惜来的稍早些，全赶不上，不然看看这里的跳鬼，其壮观总会比北京雍和宫的打鬼尤甚的。

正午十二时左右，正是喇嘛们午课之时，一群群的大小喇嘛僧们，穿着黄色外套，带着鸡冠帽，分别坐在每一个院落的当中，念诵藏经，大鼓和喇叭交响着，执事的喇嘛僧们，带着圣水壶过来过去的巡查着，这时庙内的日晷正指在午时上。

到处是豪华、富丽和庞杂。以前一位外国学者在《库伦写真》中，曾有这样的一节话："强烈的香气、辉煌的颜色和粗野的音乐如醇酒一般刺激感觉，麻痹神经。那时我才恍然大悟东方宗教惑人的魔力，虽然我已有了廿世纪文化的基础，还觉他的情感的力量……"但自己对此除感到烦琐外，没有其它情感底力量可以追寻。

午后五时左右，一行踏着藁〔蒿〕草归来，像梦中的情景般，漫步在四无人迹的荒原上。傍晚的贝子庙盆地，自有其空旷可爱之处，是久住在城市中的人们所不易享受到的。

照片说明

喇嘛教的法物，除去祈祷筒外，尚有所谓转经箱者。祈祷筒，以风力为原动力，昼夜不停地在草原中转动，以祈祷于佛前，借免罪愆，而转经箱则利用人力，其目的则完全相同。在每一个喇嘛庙内大殿的两廊，都有一对转经箱的存在，有用木制成的八角或圆形的木筒状箱或铜质的圆筒，安装在能转的轴上，内悬垂若干条藏文经条，筒外浮雕藏文图案，有四个或八个铜环，无事时转上几遭，据云可相当于若干次的念诵。本种图系此转经筒的一种。

照片说明

这是两个正装的执事喇嘛僧。

喇嘛僧，勿论夏天或冬季，除去很厚的大袍子之外，最显著的是披一条红色的布，不像袈裟，也不是偏衫，由左肩上搭住，再在腰间围绕两周，如果在夏天时，左臂精赤着，却总要搭上这一条红布，此外喇嘛的帽子也特别得很。

本图这两个喇嘛所带的帽，蒙名"尔里肯木机"，垂着的是黄色绒丝，专门用在夏天，有类凉帽，而且是执事喇嘛僧的专用品。

一二　锡盟札萨克会议

返盟公署后，方值本年度锡盟札萨克会议闭幕。现在将该会议议决事项附录在这里，作为了解蒙旗行政的一些借助。

由人口之增殖而确立人的资源——蒙古民族，以种种要因，每年递减，故其增殖问题，最为紧要，本届会议特决定实践要领：

（一）于卫生及传染病预防之普及彻底一端，为着重于天然痘之预防，明年度之种痘，决以新法实施，同时严禁喇嘛僧之吸药种痘；其次各旗之喇嘛医及蒙古医院，亦决定扩充强化之。

（二）关于结婚之件。决定实行昨年度之议决事项：1. 廿岁以上、五十岁以下之男女非结婚不可能者，必需结婚。至结婚不可能者，需要旗公署提出请求许可。2. 严禁十七岁以下之男子、十六岁以下之女子早婚。3. 结婚时需预向旗公署提出，得其许可后，始得履行。4. 结婚聘礼，家畜不得逾三"博突"（Boto）（一博突牛、马、骆驼各一头，羊为五头，山羊为八头），并得以现金代之。结婚之际，新郎向新妇母家之赠物制废止，得随新郎意旨自由办理。5. 自由离婚为紊乱风纪及人口繁殖之重大支障，今后无正当理由，未得各该管旗札萨克之许可者，不得自由离婚。

（三）关于财政之件。为谋财政之确立，昨年度会议，曾决定严重遵守课金征收规则，于预算决算之编成上留意，不得于规则外征收税金；征税时现金交纳不可能者，得以家畜或羊毛皮，由豪利希亚（生计所）买上。

（四）关于祭祀之件。（略）

（五）关于宗教兴隆之件。鉴于各旗对昨年度关于对喇嘛所决定事项，尚未确实遵守，故本年度，基于喇嘛戒律之严守，及一个家庭之喇嘛人数、喇嘛之试验制度、戒律事项等，再作如下之决定：1. 对违反戒律之喇嘛，施行处罚；2. 实行昨年度所决定之十八岁以上、四十岁未满之喇嘛检定试验，经典纯熟或经典未熟而品行方正，有大喇嘛之保证者，得继续为喇嘛；3. 活佛之隶民（霞比拿鲁）与属于佐领之旗民同样，为寺庙或活佛服役时，须付以代价；4. 四十岁以上之喇嘛，必需入所属庙之义务教育部，修得蒙文；5. 于法会或修业之余暇，应努力于手艺、技术之修得；6. 庙喇嘛无休价〔假〕许可证者，禁止外出。

（六）关于振兴各旗教育之件。1. 教育费：各旗得以全预算之百分之五十乃至三十充当，特别增加女子教育数，并充实教授内容。2. 初等学校之充实策，首着重于食粮之充分供给及宿舍之完备、身体之锻炼方法、奖励国技之角力。此外，更全场一致通过小学生入学之时剪去辫发。3. 关于自费就学儿童，因旗收入关系，旗内富裕子弟完全自费，中产阶级子弟之食粮及衣服亦自费负担，首由旗公署职员彻底实施之。

（七）旗政渗透之件：规定旗公署职员之执务要领，同时强化佐领，百户左右即编成一佐，以期旗政之早急渗透，更励行旗职员之赏罚及优良旗之表彰法。

（八）产业振兴之件：以自给自足为目的，实行毡之自制，纺毛之自作，鞣皮之自制（制皮靴用者），蒙古酒（奶酒）酿造之奖励等。

（九）牧业振兴之件。（略）

（十）关于豪利希亚之件：增加豪利希亚之资金，并改定利益金之分配，着重于社会事业及慰安出征遗族及赤贫者。

（十一）对蒙古军出征兵士家族、战病死者及公务殉职者之遗族，每户负担三"博突"之税金，对家畜无有之家庭，征收相当于三"博突"之税金额，其它救恤事项需待考虑。

一三　"买卖家"的衰败

三十日，晴，贝子庙滞在

本来预定是休息，所以一行俱无所事事。离开张家口已快二周，都不免感到寂寞与劳累。在此一日间，留声机、叶子戏，甚至抓大头等趣事，遍于各小屋内。盟公署的院落里是寥阔寂静，只有这些旅人们在肆无忌惮的享乐。

　　饭后自己本打算要上"南商"去，打听之后，相距尚有二十里之遥，汽车既不方便，闲着的马和向导也无有，只好作罢，打消原意，以睡觉代替了。

　　所谓"南商"，是指贝子庙南部山后的汉商聚集处而言。蒙古人对汉商呼为"买卖家"，三寺附近亦有买卖家数处。据云，规制全差不多，由草壁、土舍及蒙古包组成，柜台设在包内，陈列着各种商品，像木碗、蒙古刀、长靴、发饰、鼻烟壶、火链〔镰〕、帽、布帛等蒙民日用品，应有尽有。他们都会极好的蒙古话，熟悉他们的爱好，能把握他们的弱点，只是对商业道德毫不讲求，近来已失却蒙民的信仰，加以豪利希亚的勃兴，生意已逐渐萧索了。

　　在庙附近的"买卖家"，大率是小资本营业，所谓"北京帮"，南商则多系资本雄厚者，所谓"山西帮"，在没落上却是同样的。过分的暴利与不德，充分表露着类似经济压榨的行为，其不能继续把握市场而受排挤者，自为当然的现象了。

　　本来预备明天要上东阿巴嘎的，因为汽车的一辆需要修理，只好半数留守贝子庙，这些日子的确也有些累了，休息一天也不错，等下月二日，再一块儿北征也好。

一四　"天葬"的残迹

　　三十一日，晴，贝子庙滞在

　　早晨天色极佳，晚间的浮云已看不见了，天空清朗朗地，百灵鸟轻脆地歌唱着，在这样的环境下，人们至少能解除不少人间世的烦恼，变得简单而单纯起来吧。

　　七时左右，上东阿巴嘎的半部队员便出发了，留守的我们却一直挨延到十一时才离开睡乡。早饭后已十二时有半，遂在盟公署的人领导下，到南方十数里的地方去看天葬的痕迹。有了数千年土葬历史的汉民族，对这种以尸体还给大自然的蒙民特殊风俗，自然感到十分的新奇的。

天葬亦名风葬，是蒙古人对尸体处置最自然的办法。他们在人死了以后，并不用棺椁，也不穿很好的衣裳，很简略的把尸体抬上牛车，向旷野急驰，尸体坠降之处，便算佳城，便弃之不顾。逾二三日再来审视，如尸体不存，即系升天；如尚未被鸟兽啄食，则认为系死者有罪，天亦不收，便请喇嘛僧诵经作咒，代为超解；如再无效力，则再度弃置，因此处或非死者所应安身之地效〔故〕，俟尸体被鸟兽啄食而后止。但贵族和喇嘛僧却大部分是火葬，在僧侣的诵经声中举火，倒是颇文明的办法。此外也有采用土葬的，像高级贵族以及活佛大喇嘛等，不过其方式与汉人不同而已。在蒙汉杂居地带的蒙古人，无论贵族、喇嘛或黑人，已完全采取土葬和火葬的方式，不再见天葬的情形了。

贝子庙盆地大约是因为人口较密之故，所以盟公署南方的风葬痕迹极为显然。我们坐在汽车上，走了不足十里，即看见零星的人的骨殖。又走不多远，数十骷髅即映入眼帘，白磣磣〔瘆瘆〕地〔的〕骷髅和零碎的骨节，孤另另地散乱在草丛里，附近依稀还找得出豺狼的足迹，在日光照耀之下，发出凄惨的枯白色，使生活习惯迥然不同的自己，感到十分的新奇，决不像在内地似的，在凄厉中有些害怕。

在一堆骷髅的近侧，尚有一具死尸，大约是近二三日内的新死者，骷髅上尚有不少肉丝，胴体的大部也还残存，使看的人除去新奇外，不禁起一种残忍的感觉。在这千里不见人迹的草原里，恐怕只有这里是表现死神存在的地方吧。

一时左右，大风又突然开始了，季节风又变得狂暴起来，我们顺便又到三寺去了一趟，返回盟公署时已将近四时。这时屋内的人正在听管绍华灌的全本《四郎探母》，此情此景，不禁会勾起一些怀乡底怅惘来的！

照片说明

在每一个大一些的喇嘛庙内，都有这样的一块匾额，悬在大殿的楹下或殿内佛像的前上方，用蒙文、藏文、汉文、满文写着该庙的名字，金地蓝字，形式和我们过去的旌表相同。本图乃贝子庙庆善寺的匾额，是悬在楹下的，由右起是满文、藏文、汉文和蒙文，边缘上金饰着龙形，庆善寺三个汉字右上侧是玉玺，大约也是乾隆御笔。

一五　草原的雪和雹

六月一日，阴雨，气温甚低，一行滞在贝子庙

早晨阴沉沉的，加着房屋低隘，几乎看不出时候来，风依旧在不停地刮着。

草原的气候，只要一阴天，风再刮得紧些，气温马上就会降低。昨天还有伏天的景象，今天竟成深秋了，天色变成盛怒人的

脸，气流有些砭骨起来！

塞上有这样一句谚语："早穿皮袄午穿纱，怀抱火炉吃西瓜。"据说这是指绥远一带而言，但我总以为欠恰当，绥远的气候还不至于像形容的那样剧变，用这两句话来形容草原时，却是再适合没有了。以先见到蒙古人穿那样厚的衣服，十分奇怪，不知冷热的谜，到今天才得到解答。

一时许，一阵紧风，暴雨骤至，更夹杂着不少雹粒，密云聚集在头顶上，气压越发低下了。清晨的沉闷，为这暴风雨打开不小。生长在内地的人怕极了雹子，庄稼人耽心着禾苗，有闲者忙于照顾花草。在草原里，这样蚕豆大小的冰粒是无足轻重的，既没有农作物，更看不见花呀草呀的，平淡惯了的人们，无事时注射〔视〕着一个个的小冰粒在草地上乱蹦，倒也非常有趣呢。

前年的夏天，据说这里曾遭一次意外的雹灾，雹粒像鸡卵似的，打在羊的脑袋上，像砂砾砸在豆腐上，轻轻的便嵌了起去，一时很损失了不少家畜。这时正是羊的剪毛季节，臃肿的羊全变为难看而轻便，被脱去一层很厚的毛，即便落在脊骨上也很厉害的了。写到这里，又不禁想起雪灾来。

赏雪的诗人们，只感觉到雪的清洁可爱，并想不到它的威力。在草原中，即以贝子庙这个地方，冬期落雪时，尺许厚简直太稀少了，二三尺深极为普通，尤其在四无人迹的旷野，低洼处的蒙古包为雪埋起来的事并不希奇，同时因为冷的关系，雪花像砂砾般的不能黏着，在不停的风势下，弥天飞舞着的情景，当可以想见的。

民国二十九年，锡林郭勒盟的东部，秋季发生了一次野火，不仅家畜失却食物，连蘑菇全几乎烧绝了。至今我们还可以看得到预防火灾的传单和标语张贴在有墙壁的地方和长途汽车的四周，据说那是损失很大的一个天灾。

　　同年冬天，雪灾又降临到这里。住在蒙古包里的人当然没有问题，只苦了家畜。草地的家畜根本不曾〈享〉受过带棚的家畜舍，牛马不在出卖时，永远无羁绊的遨游在原野中，羊只在晚间拴在一条绳上露天而眠，有时甚至并不拴绊，只用一条绳圈在四面即妥。这样，大雪的骤至，当然只有葬身雪底，丈高的雪下的羊群，只能等待暴风的援助，人是无可为力的。所以那次大雪，据事后的统计，家畜的死亡，总在数十万头左右，尤以羊占十分之八九。这是较火灾、雹灾都重大而普遍的天灾，使遭受这些次灾害后的居民们，到现在仍然喘不过气来。

　　午后暴雨是住了，墨云过去，天色开朗不少，不过在风来时依旧带来一些稀疏雨点。由东阿巴嘎折回的人们，积满灰尘的衣服上洒上不少雨点，变成像湘妃竹似的，增添若干泥的斑痕。

　　暴风雨后的晴天，在傍晚时算是来到了，浑身感到一种解放后的松快。残云分裂成无数小的朵片，点缀在清澈如水的天空上，像这里的人一样，那么呆呆的，虽然季节风在一年中不会有一分钟的停止。

　　六月二日，午前阴，小雨，午后晴

　　昨晚入睡时，宇宙本是又乌黑了的，这里没有电灯，盟公署的院落里，只是漆黑的一片，遥远里辨不出一些天和地来，神秘、幽邃，使人像置身到浑沌不分的时代里似的。深夜中一切都入了死寂，唯一的点缀是蒙古犬嗥嗥的吠声，夹着呼呼的风，这里是人烟较密的地方，在旷野里连这样单纯的声音也绝不会听到的呢。

　　子夜一时左右，又开始落起雨来，屋顶在渐渐地漏水了。

　　今晨醒来，已将近十二点，雨势迄未停止，由屋顶下来的水，在土质的地上，形成一个极浅的水洼，有些滑脚，气温像变到初冬了。

　　本来预定今天出发的，现在只好作罢，好在这里一切饮食全比他处方便，天不作美，只能再休息一日。

赶情砂质地的渗水也有限度的。这时的盟公署院落里也出现了积水，而且也在潺缓地流动了。远处的山，灰濛濛地和天色要融在一起的样子，薄薄的云丝由它上面冒起来，像蒸锅，也像为水熄灭后的灰烬，为雨水洗涤以后的寺院，红砖碧瓦，金顶辉煌，愈益像画图似的新鲜了。

上班中的盟公署院里，没有一些嘈杂，偶尔有两三声马的长鸣，也不像在深夜时的哀恍凄凉，空旷的院落里所感到的只有静谧〔谧〕，使由闹市来到的人们底休息之感油然而生。这里没有金迷纸醉式的繁花锦绣，也不像豆棚瓜下的悠然乐趣，另有一种说不出的宁寂的美。这种美是完全由无中产生出来，名利的角逐欲，会自然的消逝。即便没有二三知己来烫一壶老酒，撕着羊肉谈心，静坐片刻，或向书籍里找寻一些安慰也是别有风趣的。可惜旅途中的自己不曾带一本爱读的书出来，只有临时学学隐士风度悠然高卧了。

午后，雨算是住了，露出碧澄澄地天，像平静的湖面，蓝得耀眼，夕阳通过散漫的朵云，斜射在远处庙宇底金顶上，反射着明灿的光辉，遒劲的风，带不起一粒砂土。百灵鸟和牧马，也都感到欢畅地鸣叫起来，像拂去一层愁思的不再感到压抑。敞开上衣，让风吹遍全身，有说不出的爽快，虽然雨后的风相当地冷。

"明天大约总可以走路了。"就寝时我们用这句话代替了晚安。

六月三日，雨，贝子庙滞在

天未明时，又落雨了，真腻死人。

草原的雨天是美的，但寂寞却也是要不得的东西，我们全急得要死，可是没有办法。我们的目的不是来贝子庙欣赏雨天的。

十二点才勉强爬起来吃饭，对这阴霾增加了十二分的憎厌，心情不再感到愉快，一切都不再有清新之感了，全是讨厌、腻烦。

一天，不算很短呢，完全消磨在梦里了，头昏眼胀的。

一六　艰辛的旅程

六月四日，晴，离贝子庙，至代喇嘛咳庙

昨天竟日的酣睡，所以今晨四点钟便醒来，傍晚时点缀在天空的云朵，已不知隐藏到甚么地方去，只剩下一丝丝的浮云，伴着几颗大的星。慢慢的，鱼肚白色由天际泛上来。晨曦微露时，天空的银灰是非常神秘的，只是连日的落雨，气温降低不少，棉大衣又有些挡不住了。

九点钟的时候，离开盟公署，行向北去。飕飕的晨风，拂去每一个旅人的忧闷。这时，即以我自己来说吧，是情愿挨着冷向前走，不再希望多耽误一天的了。

连日的修理，汽车总算痛快了不少，竟一个上午，没再发生故障。"三点钟我们可以到达目的地了"，一位同伴欢愉地说。带着一些骄傲的庆幸，我们也几乎同时的还给他一丝同意的微笑，点点头。

但，世上事毕竟是非常偶然的，有时更是突然的使人决想不到，这又并不是仅仅小心谨慎就可以防止的。

一点钟左右，我们的行程本已过去三分之二了，一切都很顺利的，但汽车却突然陷在沙窝中，不能转动了。这次事变（姑且也叫做事变吧）连汽车夫也不敢相信，本来前一辆已经平安地过去——那是一辆比较破旧，而且较重的车——单单阻住了我们。车轮嵌在沙里有半尺多深，只能在沙中自转，却不能前进一步。

在荒凉的草原里旅行（尤其在雪后），十分危险，简直寻找不出路的痕迹来。"世界上本没有路，走的人多了便自然成了路"，一点儿不错，人烟稀少的地方，既少有人走过，当然不会有显明的路的。草盛的地方，还可以依汽车轧过后像麦陇的痕迹去追寻，不长草的地方便没有办法，只能照着方向去摸索着前进。好在高原地带，没有险峻的山，至多是多走一些冤枉路，不会有甚么危险的。即以现在来说，我们要经过阿约鲁咳庙前时，本可以不走这个沙窝的，可是我们并不知道这些。

这里距阿约鲁咳庙虽只不足三四里地，却空旷得很，附近只有坎坷的土垄，连草也像秃子头上的发般，稀稀的不爱生长。这时我们没有办法，只好想法子先撬出汽车来再作打算。

人们可以站在堤上漠不关心地去看一个溺者的挣扎，当溺者是他的爱人甚至是自己时却绝不会那么平静的吧。这时我们正像一只船上的旅客看到船体的行将破坏时同样，十几个人全费尽力量的来帮忙汽车夫，固然仍不免有一两位在劳累后的休息时说一两句埋怨汽车夫不加小心的话。

钻在汽车下面，费力地把细沙铲出来，车轮的下面，变成两个坑，垫上一些石块，但仍旧无济于事。石块经过车轮的轧压，全消失在砂砾下面去了。

这附近连一些大的石块全找不出来。

前一辆汽车的伙伴们也折回来了，没有办法，把阿约鲁咳庙的喇嘛也招来不少。把东西卸下来，在车轮下垫上椽子——由贝子庙带来，好像专为救援汽车用的——数十个人推着，另一辆汽车在前面拉，耽延两点多钟，好容易算提出来了，人们的汗也伴同着这劳苦以后的安心，大滴地渗出来滴落到地上，饥渴和喘息，在每一个人的身上交织成一组混乱的情绪。

蒙语的阿约鲁咳是胸脯的意思，在这里大约当盆地讲。阿约鲁咳庙的规模并不很大，有没有其他的正式名字不得而知，这里只能译音了。姑不管它怎样吧，至少它总算给了我们不少饮料——冷水和熬好而故意凉着的砖茶。在平时这些都是不能下咽的，冷水中混杂着莫名其妙的杂物，砖茶几乎和药味仿佛，既苦且涩，但在这时，因为需要的关系，这些都临时涨价，变成美味的饮料了。

耽延复耽延，四点多钟才离开这临时茶馆，六点五十多分，才算到达了代喇嘛咳斯姆，已将近傍晚了。

在一个很小的房间里，休息下来。

一七　代喇嘛咳庙

六月五日，晴，代喇嘛咳庙滞在

昨天大约是累了，破例的入睡很早，只是地方太小，别扭。

蒙古人全是高大的，尤其在喇嘛中始终不曾看见一个瘦小的，但他们的房屋虽不小，炕却全窄小的可怜，成天的委屈着睡觉，不嫌难受吗？

喇嘛们的宿舍，除去少数的庙宇住"包"外——像西苏尼特的大庙底喇嘛们——大部分是汉式房子和土炕，规制也全差不多，单间的房子，正对着门的里边有纵不满四尺的土炕，正中是佛坛和活佛的座位，或者放一只小桌，两侧延展出去直到门的地方，成一个冂形。如果是一明两暗底，在堂屋正对门里壁下有一个一间屋子长、不满三尺深的土炕，屋子里对窗的地方有纵不满四尺的土炕，对门处和窗下各有一个纵不足三尺的窄条炕，成匚形，假如是三间一空的房子，那三面全是纵不满四尺的土炕，仅留出门口半间大小的地来，成一个冂形。炕的上面，全有红漆的小柜、小几和很厚的绒毡，仅仅坐坐是很好的，就是不得睡。我们在这里住宿，没有这种受憋屈的素养，便只有不顾礼节地横躺竖卧着。

所谓代喇嘛庙，只是一个俗称。该庙汉名佑诚寺，蒙名特库里鲁济斯姆。五十八年以前，本没有汉式殿宇，只是几个蒙古包而已。现在的建筑是该庙第一代"代喇嘛""阿巴嗳锡鲁布僧丹毕玛"所修。据说内蒙各地的喇嘛庙，除敕建者外，起初都不过是在蒙古包中聚徒修持，规模逐渐扩大，或有信士的自动捐助资金，这才起建殿宇，请赐个庙名，该庙便是这种情形下产生的。

按该庙最初的创始者"鲁布僧琪阿吉达敏"于乾隆时曾译《大藏经》为蒙文，得御赐"代固什"之名，满语"代固什"即通译之意，遂统称为代喇嘛。咳者，系蒙民对喇嘛的敬称。对该民所创始的寺院，便称为代喇嘛咳斯姆（庙）了。

该庙活佛也是内蒙胡图克图之一，第一世即阿氏，第二世名"依希鲁功特济阿普"，现在的活佛是第三世，名"该黎亚鲁布僧丹毕玛"，年方六岁，在贝子庙喇嘛寺习经典中。全体喇嘛百廿名，庙的大权掌握在大喇嘛乌布古布达手中。

午间，参观了一下喇嘛的午课。下午四时许，正赶上庙方卖马，骑在马背上，用套马杆赶着马群的喇嘛僧们，像生龙活虎般的驰骋着，对这超凡的马术，不禁联想起一位外国学者底话来："假如谦〔让〕蒙古人在厨房骑马，他会替你做出最美味的菜来。"

傍晚时，庙方请我们吃羊肉，是纯蒙古风的吃法，肉块很大，每一块的表皮是已熟了的，里边的大部分仍然是红色，而滂滂地滴血。据说这样吃法既鲜且嫩，但我们大率都不敢问津。

邱长春《西游记》上曾有这样一首咏内蒙风物的诗："地无木植惟荒草，天产丘陵没大山。五谷不成资乳酪，皮裘毡帐亦开颜。"非独描写了内蒙的特殊风物，更写出了人类适应环境的本能，人的能够随处适应自然环境，真是十分神秘而伟大的。

六月六日，晴，离代喇嘛咳至大布苏诺尔

天色异常清朗，晨起，即现出要热的样子。

十几日的经验告诉我们，早晨要不感到冷时，昼间一定会热不可耐的，季节风在这样酷热下只能送来砂土，并减不了热度，今天果然又证实了。

由代喇嘛咳庙至大布苏诺尔，是一条正北的路，约有不足三百里的距离，然而我们出发得很早，原因是这些日子的耽搁太使我们害怕了。

七时半，在晨风吹拂中，离开那里，九时半，到了西庙前，休息了两个钟头，才再度出发。

急行中的汽车，带起不算小的砂土。离开七八十码，望着前一辆车的后影，便像隐蔽在雾中似的，每一个旅人的头发上、脸上、鼻孔里、眼角边，全集聚着极厚的尘土，因为来不及拂拭，也就根本不理它了。坐在无蓬的车上，受着太阳的灼射，沙漠上也似乎可以看得出热的反射而微微波动着的气流来，"蒸笼般的难耐呵"。

衣服脱的只剩了背心和裤衩，皮肤像久旱的田野般，要龟裂了。好在风势不断，不会有汗珠渗出，否则都有变成泥人儿的可能。

"我非常喜欢像孩子似的光屁股玩。"同行者 C 君躺在大衣上说，他的背心也脱去了。

"现在是可以的，在这人烟稀少的地方淘淘气，满不必顾虑。"H 君笑着回答他。

"连裤衩也脱去！"另一个人提议，我们哄笑了，但终久没有那样做。在"人"的面前我们必须得装成个"人"样，"野蛮人"才可以没有掩饰呢。

二时甫过，遥远地已经看得出大布苏庙的金顶，和白灼灼地反射着阳光的大布苏诺尔了，于是摇荡不定的汽车上顿时变成临时更衣室。热也没法子，前面将有许多人的，怎好意思仍旧光赤赤地，不雅相。

将近三点钟了，行抵大布苏庙前，这时正有不少汉人的泥水匠在工作，戴着凉帽（蒙名希那玛拉哈，类似凉帽而平顶，高级喇嘛僧的夏日专用品）的喇嘛僧们，围集在四周，很奇异地注视着这些不速之客。

费了很大唇舌，算是给腾出两间房子，把我们的一部分收容起来，另外的一部分只好搭起天幕，席地而眠了。

晚间，天气很凉，一定是狂风的关系，这种大陆性的气候，变化实在太神速了。

照片说明

草原里的浮图，没有一个是汉式的，完全是藏式塔。

本图是藏式塔的一种，用砖建成圆形，圬以白垩质，浮雕着图案，有时这些图案甚至是铜质的；塔底、顶部完全是铜质的。

此外另外有一种塔，和本图不同，塔的腹部开一个小口，里面供奉着佛像和藏经，名为经塔；不过经塔是建在庙外的，汉人称之为金塔；本图之塔大率建于山门之内的大殿前后，汉人称之为白塔。

一八　大布苏诺尔的神话

六月七日，晨晴，午狂飙骤起，甚凉，大布苏庙滞在

大布苏庙是以大布苏诺尔得名，而大布苏诺尔所产的青盐，却是相当驰名的东西，产量既多，防腐和咸的程度都较白盐和海盐以上。

按蒙语"大布苏"即是盐，"诺尔"是池，蒙古原名"大布苏

特诺尔"，"特"是有，意思便是有盐之池。这个盐池在内蒙地带，无论照品质、面积和产量上说，都居第一位。周围约在百里左右，太阳一晒，立刻出来盐的结晶，白中微带青色，接近泥壤者更现黑青色，故名曰青盐。关于该诺尔，至今尚流传着这样的神话。

元太祖成吉思汗在位时，虽住在外蒙古，而每年春秋二季公余之暇，常至东蒙索岳尔济山打猎，该山东距东乌珠穆泌〔沁〕三百里，北连外蒙古，东北接巴尔扈，南连科尔沁蒙古，山势险峻，森林丛生，是狩猎的最佳目的地，也是元太祖所最赏识的处所，所以距离外蒙虽不算近，也成为太祖一年两次的巡狩地方。某一次，当太祖至索山狩猎，行经现在的盐池附近，卤簿略事休息。大布苏诺尔在当时据说是一个泉，随从遂取水饮马，太祖口衔糖粒，立在泉侧观看，于不慎中将糖粒掉入井中，于饮马毕离开该处之际，太祖乃以马鞭绕井左右各三匝，而祷告于天地："吾子孙富者以之——指糖块而言——作五味之首，贫者作生活之用。"祝后离去。自太祖走后，该泉乃自行冒水不已，扩大成为"诺尔"，现在之盐即系太祖之糖粒所变之。

这个传说当然是不很可靠的，在我们的周围，这种类似的传说和神话也非常之多，这不过表示蒙古民族对太祖的信仰而已。七百多年了，成吉思汗的威德始终在蒙古人氏的脑海里，太祖成为罗〔众〕善所归也正是意中事，这一点可以由遍布在各个蒙古包内的成吉思汗遗容上看得出来。

这种情形，在一方面说来是很好的，蒙古人民能有一个中心信仰，未始不是助成团结的力，另方面，几百年来蒙古人死守着成吉思汗遗留下的制度，自然地受着封建制度的毒，而不能吸收世界潮流以致于落伍，也未尝不是这种心理的毒害吧。

此外，盐诺尔里，尚有所谓盐诺尔之神的，到盐诺尔里拉盐的人们，除去付出盐的代价（每车大约是两角钱，重约七八百斤）

外，必需向盐诺尔之神虔诚奠祭，否则即有不幸降临云。

在过去的盐诺尔，属旗下管辖——西乌珠穆沁旗——如今划入清查榷运署（现在又改为产业部的特产科了），这是一个无尽藏的富源。盐粒在最初是很潮湿的小粒，提出来以后稍微一晒便成很大块的结晶，因为混杂泥土之故，呈青黑色，质地在一切池盐、海盐之上，只是因为运输不便，加以守旧性成的蒙古人不许可利用机器来开发——利用机器在他们眼中是污辱神明——不能大量出产，所以运到张家口以后，配给价格都需要六七角钱一斤，私价更超过配给价的三四倍了。

一九　颇有汉化的"赫勒根希勒特"庙

六月八日，离大布苏诺尔至喇嘛库伦庙

昨日竟日的狂风，今晨气候冷了不少。九点钟时离开大布苏庙时，坐在汽车上，寒风又有些刺骨起来。

诺尔附近的道路，硝质甚多，不仅野草疏稀，质地也很松软，汽车在上面行驶，非常困难。朔风不停地吹，太阳也隐在云背后，一行只好在车上瑟缩着了。

十点半钟，走到"赫勒根希勒特"庙前，这一条路也几乎是一直向北的。

这是一所新建的庙宇。一楹颜色崭新的小殿，孤立在草原之上，左侧有几间小屋，右前方正在修建中，前方百码左右有三个"包"，是该庙活佛的居室。

"赫勒根希勒特"约系山名，通称为新庙，旧址在离此约五十里之西北方，因诺蒙汗事件，始迁移至此。有四十七名喇嘛，除全部受有相当教育外，并很勤劳。当我们下车参观的时候，这些喇嘛僧们正在坽墙，可以说是他处所不曾见过的情形。

　　该庙活佛名丹毕呢玛，是西乌珠穆沁旗的钩勒丹图堪布喇嘛，今年五十八岁了。十四岁时曾朝过拉萨的总本山，三十八岁到外蒙库伦朝拜过哲布尊丹巴呼图克图，七年前亦曾赴新京、哈尔滨等地旅行，头脑相当新颖。包内已大部汉化了，有新式的枪械、望远镜、照像机等设备，此外有三匹西藏种狗，据他本人说是在西藏时"杜丹活佛"所赠。那一匹老的是由西藏带回，另外两匹小的是大狗产的。这三匹狗，在外表上看来，是纯粹的西洋种，只不知灵性如何而已。

　　这时，我们扰了他一些奶茶和饽饽，几个蒙古人还喝了一些马奶，酸而且骚的马奶。在十二点时，坐在这包的附近野餐了一顿，才再度出发。午后三时半，才到达了今天目的地的喇嘛库伦。

　　喇嘛库伦庙，规制是相当伟大的，可是我们的宿舍却又发生了问题，三分之一住在房里，三分之一住在天幕中，其余的，临时由喇嘛们给搭了两个蒙古包。为了住和吃，便整整忙了一下午。

　　晚间，天色十分晴朗，碧澄澄地空际，点缀着朵朵的白云，大约明天又要酷热了。

二〇　凶猛的蒙古犬

九日，晴，喇嘛库伦庙滞在

又是一个快晴天气。

　　近午时，天气逐渐炎热起来，动荡的浮云也为太阳的灼射而懒洋洋地没精打采了。没有一棵树造成些乘凉的阴影，躲在蒙古包里饮着乳茶的蒙古人，也把四周覆遮着的毡子掀起来，让不算凉的风轻轻穿过包内，带来一些微微的爽飒。这时，只有回翔游戏的燕子在大气中呢喃着，冲破这草原的静谧，但也那么轻微到几乎听不出。酷热，大陆性的酷热，使人们喘不过一口气来。

　　喇嘛库伦庙，在锡盟管内仅次于贝子庙的三寺。草原喇嘛庙的
规制，大约全差不多：山门之前，有一堵红色的照壁，左右或有
两个小型藏式塔；山门之内，间亦有一个藏式塔，塔后便是大殿
——几乎全是五楹的二层建筑——雕梁画栋，极尽豪华，殿脊上除
金顶外，或有驯鹿、天神、兽头等铜铸物，山门上则一律是金色
法轮。大殿左右是配殿若干，后有殿宇若干重，其多寡是依照庙
宇的大小而分，所供佛像亦不一律，不过大殿之中总是三世佛为
多，配殿和后殿内则供奉欢喜佛及化身佛，寺名用汉、满、蒙、
藏四种文字写在一块小立匾上，悬在大殿之楹下或佛像前上方，
有类内地的旌表般。

　　喇嘛库伦庙，是这些条件完全具备的一个大型庙宇，汉名集惠
寺，匾额悬在大殿的楹下，字上有一颗"太上皇帝"的玺，大约
是乾隆御笔。

　　按库伦有聚合处和市圈之意，蒙名称为喇嘛库伦，便是喇嘛汇
聚处之意，建自康熙，乾隆时始赐今名，有喇嘛僧八百三十一名。
庙会期和贝子庙同，在阴历六月十一日。该庙活佛为漠南胡图克
图之一，现为第六世，名"鲁勒沙玛胡图克图"，方十二岁。第一
世名"鲁勒锡喇弥特胡图克图"；第二世名"鲁比僧丹毕胡图克
图"；第三世名"阿拉巴经行格胡图克图"；第四世名"鲁勒沙谟
胡图克图"；第五世名"鲁巴僧寂锡鲁达鲁胡图克图"云。

　　在这里的最后，有一个藏式殿，是一个二层建筑，供着两丈多
高的大铜佛像，二层上是回廊形式。佛头左右侧，各有欢喜佛一
尊和几幅欢喜佛壁画，也都是狰狞的化身法王之流。院中有若干
条凶猛的蒙古犬，被称为活佛犬的，据说是信士们送给活佛的礼
物，是不许随便残害的。当我们各处参观时，要没有喇嘛僧的护
卫，几乎有被噬的危险。以前看一位外国学者的《库伦写真》，他
说："旅行内蒙的人，第一先得防备犬的袭击。"他还说他露宿时

不曾被狼群包围，反而险些让犬群吞噬了去云云。到此算证实了蒙古犬的威风了。

晚饭又是庙方以羊肉请客，这里的奶酒是所谓第一酒，骚味很重，不能多饮。饭后，很早的便休息了，因为明天又要赶路的缘故。

十日，晴，离喇嘛库伦，抵白音霍萧庙

自己是一个喜欢睡早觉的人，这些日子为了旅行，不得不在睡眼惺忪里即起来赶路，今天偏偏又起晚了点，以致弄了个手忙脚乱，匆匆整理一下，便又坐上汽车向东而去。看看表，才七时有半。

今天应该是端阳节后二天了，正是榴花盛开的时候，草原是另有它的可爱处的，但坐在汽车上，极目望不见一棵树木，无垠的大地，只有一片小草间杂着杂色的野花，一天天离家远了，等自己归去时，火似的榴花，怕要凋零殆尽了。

十一时左右，行抵"布勒克庙"，这是个很小的喇嘛庙，"布勒克"蒙语系泉的意思，大约也是因地得名。一行停留了不足一句钟，便又离开那里，行向"白音霍萧"，不知不觉的已深入到西乌珠穆沁旗管境来，两点钟左右，才到达目的地。

四点多钟，我们去访问该庙第八世活佛"鲁布僧觉因得约西机亚谟斯"，是一个十二岁的幼童。

所谓白音霍萧，本是该庙鄂博的名字，白音或译巴彦，乃富庶之意，霍萧系山麓突出之处，该庙本名"那乌布机林斯姆"（一句藏语），汉名内经大开寺，通称新庙，混称白音霍萧庙。自康熙二十四年，新庙第一世活佛"阿罗布哈机亚谟斯"，即在此处修持。现建筑物成于乾隆二十四年，有喇嘛四百八十余人。庙会在六月十五日起七日间，鄂博祭在同月三十日。

在该庙附近的北方，有个盐湖名"察汉诺尔"——察哈尔诺尔的转音——产食盐，质地仅略次于大布苏诺尔，我们俗称为"小白盐子"，和多伦附近所产白盐绝不相同，硝质极少，和大布苏诺尔并称为锡盟二大盐湖，只是限于时间与交通，未得往观，这大约便是白音（富）的由来了。

　　晚间，带出来的发电机突然坏了，于是对既定行程不得已缩短，一方面赶紧给锡盟公署打电报，请他们借与发电机，并且利用飞机送到东乌珠穆沁王府；一方面我们赶到东乌王府去等候着。在这里本预定再停留一天的，也只好提前出发了。

照片说明

　　鄂博祭和喇嘛庙会，是被称为草原二大盛典的。

　　鄂博在原意上，本有界碑和路标的作用，相沿至今，这种用意已埋失，仅仅成为蒙古人的一种崇奉对象了；在蒙古人的眼中，鄂博是非常伟大的，每年五六月间，各地的鄂博，都举行祭典，本图是"西阿巴嘎"鄂博祭典时的供物和吹着法螺的喇嘛僧；祭坛上放着的是羊腿、奶食等，在这之前，排列着喇嘛僧，僧人之前是本旗官民，仪式是非常隆重的。

二一　特重蒙文的嘎西鲁庙

　　十一日，微阴，行抵东乌珠穆沁王府的诺奈庙

　　十点钟的时候出发，天色是微阴着的。虽然减少了太阳的灼射，却又多添了一层遇雨的恐怖。

　　十一点钟左右，行到嘎西鲁庙活佛的俗家。几十个包连成一个小的部落，正值妇女们在剪羊毛，汽车便停止下来参观。她们很熟练的用剪子在剪，像替羊只脱去一层笨重的衣服般，远看和一张羊皮似的，一丝不乱。停留了一个多钟头，才再度出发，一时左右，行抵嘎西鲁庙。

　　嘎西鲁庙汉名大本寺，藏语作"经督鲁林斯姆"，成于乾隆时，有喇嘛二百名，现活佛为第五世汗布喇嘛，三十二岁了。本年三月中，随同喇嘛僧访日视察团前往日本见学，现留学于京都智恩院研究佛学中。

　　当我们坐在屋里休息的时候，他们给煮了不少挂面来，跟着又拿来一些关于该庙的蒙文文献，并且由大喇嘛向我们介绍着他们的特色。

　　这是锡盟管内独一的注重蒙文的庙。"我们二百名喇嘛中有百六十余名是深通蒙文的"，他很自负的告诉我们，"本庙的第一世活佛'达布嘉布斯'，也就是本庙的创始人，是一个出身于西乌珠穆沁旗的佼佼者，是喇嘛僧中唯一念蒙文经的人。""这是乾隆十八年修建的，"他指着大殿侧的经楼说，"他以为蒙古人的喇嘛僧们，不应该只念藏文经典，最少是应该明白一些蒙文的，所以他特意建造了这个经楼，把由大内请来的三部蒙文经藏在里面，聚集了七十多个上年纪的喇嘛僧讲蒙文经典。""那你们不读藏文经典吗？"我们问他。

　　"读的，藏文经也读，不过不像蒙文经那样重要，我们最主要的日课便是读蒙文经，藏文经是附带，这是百多年来庙的规矩，相沿成例了。"

　　据说那蒙文文献，便是"达布嘉布斯"的遗言，如今成为庙训的东西，可惜自己不通蒙文，又没有好些的翻译，不知究竟写些什么了。

十二点半时，因为赶路故，便这样匆匆的离开嘎西鲁庙，行向鲁明庙去。

鲁明庙混名为喇嘛庙，两点多钟时到达，和该庙活佛"慧善教执海"谈了一会儿。在雨点稀疏中，又参观了一下慧氏所办的女子学校。

二二　鲁明庙的教育状况

这更是一位头脑新颖的喇嘛，本年三十九岁，为鲁明庙第三世活佛（第一世名"阿巴干特格顿"，享年八十三，东乌人；第二世名"鲁格僧丹督"，喀尔喀出身，享年七十二；现慧氏亦东乌人，为内蒙活佛中长寿稀见之一派），兼多伦汇宗寺章嘉佛仓的大喇嘛，对日文、英文、汉文都懂一些，并且能说很好的汉语。民国二十六年五月，他曾与另外三名活佛东渡观光一次，对日本教育的普及、人口的稠密、卫生设施的完备等，惊羡不置。当我们访问他的时候，他曾这样说："眼看到日本内地的情形，使我深切感到了蒙古民族的落伍，所以回来以后，乃有了振兴教育的意思。我以为要想复兴蒙古民族，除提高文化，令每个人都有相当教育外，人口的增殖也是最重要的问题。现在的蒙古人，不可讳言的是一日一日的减少着，减少的原因，要以梅毒的威胁最大。在这一点上，我以为女子的教育比男子尤属迫切需要，只可惜因限于教材及经费关系，不能扩充"云。

该处有女子学校、小学校、喇嘛学校等三个学校，完全是慧氏独人经营。女子学校和小学校都创始于民国二十九年，现在女子学校有学生二十九名，小学校有学生十名，喇嘛学校创始于民国三十年五月间，现有学生二十四名，课程除蒙文外，有日本语、常识等，喇嘛并习藏文经典。

随着，我们到女子学校的包内去参观了一下，因为稀疏的雨点已逐渐繁密起来，遂向慧氏告辞，行向东去。六时左右，乃行抵东乌珠穆沁王府附近的诺奈庙。

诺奈也是一个规模很大的寺院，和王府、旗公署距离不过二三里，宿舍非常清洁，怕要算这次旅行中最优良的地方了。

本来预定三天的行程，一日中赶了出来，每一个人的面容上，全流露着旅途的疲倦色，当夜幕刚笼罩着大地的时候，就想着准备入睡了。

十二日，大风，诺奈滞在

自清晨起来，便狂风怒吼，夹着砂土，弥漫在空间，使爽朗的太空，涂染上一层黄泥的颜色。

这里的水草极美，站在庙外眺望，决不像东西苏尼特那样荒凉，极目尽是碧茵茵的草地，一丛丛的杂色小花点缀着，有阳春三月的江南风味，只可惜乌烟瘴气的让风一吹，不能在外边久站而已。

午后一时左右，坐着汽车到旗公署去了一趟，归途中又参观了一下豪利希亚——类似消费合作社的官营商号——王府方面本也应当去拜访的，只是王爷还只是十来岁的小孩，旗札萨克现由总管代理，所以未曾前往。这往返的距离不过三四里地，但砂土已经灌满了眼角和耳孔，坐在振荡不定的汽车上，尚须防备砂土的袭击，真是不走草地所尝不到的滋味，假如这车上装载一些硝酸甘油时，我想车体的破灭是和汽车的开动同时的吧。

飞机本预定今晨九时抵此，许是因为风的关系，或者其他事故的阻碍，以致定期航空也误期了，"发电机也许明天能来的"，我们全这样期待着，在这里只好再住一天了。

晚间，狂风停止，半月由云隙钻出来，冷冷的月光，晒〔洒〕

在静寂地矗立着底金顶上面，仅有的两棵树——树在草原里是极少的，贝子庙寺中看见过两棵——在地上映着疏稀的阴影，不禁回想起内地盛夏时的蝉声来，这时该正是蝉声响成一片潮音的季节吧。

十三日，小雨，微阴，诺奈滞在

本来预定今晨离此，因为飞机没来，只好再等一天了。

清晨起来，喇嘛便给送来奶茶，"巴克西"——先生——他笑嘻嘻地把奶茶和饽饽放在炕桌上，我们不会说别的，只学来一句"模乌鲁齐白那"——谢谢——而掏出一盒纸烟来送给他，作为谢礼。

照片说明

这是东苏尼特王府附近菩萨庙前的经塔，在记者此行所见中，要算最大的塔了。

这是藏式的一种，高在三丈左右，基座完全用石头建筑起来，塔身是白色，金色辉煌地雕镂着狮球等饰物，大约是铜质的，顶部和那三条柱状物也是铜质，由肚腹前面的口，可以窥得内中供奉的佛像和藏经，只是不知从何处出入。每当夕阳西下，云朵满天，阳光照射在美丽的塔尖，反射着金色光辉，牵着骆驼的蒙古人步向归途时，真有到了童话国里的感觉。

二三　"颇有江南小阳春况味"

饭后，同行者有几位到附近钓鱼去，被小雨赶了回来，天气顿时爽飒起来。

这时，我们便只有蹲在屋里喝奶茶了。

晚间，贝子庙拍来电报，因为飞机改期，发电机只好用汽车送到西乌珠穆沁王府去，所以便决定明天动身。

十四日，离开东乌珠穆沁，行向英齐根庙

清晨，一行离开诺奈，折向西南。

据说东乌珠穆沁地带，水草是丰美的，碧茵茵的草地，极目再见不到一些荒凉。以前曾憧憬过"天苍苍，地茫茫，风吹草低见牛羊"的大草原美景，深秋时的东乌，即是如此，但谁让我们盛夏中来呢。

沿途小的湖沼较多，比较潮湿，尺多高的草下面，像海绵似的渗出水来。如果不是草后〔厚〕，汽车是无法行驶的。蟋蟀的鸣声和青蛙的阁阁，与汽车压在湿草上的嘶嘶声相间，成群的蚊蠓在向这些旅人们下总攻击令，多到让你无法防御。

黄灿灿的野百合，点缀在草丛之间；蘑菇圈子一个挨一个的向后奔跑，虽然没有一棵树，不见一条河，也颇有江南小阳春风味。

东乌的蘑菇是相当出名的。蘑菇产在草丛的下侧，这些小型的草丛连起来成为一个圈，草色深绿，遥远里即可见到，俗称为蘑菇圈子。这时的蘑菇尚嫩，"自生"等还不曾出现，不然顺便采些鲜蘑泡饭，倒也不错呢。

午后三时左右，细雨像牛毛般降下，直到五时左右始停，阳光由云隙钻出来，首次看到草原的虹了。

七时许始到达英齐根庙。

英齐根庙，汉名惠缘寺，建于康熙年间，距今约二百十余年，庙名系道光御笔，拥有喇嘛三百十名，庙会在废历六月七日到十五日间，鄂博祭在六月二十日，活佛现为第七世，名"机古默特机亚谟斯"，现年卅三岁。三月间（民国三十二年）之喇嘛僧访日视察团曾前往日本观光，现在贝子庙，该庙第一世嘎叭机喇嘛，名"塔拉达剌"；第二世"西叭兰"名"鲁巴僧宁里格"；第三世名"丹毕尼玛"；第四世名"丹毕机亚拉僧"；第五世名"鲁巴僧丹毕机亚"；第六世名"机古谟特丹毕僧机亚谟斯"。

十五日，阴，微雨，抵西乌珠穆沁王府

清晨即离开英齐根庙，天色微阴，过午时又遇上像昨日般的细雨，所不同的只是越走越荒凉了。

一点多钟，行抵郝勒盖图鄂博，正值祭后，赛马、竞射，俱成尾声，仅仅瞻仰了一下"哈拉格"庙活佛的卤簿，便又离开那里。在细雨的洒覆下，又奔驰了三个钟头，始行抵西乌珠穆沁王府，下榻在王爷庙内。

十六日，晴，西乌滞在

王爷庙，汉名祥经寺，蒙名乌鲁机特诺米斯姆。宣统三年，和硕亲王苏龙姆拉叭达所建，七年前，苏王去世，转生本代活佛，方七岁，名"机姆塔那姆机温机克"，现有喇嘛二百十名，庙会在六月初六，鄂博祭在六月十五（废历）。

过午时，借锡盟参与官的光，发电机给送来了。

午后，一行到王府参观了一下乐人室，除蒙古音乐的马头琴外，尚有粤乐的洋琴、月琴、琵琶、笛、箫等，只是吹奏已不可能，只能拿出来摆样子而已。

十七日，抵东浩齐特王府

近午时始出发的，途中又遇上雨了。

东浩齐特旗是锡盟盟长松津王楚克的本旗，当我们到达时，正值松王在府，略致寒暄，即下榻在距王府六七里地的王爷府内。

刚下过雨后的包内，非常潮湿，荧荧的烛光，照着每一个人的影子像幽灵似的映在壁上，湿气送来了一阵阵的腥膻，是近日来第一次的受罪。

十八日，晴

清晨时，才六点左右，便离开东浩齐特，返向贝子庙而来。

在东浩齐特与贝子庙之间，有一道山坡，名红井子，不仅土是红色，连草根全是红的。越过这道山，便可以望得见贝子庙后的山顶了。

四点多钟便行抵盟公署来。

在贝子庙的勾留才不过七八天的功夫，这时却充满着返家般的情绪，前时所住的宿舍已为盟职员占用，我们只好住在天幕中。晚间，一轮满月由东山边涌上来，金盘般的照射着寂静的草原，坐在空旷的院落中，饮着阔别十多日的清茶，清风习习地吹拂着，胸际的确是爽畅多了。

十九日，晴，贝子庙滞在

本来今日可以返向西阿巴噶旗的，为了略事休息，而且盟方要听听我们此行的印象，只好无意识的勾留一天。

天幕底布是一种橡胶质的，颇有防水功效，只是受着太阳的灼射，有些烫手。坐在幕内，有些蒸笼般的感觉，晚间季节风由幕底送进，却又不禁一个寒噤醒来，草原一日里的气候，永远是这样似两个季节般的变幻着。

二十日，离贝子庙，抵西阿巴嘎旗

清晨九时许，在监〔盟〕参与官等的欢送下，离开贝子庙。我们一半人行向西阿巴嘎，另一半人向西〈阿〉巴哈那尔去，一步步走向归途了。

今天住的是旗公署和学校的共同厅舍，带来的米已吃尽，只好用面烙饼吃。虽然有几个在这里无线电台作事的汉人，但却没有了蒙古的特殊风味，这几天听说狼患很盛，晚间的景色虽很美，也只有屈处在包里了。

二十一日，晴，西阿巴嘎停留中

为了等那一半人，只好待在这里，烦、腻、没法子。

周围是一片荒凉，连草都看不见多少，不少的兴蒙学校学生，日本话只会几个数目，几个汉人职员又都在上班时期，倒不像喇嘛庙内住着可以看看佛像伍的。

午后，另一半人来到，听说他们到赶上西阿巴哈那尔的鄂博祭了。

二十二日，晴，返抵西苏尼特

今天要赶将近六百里地的路，所以三点半钟便起来了。

整宿不曾睡觉，眼球挂上红丝。清晨冷得很，坐在汽车上简直像待决的囚犯般瑟索着。

汽车整颠簸了十五六个钟头，午后六时左右才到达西苏尼特，下榻在特务机关的宿舍内。

途中猎来一只羔羊，晚餐便是这个东西，像鹿脯，只是缺乏调料。

二十三日，晴，返抵张北

又是四点来钟出发的。

清晨的阳光，由云的空隙间照射下来，一道道地金光，形成了富士山的形状，等我们盹睡醒来，已将近十二点了。

两点多钟，行抵德化。在饭馆里吃了午饭，再度出发。六点多钟返抵张北。这时每一张疲倦的脸上，都是浮现着一层返乡时的特有的喜悦色。

下车后，来时所住的张北旅馆门口，悬挂着客满的牌子，我们只好去找寻旅馆。费尽唇舌，算是找到了一间小店的土屋，没有电灯，像个地窖子，布满了臭虫血。

张北的肉很便宜，饭馆比张家口的贱，只是味道差些。

十二点钟了，用毛毡包成个刺猬型，替这里喂臭虫，恐怕是免不掉了。

二十日，晴，返抵张家口

九点钟出发，四点半才到的，九十里地的旅途，晒了半日，汽车又坏了一道。

布谷鸟的鸣声，像"不如归、不如归"地劝诱我们！

别矣草原。

三十八天的旅程，替每一个人底脸涂上一层赤铜的草原色。

（日记完）

《政治月刊》

上海政治月刊社

1944 年 7 卷 1—7 期，8 卷 2 期

（李红权　王芳　整理）

蒙古的耶路撒冷

张剑梅　撰

大汗起广漠　横绝欧亚洲
雄威一朝尽　怆凉失霸图

"黄祸"主角的殒落

绝代英雄的成吉思汗是怎样的死去的呢？

抗战后附逆的伊盟达拉特旗团长森盖，民国二十四年曾在某地掘出了一只长一尺五寸、宽八寸的小铁柜，里边放着一本残破不完的黄色的蒙文书，后来翻译一下，才知道是元朝开国名将突拔都的随征记，其中关于成吉思的之死有一段别的史籍没有的记载，大意是：

大汗出征到××（以上两字残破，下仿此），突然死了，阿尔××又乘机率部造反，臣民仍都很哀恸。因为大汗×××，××大家商量预备举行天葬（注：抛诸荒野，让鹰啄犬啮以尽的葬法）。翌日早晨忽然来了一匹神驼挽了战车，和大汗骑的白马走到灵前并肩而立，悲伤的白马把头狠狠的去碰撞地面，脑浆立刻迸流出来死了。丞相把大汗的衣冠、宝剑熏沐了，然后放到七宝箱里，叫神驼拉着，打算葬到××××。在沙漠里整整走了四十七天，护运灵榇的臣民渴死了一百多人。

又走××日，到了一个平坦的洼地，神驼停着不走了，多少人去牵挽，它仍然动也不动，大家跪下默默的祷告。大汗的宝剑忽然飞去，衣冠上现着一片耀眼的光彩。臣民们猜想着大汗一定喜欢这块地方，便在这洼地上找一片高岗把他葬了。坟前扎上军队保护，并派×××××某某等到四处去寻找宝剑，最后在百里以外的一块草地上找到了，就在当地设了一个宝库藏了起来，使它一年四季也能享到人们的祭祀。

伊金霍洛葬英魂

元朝的许多皇帝死了都不晓得葬身何处，这一方面是蒙古人天葬的习惯，已将尸骸，消灭于无形；另方面即令葬有一定的地方，为了怕人盗墓，还要把没有标志的墓地秘密起来。据一本史书上记载，埋葬成吉思汗的地方，当时曾用一万头骆驼把痕迹踏平，甚至把一切痕迹消耗得连他们下次再来也找不到的程度，所以事后又当着母驼的面，把他的一头小驼杀了，下次再让母驼走在面前领路，什么时候母驼停住不走，婉啭哀号时，就知道那是小驼的杀身之所，同时也是大汗的长眠之地了。

但是在内蒙，成吉思汗的陵寝却是赫然存在的。伊盟郡王旗境内察无噶构和胡涂亥濠之间有一块平坦而水草丰美的地方，东北距郡王旗王府四十里，东南离扎萨克旗王府三十里，名字叫"伊金霍洛"。"伊金"在蒙古话里是主上，"霍洛"是营盘，也通用作陵寝，合起来是"主上的陵寝"的意思。这里现有相连的蒙古包两座，包里一银柜，内藏大汗的遗物马鞍、马镫、马头胡等。此外，伊金霍洛附近几十里内还散布着附属的陵寝和遗物，如小伊金霍洛，是大汗第二夫人和他的媳妇西夫人的陵寝；额西夫人霍洛，是大汗福晋的陵寝；苏律定霍洛，藏大汗所用大纛和小矛四个;上吉老庆霍洛,藏大汗的铁镶马鞍,下吉老庆霍洛,也藏有一幅〔副〕大汗的马鞍。这些大大小小的陵寝遗物,一直都由成吉思汗卫队的子孙"达尔扈特"世袭守护祭祀。内蒙尤其乌、伊两盟的人士都把它当作自己的耶路撒冷,每年旧历三月廿一日,伊金霍洛大祭的时候,每一个离得开家的蒙古男女,都骑上他们的快马,不远千里前来谟〔膜〕拜,升平的时候,平、津、绥、包甚至库伦的商人也跨驼携货云涌而来,蔚成塞上唯一的盛会。抗战的第三年,敌人的魔手伸进了伊盟的边缘,阴谋占领蒙古人的耶路撒冷,夺取内蒙人民视为神圣的灵榇宝器,作为组织傀儡的"大元帝国"的新政治资本。这毒辣的阴谋惊动了安眠斯土七个世纪的成吉思汗的英灵,终于在爱自由的蒙人沙王等的建议下,二十八年七月,政府把大小伊金霍洛大汗王的灵榇和苏律定霍洛大汗的大纛、长矛暂时迁移到兰州郊外兴隆山。这一举消除了绥蒙人民失去圣地宝器的恐惧,而它给人们的心灵上留下的暂时的空虚,却是很容易填补的,首倡迁移成陵的沙王另外做了一套象征的银柜、长矛放在原处,继续接受蒙汗人民的谟〔膜〕拜,从二十九年到现在,一年一度的伊金霍洛旧历三月二十一日大会,依然是轰动全鄂尔多斯草原的盛会!

野火 羌笛 夜祭

五月一日午后,记者告别了郡王旗辉煌的王府,去赶四十里外第二天就要开始的伊金霍洛的大祭。由于领路的蒙古孩子路径不熟,夜幕从四面贴近地平线了,我们的几匹马还在海波样的小丘陵间,模〔摸〕索,发喘,天上没有星,黄昏的最后一丝残光逝去时,在最后的一座丘陵脚下,像矮小的灌木披着嫩绿,地面到处吐着橙红的火舌,把周围沉睡的丘陵都抹上了一层鹅黄色,疲惫的莫知所从的蒙古马也为这片辉耀在黑暗中的火光所兴奋，不曾着鞭便乖乖的赶快了脚步。终于把我们带到目的地了。一眼望不到边的大大小小各色各样的帐篷，把这相当平坦的洼地变成波涛汹涌的海浪了，每一个帐篷的门外或篷里，都用牛粪煨起一团烈火，在简单的铁架上煮着牛肉、糜米粥、奶汁，或者一小铜锅砖茶。熊熊的火光中，壮健得像一头豹子的蒙古男子们，一面收拾着帐篷，一面以震动原野的野物吼叫的声音招呼着相识的人；穿戴得花花绿绿妇女们以单纯的大眼睛，讶异的东张西望远处的火光和周围的人事物，蒙古马、驴、骡戴着皮条做的脚镣，放到远离帐幕的地方"放青"（吃野草叫放青）去了，骆驼背上的帐幕，货物都已卸下，如释重负，憩卧在帐幕旁边，满意地吞吃着主人给的一兜盐巴。向着呜呜呜怆凉得可怕的喇叭声走去，那里有一排大的蒙古包，靠边的一个蒙古包，门口有两个"达尔扈特"爬〔趴〕在地上各吹着一支长可一丈的喇叭，那便是吹起呜呜呜、可以传得很远很远的非常悲凉的乐器。里边还有两个"达尔扈特"吹着像秋风掠过芦管一样的锁呐，他们在合奏，在吹奏一首沙漠风情的安魂曲。另外一个蒙古包里，几上供着代替大汗灵榇的银柜，高一尺四寸，长三尺三寸，宽一尺五寸，虽然是代用品，上面也雕镂着精细的蔷薇花纹，前面较矮的桌上燃着中盛牛油的银烛台，摇曳不定的烛光，黯淡的抚摸着一头跪在桌上作了牺牲的羔羊和伏在地下念念有词的"达尔扈特"。夜深了，周围一堆堆的火光慢慢的被埋在黑色的灰烬里，蒙古的男女从海浪一样的帐篷里，传出了低微的黑甜的鼾声，但是十几位护灵的"达尔扈特"却是一个跟着一个，彻夜绕着这个蒙古包打旋，七个世纪不变的祖先传下来的守护灵榇的生活，好像并没有使他们稍显倦态，仍然严肃而哀恸的重复着这些简单的话语和动作，就像是他们的大汗是刚刚死去了一小时一样。这一夜，我们占据了一个达尔扈特的蒙古包，吃了有点臭味的肉煮的挂面，跟着一堆牛粪的火焰，就在通宵呜呜呜〔而〕的喇叭声中入睡了。

狂风　神马　竞技

第二天醒来，狂风蔽日，差点没把帐蓬吹起。"风刮得好啊"，掀起廉〔帘〕子进来的一位达尔古说"今年是好年成"，旧历三月廿一大会这天是越刮风，风越大，年成越好。我冒着扑脸的风沙，再去巡礼一下，安放着灵榇、遗物的蒙古包，记得好像一共是五个，包的上面有铜制的顶子，在灰黯的天空下还闪闪发光；包最里的一层是窗格一样的木架，外面是一层厚毡，大祭的时候还多披上一层黄色软缎。紧靠着第二包的后面，有一匹白毛的骆驼拴在丈来多高的双轮马车上，此外还有两匹黄白色的马，蒙古人说是成吉思汗的神驼神马，平常自由自在的漫游鄂尔多斯草原上，没有人敢去触动他们，因为触动他们的人是会得到不幸的。每年到了伊金霍洛大祭的一天，神驼神马便自动的担任起自己的任务了。另外还有一件有趣的事，据说从前有一个鄂托克旗的人偷了伊金霍洛大汗拴马的桩子，案子破获以后，便罚他做马桩子，每年大会时，他必须前来参加，每天双脚埋在土里，将神马拴在身上，一连三天白天里不准动弹（包括吃饭、喝茶、大小便、说话等）。这个职务是世袭的，父亲死了，儿子接着干，儿子死了，孙子接着干。遗憾的是这次我竟没有认识那位马桩先生，因为我凭着一般人的传说，相信他一定是笔直的挺立着，腰里拴上了马缰，谁知那些严厉的规矩执行得一年比一年松了，他竟是随随便便的蹲在地上用手拉着马呢！

下午，风渐渐的平静下来了，伊盟七旗的代表也都赶到了，全部的典礼由"吉农"图王派一位姓齐的副官处长来主持，祭礼先从锤裂一匹活马的脑壳开始，接着是许多复杂冗长而难解的仪式，中有一幕给人印象最深：一大木桶的马奶抬出来了，致祭的代表们一个跟着一个把小勺舀起马奶弯着腰跑上前去，把奶汁泼在地上，这个动作一直重复了二十多分钟。据说成吉思汗病危的时候口渴得很，一个大臣好容易从外面弄了一桶马奶，刚回到帐幕前面听到大汗驾崩的恶耗，突然的震动使他摔倒了，把马奶泼个满地，大汗的泼奶仪式便是重演这个不胜哀悼的大臣的故事的，所不同的是他们用弯腰疾走代替了匍伏在地，而且是多人表演罢了！

这边冗长的仪式还不曾完，灵寝前面的空场上，不用鞍镫天生骑士的蒙古男女和他们的骏马已掀起几条如飞的烟尘，他们在开心的炫耀着自己的骏马，也在拼命的表演着自己超人的马术，同时进行着马的交易。

广场的右边，数百里以外来的商人把货物摊成一条一里多长的临时街道，蒙汉男女摩肩擦踵涌在这一条狭窄路上，满头玉石、玛瑙、珍珠的蒙古妇人，垂着大辫子的蒙古女郎，眼睛盯着摊上的花布，蒙、汗〔汉〕小孩子特别注意那些粗糙的玩具和糖果，粗壮的蒙古男子摸着那些鼻烟壶或者一把吃羊肉用的小刀，农人们询问着镰刀、锄头的价钱。熙熙攘攘到太阳偏西了，路近旁的男女们呼老唤幼在一连串马蹄得得声中，许多称身的红坎肩，三尺长的乌亮的大辫子，肥大的鹅黄色的袈裟，和紫红色的宽腰带，像一大群蝴蝶似的散向远方了。余下的人们随着又燃起一片野火！

这样的盛会每年自旧历三月十八起到廿四日止共有六天，廿一日是大汗的日子，也是伊金霍洛盛会的最高峰。抗战后，尤其廿九年以来，由于交通的阻隔，和成陵的移兰，都没有从前的盛大了，但是在今年无论蒙汉人民，都预料明年的大会比今年更要热闹，因为明年此日我们可能打退了日本，而且成陵也会迁回来啊！

达尔扈特二千人

成吉思汗死了以后，追随他出生入死的五百家老卫队，奉令看守陵墓，以后代代的世袭下去，他们变成了专门管理成吉思汗陵寝和祭祀事业的人民。达尔扈特每一个刚刚懂事的孩子，父亲便教给他祭祀和管理的方法，诵念有依津仓、苏尔定仓、窝奇惕经、依拉格勒经。他们不属于任何一旗，在南北廿里、东西卅里的草原上，自成一个达尔扈特的小王国。遵奉成吉思汗的遗嘱，他们永远不做官职，也不为政府负担差徭，一直到现在还是如此。他们的生活所需，除了放牧牛羊，便依靠着各种祭会或苏律定（大汗的矛）出巡时人们的香火布施。

"吉农"是成陵的法定奉礼官也，也是管理达尔哈〔扈〕特部落的长官，现由郡王旗图王担任。吉农的下面有正副达尔古各一人，大达玛勒六人，每大达玛勒辖三小达玛勒，每大达玛勒直接管理七八户至三四十户的达尔扈特。现在一共约有四百户左右，人数近两千人，成陵迁移兰州后，也由达尔哈〔扈〕特部经常派人四五十名轮流守护，由中央发给生活费。

七个世纪中的每一天的晚上，达尔扈特部都轮流守护着六个霍洛，通宵燃灯、烧香、敲锣打更，直达东方露出鱼肚白色。五百户的子孙世世代代都这样的为一个死去的大汗活着，主上的恩泽果真能使他们的虔诚在历史的风雨剥蚀里历久而不衰吗？时代的若干微小的事实已使我不敢这样相信。听说向不开垦的达尔扈特的人民，近来都纷纷招汉人垦种：有的放弃了祖传的神圣职务，参加了军队抗战；而且他们仍深感到智识的需要，很早就嚷着办一个学校！我想：当"神权"、"迷信"在人们心上逐渐死去的时候，它的可怜的依附者将会获得再生。

《书报精华》（月刊）

西安书报精华社

1945 年 9 期

（李红权　整理）

包头回忆

黄举安　撰

一　富丽宏伟的国防前站

包头原来是萨拉旗的一个角落，民国十年于平绥铁路的绥包段完成之后，便改为绥远省包头设治局，因为是铁路交通的终点，一时万商云集，社会文化亦随之而有了长足进步，后来划分了萨拉旗的一部以及磴口以东，和五原县的一部土地，竟于民国十五年的一月正式改为县治，而且是绥远省的一等县别。

□□□□□我们西北国防重心，而且是我们西北陆空总站。其地西连甘肃、宁夏，北邻内外蒙古，间接苏联，南连陕、晋，东毗察省，且面临黄河，背负阴山，而扼平绥铁路终点，这是多么富丽宏伟的国防前站。

当时包头设在城里的学校有中央政治学校包头分校；省立中学，该校设于民国十六年，经费由省府拨给，教职员待遇由三十元到一百元，学生有八十余人；有县立女子小学和高级小学各一所，学生计有百余人，尚有县立模范小学一所，□级小学四所，私立清真小学一所，私立□公旗两级小学一所，总计各校学生约有七百余人，由此可见包头市的教育尚在萌芽时期。

包头交通除掉铁路之外，有包乌公路，可由包头直达乌拉河；

包固公路以达固阳，由固阳可达外蒙古；包安公路，可达安北。水路有民船通行于绥、宁之间，民船有三种，一名七站板，二名高拉大船，三名小筏子。包头境内的七站板计有千艘，高拉大船约有百艘，小筏子仅五十余艘，是年绥、宁之间已试航小形的火轮船了。

关于包头市的工业，已粗具规模，计有电灯厂、面粉厂、甘草厂，中以面粉厂为大，每日可磨面粉二百余袋，但因市场销路太狭，年来该厂亏累甚大，惟甘草厂和电灯厂尚能维持现况。此外毛毡业亦为包头市著名工业，计有毛织厂二十三家，因各家资本均不充实，似仅能维持生活耳。

据云，民国十三年国民军治理绥远时候，该区商业很是繁盛，每年进口额达三千余万元，到十五年国民军退走时，曾向商家借用二千万元之多，因此包头市原气大丧，兼以近年天灾人祸层出不穷，且自外蒙古自治以后，包头商业亦大受影响，市中如此，而村镇及其沙碛中居民的经济生活当更萧条万分了。

二　河北新村

河北新村的创始人是段承泽先生，他是河北燕京人，军界名硕，身体魁伟高大，性极慈祥，待人接物，均极温雅，卸职后即从事实业提倡，时以包头童山濯濯，旷地无垠，急待开发，乃拟组织河北新村，移河北壮者多人来此，因是，河北新村便呱呱堕地而诞生了。

作者于二十五年二月十日的早上偕同杨光耀、刘石健、郭冠三君同往参观河北新村，是日天气不佳，饱尝风沙之苦，到达新村办公室，由孙慕棠、李兰亭两君出而接待，彼此寒暄之后，即谈及村中近况。据云，冬季本不是移民时节，但以人民要求，又不得不如此作，因此到达这里一切均成问题，所有移民刻多分住民家，近由移民中壮者自行修造房舍百余间，分别居住，村中组织暂定一百户，分别编为三十邻，每邻户口不定，由移民中自行选择兴趣相投的同志组合，在目前（初春）不能播种垦殖的时候先由村中购买骡马一百匹、大车数十辆，分给移民为本村搬运粮食，并与村外之人搬运，期能赚点脚价。村中设有木工厂，有技师二人、学徒四人，制作门窗，备为明年建造房屋时之用。皮革工厂亦由移民中张平心负责主持。据云绥、宁一带的皮革都是由河北辛集镇运来，此项工业如能努力制造，不难发展，除造皮绳、马鞭之外，兼制鞍鞯，以七折出售，真是价廉物美。

三　妇女劳动与教育

包头附近居民均喜欢穿自纺自织土布，而河北村移民中的妇女对于这项技术又非常娴熟，为提倡国货，利用地方颜料起见，村中妇女便自行组织纺织合作社，同时，因包头毛织工厂所需毛线极多，市中纺织工人又多为男子，且嗜鸦片，至先用工资而能按期交线，倘与本村妇女合作，则双方均有利益，因此河北村中的妇女便与新兴毛织工厂共立合同：一、河北新村纺织合作社与新兴毛织工厂特立合同；二、纺毛家俱〔具〕由厂方供给，如试办结果良好，得由合作社给价购买之；三、合作社女工仅担任劳动工作，按劳动之多少净得工资；四、暂定纺织地毯用之粗毛线每斤给工价一角三分五，纺织毛布用之细毛线每斤给工价二角六分；七、弹毛、洗毛均由厂方担任；八、合请技师一名，月给工资十元，由合作社与厂方共同分担，学徒二人，工资由厂方担负，伙食由双方共同负担；九、工作房所需灯油、炭火由工人均摊，技师住所及弹毛房所用者归由双方担负；十、初办时产量不足，一切开支暂由厂方垫付，俟将来生产增加，再由各工人工资内扣还。上列这些办法村民都能了解，因一切设备均为他们生活而安置啊。

村中妇女每日在工作之余均要读识国文三十分钟，以适用文字为限，并教以各种礼节及作人之道。

四　儿童教育

河北村中的儿童计有男孩三十五名，女孩十二名。这些幸福的儿童由村主段承泽先生为他们拟定了一个粗浅的计划：一、培养儿童在新村服务精神与兴趣；二、使教育与生活打成一片，不容脱节；三、使儿童明了河北村中的一切生活意义，并知道该〔读〕书为增加知识、学习技能的源泉；四、河北村中的清洁完全要由他们负责维持，除洒扫之外，并学习应对进退的各项礼节；五、随时于可能范围内，使其在家协助父兄工作，即使小孩，亦由老师随时指导，使其多方学习模仿。

五　良心省察会

村中人民每天午后六时有二十分钟的良心省察会。这个会的召集人是当天值日干事及全村各家长出席，行礼之后，各个人即静默省察自己一天之中的言行有无不合礼处，或有违背良心地方，有则自己坦白陈述，无则自己加勉，他们对于这个会每天总是按时举行，即使在途中行走或在农场中工作的人，均要按时立正静静省察一番。这个自省工夫，在三千年前孔子便提倡"吾日三省吾身，为人谋而不忠乎"，迄今仍然很少有人注意，作者以为在此新道德尚未建设，旧道德破坏无余的今日，要使三民主义的富强康乐的国家早日完成，并迅速达到理想的大同世界，现在全国各机关、法团及学校都应该成立这么一个会，每日自省一番，当天是否作过损人利己，或损己利人，甚至既不损己、又不利人的事情，这样一来，实有裨于国家民族。

六　村民生活

村中移民在天寒地冻的时候，由村主段承泽先生分别发给御寒衣物，十六岁以上的男子则给老羊皮短袄一件，妇女则给布棉袄一件、布鞋一双，以作御寒之用，并在绥西卫戍司令部借得自卫枪若干，以作冬防自卫工具。

村中房屋建筑备极简单，屋架只需柱子数根，过梁横物若干，上面覆以不规则树梢，束以麦草，上敷泥土、石灰，风雨不透，四围墙壁全为硬草及高粱所挟，窗口则用木片，敷上粗纸一层，即为临时住所，室中利用沙漠里的一种软草编成草垫，即为地铺温暖之具，这个简易的住所，便是移民中老弱妇孺的安乐窠了。吃的大多是包谷杂粮，马铃薯亦为主要食物，日食二餐，也可谓为水平线下的生活。

《边疆通讯》（月刊）
巴县蒙藏委员会编译室
1945 年 3 卷 11、12 期合刊
（李红权　整理）

素描内蒙古

陈学昭　撰

一次会见

从东北嫩江省的开通直到察哈尔省的张北，这其间有蒙汉杂居的地方，有汉人多蒙人少，或蒙人多而汉人少，以及只有蒙人居住的辽阔的内蒙古草原。

提起蒙汉关系来，好像一部二十四史，真不知道从哪里说起。过去中国传统的统治者的大汉族主义所造成的蒙汉两民族间的隔阂，是由来已久了；更由于日本帝国主义在十多年来的侵略统治中，专门挑拨、制造蒙汉两族人民之间的恶感，用来维持他们的统治。因此，蒙人一谈到受汉人的欺侮就要激动起来；同样的，在汉人的情绪上也有类似的情形。但是，共产党以极明确的政策，民族平等、民族自治的政策，快刀斩乱麻，把几千年来没有彻底解决的大的纠纷都一下子解决了。今天，蒙人也好，汉人也好，大家都不愿再提到那过去的日子了，大家亲密团结，互相尊敬，奔往繁荣的内蒙古、繁荣的新中国的前程。

过去的内蒙古好像一个被关闭、被隔离、被囚禁和放逐的犯人。十多年来，除了日本人的狰狞面目是他所熟识的外，其它什么也无法见到、听到了。但是，去年一次会见，那样突然而出乎意外的，好像莎士比亚《暴风雨》里的女主人公看见了漂浮在海岸的从兄。当八月九日苏联和外蒙古先后对日宣战的第二天，外蒙古的骑兵，仅仅一天的行程，从林东进入到内蒙古。使内蒙人民本来就仰慕的心情，很久就有的一个理想、一个希望，更深地种在内蒙古人民的心里了。

在开鲁，我曾去访问了该县副县长蒙人那理孟和先生，他告我，他相信东北已有了强大的民主力量，已有了根据地，是反动势力摧不毁的。内蒙古人民看到外蒙是得着苏联的帮助才得到解放的，他们的生活过好了，已经工业化了。内蒙古人民今天只有依靠中国共产党才能得到解放。因为国民党反动派不承认内蒙古的存在，说内蒙古已是过去历史上的名字，他们依然想以大汉族主义来取消内蒙古。但内蒙古人民决不同意的。他的话不仅只代表他个人，实在说出了内蒙古人民的心情。我曾不止一次遇到一些内蒙古的青年，他们坦直地用他们不大纯熟的汉语对我说："今天，我们内蒙古青年只崇拜三个人：斯大林元帅，毛泽东主席，外蒙古却依巴桑元帅。"

内蒙古人民从那理孟和先生所说的那种心情出发，走到坚决的行动：无论在政治上，在军事上，都在紧紧的依靠着共产党的领导，依靠人民的力量来进行一切日常的工作。在军事方面：辽吉军区的东北民主联军和内蒙人民自治军不久前成立了兴安军区联合司令部。副司令员阿思根先生是一位极受蒙汉人民拥护的开明而有才能的人。该区内蒙古人民的武装曾不止一次地配合了民主联军肃清土匪和敌伪残余；在地方政权方面：凡是蒙人多的地方，民选的由蒙人任正县长，汉人副之；要是汉人多的地方，民选的由汉人任正县长，蒙人副之。有些县份还有蒙回汉联谊部，开鲁的联谊部主任赵龙先生，由于他处理各种事情的公正和恰当，深得蒙、回、汉各族人民的爱戴。

召庙和贝子庙的延福寺

林东是属于冀热辽军区的。该地有个蒙古政府，即昭乌达盟临时行政委员会。该地有不少蒙人。附近约四十里地有一个著名的喇嘛庙，大家叫它做召庙。

恰在我经过林东的时候，遇见热河省副主席李子光先生同着他的一个科长，是一位蒙古同胞，到林东去检查工作，抽出半天的工夫，该地负责民运工作的王逸伦先生领我们去访问这个召庙。

林东有很多古迹，辽曾建都于此，当时名临潢，辽是在〈此〉地方起家的，可惜手边没有一本历史可以查考。林东城外有一个古城，现在只剩了一圈沙土的高墩，作为一个遗迹而已。迷信相传凡住在这古城的居民，都不能繁荣，所以老百姓才搬居到现在的地方——新城。

召庙已有三百多年的历史，建造于康熙年间。庙在一个深山坳里，佛像都是用自然的石雕成。这庙所纪念的主要的佛，是一个侧身向外卧着的母亲，在她跟前伏着她的儿子，相传有母子死在此处。

我们看到有八九个成年和老年的喇嘛，有好多个十二三四岁的小喇嘛。据说，自从解放以后，当喇嘛是自由的，因之，有些蒙人就来当自由喇嘛。当喇嘛不需要做工作，有吃有喝，也有住，而且受人们的尊敬，这一方面证明内蒙古人民生活的艰难，也证明传统的迷信之深。

从林东往西，我还看见到好几个喇嘛庙，但都不及贝子庙的延福寺大。我们的汽车一到贝子庙，便有成群的喇嘛向我们车前跑来，用着生硬的汉语问我们从哪里来的，并在我们的车上挂了一块约尺把长、三四寸宽的浅蓝色绸子，据说这是蒙人的风俗，这块绸子是表示欢迎和祝福的意思。他们那长长而宽宽的赭红色和红色的衣服，在金色的阳光下，陪衬着绿色的草原，显得很炫目。

延福寺也已有了二百多年的历史，从前有千把喇嘛；解放后，有半数回俗，走了。有三个大殿，六个院，等于王宫般的三宫六院。寺殿是极华丽的，其中一个殿的主持者——最大的活佛，几年前到西藏去，死在那里，他的殿关闭着。当我们走进一个殿去参观，喇嘛们正在诵经，他们一边念，一边奏着音乐，有的人专门击鼓，有的人专门敲铙钹，有的专吹法螺，有许多乐器，和南方寺院的诵经有些不同。突然，两个喇嘛吹起大法螺来，各种乐器也配合着齐响起来，听去显得吵〔嘈〕杂和激昂。虽然我听过印度的民间音乐和回教徒的音乐，我却觉得再没有比在贝子庙我所听到的佛教音乐之难以理解了。每个喇嘛面前有一排矮桌子，跟前放一只碗，不时有小喇嘛给他们倒奶茶，还有跟前放着炒米的。他们坐的矮凳子上，铺着最现代化的织有花的毡子。他们一边诵着经，一边也还侧过头来望我们。陪我们去参观的一位蒙古少女用汉语对我说："从喇嘛的衣服颜色上可以分别出他们的等级及职位。喇嘛中有一种叫做监事的，他的职务是专门监督诵经，在诵经时，他常来回巡视，如果看见有谁不专心念或瞌睡，他就将他手里的小木棒往懒怠者的头上打去。"

寺殿的两边壁上绘有高及屋顶的佛像壁画，千手观音、达摩……等等，用的是彩色油漆，该是名贵的美术作品。

在敌人统治的时代，贝子庙设有敌人的重要特务机关，它是由关东军直接领导的，那些特务已经被清出去了，今天的贝子庙已经属于蒙古人民自己，他们自己管理。该处有一个盟政府，还有内蒙古自治联合会的分会。他们办了一个训练班，已经有几批毕业了的分派出去工作，现在留校学习的还有数十人。

蒙古草原和蒙古包

　　经过长约二千里的蒙古草原，我们的汽车日夜开着。无垠的草原就像草的海一样，汽车往哪里开都是通的。就这样，有一天，我们迷失了方向，迷失了路，没有什么特出的景致。偶而碰见一个蒙古人骑着骏马疾驰而来，我们好像在荒岛里遇见了故人似的欢喜，但是我们除了两眼睛对他出神地瞅着以外，再没有其他可以表达我们的情感的办法了。蒙古的少女们也善于骑马，她们的衣服和男子一样，也是长的，当她们骑着马飞奔在草原上，那英俊的姿态，远远望去，分别不出是男人还是女人。

　　有些斜坡似的高山从我们旁边过去，山顶上的草一圈一圈的好像被熨斗烙过的痕迹，司机说："这就是出产口蘑的地方。那些一圈一圈的痕迹，是采去了的口蘑留下的。"

　　对于蒙古同胞，草地是珍贵的财产，他们的牛、羊、马、骆驼是依靠草地来生存的，而草地上牲口的粪，是他们不可缺少的燃料。但是对于一个南方人，草原就像一个长大在山沟里的人一天突然看见了大海，觉得深不可测。只要我们的汽车一停，蚊子和蠓蝇就来叮咬，它们是如此之多，随便你用两手挥打，也是打不完的，被咬了一下，皮肤就肿起一个大疙瘩，又痛又痒。据说要把一个不是生长在草原上的人处死是很容易的，只要把他的全身衣服脱掉，用绳子把四肢缚住，在草原上放一夜，到次日，这个人的全身因蚊蝇的咬所起的浮肿，就足以致死了。

　　在草原上，这里那里，有时可以碰到一些蒙古包，三三两两，并不很多。我经过的这草原区的蒙人过的是游牧生活，今天搭在这里，明天可以移到别处去，移得远远的。蒙古包用一根木架撑起，围以毡毡，起初我想象里边一定又闷又热，进得去，里面又风凉又爽快。一进蒙古包，中间有一只火炉，在这炉上有经常不断的奶茶。这盆炉火象征着佛爷一样的神圣和庄严，人们如果用手去取暖是可以的，如果把脚也搁上去，那就侮辱了蒙古人民的风俗和习惯了；同样的，他们也不欢喜人们去坐在蒙古包的门坎上。即使小小的蒙古包，向外正中也总供奉着佛像，用讲究的神盒装着，放有供品。

过西苏尼特旗时，当地的蒙古政府招待我们住在伪蒙时的蒙奸德王府里，一进那大院子的围墙，就有三个一排的蒙古包——有一个包基空着，比普通一般蒙古人的包大得多。靠边的一个是厨房，中间两个是住人的，过蒙古包进里面是另一个院子，有一排四间瓦屋，半庙宇半宫殿式，正中一间供奉着一尊释迦佛，饰以纯金，旁边一间里还有一幅高大的壁画，彩色的观音菩萨，衣服是用极细致的图案画绘成。贴近这德王府，还有几间较简单的瓦屋，里面放着几架织毡的机器，这是德王的私人工厂。现在，旗政府正在清理他的逆产，准备接收它。也许一个江浙人看了这些东西觉得没有什么了不起，但是请想想看，这是在蒙古地方，多少蒙古人，甚至女孩常常是赤着身没有衣服穿的，而德王，他个人，有这么多的财产，这是内蒙古人民的血肉所堆积成的呵。

一个过去伪满时代在这一带开过汽车的司机对我说："当德王的母亲死了时，在里边院子里曾演了三天戏，所有的菜蔬都是从张家口用卡车运来的。"今天，在解放了的内蒙古土地上，再也不容许谁过这样腐化豪奢的生活了，内蒙古人民被奴役、被剥削的日子也永远结束了。

内蒙古人民的生活

内蒙古大约有二百多万人口，以土地的面积来看这个数目，人口实在是不繁盛，最大的原因是女人多，男人少。其实，男人并不少，只是很多男人当了喇嘛，而且过去内蒙古人家总是把聪明的男孩子送去当喇嘛。

我所经过的地区，内蒙古一小部分的地区，那里人民的生活较简单：他们吃炒米（小米），喝奶茶和吃牛羊肉，除炒米、奶茶、牛羊肉外，有时还有些农产品：葱、黄瓜等。

虽然他们的生活较简单，可是并不像城市居民的，一会儿缺乏维他命 B，一会儿缺乏维他命 C，他们都显得结实、健康，特别是喇嘛，个个都是又肥胖又强壮，使人觉得只有喇嘛肥了，老百姓是瘦了。

在过去，内蒙古人民过的是奴隶的生活，是一种近乎原始时代的农奴生活。每个王公自己所管辖的地区，有权利随便叫他的人民替他做义务工，每家人家轮流替他放牲口，他可以任意的骂、打，或置之死地。至于妇女的地位，那就更为低落，内蒙古妇女做一切的劳作：拾牲口粪、挤牛奶、放牲口，一切内内外外的事情。可是男人呢，吃饱喝饱之后，他还有权发脾气，要是他不高兴，骑上一匹马到附近的蒙古包去蹓跶个三天四天也不回来。她们一切的劳役只换得了一点点的报偿，就是两性生活是自由的。如果她不乐意，只要把头饰（垂在两耳边的）取下来一放，这就完结了。婚姻是比较自由的。

受敌人摧残十多年的内蒙古，虽然得到了解放，但人民的生活是千疮百孔的。去年，察哈尔省民主政府曾送给了内蒙古一千五百担粮食，这给了很大的帮助。内蒙人民迫切地需要救济，可是救济总署的物资被国民党所操纵，只察哈尔得到过救济总署的一点救济物资，但是杯水车薪，远不够人民的需要。至于热河则竟被在北平自充代表的人拿走了。张家口内蒙自治联合会的主席云泽先生和我谈到这事时，表示愤慨。

自从内蒙得到解放，由于共产党和革命军队的帮助，内蒙的进步人士和广大人民的努力，已经做了好些事情：各旗——单就察哈尔，有两个盟，十九个旗的蒙古人民已经或正进行着清算和翻身，开始建立自己的武装。盟和旗都办了一些训练班，也有较大的干部学校，小学校也办了一些。内蒙自治联合总会办了一个内蒙文工团，正出发到各盟旗工作去了，各盟也有自己的文工团。此外，内蒙自治联合总会还出了一个周报，正筹备出一个日报。毛主席的《论联合政府》已有了蒙文版，《新民主主义论》已译成了蒙文。为了适应内蒙人民的需要，发展生产，有一个内蒙古实业公司，在较大的盟或旗设有分公司。各旗也还办了一些合作社。

由于实际的体验，内蒙人民对共产党、对八路军开始了解，而且信任。一般说来，现在蒙汉人民的关系，也比任何时候更为亲密了。

"过去日本帝国主义，同样的国民党，对内蒙古人民向来不是平等看待的，压迫、侵占内蒙古人民的土地。内蒙古人民现在要求民族平等和自治，国民党反动派造谣说要求独立并不是事实。我们要求自治，自己管理自己，发展政治和经济"，云泽先生对我说。

内蒙古人民既然有了这样明确的目标，那么怎样更进一步的改善他们的生活，繁荣那无垠的草原，只要加以努力和时日，一定能实现的。

让我祝福内蒙古民族的繁荣！

一九四六年八月十二日

《长城》（月刊）
中华全国文联张家口分会
1946 年 1 卷 2 期
（王芳　整理）

喀喇沁左旗的访问

本报特约撰述林汀　撰

走上沙漠了！——达到了喀喇沁凌南

很长的吉普车的行列，在一千公尺的高山上，爬上爬下，度着没有桥的冰河，在田野里，我们用车子开着新的公路，像坐着摇篮一样，经过二十小时的行驶，我们达到了喀喇沁左旗的管辖区——凌南——喀喇沁左旗在热河的南部，有高山，也有很大的平原，一条长长的河流——凌水——弯搂在高山和平原之间，不过很早就结成了死的冰河。

我们在凌南休息了两天，开始访问距离凌南十七公里的宫营子和八家子部落，这就是喀喇沁左旗的王府和旗公署。

这天我们并没有坐车，大家都吃不消车上的颠簸，车子只装运行李，人都步行。

三小时的行程之后，可以清楚的瞧见很整齐的长长的一排建筑物，红墙和黄墙杂乱着，一个领路的人告诉我们，那就是王宫。

快接近部落沿边的时候，有一块山上的沙丘，我们陷在上面，大家笑着说："走上沙漠了！"

会见郡王——领导走进王宫之途

在我们的行列里，有一位胖胖的医生，我们称他作蒙古公主，这时，我们对着他齐声发笑。

进入部落的大道上，有一群人，打着一张很大的黄旗在欢迎我们，领头的是一位骨瘦如柴的老者，他向我们鞠躬，拱手，递给我们每人一张名片，上面用汉文译音的：

"喀喇沁左旗扎萨克默尔赓额"，我们都很仔细的瞧着这从没有见过的卡片。

他忙着同我们说："'扎萨克'是行政长官的意思。"

"您就是喀喇沁左旗的旗长？"

"是的，是的。"

"您是王爷吗？"

"不，这位"，他从一堆人群中，指着一位个子最高，带着皮帽子的中年人给我们介绍：

"这就是郡王鄂奇尔旺保。"

大家客气了一阵，我们被领向王宫的路上进发。

王爷的太太是一位健谈女人：蒙古人也讲恋爱——住房清洁，餐具考究，招待周到

一路之上，我们每人都找到一个谈话的对象，他们都能说很流利的北平话。

王宫，和北平其他王府的建筑一样，房子年久不修，都破败了，在许多用具上看来，知道他们当年是威风过。

王爷给我们介绍他的太太，风度倒是顶大方，可是她面孔，像

是被鸦片染黑了一样，在我们发出许多问题的时候，她回答我们最多，她是一位健谈的女性。

她告诉我们，关于她们蒙人的婚姻，还是和从前一样的封建，女孩子长大了，虽然私自的谈恋爱，但不能让家里知道，假如知道了，是不能扬在外面的，如果连外面人都知道，那只好大家禁口不说；否则，是会从桃色的喜剧变成流血的悲剧的。

她还告诉我们，他们的厨房是怎样的清洁。她说，他们吃饭的时候，是每人一份菜，不像汉人一样的混在一起。他们的餐具是怎样的考究，说着取出一个碗给我们看，形方且大，满刊刻着图案的花纹。

"这是我们招待贵宾用的，今天就用它招待你们吧！"

我们虽然在她的面部和牙齿上找不出快感，可是在她的谈吐里，我们倒顶喜欢她。

晚上，我们被送在一个喇嘛庙的西院安宿，是一所非常精致的房子，据说是用来招待贵宾的。

第三天下着雪，郡王给我们送来四斤肉、三只鸡和五斤酒。一早起来，我们就在这些东西上打主意，为了容合大家的意见，三只鸡分三样的做法，我们吃着，笑着，说着：这是"王"的赐物，想当年，是太不容易了。

餐后，我们分别的参观各处。

首先到旗公署，使我们想起来蒙古问题来。

郡王告诉我们，他曾一度被李运昌（中共热河省主席）接到承德去过，他也是东蒙古委员之一，后来他奉李命回本旗组织，就再没有去承德了。

他们现在并没有武力，从前的枪支，两年前被日本没收了。

这一块肥沃土地上，去年种过大米——可惜初次试验成绩不好

喀喇沁左旗的土地，本来是郡王的私产物，这是他们的先祖成吉斯汗封的，一九三八年在伪满的"土地奉上"政策下，现在，都归为公有了。

这一块肥沃的土地上，去年也种过大米，因为是初次试种，成绩并不好。

旗公署下的组织，和伪满时代的组织一样，有牌有户，在日本人十四年统治之下，所谓喀喇沁左旗，也只有一层表皮而已。

由旗公署主办的，有两所学校，一所是国民小学，另一所是女国高。我们参观女国高的时候，还有七个女生因交通不便，没有回家，我们抓着机会，和他〔她〕们谈了一些我们要知道的问题。

健美的女生——她们最喜欢读巴金的小说

他〔她〕们的身体很健壮，穿着短短的旗袍，他〔她〕们的头发，和都会的小姐一样，烫得弯曲的卷着，她们走在雪地里，穿着白色的长靴，靴外有一长排钮扣，在旗袍的外面，披上白色羊毛的披风，羊毛的帽子，连在披风的领口上。她们都有一匹马，正像北平女生们的自行车一样。她们的骑术很好，在马飞跑的时候，可以从这匹马背跳上那匹的背上，她们每人都表演给我们看，马蹄下飞起的雪花，溅在他们白色的披风上，在红红的面孔上，可以看见她们满意的微笑，我们感到太美了。

她们学校的功课，除了没有英文之外，和别的高中一样，不过她们是四年制的。

　　日文有三小时，蒙文也是三小时，但是主科的教师，都是日人，这样，她不能不拼命的学习日文。

　　她们也和别的年青人一样，很懂得用情。她们也喜欢读巴金的小说，可是很少。有一位叫"阿乐特琪璇珂"的小姐告诉我们，她看过《春》和《爱情三部曲》，都是手抄本。

　　她们介绍我们很多歌谣，这里我可以把译出的写一首：

　　　菱妹

　　　穿哈拉，谒皇子，虽然有光；

　　　若夫妻相反目，则处于黑暗之乡。

　　　种园圃，辟草壤，虽尝辛苦；

　　　若夫妻能一心，则快乐可得其享。

　　　×××

　　　穿宫油〔绸〕，交王孙，虽谓光荣；

　　　若家庭不睦，则为忧患所来寻。

　　　作乞丐，讨万家，虽然艰辛；

　　　若家庭能和睦，则不啻居公侯之门。

　　　×××

　　　穿凤衣，餍酒席，虽称有福；

　　　若身心不适，则坠愁城而〔而〕痛苦。

　　　牧牛羊，居沙漠，虽劳手足；

　　　若彼此相亲爱，则两心同结而共娱。

　　　×××

　　　穿绫罗，吃珍豪〔馐〕，虽足自豪；

　　　若同衾之不和，则为愁苦之根苗。

　　　伐柴薪，走森林，虽然疲劳；

　　　若途中有知音，则可缔终身之盟好。

　　　（该〔注〕：哈拉——绒呢之一种）

以上是一首描写一对不和的夫妇，这里我们知道，他们对于情是怎样自由的。

还有一首，是描写一个蒙古孩子的念乡，前面是译词，后面是我把它列在记下来的曲谱上。

雁子
顶清爽的八月，
很幼稚的蒙古的孩子们；
特别在纪念着故乡！
很缓慢而飞着的雁子，
在万雁之中回绕着，
很疲乏的跟随着，
飞来飞去，
怀念着他的故乡。
××ｘ
被失群的那只雁儿，
在南哈那特别温暖的地方；
很活泼的飞舞着，
自己寻找食物，
身体是长得那么勇健的；
又使我想起，故乡，
可是她还是很快乐的飞着。

这首歌，可以深深地表现蒙古音乐的味儿。

晚上她们踏着雪来拜访我们，我们烧了一盆大火，讲了一些关于抗战时期的故事给她〈们〉听，她们像听英雄奇侠传一样，他〔她〕〈们〉一直到很夜深才回去，当走的时候，还问我们，蒋主席夫人，能不能见到？那时蒋夫人正在东北。

蒙古小姐们送我们渡过冰河

第二天，是一个有太阳的晴天，她们和他们，很早的来送我们，送了我们许多牛羊肉和鸡子，我们也送给他们每人一张蒋主席的照片，有一扎报纸，我们都送给七个女生了，他〔她〕们都非常高兴的感谢我们。

渡过冰河，吉普车将要发动的时候，在马上的蒙古小姐们，还在冷风里向着我们挥手。

《一四七画报》

1946 年 2 卷 9 期

（李红权　整理）

兴隆山上谒成陵

雅斋　撰

　　兴隆山，向有陇右第一名山之称，昔因交通不便，名未外扬，游人稀少。民廿八年春，元太祖之灵柩因受战争威胁，迁来后，乃因"人杰"而愈"地灵"。山位榆中城南十里许，由兰游山，汽车三小时可达，县城至峡口一带，林木葱蔚，茵绿盈野，游客经过时，莫不欣称居家之宜，峡口居民，患大脖症者颇多，拥肿刺目，状殊可悯。

　　山虽以"兴隆"名，实则分栖云与兴隆二山，东山为栖云，以清幽胜，西山为兴隆，以奇险胜。两山之间，为一高低不平之广场，有总神殿及戏台，乡俗每届旧历六月上旬为山会，以初六日为正式会期，四乡男女，乘骑驱车，远道来游，路旁帐蓬林立，摊贩密接，变为临时闹市。自成陵迁此后，遂禁止山会，去夏始废禁令。新修有停车场、运动场等。抗战期间，兰州农业职业学校曾迁校于此，弦诵不辍。溪上有桥，曰云就〔龙〕桥，作弓月形，俗呼握桥，为游客摄影之最好镜头。过云龙桥，绿杨深处，有龙王庙，绕经登山，穿一邃〔隧〕洞，洞内有泉曰"玉液"，其味清甘，庙上老道，采山茶烘制，煮以待客，色美味涩。再上至大佛殿，气象雄伟，为成陵借用，有宪兵守卫，非备有公函或名刺者，不得入内。成陵奉于正殿，每年有春秋二祭，大祭之期，中枢常派要员参加，宰牛杀马，仪式极隆。四月十二日春祭时，郭主席亲临主持。庙内黄缎覆顶，有蒋主席、朱绍良、谷正伦诸人送献之黄缎黑字匾对。桌上有成吉新〔斯〕汗画像一帧，美武多髯，令人有肃敬之感。谒陵者须焚香致敬，然后由护陵之人员，介绍庙内陈列遗物，如数家珍。二十七年迁此之灵柩有三，一为元太祖成吉新〔斯〕汗之灵柩，一为太后之灵柩，一为太子窝阔台之灵柩，抗战胜利后，太子之灵柩，应蒙胞之请，迁回原址（他们要求都迁回去）。柩为银制，上饰金制龙图，四角亦镶赤金，高约三尺，外围黄绫，内置金匣，匣内为尸骨灰。太后之柩较小，饰金较少，旁竖一长矛，外裹黄绫，矛端系黑发巨束，据谓系元太祖当年所用之武器，每杀一人，即拔发一根系于矛端，以示英武。桌上灯明花香，檀木架上有一玻璃大镜，系太祖西征欧洲时意大利人所献，镜厚且重，足见古老。另有当年御用之银碗、银筷、银壶等纪念物。护陵蒙胞凡十余人，女性仅二，壮而健。据当地人云，护陵宪兵，冬季无事，常砍伐林木，烧制木炭，售市牟利，此本政府明令严禁者，但知法犯法，无人奈何？

　　谒陵后，穿林而上，经药王殿至娘娘庙，此处为朝山会时，最热闹之场所，善男信女，虔诚求嗣者极众，庙内遍悬漆匾。由娘娘庙上行，浓荫蔽天，昼不见日，杉松大者，直径不下三尺，近年来迭经砍伐，已不如往昔。越岭经数庙至太白泉，位栖云山腰，茂林深处，建筑雅洁，为游人必至之处，奉太白神，内有泉三，烹茶解渴，味极甘美，泉底有碎石与瓦片，据谓得石则弄璋，得瓦则生女，游山仕女，伸臂捞摸者颇多。民十八年后，因天亢旱，泉水一度涸渴〔竭〕，住持疑为妇女不洁，触犯神光所致，曾禁止妇女登楼。此间大可息留，鸟声、水声、松涛声，声声入耳，凭栏远眺，层峦叠嶂，松壑掩映，衔山积雪，溪水萦回，清幽恬静，心旷神怡，如身在画图中。草圣于髯公游此，曾书"太白泉"三字，刻石志念。太白泉之上，尚有玉皇殿诸庙，山后僻处，有悟元子墓（俗称刘爷坟）及名书家唐琏碑文（据谓系悟元子之徒弟），并有神话传说。悟元子者，逊清一鸿儒，避世出家，工书能文；山中遗墨甚多，笔力秀健。

西山朝元观下，为蒋主席兴隆山招待所，中西合式，玲珑美观，住有专人管理，清闲无事，惟扫叶拂尘而已。主席从未幸宿，而室内之地毡诸物，两遭盗窃矣。山上庙宇多倾圮失修，险不易登，所谓真正兴隆山之"上天梯"、"舍身崖"、"通天柱"诸胜，游客鲜有履者。

《西北通讯》（月刊）

南京西北通讯社

1947 年 3 期

（李红菊　整理）

狼山行

高塞 撰

自从踏进绥西，每天都要望到狼山。狼山里边是什么样子？不知道。就像是在自己书桌上有一本书，总不知道这本书的内容是同样的闷人。

是一个冬天的朝晨，我同□员老陈向后山行。

老陈，真有趣，六十多岁了，还是女人迷。跑了一辈子蒙古买卖，只是剩了一匹与他一样老的毛驴，不是这老毛驴对他帮助太大，说不定他早已送给了伙计。

翻过乌加河，从善达古喇嘛庙东边，又穿过一片十多里长的一片草滩，便进入了苏兑沟口。

我是初次穿上一身老羊皮袄，还有毡鞋，走路不能快，老陈及他的毛驴同样的走不快，从出发的地点到沟口二十五里，走了四个钟头。

进沟口后，心里有些嘀咕，这已经越过了我们的最前哨，踏进了日寇控制的乌兰察布盟的外缘。

山谷里，喷着刺骨的北风。

沟底，铺着冰，必须要经过的地方，还要给毛驴用沙子铺一条路。这更减低了前进的速度。

在动物中，我顶看不起毛驴，尤其是看到毛驴过冰的姿态，真能把人气死。

愈向北行，山愈高，除了在山上啃着枯草的黄羊外，什么都看不到。我问老陈这山里还有什么？老陈说："还有狐狸和狼。"

黄昏时，还没有走到第一个目的地，我真有些感到忐忑不安了。

毛驴上是驮了葱和面，我俩既然是乔扮商人，身上当然不能带武器，不用说遇上敌人，来两只狼，我们又用什么招架？

老陈沉着的很，说他夜里曾在这山沟中睡过觉，狼闻了闻他的脸都没有吃他，我不相信，也没有办法，反正我没有叫狼吃的经验。

北风，送来了犬吠声，老陈说："快到阿腾格里的家了，好远的五十里路，天上已长满了星星。"

阿弥陀佛！再不到目的地，先不说狼，寒风已快把我咬得失去了一半的知觉。

离开山沟，摸过了一道不高的山梁，望到了阿腾格里的蒙古包中吐出的光亮，当时说不出那光亮该是多么可爱。

"小心狗！"

老陈提高我的警觉性。

这一句话，阻碍住我走快的勇气，蒙古狗的凶恶，不比狼差些。

老陈与一个男子用蒙古话接上头，犬吠停止，我们开始前进。

钻进了蒙古包中，温暖的蒙古包中，半个多钟头，麻木了的手指才活软起来，在路上，我真担心会把手指和鼻子丢掉！

阿腾格里，还有他女人和女儿，经老陈的说明，我都分辨清楚了。

老陈真差劲，并没有实践对我身份守密的诺言，使我很感到不安，虽然老陈再三说他与阿腾格里已是二十几年的朋友了！

阿腾格里及他二十岁的女儿，就像我所熟悉的蒙古同胞，体格胖大魁伟，黑红的脸，那女孩比她父亲的脸较圆些，她的母亲，却是一个又瘦又矮的女人。

日常用的蒙古话，我已经学会了几十句，走到这一个完全用蒙古话的场合里，我便没有了辙！有时在他们的谈话插上一半句，只是引起他们格格大笑，把我听话的勇气也给吓跑了。

我观察着这个蒙古包。

这是一个不算大的蒙古包，西北角上摆着一个佛桌，东北角上堆着一堆羊皮，进门的右边，有一个摆满了炊具的架子，左边有一捆柴，中间是一个火盆，除了火盆里的火苗和佛桌上的铜佛外，再也找不出新鲜的物品，这说明阿腾格里的家里养的牲畜并不多。

阿腾格里的女儿，忙着给我们做饭，不时用眼瞅着我，那是一对喜人的眼。

我虽然不时与蒙古人见面，但我从来还没有吃过他们的饭，只尝过他们的奶皮子拌炒米是香甜的。

她把水倒在锅中，没等得煮沸，便用一个快利的刀子把羊肉削到锅中，然后又把小米倒进去。当锅里发出咕嘟咕嘟的响声，里边又把葱和盐放进去。材料这样齐全，在普通蒙古同胞说起来，这便是顶好的饭食了，除了肉，其余都是由后套换来的。

出发时吃了一顿饭，在半路上，只拌着冰块吃了两个干饼子，肚里早即饿得难挨。

我不能不感谢她的盛情，当饭熟了的时候，那女孩子先给我盛了一碗，碗像小盆。

她微笑着，蹲在我的面前。我知道，她这是热情的关照，使我觉得有些难为情。

这真是一顿香甜的饭，也可以说是平生第一次享到这有意味的佳肴。

我由大口的吞咽，变成慢慢的咀嚼，一直嚼了两小盆半。

饭后，我们围着火盆喝红茶，她从羊皮堆里把孩子抱起来，给孩子吃奶。

阿腾格里就这么一个女儿，所以不再使这女孩子出嫁，已经拜过拴马桩为丈夫。她怀里的娃娃，谁知道是哪一个情人留给她的？像她这样美的女孩子，爱她的青年绝不止一个。我凝想着！与她同骑上骏马驰骋在山野里，或在羊群边相依叨叨蜜语……这一个男子的人生，能说不幸运？

外面，犬又在吠，夹杂着脚步声，我有些惊慌！

我担心是伪军来巡查了！

我的惊疑还没有降低，七个人已经挤进蒙古包，听他们的说话，都是后套人，我的心才定下来。

他们是到这里来砍木材的，夜晚就宿在阿腾格里的家中，刚才我们来时听到狗咬，他们也怕是伪军来了，躲在包的后面去，派一个人在包外听清楚后，才又大胆的返回来。

包内，立刻便生出人满的现象，睡眠成了问题。

我被安排在火盆的右边，其余的人在对面。这真是阿腾格里一家人对我的优待，按蒙古人的习惯，客人来了睡左边，右边是不肯轻意让人的。

她，只与我隔着一个小凳子及她的孩子。

疲劳已经是很疲劳了，躺下后，一点睡意也没有。

铺着毡，盖了几张羊皮，枕着一块石头，这种睡法，也或许是不习惯的原故。

我坐了起来，蹲在火盆前，火盆里的木材已被烧得纯红，照得包中更明亮些。

《西北之声》（月刊）

张家口西北之声月刊社

1947 年 4 期

（张鑫　整理）

饥饿的鄂尔多斯

纪川　撰

绥远省近似一个四角的方菱，南端的一只菱角伸进山西和宁夏两省底夹缝里，最下面还踹着陕北。

这只菱角底北界是黄河，那一带浊流从"黄杨木头"东流进省，划一个弯弓又东南下从偏关穿了出去。假使说绥远是个穷地方，那么黄水又在穷苦底国度里划分出天堂和地狱来。

这块被人类文明隔绝了的中古番域叫伊克昭盟，也通称鄂尔多斯大平原。从山西省来看，这块沙漠是在黄河底西面，所以山西人称它做"河西"。绥远省底汉人大多是从山西移居而来的，他们现在虽然已经走到黄河底北岸，却依然把黄河南岸的一大片土豹子地方当做"河西"。

二十六年绥、包沦陷后，鄂尔多斯变成了绥远省底抗战根据地，负担了过重过重的担子，胜利后她本已需要长期间的调摄，然而共军底"倡乱"又迫使她挤榨出最后的一滴膏脂，为了解救同胞底危难，她用原始的牛车跋跋沙丘向南向北地运粮给被围的榆林和包头。鄂尔多斯假使是只瘦羊的话，那么它对抗战已贡献了自己的肉和皮，对"剿匪"又甘心地敲出了自己底骨髓油。在包头我每一次看到那些翻穿羊皮，有着一脸泥土的"沙耗子"，我底心就猛烈地搏跳，他们都像是极有修养的宿命论者，〈无〉论是穿过一条酒香四溢的街道，无论是碰到一个满面红光的商人，他们底脸色平静极了，安稳得像没有微纹的止水，那不是人底脸而是冷冰冰的佛像，每个有良心的中国人都应该朝着那佛像跪拜下去。

然而，毕竟他们还不完全是神，哪管是烂山药、坏糜米也究竟需要吃来延续可怜的生命的。今年，老天连这些也没给他们，从春天旱魃就把他们所有的禾苗都烧枯，龟裂的地壳上没长出半颗米粒，于是许多"沙耗子"都饿得遍身浮肿地倒毙在沙滩里，静悄悄地没有任何人知道，不！也许他们曾经声嘶力竭地呵斥着死神底魔掌，只是被黄河底涛声或城里底歌弦给遮掩掉了。

呵，你！可怜的"沙耗子"！

一　救济底点和线

"青年男女们！你们逃荒去！不要饿死在沙滩里！"——董主席说。

这片灾难的土地要有绥远省底三分之一大，广漠的旷野里散在着二十七万蒙汉灾胞，从人口底稀疏看来他们原不应饿起肚皮，然而在一切落后的沙漠国度，那些辽阔的亢旱土地只有走酸他们逃荒的脚，只有让救灾的人终天跑过远的路子，而搔着头皮做不出事情来罢了！

绥远省政府董主席在《告灾胞书》里说：

"省政府底力量很有限，对你们不能实行普遍地救济，心里感觉万分难过，现在先筹措一部分款项购买食粮，办理紧急救济……"

他又劝告年轻的灾胞男女说：

"你们不要死呆在沙滩里等着饿死，最好到后套或后山去逃荒，政府沿途设站供给食宿……"

对稍有资产的人，他让他们：

"快把皮毛、牲畜、盐、碱、药材都准备好，不久省府合作事业管理处要在伊盟各地设立交换所，用粮食跟你们交换，补救大家底饥荒。"

最后他声明：

"这次急赈底对象是非赈不活的人，稍有办法的请你们暂时忍耐，中央粮款发到，再继续普遍地散放。"

八月四日令管处长常佩三率领着"伊盟旱灾勘查团"，携带着这些董主席底《告灾胞书》，载运着赈粮、赈款从包头出发了。

这个勘查团是由省府、伊盟卫生所、兽疫防治处、农民银行等几个单位组织成的，共有二十多人。他们首先从包头渡过黄河到达拉特旗，再南抵东胜县，走到这里因为两辆辎汽、一团底卡车已没有足够的汽油，就临时分做两路。一路由归绥农民银行副理陈德起率领着向西南行至郡王旗，另一路由团长常佩三自己领着向西向南兜经杭锦旗和挑力民组训处（一种比县小的行政单位），再从挑力民向东直达准噶尔旗。八月十九日陈德起底一彪人马已经由郡王旗返抵包头了，常佩三也从准旗西折取道札萨克旗即将回到包头。

在十七个穿行在饿莩群里的日子中，他们代表董主席慰问难民，调查伊盟七旗、河西三县处底灾情，勘查盐、碱、皮毛、药材底资源状况，准备以工赈方式开发或用食粮来交换，并且发放了九千万元的赈款和二十石赈米。这一只绥远省的政府救济底手就在鄂尔多斯底饥饿平原上勾出了上面的几个点和几条线，"沙耗子"们用干瘪的嘴唇吻着这热情的手，然而，它仅仅给了他们少量的刹那的温馨，就又不得不匆匆地抽回去了。

饥饿底王国——鄂尔多斯是如何辽漠的一个"面"呀！

二 饥馑底俘虏们

"先生！你们真是在天堂上活着的人！"——一个饥饿的老太婆说。

从包头越过黄河，勘察团底两部汽车在黄沙上飞驶过四十里地，前面一对老夫妇挑着箱笼，领着四个孩子迎面走来，汽车卷起一阵砂雾停在他们惊慌的脸前，然而三万块法币使他们底脸色从疑惧转变做深刻的感激，勘察团有人从车上投过去的四个白面饼子更让孩子们喜悦地惊叫起来。他们是从陕西府谷县逃荒过来的，沿路做着乞丐，准备投奔后山的一个亲戚家。一只小木箱上放着些豆荚，那就是老夫妇乞求来给孩子们欺骗肚皮的宝物呢。

四日晚，勘察团住在达拉特旗组训处，从十几个乡长和参议员底嘴里听到一串灾荒的故事：

——去年达旗就没有收成，滩地（洼地）被水淹了，梁地（高地）底田禾又都被冻死，赶上今年的旱灾，谁家也没有一颗存粮；饿极了只好找些苦菜、蒿籽、沙蓬、甜苣来吃；这些也都吃光后，人们就变成了一具一具全身浮肿着的死尸。

——两位逃荒的老太婆从一个沙窠旁走过，那里面有一个五岁和一个三岁的小孩子在哭叫妈，善心的老太太把他们抱了起来，走了一里多地小孩子哭闹着要东西吃，然而她们几天来还都没吃一口东西；只好又踅回去把他们照旧放在沙窠里，但，一面走着，两个老太婆是如何怕听那渐渐微弱下去的号叫啊！

——某家底儿媳到外面跑了个整天也没剜回一棵苦菜来，婆母暴燥地和她争吵，丈夫这时恰好走了回来，他狠命地把妻子打了一顿，当晚妻就自缢了，丈夫也悔愧得发了疯。

——郡王旗底某一块地方是下湿地，出产一种叫沙葱的东西，产量很多,吃来可以充饥,然而不上两天眼睛就要失明,因此许多人都发誓不吃它,然而到了夜半饿得无法忍耐时却依然奔出去拼命地吃个饱。

——杭锦旗有人用一头大牛和两头小牛换一斗米,最后牛都快要饿干了,这个交易还没有成功。

——东胜县城里有人在街上手捧着一只元宝要换几升小米。

达拉特旗组训处底门前是个升旗广场,五日底黎明这里便凸现了一幅异样的浮雕。

饥饿、浮肿、腥臭、霉烂、衰弱的气氛下面蠢动着一群菜色的幽灵,那是:拖着柳条的老头子,哑嗽着的老太婆,乖哄着啼哭乳儿的少妇,还有把脖子饿得老长老长的小孩子们……更刺眼的是蓬散着头发十七八岁的少女,除掉腰里斜系着的一袭破毡片而外,她们也同样地把整个身子都赤裸着,使人为那原始的风貌而惊骇。

这些已让贫愚弄得退化了几千百年的动物,今天又走临饿死底边缘了,他们(她们)正张着油垢的小布袋向人巴着哀求的眼。

朝着放赈的人,一个老太太喃喃地哑着嘴:

"先生!你们真是在天堂上活着的人啊!"

广场周遭远远地远远地伸张着一条条白色的沙径,伸到土丘上面,伸向沙谷里头,在那些亢干的白带子上,一些小黑点点正朝着这里蠕动,他们都是来领取二十斤米和五千块钱的。

广场上已经挤满了八百多人,四五十里外的路子上还有许多人正在走向希望,走向希望……

三 沙耗子——我们底亲弟兄

"河西人民有的是苦力血汗,还有几只赢瘦的牛羊,不论工赈移垦、粮物交换，只要能救活命，俱所乐从。"——一个民众代表底呼吁。

鄂尔多斯底土地都是极粗松的黄沙，不适于农作物底生长，新垦地还可以借着草根或牛羊粪底肥力，每亩打一二斗粮食，然而接连地耕作两年它就变成了废地，所以这里人们都是流徙地耕作着每一块土地，蒙旗里面又有着专为繁殖牧草而禁止耕种的"闭地"，因而耕作地大都不到平地面积底十分之一。

每亩只打一二斗很少么？那还是要以雨量来做先决条件的，所以一些陕北的"候鸟农民"都在春季来这里撒上种子便跑回家去，看到足够的雨量秋季里就拿着镰刀北上收割，否则，他们也绝对不必担心粮食会被旁人割走。

尽管这里是"乐岁终身苦，凶年不免于死亡"的地方，然而从抗战开始之后，它是怎样地为国家民族出了一笔死力呢，我们试看一位河西民众代表底呼吁吧：

——"大军云集，机关林立，差徭供应，粮秣征集，人民负担，顿行加重……连年苦撑，已蓄下声嘶力竭之病，遍地饥寒，早就在裸体枵腹之境。"

然而胜利来了，胜利果然给她减轻了负担吗？我们且想像一番下面这幅凄凉的画面：

——"北助绥、包，南济榆林，河西人民全部输力不过千乘，去常运粮一役，即出车三千余辆（当是延续辆数——笔者注），拉运十月有奇。以载重三五百斤之崩朽木车，体力羸瘦之牝犊小牛，转运于渺无人烟一片沙漠之榆东道上，人畜共挽一车，日行十数里，星夜不停，车夫疲困，驾牛倒卧，死病道旁者，不知凡几，人畜相望，枕藉遍野，满目凄凉，全区哀嗟！"

现在这里遭逢了空前的灾难，二十七万个质朴的"沙耗子"是有权力向所有的中国人伸出他们求教〔救〕的手的，况且：

——二十七万灾黎求生不能，欲死不得，遂至结队行乞，成养游食，村庄道上，扰攘无已。而陕北"共匪"逐渐北犯，侵入乌、鄂两旗边疆，并不时所遣地下工作人员，潜伏乡间，从事煽动……救伊盟之灾，实等于巩固绥蒙边防；济万民之命，更无异消弭地方隐患。

他们迫切地期待着：

——"政府迅拨大批急赈粮款，拯民于垂危之境；更盼全国人仕，怜恤灾胞发起捐助义举。……河西人民有的是苦力血汗，还有几只羸瘦〈的〉牛羊，不论工赈移垦，粮物交换，只要能救活命，俱所乐从！"

我们没有理由拒绝我〔他〕们呼救，因为：

鄂尔多斯大平原是我们底河山！

"沙耗子"是我们底亲兄弟！

《西北之声》（月刊）

张家口西北之声月刊社

1947 年 4 期

（朱宪　整理）

蒙古包里的热情

柳叔　撰

　　我们逼他说一个他自身经历的恋爱故事，他没法，就只好说了。

　　"那年我才二十岁，正是初夏的时候。不是吗，你们早就知道，我在二十岁以前就在飘流了。在飘流中，我是几乎已将恋爱两个字完全忘掉了的。

　　"这次，我从××到××去，从××到××中间得经过极大极荒凉的平原，许多人都不敢单身过去，可是我却独自雇了一辆车，只有一个赶车的同着，直通过这荒凉极目的大平原。

　　"在关外，胡子（即马贼）是到处横行的，他们有的行移打劫，有的一个人拿了器械在荒野中抢单身过客。在未启程以前，许多朋友都告戒我，说这平原是胡子出没之地，还是等人合伙通过去好。但是，我不怕什么，因为我没有什么值钱的东西，我毅然地一个人坐在骡车上，一个车夫赶着骡子向这荒漠的大平原走了。

　　"从中午，一直到看见太阳将落下地平线去。在太阳将和地面分别的时候，半天的云全红了。在塞外大平原上的夕阳，告诉你们，真是奇迹啊。太阳直射在我的前身，因为我们是向西北走的。我的眼睛不能舒眼〔服〕的睁开来，这太美丽、太强烈的阳光，将我的眼睛眩住了。本来，我可以很舒服的闭住眼睛，让车夫认路；但我不，我要睁着眼睛，因为我要看这伟大的景象。在漫无边际的大平原上看日落，也许比在海边看日出更有意义。

"夕阳的变化是极快的，不像中午的太阳老悬在空中，只是慢慢的使地面上的黑影移动。起先，一整张的土地上的草木都闪着落日的强光，天上的云像在燃烧着那么红；一会儿，草木都失却光芒，天上的云像被水洒了一样，火势就很快的小了下去，云的颜色浅下去，淡下去，只剩了西边的一些还有些微红；最后，大平原上蒙上了一阵灰，天空中什么都不见了。后来，东边的月亮渐渐明亮起来，也看见几颗星了。

"从大平原蒙上了一阵灰的时候起，远远的就起了几声尖利的口哨，越来越多，在暗淡的暮色中并且还能隐约的看见远处有骑马的人在飞驰。这，立刻能令人想起传说中的骑士侠客们；同时，我却感到害怕，因为我知道这些都是胡子。

"骡车慢慢的走着，车夫只是不做声的赶车。我坐在后面，只觉得寂寞，无聊中，幻想着的武士、义盗都像蜃影似的出现在大平原上面的天空了。

"在不知不觉间，忽然我觉到不幸的事将临到头上了。一枝箭很有力的射在车篷上。车夫也发觉了这会事，他立刻停了车子，告诉我假如车再不停，第二枝箭又要来了。于是我们只好停车，将身子躲在车下面，恐怕有第二枝箭射来。

"我们停下了车以后，果然没有什么射过来了。不一会，三头高大的马很快的驰过来，马上骑了三个带武器的人。他们劫夺了我身上所有的——不知为什么，遗下了一只表——一些值钱的东西，但我恳求他们留下我的干粮。

"车夫知道我已没有钱，他不愿再继续前行，便将我留在半路上一个很精致的蒙古包里；他和那个蒙古包的主人说了一些话，并且还告诉我这儿去××已不远了。乘着这夜有好月亮，他赶空车回××去。

"当我被留在这陌生的蒙古包里的时候，天还没十分黑，但在你荒漠的平原上，已什么都不足一看的了。除了刚起来不久的大月亮以外。

"这正是他们晚餐的时候，一家人围坐在食物和一盏牛油灯四周，他们很客气的也叫我和他们坐在一起。乘这个机会，我才能仔细的看清他们。因为油灯暗得不能照亮这很小的蒙古包的每一个角上。

"他们的家长是一个老人，从他强健的体格上看来，很能想像他年青时候曾是怎样一个英雄，他的衣服装饰都不十分简陋，显然他现在还是一个有些财产的人；除了这老人以外，只有一个老妇人和一个年轻的姑娘了，这当然是老人的妻女；老妇人已经很老了，但还有着强健的身子。最动人的是那位年轻姑娘了！她是一个才成熟不久的处女，她很像她父亲，但没有她父亲那样刚硬，她是一个纯蒙古型的少女，她那善于骑马的强健的体格是她第一个特征，此外，她的黑色的圆脸儿，细小的蒙古型眼睛，也都在表现她是一位怎样可爱的温柔的蒙古姑娘。

"我不懂蒙古话，他们也不懂汉语，于是我只好哑然的坐在晚餐的旁边，必要时，我们用手势来答话。老人带着笑容将晚餐分给我，晚餐是一种完全用牛肉做成的馒头，我只吃了一口，就不能再咬一下了。牛肉是半生的，并且牛身上最难闻的气味还完全没有走失。但他们却吃得很有味似的。幸亏灯光很暗，我得了一个机会偷偷的将他们好意给我的食物丢掉了。——后来，我背着他们吃我自己的干粮。

"在晚餐中，那蒙古姑娘常用奇异的眼色望我，当我看着她的时候，她又将眼光移开了。几次都是这样，我就深深的理会这是一种寂寞的情绪的流露。但是，朋友，在飘流中，我几乎完全将爱恋这两个字忘掉了。

"饭后，他们又给我纯蒙古做法的茶，当然，我又不能完全地领受他们这种施惠。

"我们言语不通，什么话都不能谈。那两个老人，我知道是不会想和年青人说什么的；但我知道，那个寂寞的蒙古姑娘，那无邪的心一定想问我些什么；也许她要将不可告诉她的父母的话向我诉说。

"但是，我们只是静静的对着，在互相对视中也许便算是说了一些话了。

"在就睡以前，老人指定了各人睡的地方，我在最东，那个年轻的姑娘，出于我意料之外，是在我旁边，老人自己睡在最西边，他让他的老婆监在他和他的女儿的中间。这种安排，在我是很不可解的，但我也不曾思索这个。

"当就睡的时候，我始知我的地位在我是很坏的一个，因为蒙古包是圆形的，并且很小，睡在两端边上的两个，决不能很舒服的伸直身子，而一定得弯着腿，并且得面向着里面，这样，身体的弯度才能适合这圆形的帐篷，取这样的姿势，我就完全正对着那位年轻的蒙古姑娘了。

"我不知道蒙古的风俗习惯如何，但我能相信，至少，一个不相识的男人在睡觉的时候老是望着一个女孩子，这女孩子的父亲一定会忿怒的。为了安全起见，我不看她，我将我自己的眼睛闭起来。虽然我知道她刚才向我投过含有深远的枯寞的眼光，我知道我也应该望着她，但我终于将眼睛闭起来了。朋友，在飘泊中是谈不到爱恋这二个美丽的字的。

"在飘泊中的人是很不易入睡的——假如望着一个可爱的少女就更不容易入睡了——，我虽然闭了眼睛，但还是睡不着。大平原是很静的，除了偶然有一二声口哨，或是远远的狼嗥以外，静得好像什么都不存在一样。于是我慢慢而见她温和的呼吸的声音。后来，我又发觉她渐渐靠近我来。

"偶然我睁开眼睛看看，我发觉这一夜的月亮是太好了。月光——连任何清洁东西都不包含的，最纯洁的光——从帐篷的隙缝中偷进来，零落的洒在这块小小的地方。像不会再凝结的银的溶液，被泼翻了似的，她的身上和脸上都沾满了；还有些更沾在我的身上和脸上。

"马上我又闭上了眼。但是，睡不着啊，在这荒漠的大平原的静而冷的空气中，愈静，愈觉得没有什么能使我睡去。何况，我听见她的温热的呼息的声音，似乎正在抚摸我的脸，我的手，我的全身，以至我的灵魂的深处。

"起初，我还能很安静的闭着眼，虽然睡意全无。后来，她的温热的呼吸慢慢的更清楚，更亲近起来，于是慢慢的将我激动了。最后，我忽然听见她呼息的热度增高，速度也增高，在近乎急促的呼息声中，似乎引诱我非睁开眼来看看她不可。

"我偷偷的将眼睛睁开一些，借着这如散碎的银子的月光，看见她的脸，也看见她的蒙古型的细眼。立刻我又将眼睛闭住了，因为我发觉她在注视我，幽远而寂寞的注视着我。我不敢再看她，我不敢再看见她那深远的眼光，她细小的眼睛所射出的光芒，似乎立刻能将我熔化似的。

"我不敢再将眼睁开，我只是静静的在听，听她的动静。在很小的差异中，我听出她的呼息更加急促，她的身体更向我靠近来。及至有一些地方我们互相碰着为止。

"我忽然又睁开眼来，像是被什么力量所强迫似的，也像是被诱惑了似的。但我只敢微微的睁开一线。月光更加美丽，零碎的撒在她的身上，也有些在我的身上。一身被着散碎的银色的光而睡着的少女，这是何等动人的一幅有图案意味的画面啊！借着这银色的纯洁的光亮，我很亲近的看清了她的脸，她的脸是纯蒙古型的，朴素的，淡黄色的脸儿；上面缀着细小的眼睛，细小的眼睛在射在〔出〕寂寞而深远的光芒来，这光芒逼住了我的灵魂。

"立刻，我又只好将眼闭起来，实在的，我不敢领受这种含着无限的好意的眼色。

"闭住了眼以后，我忽然又发觉她在摸索什么，她的手渐渐移向我来。慢慢的，我听见她的呼息的声音更急促，一只结实而柔软的手轻轻的伸过来，握住我的手，轻轻的，温柔的。慢慢地她又开始抚摸我的手，含着一种极度的热情，表现在一种温存的动作中。在这一阵抚摩中，我几乎忘记我是在飘流，我是借宿在一个四面全是大旷野的异族人的帐篷中，而以为我和那蒙古姑娘已超脱人间的范围了。

"在这种超官能的感觉中，我勇敢的睁起眼来，在散碎的白银的光下我又亲切的看见她的脸，她温柔的蒙古型的脸上正是露着寂寞的笑，细小的眼睛射出了白热的情感，我觉得处在这样的情势下是会变得软弱的，我软弱的又闭下了眼睛。

"结实的手温柔的从手一直向上抚摩，由手臂脖子一直抚摩到我的脸，我的头发；再从脸到胸，以及她所能够抚摩到的地方。经过她抚摩过的地方，我不能将所接受的感觉分析出来，但我知道，这种感觉已超出了官能，直渗进了灵魂的深处。

"忽然我又无力的睁开眼睛，这次我不愿闭下，因为我内心忽然起了一种渴望，我觉得我很需要看见她。我望着她，她望着我，我也伸手握住了她的手，她的身子更靠了我，她又用另外一只手来抚摩我。她牢牢的注视着我，似乎有许多话想说，但是她知道不能说什么。我们无言的对着，只是牢牢的互相注视，互相从目光中沟通灵惑〔感〕。我相信，在目光中我们已交换了许多言语所不能表达的情意。

　　"我也开始抚摩她，她的手、手臂、头，以及全身。这好像不是我自己在碰她，而是一个很纯洁的灵魂在碰她。她很乐意于我的抚摩，她更挨近我，我们几乎是拥抱了。

　　"也许这时候，也许不知在什么时候，她被父亲发觉了。老人起身走了过来，用足踢我的头。我好像从梦里醒过来一般，才知道自己错了。我不能再睡下去，我将身子坐起，预备站起来让老人赶我出这小小的蒙古包，或是受其他的处罚。我知道自己错了。我等着老人给我的处罚，我没敢再看一看那位被我抚摩的姑娘。

　　"一切都出我意料之外，老人并没有做出些什么来，他见我坐了起来，却用力的将我按倒，意思是要我再睡。我不敢不依他做，我真不明白，这是什么意思。

　　"睡下后，我看见她的撒满了碎银般的月光的脸在对我微笑，露出了安慰的样子。我们又互相凝视了。

　　"一会儿，她又照样的抚摩我，但我不敢再抚摸她，只是紧紧的握住她另一只结实的手。

　　"月光乱撒在我们的身上，这是一个美丽的良夜啊。

　　"不知在什么时候，我因为太倦而睡着了。

　　"半夜里，我醒了一次。当我醒的时候，碎银似的月光已全收起来了，我不能再看清她的脸和眼，但是我觉得暗中还隐隐的在射出她牢牢凝视我的深远而寂寞的眼光。我们的手是互相紧握着的。——但是啊，朋友，在飘流中我几乎完全将爱恋这个字忘掉了。

　　"第二天早晨，我醒来的时候，他们已完全起来了。当我起来的时候，老人给我了一碗凉水，我很坦然的喝了下去。当凉水冷着了我的食道和胃的时候，我深以为他女儿的纯洁和无邪被［被］他污辱了。

　　"那位蒙古姑娘还不懂这是怎么一会事，她惊奇的望我们，她细细的看我痛苦的喝完了这一大碗苦涩的凉水。

"她的眼睛一直是注视着我，我很了解她，她的眼光已传述了最难表达的情意。

"她坐在我旁边，静静的。这时候，我很想走了，我掏出表来看，短针已过了7字。

"她看见我的表，便向我要，我解下了链子给她。她还我以一个美丽的微笑，将表当心的放在手掌，像得了什么珍宝似的。当然她全然不知道表的用，我也没法告诉她，但她之对于这个表，在她的估价上的价值已高高的超出计时之用的价值之上了。她细细的看表的外部的构造，看见秒针自动的在走，发出了最惊异的眼光望望我；后来，又拿到耳边去听。

"我得走了。我站起来，表示我要走的样子，老人指点我上××去的大路。姑娘也知道我要走了，她将表还我，但我不能接下，因为刚才她那种喜欢这个表的态度，使无论什么人不能有如此忍心从她手上夺过来。她牢牢的握住我的手，凝视我，在眼光中又诉说了很大的一段情意。

"但是，我终于走了。我走出了这美丽的蒙古包，走上了××去的大路。虽然，经过她紧握的手，经过她抚摩过的地方，那时还像火一样的炙热。——然而朋友，在飘泊中我本不能有什么爱的。

"我走了一程，回头看看。出我意料之外，我发觉她在跟着我。我站住，她也远远的站住了。我挥手要她回去，她不动，也高举起手向我摆动。一片四下望不见人影儿的大平原上站着一位将手举在空中向远行的摆动的姑娘，该是何等凄寂的景象啊。我看见她的眼还凝视着我，射出了寂寞的光芒。

"然而，我终于又走了。

"当我又回头的时候，我发觉她还在跟着我。我挥手要她回去，她又高举了手向我摆动。她细小的眼睛仍凝视着我，射出了更强的光芒。

"我第三次回头的时候，我看见她高站在路旁一个土堆上；看见我，她不停的向我摆手。

"已经很远了，她的身体已小得没有多大，我却似乎更清楚的看见，她的细小的眼睛在凝视我。这时眼睛所射出的光芒还能够熔我。

"远了，更远了，她的身体只剩了一个黑点了。然而，她那细小的眼睛所射出的寂寞的光，却照遍了这漠无边际的大平原，渗透了我整个的灵魂。

"我再回头看，连那土堆都消失的时候，寂寞的光还笼罩着我。那一对凝视我的细小的蒙古眼睛还在我眼前；洒满了银色的月光的她的脸，她的结实的身体还不曾在我的心中消失；我的经她抚摩的手和其他部分都还温暖着……但是，我却越走越离她远，永远离她而去了。"

《警务月刊》

上海警务月刊社

1947 年 1 卷 1 期

（李红权　整理）

生活在伊盟

——绥远达拉特旗生活杂写

计时　撰

一　塞外的江南

假如把伊盟比做内地，那么，这伊盟七旗之一的达拉特旗，仿佛就是塞外的江南了。

五月，在那令人爱恋的节季里，如果你不嫌麻烦地由包头渡过黄河，一踏进达拉地，横在你眼前的已不是那极目荒凉地原野，而是漫无边际的碧绿田园。看呵！行人道上是谁撒下的闲花野草？家家门前又是谁种起的垂杨？五月的晚风吹过来农家曲，夕阳又染红了黄河里的捕渔〔鱼〕船。这真是一幅美丽地自然画面。这是塞北？这还是江南？

二　生活速写

生活在这儿的人们，谁都记得那句含有嫉意的俗语："七旗六札萨，不如一个穷达拉。"其实，在客观环境里所见到的，除去旗政府本身已不如往日繁荣而外，达旗的一切仍是相当富庶的。从前，据说已是十年前的事情了，大家还都过着太平日子的时候，那时旗府里的人个个都是荣华富贵，出门则肥马轻裘；但是而今，谁也不会相信他们都在贫困中挣扎着。真得，穷得已经使士兵们一年都拿不到最少如一元的国币了。然而，在他们仅有的收入里，如"□圈羊"、"水草费"和"地租粮草"等之中有很少的一部分是分给官佐、士兵们的。可能是一两只羊，一年的酬报只如此而已。你能相信几只山羊就可以维持了一个人的一年的生活费用吗？反正，"羊毛出在羊身上"，在旗府的工作人员优待条例中他们的官佐只要自己有力量便可以不出地租，去种一些田地。然而，多数的汉籍官佐都已潦倒不堪，为了个人的生活关系，也只好再找一条另外地出路，至于士兵们，有的是为当兵而来当兵的，可是多数汉人都是不愿意当兵而来当兵的。在他们的部属士兵以致干部，私生活都欠严肃，最耐人寻味的是不管吃穿怎样不好，几年来从没有一个弟兄开了小差；这真是一个谜啊！

在悠长的岁月里，在这个耐人寻味的谜里，旗政府本身的一切都无形中受到了很大的影响而日趋没落。但这种没落并不能代表整个达旗的政治和经济的，因为现在达旗的政治和经济不是没落而是纷乱，不是穷贫而是崩溃了！实际上，达旗在今日仍是很富有的。

你看，她除去山岳地带还拥有长约七百华里、宽约一百五十华里的大平原；这肥沃的平原是由准格尔旗西界的野鸡岭起，穿过黄河，直伸到狼山脚下。再加上黄河百害只利一套的原故，天然的形成了大西北粮产丰富区域之一，其主要食粮，产有小麦、糜子、莜麦、莞豆、胡麻和更多的马铃薯。此外，在药材方面还有甘草和车前子等。

在山岳地带，俗称"砂梁"。这里的农作和居民是另有一番风趣的，在生活各方面所表现的忍耐力都与其他地方有些不同。在住的方面，最流行得是在向阳的山坡上选好地基之后，挖掘深约四五尺，长方，或正方的坑；然后，在南面挖出院子，最后挖门窗和上梁柱。矮小而又简陋。但是，你放心，里面是非常温暖而干燥的。这就是当地所说的"冬暖夏凉神仙洞"。

他们一般的家庭制度都是真正的大家同居，一个房间里有公婆、哥嫂以及她自己的丈夫和孩子；最使人难铺〔忘〕地是普遍地没有铺盖，白天的衣服就是夜间的行李。至于吃穿，由于今年大旱所引起的饥荒，十有八家是不得温饱。

"砂梁"地带的农作物，真是稀疏得可怜；所以每逢秋收之后，他们都很耽心，因为，除去公家征收的，自己所剩得实在不够一年的开支。可是，为了生活，只好习惯地把肉体出卖。其实，卖淫，在这儿真是太平凡了。一个女人不管自家穷富，总以为找到个伪丈夫才为荣耀；并且，还能够获取他的默许，有时更能允许一块儿同居，大家都很和睦地为这奇怪的家庭组织去奔波去劳碌！如果她很有钱，那个伪丈夫很可能是她家的长工；可怜那些远离家乡的受苦人，白白地工作了一年，带回去的只有可怕地花柳病，或是一颗痛悔地心。

祖国是可爱的。谁能想到在这"砂梁"的底下，蓄藏着大量的煤炭，五十几家大小不同的炭窑都用古老的开采方式，供给全达拉特旗每个家庭的燃烧。并且，还解救了东胜和萨县以及包头人士一部分的煤荒。

不过，所产的炭只能供家庭使用而已。除去百分之七十以外的褐炭，尽为泥炭。现在，以包头市价八百元一斤估计，百万斤炭就换回国币八万万元。其他如大宗的皮毛、磁器、白粉子，以及盐等，在这"砂梁"里的产额全是惊人的。然而，曾几何时，这些资源都飞出了旗政府的掌握，强迫着自己走上破败而凋零的路子。

现在，旗府中人都失去了往日的大家气派，你看看他们那破旧的军服和几匹枯瘦的老马，可曾想到，那就是达旗生〔主〕人的部属。真得，不管是在旗政府或是达旗司令部，他们都在穷困中表现出穷困的样子。但如果你踏进包头达拉王府的时候，仍可使你嗅到一点昔日的富丽韵味！

三 达旗青年小影

达旗青年真愚蠢得好笑，缺乏智慧的脑筋时常使他们脱离现实做出深深地遐想。在我所熟悉的几位青年友人中，几乎都愿意做着黄金色的美梦，把自己的道德和名誉一齐抛得远远的，而后，粗卤地，在失掉人性的面目下，什么事都敢蛮干一回，因为，他们忘记了梦是无法兑现的事情。

从前，在党团没有合并的时候，这里有三民主义青年团分团部和旗党部，他们都经常的做着领导青年的中心工作；不过，难题太多。一般青年人都有两个显而易见的毛病，一个是缺乏道德行为，一个是思想与现实出入太不平衡，以致他们都浸渍在幻想和虚荣的海涛中。

但是，我们能够去怨报他们吗？在我国的广大的穷苦人群中，一般地思想、生活都是如此。既狭隘而又偏重于个人，绝不会想到比个人更远大更重要的问题。"自私"、"小我"占据了他们的心，结果表现出来的行为，多半是利己而又不道德的。再加上达旗黑暗地社会长鞭抽打他们遍体鳞伤，在痛苦和失望的情绪中，这两种缺陷是否能够原谅呢？

现在，谁能给他们确立一个新的道德标准，谁能补救他们思想上的缺陷，谁能由水火中把他们拯救出来，谁就是他们的导师，他们的恩人，更是他们的领导者！

如果，拿出一套我们认为是最完整而最合乎逻辑的思想或理论，硬要装进他们的脑子里去，我想，达旗青年是永远不会接受的。

四 一个老故事引起的恶果

大概是在抗战初起的那年，包头沦陷之后，马占山将军奉命邀请达旗札萨克康济敏到重庆去。整个达旗仿佛顿时丢掉了灵魂，不但百姓都感［不］到不安恐慌，就连旗府里的人士也好像失去了重心一样。

但是为了配合抗战，为了动员达旗的人力和物力，这里仍然需要一个有力的组织来领导民众，发动民众。结果，在绥远省政府的直辖机关里又多出了一个"达旗战时民众组训处"。现在不可讳言的，在达旗，在这两种势力对峙之下所引起的不管是政治、经济或军事都相当地畸形而且尖锐化了。

实际上，这里，是两个势力斗争的场所。一连串破坏民族团结的事件，层出不穷，不过，谁也有所顾忌地，不好意思地撕破了蒙汉兄弟的脸皮而真正的相打起来。但事实告诉了我们，一个地方是不能有两个政治制度存在。如果说是为了配合抗战，那么，胜利已经几年了。如果说是为了地方的利益和大众的幸福，必需在达旗旗政府之外再建立一个什么好组织，最低限度，是忘记了蒙旗制度的尊严，当然，最理想的政治是为多数人造幸福的；相反，就不能算做"智慧"的"措施"，不管如何需要。

现在，两家在"权"和"利"的冲突下，终于在十一月四日天还没大亮的时候，用可怕地枪声突破了达旗的寂静。

你听！那枪声，是多么富有强烈地政治意味呵！而今，谁也不要再提他们的冲突原因吧！你先要知道这是边疆上的不幸，这是民族与民族间感情的试验，这也正是一幅边疆政治的写真！所幸正在两家打得火热之际，教育部直辖绥远达拉特旗小学校长成本扶氏和党部的栗柯同志都不顾一切地出面调解。在严重的情势之下做了个可庆贺的收场，傍晚时节，旗府第一参领白银昌汉带着他仅有的十几名弟兄从战斗的场合，退归旗府。自卫队长陈保成亦仿佛打了胜仗似地率领几十个健儿凯旋而去。

但是，他们为何而战呢？据说是自卫队武装阻止旗府征收地租粮草；不过，这只是冲突原因的一部分而已。在综错复杂地达旗政治局面的背后，这次火花怒放，确是五六年前播下的种子。现在的达旗社会除去使人具体地感到"社会秩序"一天天地混乱起来而外，再什么也看不到了！

时间虽是过去了，但两家的斗争反由局部扩张到全达拉。直到今日圣诞降证，仍时有小接触。我们试回忆陈塔附近的那次战役，第二参领区的人马都有伤亡，唉！能〔为〕何而战？又为谁而牺牲？制造那次流血事件的主动者，在哀鸿遍野，在保卫榆林声中，在伊盟治安极度纷乱里面，将不会得着人们普遍地同情和谅解，反将永远地被人民抛弃了。

五　多余的顾虑

谁也很清楚地知道，现在蒙旗一切恶劣的现状无一不是失常地政治产物。不管蒙旗制度如何不好，我们都应该了解那制度产生的历史背景，进而要顾及那制度的尊严。在蒙旗问题没有得到合理的改善或解决之前，最好不要借着人民的武装力量来破坏蒙汉兄弟的多年的感情。

你曾想过一个遥远地社会问题吗？在这事态扩大的将来，伊盟，可能成为一幅支离破碎地图案；如果有人在这图案上渲染一些色彩或铺上层阴影，那么，大西北的前途就耐人深思了！

　　我知道这是个多余地顾虑。不过，我们在这边疆上服务的人和达旗所有的善良人民都盼望着这把烽火早日熄灭。

《西北文化》（月刊）
南京西北文化社
1948 年 1 卷 6 期
（李红权　整理）

包头一日

玛艾费尔门　撰

在八月廿一日那天，有人告诉我："赶快把你的东西收拾好，你要到包头去呢!"于是我把照相机带在身上，检拾了宿夜的衣服，就赶到机场去了。

驾机的是哥加尔上尉和副驾驶格克，我们飞过陕西一角，然后到了绥远省，一路都很平静，机上旅客也感到非常舒适。

经过两小时的飞行，我们就在包头降落了。

到了包头之后，第一个印象是这个地方是到处都满布干土，沙尘飞扬，砖造的房屋不多，其他都是泥墙土屋，使人一见之下就嗅到泥土的气息。

在不下雨的季节，只要你偶一呼吸，就会把尘土吸进去。我在那儿只是这么短暂的逗留，已使我的身上平空增加了几层尘土。天下雨的时候就更遭了，到处泥泞，简直有行不得也之苦。

我住在吉斯和佐治苏德邦底家里，他们都在包头住了很久，由于他们的关系，我认识了很多很多各色各样的人物，本地的，外来的都有。他们底脸型五光十色，有平坦的脸，有方脸，圆脸，以及高加索、蒙古型的脸，不过他们都有一样相同之点，那就是这是北方的脸型。

行走在街上，你可以看见许多骆驼和驴子，这是交通工具。举凡拉车载重等，都是由这些动物来负担。他们身上负着过多的重量，走不动时，驾御的人就去推，或是用鞭子去抽。

旅行的人不会在包头找到什么好东西的，这块土地实在太贫乏了，那些店铺除了陈设一点日用必需品之外，别无所有。街上所见的妇女穿着得非常朴素，衣服只有三种颜色，那就是白的、黑的和蓝的。点缀着这种单调情愫的只有蒙古族妇女发髻上的金饰、银饰。

话得说回来，包头总是一个商业的要地，它自有它底价值。这儿的主要产品是毛类，骆驼毛、羊毛都很多，你随便在市场上可以买到。这毛类就是造成包头贸易上的地位的因素。

离开包头之前，我和两位在经济援华团服务的人员一同到一个啦嘛庙宇去参观。这地方离开市区约有一百里。我们坐着卡车前往，其颠波〔簸〕情形实非笔墨可以形容。车子在路上行走时常作四十五度的倾斜，使人提心吊胆，我底肠胃也好像因此而颠倒，就像喝醉了酒时一样。

我们好像在美国的堪萨斯和墨西哥旅行，路上一无所有，空旷得很，只有偶尔的羊群，或是彳亍路旁的骆驼来点缀寂寞。

经过了一个煤矿，一片漆黑，很多矿工在那儿忙碌地工作。

到了目的地，那儿的啦嘛可真多，好像把整个地方都塞满了。啦嘛的年纪由六岁至六十岁都有，我们由一个穿着红袍的啦嘛引我们去晋见那地方住持，达赖啦嘛，那时许多啦嘛正在念经祈祷。

我们被引到一个小房间里，那时已有好多人围着我们看——他们或许从未看过外国人。达赖啦嘛出来了，他穿着袍子，香粉用得太多了，有一种熏熏然的味道，跟在他后面的是他底助手，是负责协助他办理一切事务的。我们鞠躬如也之后，就把礼物送上，是两箱牛奶。礼仪完毕，另由啦嘛引领我们去参观。

他们祷神的仪式很有趣，颂经声很大，我真有点怀疑上帝会不会被嘈得烦了呢。

虽然旅途崎岖，我们总算回到包头，完整无恙地。

第二日我就乘机返北平。

包头真是一个古怪的地方，和别的去处不同。

《民航空运队半月刊》

上海空运大队新闻组

1948 年 2 卷 1 期

（丁冉　整理）

伊盟半月

曹梦樵　撰

早晨的太阳才上岗，马儿的身上都染红光，马蹄儿踏的是隔夜霜，走遍了沙场沙不扬。

黄昏的太阳才进山岗，马儿的身上都染红光，马蹄儿踏的是野花香，走遍了草场草精光。

——蒙古牧歌

过惯了江南生活，偶然有个机会得观光北国，徘徊塞上，深入蒙旗，该是多有意义的事，尤其是像我这样从事边疆教育行政，也不常写写有关边教文章的人，满肚子的计划，一套套的理论，借此行而得实际经验的印证，不但有特殊的意义，而且有很大的帮助。

为视察主管业务兼为彻查一个控案，双十节的后二天飞抵北平，取道平绥路西去包头，转入伊盟，行程凡一月有半。北平、张垣、归绥，均为地方首府所在，来往的多，报导的详，无烦琐记。自包头以南，渡过黄河，踏入鄂尔多斯草原，这一大片保存着蒙古盟旗制度的地方，距秦、晋、绥、宁四省边鄙之要冲，交通梗阻，行旅裹足，殊风异俗，南人知者较少，特专记伊盟半月行脚。

平绥路的末梢——包头

　　平包八百二十公里的路程，坐了三十四小时的火车，日夜开行，十一月二十二日到达包头，横贯塞上的平绥铁路以此为终点，从这里起，西赴夏宁〔宁夏〕有包宁公路，通汽车；北去乌盟，南入伊盟，都得以驴马代步，虽然由包头渡河经东胜至郡王旗也通汽车，然路面之坏，颠簸之剧，速率之低，为惯于骑行的人所不耐乘坐的。黄河后套，流经包头，从青海、宁夏东运的商货，除大部分横跨伊盟沙漠缘驼商大道驮运包头外，也有一部分用船筏顺流而下，运载至包头起岸。所以包头成为水陆交通的总汇，也是绥、宁、甘、青商货的吐纳口。皮毛、牲畜、布匹的贸易，较张垣尤为繁盛，浸假成为内蒙各省的第一市场。

　　在军事方面，绥北乌兰察布盟的大部分始终没有澄清，绥南伊克昭盟几次受到榆林围城的威胁，而乌审旗一直在混乱状态中，包头便成为运输补给的重心。没有包头的人力、物资的接济，第三次榆林之役，也许会吉少凶多，日本占领期间，在包头曾驻有重兵，至今东门外遗留的日军司令部、营房，及其现代化的设备，仍不失为包头规模挺大、建筑挺好的房舍（现一部分为国立伊盟中学所借用，大部分则空闲着，尚未利用）。看到这些，预料当初日军是有长久占领的雄心的。

　　十月下旬，在江南犹是暮秋天气，丹桂飘香，草色未枯，秋夹衣裳，还能够应付薄寒。然而长城以外的天气，却大大不同，十月二十五日包头已二次飞雪，室外浅水处，坚冰不化，温度降至寒〔零〕下五度，旅舍内外门户三道，密密关着，室内生火，仍感寒噤。蒙、汉驮运商人，在雪花飞舞下，蒙着皮帽，披皮氅，穿着皮靴，横腰一根束带，照样赶驮队迈进。千百年的历史，几十年的生命的磨炼，已使他们习于耐寒耐苦，蒙人如此，汉人也如此。

听说交通方面，拟将平绥铁路向西拓展，沿包宁公路路基筑至宁夏省垣。这个计划如果实现，则包头将为中国北部铁路交通的中点，不复是平绥路的末梢了，未来的繁荣是可以预期的。

进入蒙旗以前的准备

规定的任务，此行必须深入伊盟，一来视察国立伊盟中学在达拉特旗展旦召所建的新校舍，再则视察杭锦旗小学的校务情形。但今年伊盟适逢大荒灾，自春俎〔徂〕夏，久旱不雨，小米无从播种，入秋以后，久雨不止，黄水泛澜，已长的草。全部烂掉，以致人畜主要的食料，全没有着落，一进"梁外"，纵有钱，也没买处，因此进入蒙旗以前的准备，比较平时格外来得麻烦。

一切生活所需——衣、食、住、行，都得准备周到。首先确定的是行的工具，因为半个月的行程，也不能算短，我不擅骑术，不能轻骑驰骋，而那边除以骡马代步之外，再没有轿子、滑竿之类的工具，于是有人建议用"架窝子"，有人主张用"二轮车"，有人主张用"胶皮车"。架窝子是用两个马架着一顶轿子，可坐可卧，但上下很不方便。走动时左右摇摆，前后颠顿，涉水时，两马步伐脱节，尤易倾跌，似乎不妥当。二轮车是马拖的木车，车身短，不便躺卧，车轮是木制的，走上高低不平的路面，顿的很凶，坐久了，也很吃力。最后决定用胶皮车。胶皮车也是马拖的木车，不过车身长，可以躺卧，车轮用的是汽车轮胎，富弹性，走来比较平稳，临时搭上一个簾席篷子，可以遮雪蔽风，空车双套（用两马拖车，谓之双套），预料速率也还可以。索价虽高，算是最舒服合适的。食的方面，带了白米三升、黄米两斗、白面三斤、挂面十卷、酱菜一罐、卷心菜两颗、白糖一斤、调味品一包、蛋糕一斤、梨二十只、罐头水果两听，大概够两个人半月之量；干草二百斤，黄豆两麻袋，是两匹马干。衣的方面，皮大衣还不够御寒，临时赶缝了一套粗布棉中山装，毡帽代替了呢帽，老棉鞋代替了皮鞋，防风镜一付，口罩两个，零下五度的气温，大体已能对付。住的方面，带行军床一付，宁夏纺线的羊毛毯子三条，狼皮褥子一条，每到宿处，把炕的靠窗的一角打扫干净，支上行军床，铺上毯子，比睡炕要清爽习惯的多。此外日用必需品如电筒、火柴、蜡烛、草纸、脸盆及盥洗用品，卷烟、热水瓶及茶叶、小刀、手杖（用以防蒙古狗）等，都得齐备，缺一不办。伊盟卫生所崔所长又代我预备了必要药品，计滴滴药粉一听，避虫油剂一瓶，纱布、棉花若干，防治伤风、咳嗽、痢疾、腹泻、消化不良、疟疾，及退热消炎的药品十余种，每种标上药名，分好小包，注明用途，规定服量，以便救急之用。如此考虑，实已无微不至，不料上了路依然发生问题，譬如胶皮车在包头水泥路面，载重四五千斤，一匹骡拖，每日可走上百里左右，一到沙地，载重不过五百斤，两匹马拖，每天走不到五十里，预定走四天到达目的地的行程，加倍了还不会走到，结果只有半途请它折回，改乘马行。改了骑马以后，马惊狂奔，坠马伤颊，血流不止，有了棉花，缺了胶布，服了消炎片，却未带消毒的药膏。诸如此类，不一而足。真是所谓"智者千虑，必有一失"！

初渡黄河

　　伊克昭盟包括七旗一部，即准格尔旗、达拉特旗、杭锦旗、扎萨克旗、乌审旗、鄂托克旗、郡王旗，及达尔扈特部。东、北、西三面均以黄河河套为界，东南、正南、西南三面倚长城与山西、陕西、宁夏为界。从包头南入伊盟，必须横渡黄河，入盟主要的渡口有四：从包头向南偏东为南海子渡口，黄河上下游船筏，咸停泊于此，商货转输较繁，渡客亦多；偏西为大树湾渡口，南北岸驮运货物，大抵经此渡河；再西为官渡口，凡欲过河趋昭君坟者，大抵经此；再西为马奇渡口，则由包头西行百余里，至西公旗公庙子折南而后摆渡，凡直趋杭锦旗者取道于此，渡客最稀。

十月二十六日，雨雪初霁，骄阳无力，路面泥泞难行。晨十一时早餐以后，乘双套马车出发，下午一时许抵大树湾渡口，适逢榆林城守吃紧的时候，三天以来，停止民渡，只供军渡，摊〔滩〕上骆驼大队数百头，骡马车辆，前后相接，络绎待渡。老百姓看到这情形，只得走回头路，我因为公出日期所限，不能不赶行程，经派人交涉后，便挤在运骆驼的渡船上摆渡。渡船长方形，没有蓬〔篷〕，没有舱，也不辨船头、船尾，极简单而稳当，但每船运驼三十余头，载重过多，船沿离水面不过三四寸，骆驼又是最笨的畜牲，偏偏在中流水急之际，不耐蜷伏，突然站起来，弄得全船震荡，河水内浸，如果蠢动的多，真有出险的可能，幸而押运的弟兄，以他们习惯的呼号，粗暴地呼喝，制止了它们的蠢动。

黄河河面，水枯时不过一二里，渡河只需半小时，从渡口沿岸向上游拉纤，倒要花二十来分钟，"滴"（摆的意思）的时间，只有十分钟左右。据说今年九、十月间黄水大涨时，河面宽三十余里，渡一次河需要三天三夜的工夫。一到冬季，如果气候没有特殊的变化，大抵小雪（十一月下旬）"溜凌"，大雪（十二月上旬）"封河"，溜凌期间，渡船常易出事，或根本停止摆渡，封河以后，坚冰封冻厚五六尺，不仅人、畜、牛车、马车大胆行驶，即载重汽车，也能扬长而过，南北岸之间便畅通无阻了。

靠南岸，备马上道，已近五时，南行七里，至大树湾，宿。大树湾是包头县属区公所所在地，为过河第一大站，军、政、商、旅，十九在此歇夜，区公所大有应接不暇之势。区长谢君性好客，与同行经校长极熟，特让火房一间为住。自炊晚餐，鲤鱼一条、炖鸡一只、米饭一碗，尚稍舒适。谢君为此间首富，然所居皆泥墙土屋，鄙陋不堪。经君云："勿小看！此种讲究民房，自此以南，当不多见。"心中颇为之暗暗吃惊！

展旦召怀古迎新

从大树湾去展旦召原是一日程五十多里，但因为脑堡滩有大淖，不能通行，向东南绕道二十多里，晨九时出发，薄暮才到，一路都是黄河水涨时候的滩场，大道给汽车压成一条条深轨，马车轮陷入，便不能自拔，车行比人行驶更慢，坐车好像坐船，颠簸动荡，不堪名状。

展旦召是伊盟有名的大召（伊盟一带，称大庙为召，竭尽民力，从事修理，规模之大，简直是沙漠里的王宫。而称小庙为庙，小庙小得可怜，二三尺见方、二三尺高的一座土房，里面供一个残缺歪倒的泥菩萨，还不及内地的土地堂），范围很大，建筑宏丽，方砖铺地，琉璃瓦盖顶，砖墙高数丈，画栋雕梁，竭尽匠巧。战时及战后为军队拆毁，木料全部拆光，砖瓦也拆了大半，只留残垣败壁，一任风吹雨打。现由伊盟中学出资一千万元购进，利用其基地及旧砖，改建新校舍。兴工半年，已完成宿舍四十多间，预定在封冻停工以前完成八十四间，下年度完成三百间全部校舍。新建的校舍，虽式样较为新式，然比较原来召庙的房屋，高大结实，都差的很远很远，但是，由召庙改建学校，这意义是非常重要的，蒙古人受清朝二百年柔化政策的麻醉，只知道修寺庙，讲慈悲，不愿意设学校、受教育，一旦九边锋镝，便凌夷飘忽，无所措手足！吊古迎新，胡诌一律："千里风沙万斛尘，开荒创化仰艰辛。丹墀粉壁依然在，画栋雕梁劫犹新。空有慈祥导犷悍，更无神策退顽兵。欣看黉舍规前制，弦诵声销呗咒声。"

趋"梁外"五里明沙

达拉特旗旗政府派来蒙古骑兵两名护送。向来蒙旗境内，夜不闭户，途不拾遗，不会有意外事件，无须什么护送，今年因为大饥荒，粮草均缺，达旗西境过境碱商竟遭路劫，连续发生两案，旅客乃有戒心，旗府派兵护送是有原因的。二十八日，从展旦召西赴柴登，中途经新城，至东梅令家小坐，进酥油砖茶泡炒米（炒熟的小米），加白糖调和，有异味，生平第一次尝试。昏黄时分抵柴登，全程约七八十里，"路遥知马力"，走惯包头水泥路的马匹，来走沙路，到下半天直是精疲力竭，寸步难前，马夫也病倒，频呼腹痛不止，我给他两片消炎片，吃了仍不见好，后来他从小口袋掏出一个纸包，私下吞了一些烟泡，十分钟后，竟霍然而愈，才知道他不是真病而是烟瘾发作！今天所走的地区，荒凉异常，有时数十里无人烟，据保安队第一大队叶队长告我，此段为抗战期间中日军队拉锯之区，当时国军占梁外，日伪军进驻滩上，时出劫略，不断交绥，蒙汉居民，逃避一空，胜利以后，日伪军撤离，旗政府准予放垦，乃渐渐有人迁住垦植。此间原为水草丰茂地段，如果局面安定，将来必更繁荣云。叶队长鉴于附近儿童之失学，特设小学一所，学生八十余名，聘教员二人，由大队供给膳食，致送年薪四百万元，设备虽简陋，但未领政府一分钱，义举可风。

明日，由柴登出发赴元宝湾，必须跨越沙梁，号称五里明沙。沙梁自东迄西，横亘伊盟，沙梁以北，通称"滩上"，靠黄河，丰水草；沙梁以南，通称"梁外"，便是沙砾高寒之区，出产也比较贫乏。梁外虽蒙汉杂居，约略也有个分际，大抵汉人多数住在"明地"，就是放垦的区域；蒙人多数住在"暗地"，就是未放垦的区域。暗地范围广，人烟稀，只准天生青草，放牧牛羊，仍旧行的蒙旗旧制；明地人口较密，由汉人向旗政府或蒙古私人那里租了土地，种植小米、马铃薯等耐旱作物，已实行保甲编制。

真正艰苦的路程，从这一段才开始。沙梁，在不常见高山的南方人看来，简直就是沙山。不知究有多深的沙路，过了一弯又是一弯，爬了一峰又是一峰，仅仅五里多路，单骑匹马走捷径需两小时，轻车走大道需三小时，如果是拖碱的牛车，重载的马车，至少半天。读了"千里江陵一日还"的诗句，简直不能想像"五里明沙半日程"是怎末一回事，纯洁的沙丘，不长一草一木，不杂一砖一石，风风雨雨，把它吹打成自然的花纹，加上一层薄薄的匀称的霜，很容易联想到薄施脂粉的少女丰姿，无论远望近看，都是很有趣味的，可是一踏进去，细沙没踝，拔一步走一步，两腿无从使劲，越急越陷得深，愈不得快，只有耐心地一步步挨。牛车过梁，尤其困难，总是两个人傍在牛的左右帮着它向前拖，一个人在后面推，同时不断的高声吆喝。爬过了一个沙峰的顶端，把这一辆牛车停着，照样地再盘后一辆牛车。这样一峰又一峰的盘进，直到盘完沙梁为止，牛马松了鞍，饮一饮水，喂一点草料，人躺下来休息一回，抽一袋烟，打一尖，半天的光阴便完了。

下沙梁，进西柳沟，南行。沟底平宽，沟面约半里，而实际流水的水道，只有靠边的一二丈，所以全沟道好像一条天然的公路，车行稳妥，马行快速。走沟道约二十里，折西复三十余里至元宝湾，住第二大队队部。队长沙金圪利，号玉海，蒙古人，英勇有为，抗战时与敌伪军交锋负伤，枪弹遗腹部，迄未取出，乃虔诚信佛，临睡必膜拜数十次而后就寝。卧炕以油泥粉刷，并以油彩画壁，高二尺许，更上左右壁各有淡墨画一幅，就壁描绘，笔端简雅，为西行以来第一见。

车行易马行

十月三十日拟由元宝湾取道宿海图，至孔度板，全程百里，预定至宿海图打尖。不料由元宝湾西行，尽是沙丘连绵，有若横断山脉，进程缓慢，到宿海图已六时半，不能再走，宿中队长奇金山家。今日行程，或云五十里，或云六十里，或云七十里，究竟不知多远，蒙人对于里程的估计，非常模糊，譬如出发时说有五十里，走了十几里再问人，可能说有六七十里，再走十几里问人，仍说是四五十里。实际上那些地带很少有路头熟的人，几年走一回，自然估计得不确；而且估计的标准各有不同，骑快马走小路，一天赶二百里不算希异，他们便估计得短；沿大道赶牛车，一天只能走三十里左右，他们便估计得长。我这次以杭锦旗旗府为目的地，在包头估计约需四天（单程），哪知到达展旦召已化了整整两天的光阴。从展旦召启程，谓"三天必达"，走了一天到柴登，说"还要三天"，又走了一天到元宝湾，说"仍须三天"，再走一天到宿海图，说"至少还得三天"！啊，焦急透了，我问奇队长："难道我前走的三天都是白走的？"他说："不，'只怕站，不怕慢。'你慢慢走，总会走到的。"我问的无理，他也答的调皮。于是我把所有迟慢的原因推在马车身上，说车子累赘，马不得力，决定回了马车改骑马行。

中队部派来骡、马、毛驴各一头，我骑马，随从骑骡，行李由小毛驴驮，弟兄一名护送兼照顾行李。卅一日的早晨，太阳才上山岗，西天还留着一绺残月，早饭以后，赶急上道，梁外的天气还较滩上为冷，晨风尖锐地透入肌骨，脚踩着踏镫却有些麻木。马蹄踏着浓霜、坚冰答答前进，四野散放的牛羊群在咀嚼残余的枯草，没有人烟，没有飞鸟，行人的心理，只有清冷、寂寞，无限渺茫的感觉。我初次骑马，不敢放步快走，三十里赶到扎度板打尖，已是午后三时。四时许再赶一程，走十余里，天黑，冒险策马小走，翻山越岭，又十余里抵杭锦旗界旺毛花儿二排驻地，歇夜，精力俱疲，臂〔臀〕部被马鞍磨破数处，痛不能坐，至此始知骑行亦非易事。晚饭进烤饼一小方、炒白菜及咸菜少些，腹中叫饿，口中无味，闻羊膻气及碎烟气味，便不能下咽。

　　十一月一日，把手表拨慢一小时，恢复冬季时间，八时出发，二十里抵保安队第一营营部。营部广袤百数十步，四周围墙作城堞形，堡垒森森，远望甚是壮观，院内房屋数十间，清静整洁，有似古刹。入内，闻无人声。找至下房处，只见班长一人、弟兄一人，竟无负责者，据告营长久不到公，家居距此尚有百里之遥，连长已去后套筹措粮草，此间仅为空营而已。请改派牲口，等候至下午二时，仅得一马一驴，急不及待，勉强成行，马主人权充向导。行二十余里，遇一蒙古人家，原可再走，问一二十里内无人烟，只得在此借住。蒙旗习惯，对过路旅客供宿供食，向无丝毫难色，但下马接洽时，主妇高踞炕上，虽不拒绝，却也不表欢迎。正疑虑间，遥见东南方一老翁骑白马瞬息飞奔而至，盖此家主翁，任郡王旗协理，奇全禧之管家，以两日程赶二百余里，自郡王旗返家者，方知主妇态度之冷落，正恐不速客扰其久别夫妻之团圆梦也。余告以奇全禧为余老友，渠所担任校长之郡王旗小学，即系教育部所设立，老夫妇听来欣然色喜，于是相谈甚得。老翁凡三兄弟，两弟均出家为喇嘛，生三子，长、次两子亦均出家，仅幼子留俗持家，已娶媳妇，蒙装秾艳，仪态大方，家中所有炊煮洒扫、饲养牲畜、远程担水等工作，都由她一人操劳。见余所携行军床、洗脸盆、打火机、刮胡子刀等行装，前所未见，来往窥视，而未尝驻足交一语。老翁家境亦相当富有，骡马五匹、牛羊三百余头，足以自给。傍晚时分，一声呼啸，牛羊群纷纷归来，露宿院前广场，自成圆形，蒙古恶犬三头，逡巡羊群四周，以防野狼偷袭。牲畜世界，自有其规律，亦自有其组织。是夜，余与老翁夫妇同炕，主妇毫不避嫌，脱光上身，就胡麻油灯光捉虱子，余谓有滴滴涕粉可以杀虫子，愿不愿一试？伊反谓："人，怎末可以没有虱子？"拒不用，为之哑然。

蒙旗政教一瞥

二日上午十一时，抵达杭锦旗阿宝珍王府，招住保安司令部。阿王府俗称"杭盖营盘"。杭盖营盘原在更西南十五里处，抗战期间，阿宝珍被俘，旧营盘被日军炸毁，胜利归来，认为旧址不祥，将王府、旗政府、保安司令部、党部、召庙等全部迁此，重新建筑，只有部办杭锦旗小学仍留保安司令部旧址，没有搬来。

王府完全是宫殿式的建筑，砖墙鸳瓦，楼阁亭台，堂皇富丽，为入盟以来所仅见，室内火炉、沙发、风景画片以及一应陈设，均与都市媲美。入晚招宴，鸡鱼海味、罐头蔬果，应有尽有，道地北平味，直不知身在沙漠中。按王公世袭制度历民国三十六年而不能废，自有其留恋处，非雄才大略、高瞻远瞩者，殆不足与语"废除"。阿宝珍为伊盟王公中唯一不染嗜好者，身材魁武，精干有为，战前以杭锦旗扎萨克（旗长）兼伊盟副盟长，战后复任杭锦旗扎萨克、杭锦旗保安司令、伊北护路司令，世袭清封"郡王"，故老百姓称"王爷"而不名。旗府、司令部值勤官员，仍穿长袍马褂，戴红纬帻，按时前赴，晨昏定省，同时请示公事。阿略识汉文，能汉语而不很流利，见客必携通译，据说杭旗自王府至旗府、司令部，已通电话，将来拟扩展至各营营部、各连连部，并增装电灯。小学已设六所，学生约二百余名，新设中正小学正在筹建校舍，并对部办小学，提供建议八项。杭旗轻工业如纺毛线、毛工厂等，正在计划中，杭旗建设，势将为伊盟七旗中最有希望之一旗。与谈蒙古自治问题，阿笑谓蒙汉人民，历久相处，向无龃龉，目前要务，在如何促进经济、教育建设，改善人民生活，自治问题，算不得重要课题。此段议论大可供一般自称代表来煽动自治者之参考。

无论旗府或司令部大小官员，都采值班制度，由管旗章京、东西梅令、各参领、佐领轮流值班，奉公差遣，不取薪给，如司令部主要负责者（约如秘书长）由管旗章京、东西梅令，各值四个月，办理公事，前后不易一贯，兼以文字方面须蒙汉互译，故工作效率，相当低微，积习已深，乃见惯而不自怪矣。

附近新建召庙，大殿尚未完工，参观经堂时，有喇嘛三十余人正于诵经后喝炒米茶，经堂中供佛号，四壁遍挂彩画佛像，悉用绫罗裱背。喇嘛趺〔跌〕坐栽绒蒲团，堂中楹柱，亦皆用栽绒毯包裸〔裹〕，手工细致，色彩鲜艳，得未曾见。闻全召有喇嘛三百余名，亦采轮值制，每年正、三、六、九各月住庙唪经，其他时间及不轮值者均外出各寻生路，或做买卖，或代人念经，至过冬则捆载而归，住庙渡岁。喇嘛禁娶妻，而蒙人送子出家，蔚为风气，蒙古人口之有减无增，当以此为主要原因。

三日赴杭锦旗小学视察，该校在保安司令部旧址，房屋宽敞够用，原有学生一百五十名，本学期因粮荒，学生锐减至三十余名。设备简陋，校务每况愈下，自易启人攻讦。惟教职员均非本地人，自繁华社会，来此寂寞世界，举目数十里无炊烟，师生打成一片，相依为命，离此集团，几无法自存，即此艰苦奋斗耐心服务之精神，已大可佩服。一般人在局外苛刻批评，或在办公厅中打官腔，诚是有伤仁厚。

蒙旗教育，近年来为潮流所趋，亦环境所必需，渐趋发达，有见识的蒙人，均愿遣送子弟入学，此为好现象。困难之点，即在蒙旗人口稀疏，学校太少，儿童入校路程，数十里或一二百里不等，走读为不可能事，入学即住宿，住宿即须自携粮食（每月需小米四十斤左右）。而学生年龄较高，大抵已能生产，入学后不但不能生产，且须大量消费，此非经济生活相当艰苦之蒙人所能忍受，因此入学后多数半途而废，能完成六年国民教育者为数极少。因思边疆小学，对于年限之伸缩、课程之编配、寒暑假期之调整，乃至施教之方法等等，需要重予考虑，始能顺应现实。

归程险遇

十一月四日踏上归程，同行的有随从一名、护送骑兵两名、马三匹、毛驴一头。所说黄河溜凌期近，我急于赶路，护送的也相当熟路，于是尽走的骑道捷径，首半天赶上一营营部，第二天宿苏太濠，第三天抵离索店，第四天到花木多，第五天返抵大树湾，过河回包头。四百里的路程，四天半赶到，算是快的。因为要赶路快走的关系，发生了几次意外。

在第二天下午，离苏太濠还有十里左右的地方，天将暮黑，策马小走，不料鞭策的不得其法，缰绳也勒得不适当，马竟大奔起来，我向没有骑马的经验，看来势猛烈，顿时惊惶失措。当时惟一的念头，只知道骑的不稳，脚套在脚镫中间，而后翻倒下来，会给马拖死，很少幸免的，与其如此，不如先行跳下，也许不致立时跌死。于是松了脚镫，向右边一跳，原期脚先着地，而结果是头先着地，眼镜摔落一丈以外，右颊跌破，流血不止。由于一半受惊，一半受伤，竟至昏迷不省，及随从人员扶起，面部麻木，倒不觉得痛苦，手脚活动了一番，知肢体尚无伤损，乃裹伤步行，至苏队长家歇下，用开水洗过伤口，把消毒棉花贴上，用手帕包扎，吃了三片消炎药片，入晚疼痛剧作，右面全面浮肿。当地没有医生，没有药品，自己又没有带外敷的药膏，除不断服消炎片外，一无办法，有无危险，只有听诸天命了。

过了三天，伤口渐渐平复，知道不会再有问题，乃鼓余勇，准备以半天的功夫，走五十里，赶大树湾渡河。同行的增加了一位生毛商人，一位花木多本地人刘君，骑的都是毛驴，刘君自负熟路，处处抄捷径，讨便宜，出发了两个钟点光景，遇到了岔路，一条是新车路，听说要绕道十多里，一条是老车路，说要经过几步的水滩。"几步"自然漫不在乎，一行遂沿老车路前进。行不多时，碰到了一条深沟，左右均是沼泽，无从绕过，沟上只架独木桥一条，人畜都不能步行，大家下了马，取下行李，人一个个从桥上爬过。马从沟中泅过，毛驴不会泅水，而且最怕水，涉水时一步不前，只得将缰绳接长，丢过对岸，硬拉过沟，行李则由刘君帮忙，往返驮运。费了一小时左右，才算渡过难关，喘息甫定，继续前进。不数里，遇水滩宽百余码，水甚浅（不过一尺左右），水底车辙隐然可见，水面结薄冰，尚有露出冰面者，初涉时并不觉得难走，走到五十码处，渐泥烂，马蹄深陷，拔步费力异常，非加鞭马便不愿前进。相惊已陷大淖中。我一路走来，每遇水流处，必前后呼问"有没有淖"，大有"谈淖色变"之概，现身历其境，知道是十二分危险的事。立即把马缰绳交由随从牵着，自己紧紧抓住马鞍子，只求不摔下来。走至八十码处，水深将及马腹，淖泥愈深，拔步更难，显然已届苦撑苦斗的境地！随从猛力鞭策，不顾死活，只求寸进，挨过十多码最险处，幸而水渐浅，路渐硬，一鼓作气，到达彼岸，我虽然没有用多大气力，但精神的紧张，达于顶点，上得岸来，躺在草地，简直已同瘫痪一样。那时只顾前，不顾后，三匹马和刘君骑的毛驴虽已过渡（刘君精于骑术，所以骑毛驴而能与马并进），而后面两头小毛驴仍在六十码处僵持不前。我们知道既逢淖泥，便不能停滞，愈停滞，陷得愈深，愈难自拔，马善于挣扎，故常能化险为夷；驴性情蹩扭，不听唤呼，故最易陷于深淖，甚至牺牲生命。刘君看情势逼急，乃自告奋勇，骑一马，牵一马，前往援救，把已下水的行装，改由马驮，小毛驴夹在前后两马之间，胁迫前进，经过一小时的奋斗，总算全部安然过渡。刘君陌路相逢，挺身援助，义勇可风，特奖赏国币十万元，以示感念。

下午四时许才抵达大树湾。是日适逢立冬，天气骤然转变，三时起西北风大作，飞沙走石，漫天匝地，一二十步不辨人形，黄河浊浪滔天，渡船三艘，逆风逆水，不得回渡，渡口大批的旅客、骡马、碱车，在西北风中守候，望河兴叹！据有经验者声称："如果太阳下山后风势不杀，便彻夜不止，立冬季节，延绵一两天也说不定。"多逗人心焦的话！感谢天公，太阳下山后，风渐息，浪渐平，船夫开始集中，人畜纷纷登船，暮色仓茫中，再渡黄河，返抵包头。

《西北通讯》（月刊）

南京西北通讯社

1948 年 2 卷 2 期

（王芳　整理）

塞外之行

孙彤达　撰

　　八月二十二日早六时半，同任钺、武绍岳二理事乘平绥路车赴张家口，经南口、青龙桥，穿山过岭至康庄等处，下午三时到达张垣，蒙垣会诸兄热烈欢迎招待，当晚宿于察哈尔饭店。于二十三日拜访常地党政首长。二十四日早十时，召开会员大会，颇为隆重。二十五日下午三时，乘邮运空袋车由张垣至平地泉公路专车赴归绥。此行蒙刘安兄亲送至大清门外。我是初次坐这样的车，重量在万斤左右，好像坐在房上那么一样，浩浩荡荡的前进，真是走过一山又一岭，一步比一步高；至猴儿山，该车已成半直线形往前迈进；行至狼窝沟地方，车后带气泄，不能前行，此时同车之人，皆出惧色，经询云："前数日在此处被匪劫取汽车一辆，车丢人伤。"我们不但不惧，颇能自安。七时三十五分，到了塞外张北县。当赴城内视导会务，一切尚佳，返回城外，宿于牛羊客店，该店设备堪称甚佳，既无门窗，空气十分流通，枕鞋而眠，其乐也融融，绝耽误不了行程。二十六日早五时半，起程赶路。此日行程不甚痛快，车毁三次，出轨二次，饱尝塞外风味，当夜宿于大青沟。次日（二十七日）早六时，又行赶路，数十里也看不见一棵树，十数里见不到一点水，行至高乌素地方，车已成偏坠形，勉强前行，势将翻车，无耐卸袋再装。此时车轴早毁，车轮外向行，真是叫人担心害怕，但也无可耐〔奈〕何，一切都龋出去了。行至离集宁（平地泉）八里处，险些儿开入深约二丈的桥下去，大家都叫将汽车灯开开，司机是个二虎头，到了集宁，快开入戒严已久的北城门口，又险遭枪击，后来转赴东门，经婉言交涉，始入城，赴集宁邮局休息。此行共费时三日。由集宁开往张垣的邮包车共二十一辆，当局向以西北为生命线，可是人手非常缺乏，邮路不良，须要修葺。集宁局大转运的工作由关大中同志一人负责，事实上局方应当注意邮务发展，应选派大员在此坐镇，指挥一切，办理包裹转运，交涉车辆。处此时期，若非业务发展，增加收入，何能免去邮政业务当前之颓势，希望当局要注意这条生命线的发展，加强他们的人手，更希望高级主管亲身到这条生命线上去视查庐山真面目，然后就知到他的重要了。建邮就应当以此为始，不是坐在高楼大厦之内，每天竞高喊邮务亏累，照这样下去，我们开支就有重大问题。二十八日午饭毕，蒙集宁局诸兄送我们到车站，正在谈话之际，忽闻枪声大作，槽〔嘈〕杂之声不绝于耳，此时车内外客人各找安身之处，经十分钟后，方探知系军人与路警因故斗争。三时半开车，于八时十五分到达归绥车站，全体理监事及马局长到站列队欢迎，经握手寒暄毕出站，备有大卡车送我们到绥局。小憩，即赴武常理绍岳府上住宿，蒙受热烈招待，五衷感激。二十九日早，分别拜访当地党政首长毕，十一时正式开会，整齐严肃的情形，可为平绥路上各会之冠，对会务上之供献，至堪期待。三十日，同赴归绥名喇嘛庙小召去参观，别的庙内看不见的希奇像，在此庙内均可瞻仰。晚餐毕，请我们看山西梆子，水上漂的"天河配"也很好听。三十一日早六时，绥局同人送我们到车站转赴包头，十时半到达，蒙梁盛元、张养和二兄到站欢迎。到包局后午饭毕，时已阴云密布，顷刻降雨。下午三时，同君越、盛元二兄分别拜访党政首长，蒙高市长云山亲自接见，朴素和霭〔蔼〕之风度，实民众之楷模。

晚宿于裕丰昌货栈，招待甚殷。九月一日下午六时，假市参议会会议室召开包头工会成立大会，经各首长出席指导，在合法声中理监事正式选出，摄影散会。二日晨早餐后，应盛元兄之约，作黄河渡船之游。包头市东南二十余里地方名为登〔磴〕口渡河口，乘汽车三十分可以到达。河的北岸，小贩林立，驻有重兵严守，两只大船往返，渡人民、货物、车辆等，水流湍急，为螺旋形，询及水手，云：该处深在四十丈左右，出产只黄河金鳞鲤鱼而已。归途看见人人都抱个西瓜吃，此亦天热之故耳。他们本地有句谚语："早穿棉，晌穿纱，抱着火炉吃西瓜。"到局后，接得归绥马局长的长途电话云："飞机票购妥一张。"催我等早返归绥，于是当日下午三时返回归绥，已夜半，离戒严时间相差一刻钟，马上加鞭赶到武府。半宵无言。三日君越兄已确定四日飞返平，转赴南京，出席全联会第二次理事会，解决全国四万五千邮工之待遇问题。我与泉亭兄商定"哪道而来哪道而回"，急速返平共商会务。是日下午中航空公司电云"可以三人同行"，这都是雨农、荫棠、励三兄等交际之广的收获。四日十二时到机场，又蒙归绥工会全体老兄欢送，在此情形之下，增加我许多努力。在下午三时二十分抵达北平。总之，此行观察"戡乱"大计，已有很充足的把握，会务的进展，较之去年确有相当进步，关于业务的发展，似不如理想之佳。我们在未离开包头之前，曾到甘宁青包头汽车站参观，经刘站长招待与说明，该站位在城内西北角半上坡上，路北大门，院内四合房分为办公室、宿舍、厨房等，相当宽阔，东院为停车场，车库正在动工修葺，并备有后门，以便行车，门外的路是他们自己修葺，直接公路大道，每星期由包头至兰州互相往返，据云"业务相当发展"，我于是想到北平邮区也应在适当地点，设立汽车站，自给自足，一方再利用铁路运输，广收包裹，何患头寸不足呀，否则不堪其虑矣。看到了此次包裹增加补费，影响我们收入匪浅，补费有在十亿元左右者，商人颇厌其繁，眼看着都到转运公司去办，希望从速改善办法，增加我们的收入，这是我们最高当局应该注意的事。二星期的塞外之行，不论在个人、局务、会务哪一方面，都发现了缺点与进步，进步的地方当然还要努力保持，缺欠的地方却须要立刻加以改进，然后建会、建邮、建国的目标才能完成。

归绥之小召

《北平邮工》（月刊）

北平邮务工会宣传部

1948 年 4 卷 9 期

（土芳　整理）

霍硕特前首旗游记

阴景元　撰

一　出发之前

霍硕特前首旗是青海蒙古二十九旗之一，以其牧地在黄河以南，过去封号为亲王，所以通称河南亲王旗。他在青海蒙古河南四旗中，向居领导地位，清末民初的时候，除了管理本旗十一支箭的百姓外，霍硕特南左翼中旗（俗称拉加扎萨）、霍硕特南右翼中旗（俗称达称扎萨）、土尔扈特南前旗（俗称托尔和扎萨）等三旗的百姓，都受他指挥。现在除了拉加扎萨服属于青海同德的拉加寺外，其余二旗，依旧受他管辖。他的牧地，是在黄河东岸，西倾山西北，则渠河流域，境内水流甚多，牧草肥美。居民除在拉卜楞寺西雷周沟村庄是农业化外，草地纯系游牧生活，计有二千余帐，连同其他二旗，共约四千帐。

笔者自二十四年夏，由南京到西北后，现在已十三个年度了，在这不很算短的时期内，对于西北上新旧式的交通工具，如汽车、轿车、马车、牛车、架窝、骑骡、毛驴等大都尝试过，并且坐过羊皮筏子，渡黄河之天险，骑过骆驼，横行腾格里大沙漠，只是没有到过草地，每逢听人讲到草地风光，不由得不令我欣然向往！可是走草地并不简单，没有充分的准备，就不能成行，没有庞大的经济力量，也就无法准备，比如帐篷、锣锅、火皮袋、行军床（没有床，须用厚垫）、皮褥子（最好是熊皮，其次是山猪皮，再次是狗皮）、老羊皮袄、长统靴子、氆氇褐衫，或是毡衣、干粮、药品等等，没有一样不需要钱，有了这些条件之后，还得要翻译人员、护送人员、走马驮牛，那更是主要条件之一，所以我说是并不简单！

本年夏，霍硕特前首旗护理扎萨克恭宝朗吉，自首都游学归来后，他的夫人扎希才郎女士和旗内的百姓，早就由该旗草地来拉迎候，并请他赶速到苏户（藏民称蒙民叫苏户，因此把本旗牧地，也叫苏户）去。恭氏离开蒙旗，已经半年多了，除了亲属和所有旗民在殷切盼望外，还有些比较重大的事务，在等着他去处理，他哪能在拉久住。当我听到他要去草地的消息，我的心在动荡不宁，一时游兴顿起，转而一想，我什么条件都不具备，怎配走草地呢？后来听说老友赵君侠兴，这次准备同去，却好时候正是夏季，水旺草长，牛羊肥壮，我实在抑止不住我的游兴，立刻跑到恭札萨克那里去商量，他毫不犹豫地一口答应了，还借给我一双皮马靴，又叫他的部下，替我找了一件毡衣，不但锣锅、帐篷、马匹等，不需要我来筹划，甚至连饮食都不要我预备。此时的我，除了发生不可思议的感激外，并且深切的体验到天下再没有比满足愿望的事更快活了，我这多年求之不得的走草地的愿望，竟在恭札萨克一诺之下实现了，当即回来整理行李和服装，并在几位朋友处，借到了狗皮褥子和被套等必需品，为了以防万一，特地又买了些常用药品。

二　由拉卜楞至万根雄

八月十一日的清晨，我在伴侣并不算少的阵容里，离别了旗政府，踏上了征途，天气尽管晦暗而带着雨意，同行的人都不畏缩，我还有什么犹豫呢？经过了萨哈拉、扎希塘等地以后，顺着大夏河向西迈进，潺潺的流水声，配合着得得的马蹄声，再加上我们的笑谈声，这是何等优美的交响曲啊！

细看我们的行列，除了恭扎萨克的夫妇外，还有蒙旗派来的民兵二十余名（这民兵等于旗府的侍卫队，据说共有五十名，枪马粮弹，都是自备，三年一换，每逢旗府主官来往，例须迎送，另有二十余人，已于昨日押运着先行了），内地人士，除了我和赵君外，则为扎萨克厨夫宋某。约行三十里，便到桑科滩，这里是纵横数十里的大草原，清澈无比的大夏河，宛如白龙似的躺在草原的怀抱里。我们渡了夏河的支流，折向西南行，虽没有见到牛、羊、马匹，可是红黄蓝白的花，遍地都是，清风吹来，它们于含笑点首之余，还放射着芳馥的气氛，这伟大而自然的花圃，草地里到处都有，毫不吝惜的任人欣赏。

乌云徜徉于天空，雨是无法安身了，只有趋于下流，来和大地接吻，我们挡不了雨的驾，于是披上毡衣，继续前进。过了嘉布岳山，翻了几座高岗，便走进了狭〔峡〕谷。下午一时许，已是大雨如注，天无绝人之路，我们的前站，早把帐蓬支妥，大茶（是边胞主要的饮料，产于四川松潘，叶阔杆长，毛尖、龙井，看没有他伟大）熬好，锅盔（比内地烧饼，既厚且大）、羊肉、酥油（由牛奶中提制而成，也有叫他黄油或奶油）、糌粑（炒青稞磨成的面）陈列齐全，我们便下骑入帐，饱啖痛饮。

此地有山名郁布遐，地上草深及膝，溪流亦旺，真是良好牧场。吾人食罢，已云散天晴，正好继续前进，越过山岭、溪流各二十余道，便到达角木公阿，西北天空，又黑云涌起，未一刻，雷电交加，大雨倾盆，霎时毡衣尽湿。物理学里曾告诉过我，在大雷雨的时候，要是穿了湿衣服，很有触电的危险，可是在这茫茫草原中，既没有房屋来躲避，又不能不穿湿衣（因为湿衣脱去，干衣又湿），触不触电，完全听天摆布，最讨厌的是心中虽然焦急，恨不能立刻飞到住宿地，但是马却毫不在乎，反而停着不走了，直至雨势稍小，才移动他的蹄子。

前行不远，旗府草地管家地耿登，领着民骑数十人，冒雨前来迎接恭君夫妇，问好递哈达后，一同随行，晚五时许，到达了青海同仁官秀族的牧地——万根雄，才支帐露宿。这里的草也很好，有一条细流，名叫万根渠，据说是洮河上源之一。我们没有行军床，只好将行李铺在湿草上，幸而我借到了一张狗皮褥子，还可以隔隔潮气，不然的话，这草地第一宵的滋味，就不免啼笑皆非。

昨天的驮子，也在这里住宿，总计帐蓬十余顶，除了恭君夫妇两人一帐外，别的帐蓬里，人数都相当的多。帐蓬支妥，民骑便煽动火皮袋，忙着熬茶。火皮袋系圆筒状的羊皮胎，于颈部束一铁管，放到牛粪火内，尾部有大口，左手执下端，右手执上端，煽动有方，便一开一阖，鼓气入火内，要是没有经验，那就一筹莫展。它的作用，虽和风箱相同，但是构造简单，携带方便，远非风箱所能及，这件东西虽微，功能却大，凡是走草地的人，谁也离不了它，尤其是雨雪天。食罢晚餐，略事休息，即就寝，雨还在淅沥的落着，节令虽是六月，气候已和内地的初冬差不多！

三　由万根雄至华里秋哈

十二日晨六时许起身，既没有洗漱，也没有饮茶进食即启行，因为这里水分充足，时有沮洳地带，假如不明路径，很有陷于泥淖的可能。今天的阵容，比昨天更伟大，共计约近百人，还有一面旗子（旗子是三角形，中绘佛像，据说是王府的护法），在前面开路，更显得威武。西行不久，折而南行，这里是长约数十里的狭〔峡〕谷，有一高大的山，名叫万庆夕娘，山上没有林木，只有碧绿的芳草，和最易燃烧的一种灌木，狭〔峡〕谷的中间有一条水，名字叫万庆渠，向东北流，注入洮河。

走进狭〔峡〕谷不久，便遇着大雾，我恐怕有瘴气，把带来的纸烟，分散给民兵，他们吸着顶高兴的，连说"噶镇钦"（谢谢的意思）。九点多钟，翻万庆山，由山下到山上，约有一里多路，下坡很陡，久不骑马的我，虽未髀上生疮，却也两膝酸痛，因此下马步行。到了山麓，又是一个纵横数十里的草原，呈现在目前。草原名叫菊布塘，也是官秀的牧地，有一条水，据说亦名万庆渠，向西南流，注入则渠。附近的三个山，形状很像胃、肝、心，蒙藏同胞就叫它"万庆菊布"、"万庆青巴"、"万庆镪遏"，滩里的草长仅寸许，有的地方约有四五寸，牛粪堆和牧民的遗灶很多，据说到了秋季，官秀人民，便在这里插帐。

我们在离万庆菊布不远的地方，下了一顶帐蓬，休息进食，饭后登骑续行。约三十余里，过一山，便到了本旗的苏茹穹哇境内，渡了则渠以后，我的马已是疲惫不堪，距离大队很远，只有宋厨夫和我同行，恭扎萨克很不放心，特派人折回来迎，并鞭策我的乘骑，这时候它居然鼓起余勇，向前奔驰，不一刻，已参入大队。

御马和用人，很有点相似，会御马的人，不但能骑猛烈的马，并且能把不善走的马训练成良骥。不善骑马的我，遇着步度很快的马，担心摔下，骑着稍微老实的马，就慢如骆驼，不能和别人并驾齐驱，因此总觉得没有合适的马。会用人的人，随时随地，都是人才，因为他能知人，能体贴人，能舍其短而用其长，同时很注意训练部下，使其成才，到了成才之后，又能提拔他，而不压抑他。曾文正公时代，所以人才济济，就是因为他随时在物色人才、训练人才、提拔人才。不善用人的人，手下只有奴才，决不会有人才，就和我的马术一样，只能骑驽马，而不敢骑良骥，还以为天下无好马，真是冤者马也。无怪韩文公很慨叹的说："千里马常有，伯乐不常有！"

翻了四五座山头，才渐渐走近蒙古包，很多硕大如小驴的狗，蜂拥而来，追随着我们这些陌生人，狂吠不已，民兵大都提着马缰绕击，犬才不敢向前。当我最初见到民兵们长达丈余的马缰，总觉得他们不嫌累赘，真是相当的笨，这时候的我，才彻底明了长的功效，可见得不为人设想，不根据事实，而信口批评人、责难人的人，他本身的正确性，就太渺乎其小了，听的人如若不加思维，竟信以为真，其结果怎能不铸成大错。

五时许，到达华里秋哈，这便是亲王府的蒙古包所在地，王府的老管家嘉样和旗府新建的扎希趣宗岭寺主磋多佛，远远的走来，拿着哈达来欢迎这位离开旗下半年多的恭扎萨克，从他们愉快异常的表情上，可以推测他们甚至全旗的老百姓，盼望着恭扎萨克的归来，是何等的殷切啊！

我和赵君下马以后，便被招待到亲王夫妇的蒙古包里，穿着金黄缎子马褂，戴着桃形佛冠的磋多佛，坐在正中，恭君夫妇，坐在右面，我和赵君，坐在左面。我们坐定后，管家嘉样，又向我和赵君问好、递哈达，跟着奶茶和蕨麻米饭（陈在碟子内，半边是蕨麻，半边是米饭，内注酥油，上放白糖）捧进来了，吃西餐似的每人一份，这是蒙藏同胞对于贵宾莅临时必有的盛馔，除了表示恭敬，还具有吉祥圆满的意义。最后包子和手抓羊肉等，又接着上来，我们食罢，便回到住宿的蒙古包里去休息。

恭扎萨克派他的随从菊巴嘉，专门来侍候我们，行李放妥后，又复风雨齐来，以系到达宿地，心中比较安定，因为蒙古包的毡子，已稍旧，水渐浸入，我和赵君笑着说，老天爷知道这里没有澡堂，特降圣水，替我们洗尘来了。后经菊巴嘉覆以毛巾，这才风雨无忧。蒙古包的顶上，系着一根绳，另一端拴在中心地的木橛上，以免大风莅临，吹翻了蒙古包。顶上有直径二尺许的圆孔，如无风雨，经常的敞着以通阳光。包的中心地木橛旁边，掘了一个纵横尺许、深不及尺的方坑，内考〔烤〕牛粪火，既可御寒，又便温茶，直是一举两得。

四　蒙古包风光

因为恭札萨克之岳母，是在离此一站之遥的亲王府居住，本打算今天（十三日）前往，一则以驮子未到，再则以草地蒙民，纷来晋谒恭扎萨克，三则以昨前两日，途程较长，每日骑马疾行十小时，估计至低日行一百五十里，大有人困马惫之感，同时本日仍在落雨，不得不留住一日。

下午二时许，天才退晴，我们为了赏识草地风光，特地带着菊巴嘉，到附近的山梁上游览，但见岗峦起伏，草原茫茫，牛、羊、马匹，成群结队，很安详的在寻找可口的草，虽没有村落、林木，却也别具风味，不由得不心旷神怡。余等略事徘徊，便折回参观王府的蒙古包，计有亲王住宅、佛堂、会客室、大厨房、小厨房、储藏室、管家住宅等八座，就中以大厨房为最大，亲王住宅、佛堂、会客室，最为富丽堂皇。

亲王住宅、佛堂、会客室，都是崭新的白毡，顶上的长杆子和周围篱笆似的短杆子，都油漆成红色，并且缝着里子，顶上是红色印蓝十字的氆氇，周围是彩绸帷幕，冠以浅蓝色的走水，上面是红色缎子，镶着绿、红、黄三色的边缘，色彩配得很调和，要不是宽阔的草原，和满山遍野的马、牛、羊，呈现在眼前，简直会忘记了这便是草地；门系木制，可以启闭，楣上悬布一方，用沙金书写藏文的经咒，门的外面，还高撑着白布帘子，以挡风雨。

　　佛堂和会客室，都装有金顶，包的四周近地处，有细绳编制的树条帘子，高约尺许。佛堂内供有王府的护法神，一位年高德劭、经典很好的喇嘛在住持，早晚诵经献供。门前有嘛呢杆，上悬印有藏文经咒的彩布幡，杆旁为"煨尚台"（祭神时燃烧柏枝香于其上），每逢早晚，前往转"葛垃"的人很多，即沿包由左向右绕行，祈求消灾降福。会客室内有便于携带的钢丝床，上面铺着精美的栽绒毯子。床前有桌，桌的两侧，各铺一条狭长的栽绒毯子。亲王住宅里，有床有桌，还有其他的用品。

　　大厨房的门前，也有个"煨尚台"，包的四角，竖着四个杆子，用绳子连着，绳上系着彩布嘛呢幡，随风飘扬，很远就可看见。包内朝门的方向，供有佛像，其意义和内地灶君同。神像右侧，堆着几十袋青稞，左侧为碗架，有精美古雅的细瓷碗数百个，红的发亮的铜茶壶十余个，被酥油浸透的木茶桶十余个，均整洁可爱，此外有大铜锅六口，直径二尺、高约三尺的大水桶数个。灶成丁字形，精美小巧，内烧牛粪，终日火势熊熊，制造奶油酪酥，大都在此。

　　小厨房内有碗架及锅灶，亲王家属日常饮食，在此制办。储藏室内放置奶油、酪酥以及皮毛等，管家住宅，陈列比较简单。大厨房的右侧，为马、牛、羊圈，每到晚间，牧人骑着马，赶着牲口集合，它们便很驯服的蠕动而归，羊叫、牛鸣、马嘶，成为草原朝朝暮暮必有的歌声。王府牧场，据说有好几处，这里有马数十匹，牛数百头，羊近千只，每羊年可剪毛二三斤，牛在夏季，日可挤乳三次，冬季仅二次，挤乳和制造奶品，都是妇女担任。

　　在王府的南边，是旗府协理宗周的蒙古包，也有好几座，西边是百姓们，总共有五六十顶。本日前来晋谒恭扎萨克问好、述职的，络绎不绝，他们一致关怀其在南京的生活，并坚请其留住旗内，替他们办事，不必再到南京去。内地人把到边疆上来，看做充军般的可怕，边疆的人，到内地去，其恐怖心理，有时比充军还要利害。恭氏接待旗府重要职员和替王府服务的百姓们，都非常和霭〔蔼〕，这次由京归来，带了很多的礼品，赏赐他们，所有拜领的人，无不皆大欢喜。

五　由华里秋哈至秋葛

恭扎萨克恐其岳母悬念，十四日的清晨，虽落微雨，依旧出发，七时许启程，管家嘉样同行，另有侍从二十余人，约行十余里，雨是停了，可是雾很大，茫茫草原，不但路径没有，方向也不容易辨别。走了好几个钟头，连跟的人也有些模糊不清了，幸而有几位年老的人在引路，才没有走入迷途。十时许，雾退天晴，从拉卜楞到苏户来，恭扎萨克仅系一小枪，今天他居然也背了长枪，这时又把长枪取下，我还疑惑他志在打围咧！询问之后，方才知道本日所经地区，虽属该旗牧地，因为幅员辽阔，同仁藏族买秀、瓜什责、琐诺尔部落，往往越界偷牧，双方相遇，互不相让，即易冲突，而致械斗，所以不能不事先准备！世界大局，在密云不雨，和平之神，在姗姗来迟，想不到草原情况，并不例外，随时随地，蕴藏着火药气氛！

正行进间，遥见数里许之地，有人有牲口，恭氏和他的部属，都当是敌方，立即策马奔腾，跃进山峰，争取优势，并嘱其妻扎希才郎女士与余等不必随行，毫无自卫枪枝以及旅行草地经验的我，真不知如何措置是好，只有跟着走再说。所幸他们走近，发现并非敌方，而系自己的前站，一场虚惊，如是解围，于是略事休息，复行前进。十一时许，抵噶玛渠滨，下骑午餐，以水草茂盛，天气较热，蚊虫和蚱蜢，不时觅取攻势，稍不留意，即遭毒刺，既刺之后，立即红肿，并且痛痒异常。这时恭氏拿着望远镜，向各处瞭望，又发现离此数十里之遥的西山口内，有人有牲口，并无帐幕，据他们推测，或许就是偷牧的人。

餐罢续行，此地草原之大，并不逊于桑科滩与菊布塘，草很茂盛，蕨麻特别多，蘑菇、秦艽、间亦有之。过了草滩，走进山谷，行数里，翻托尔根山，疾行二十余里，遥见欢迎人员一百余骑，在路旁恭候，王府管家丹巴，随着恭扎萨克的大少爷更登颂，向恭氏夫妇请安、递哈达，并携有西瓜、糖果等，我们又下骑饱啖，略事休息复行。欢迎的人，一律持枪恭立，脱帽致敬，等我们走过以后，才跟着前进。更登颂便是本旗未来的负责人，今年才七岁，看他的体格，简直像十几岁的孩子，戴着黄金纸制成的僧帽，穿黄马褂、披红袈裟、着僧裙，青绒番□（本旗惯例，亲王之子，幼年均着僧装，成年后，始卸去），骑着一匹鞍鞯华丽的骏马，由丹巴伴着同行，有时还嫌马的步度慢，时时扬鞭催之，不善骑马的我，见到他的这种神态，真有些愧赧！

行未数里，恭扎萨克告诉我们快到了，那马耳朵似的两个山峰的对面，便是王府和寺庙。我们听了他的话，当然很高兴。又走了数里，便见则渠滚滚西流，略向右转，王府和寺院的伟大建筑，则渠两岸的蒙古包和黑帐房，都呈现在眼前，还有一百多名喇嘛，擎着幢幡宝盖，铜锣长号，在列队欢迎。恭扎萨克一见，便下马步行，他的夫人为避免下马之烦，领着我们在僧队后面前进，走过寺院，便到王府，恭氏的岳母蓝蔓藻氏笑逐颜开的迎出门外，并向我和赵君问好。跟着一同踱进大厅，这大厅是建筑在高岗上，地基比前院高约丈许。由前院全大厅，须登十几级台阶，到了人厅坐下后，奶茶、瓜子、点心、糖果、蕨麻米饭、包子等等，累累满桌，我们毫未客气的饱餐痛饮。恭氏岳母频询恭君在京的生活情形，恭君一一回答，并畅述京、沪盛况，我和赵君便辞出，到前院西侧客房里休息。

六 亲王府与寺院

亲王府和寺院，都是民国三十三年新建的，所有木料和柱石，都是数站之外驮来的，工程相当伟大，王府现已大致竣事，仅西侧的马厩，仍在打墙。寺院工程，完成了四分之三，亦在积极赶修中。王府的大厅，门上悬有横额，题有藏字，文为"颇藏德吉勒颂" ཕོ་བྲང་བདེ་སྐྱིད་རབ་བརྒྱད་，中间计三大间，左右各三间，共计九间，两侧尚有厢房各三间。大厅内部，桌椅俱全，正中壁上悬有国父遗像、主席玉照各一幅，余为活佛玉照、旗府人员与亲属之照片等。桌上陈列钟表古玩以及瓷质之大肚佛和仙姑等，真是琳琅满目，草原睹此，实属不可多得。前院左右有平房十余间，供储藏什物，以及管家与随侍人等居住之用。本日（十五日）前来谒见恭氏者，仍络绎不绝。

我和赵君，便去参观寺院，王府的东侧，也有一顶供着护法神的蒙古包，一个喇嘛在照料香火。过此不远，便到寺院的大经堂，门上书有藏文寺名"扎希趣宗岭" བཀྲ་ཤིས་ཆོས་འཛོངས་གླིང་，左右壁上悬有纵横丈许之四大天王像及香拔拉图、六道轮回图等，极其庄严伟大。内部计七七四十九间，有僧人坐垫及寺主法台等宝座，壁上绘有护法，以系新建，铜像很少。后殿凡三层，尚未完工，大经堂顶上亦有楼房数十间。经堂的西侧是厨房，共九大间，成四方形，内有大锅一口，小锅四口，另有茶桶数十。全寺喇嘛共有一百六十余名，寺院圆满落成后，本旗所属十一支箭，以及其余二旗的闲散喇嘛，均将来此潜修。寺主系敦请拉卜楞寺磋多佛担任，另有活佛四名，僧舍已完成者，约二百间，余在继续建修中，冬季讲经院已告竣，夏季讲经院，正在奠基。此地山形与寺院规模，很像拉卜楞寺，只是山上林木毫无，未免美中不足。据云寺院落成后，即发动僧俗，扩大造林。王府管家嘉样，年近古稀，精神健壮异常，于协助料理旗务之余，时时前来监督工程，诚属难能可贵。

七　计议返拉

昨夜大雨，天明犹未止，八时许始退晴，闷坐室内，无事可作，颇觉无聊，因无赵君，往游西山，缘则渠西行。则渠河幅，较大夏河为宽，以地势平坦，水力不如大夏河。河床亦系石底，水甚清澈，有无鳞鱼二种，一名绵鱼，一名石花，因为蒙藏同胞，均不捕食，所以又大又多。则渠发源于本旗西北隅，先东流，后南流，最后西流注入黄河，所经地区，大都为本旗牧地。行里许，即登山，山上有土房数座，蒙古包数顶，以及少数之牛羊群，另有石堆一处，堆砌刻有藏文经咒的石板很多，狐兔时出没其中，獭拉（一种野牲名，皮可制大衣）亦随处皆有，草长四五寸，并有秦艽、大黄等药材。于山上略事盘桓，即返。

本旗境内，有蒙胞，有藏胞，十一支箭等于十一个部落，计藏阿里三部落，卡桑磋科二部落，苏茹穹哇四部落，外色二部落。此地（即秋葛一带）属藏阿里，东北为卡桑磋科，再东北为苏茹穹哇（即华里秋哈一带），南为外色，本旗居民，大都说藏语，用藏文，行藏俗，仅外色部落，有一部分人士通晓蒙语。

除了寺院外，别无受教育的场合，寺院除新建的扎希趣宗岭外，达称扎萨、托尔和扎萨和外色、苏茹穹哇等部落，间有小寺院数所。居民除营游牧生活，并附营小手工业，如制毡、织褐等，出口货物有皮毛、奶油、酪酥、毡、褐、鹿茸、麝香、野牲皮、牛羊马匹、大黄、蕨麻、蘑菇等，入口货为青稞、布匹、茶糖、烟酒、食盐等。

　　最为严重的是医药，因为他们吃的大半是不易消化的肉类，同时对于性生活不注意，所得的病症，经常以嘈胃、花柳为最多，痧〔沙〕眼的百分比更大，就中别的病症，尚可消极抵抗，只是花柳特感痛苦，在拉卜楞寺为医治草地病症的医院和卫生所，并不是没有，可是很少到草地去工作，到了草地，又很少不要钱。这一带的居民，除了到拉卜楞才能碰上公家医生外，在草地遇到的，多半是只能会注射六〇六果能克淋之类而不会看病的冒牌医生，因此每针药价特别昂贵，一针六〇六，起码在银币三十元左右。相沿既久，你要给他要少了，他会疑惑你的药是假的咧！

　　兽瘟在过去也很流行，近几年来比较的少，但发生兽疫的时期，多半是青黄不接的冬季和春季，这时候的牲口，营养不足，有时大雪封山，竟至饥寒交迫，内在的抗〔抵〕抗力，极其微弱，当然免不了病疫的滋生，假如能购买几架割草机，当草茂时割下，留作冬春饲料，我想也许可以减少。此外有一种无尾鼠甚多，到处钻穴，专食草根，并有较画眉稍大之鸟，与之同居，牧民深以为苦。据余留心考查，牧地小者，诚足为害，牧地大者，不但无害，反而有益，因雨水一多，其穴为水浸灌，鼠即搬迁，迨其迁后，草反特别茂密。这便是它疏松土壤的功效，而且这种功效，远非农田的蚯蚓所能及。

　　我们原定计划，是要多住〈些〉时日，多走些地方，将来和恭扎萨克一同返拉。到了这里之后，见到恭扎萨克公私事务，极其繁忙，短期内是不能离旗，要想出去游历，我们的准备，太不够条件，万一天气转变，衣的方面，首先发生问题。又据今日（十六日）来人谈，前日由拉送信来此之二藏民，于郁布遭遇匪数人，劫去衣物，并检查藏文信件，我们觉得最好趁此地居民赶拉卜〈楞〉寺七月会的良机，一同偕行，以免旗府派员护送之烦。

计议既定，当即同往恭扎萨克处洽商，恭氏夫妇及其岳母，坚留余等多住时日，以便与恭君同返，经余等一再申述，始允派员护送至华里秋哈，俾便与大帮同行。

八　由秋葛返华里秋哈

今天（十七日）是阴历七月初二，大帮定明天启行，因此我们再也不能等待，决定今天离此。十时许，两名护送的民兵到达了，恭扎萨克仍令菊巴嘉送我们到拉卜楞，频〔濒〕行之时，他们全家出来恭送，并说了许多招待不周和祝我们一路平安的话，我们觉得由拉至此，打扰太多，说不出的满腔谢忱，给连声谢谢代表了一切。

本日天气晴和，途中至为畅快，我们一行五人，在这广阔的原野里奔驰，尽管有说有笑，总觉得渺小得可怜，孤单得可怕。走了数十里后，翻过哈里山，驰入大草原，因为天气不早，我们不能不快马加鞭，到了噶玛渠滨，未多休息，便继续前进，因为这一带地区，容易碰到匪类，菊巴嘉便把小枪取出，紧握戒备，并且马匹当先，左顾右盼，我们的情绪，也跟着紧张而严肃，只有衔枚疾走的马蹄声，而没有轻松的笑话声。走到哈遏拉志（系插箭祭神地，蒙民叫俄博）旁边，遥见哈遏渠旁，有马数匹，还有几个人在熬茶，见了我们，立刻泼了茶，忙着拉马，我们因为人数少，同时我和赵君又没带武器，万一是匪类，我们很难操必胜，只有跟着菊巴嘉策马疾行，登山腰，绕道前进。我们的马术，本来不佳，同时已跑了好几小时，很有些疲倦，上坡时还可支持，下坡后，马还在跃进，实在受不了，然而在此一发千钧之时，已不容余片刻停留，惟有紧握马衔，听天由命而已，幸而走进渠滨，发现对方不但没有动静，反而重至水畔，汲水熬茶，刚才一幕，实系相互误会，好在彼此均在戒备观望，并未发枪，否则不知伊于胡底！

一场虚惊，虽平安度过，然瞻望前途，是否无事，仍未敢必，故戒慎心理，紧张情绪，始终未懈！翻山六七座，涉水四五道，疾行数十里，菊巴嘉才把枪放入盒内。我们意会到已入坦途，当然轻松多了，马的步度没有那么快，人在吸烟笑谈。晨五时许，到达华里秋哈，因为风很大，气候转变得相当的冷，我们下骑之后，便到大厨房里饮茶进食，食罢就宿于会客室，是时大风挟雨，披裘不温，幸而已安住蒙古包内，尚不觉其苦！

九　由华里秋哈至菊布塘

我们到了华里秋哈之后，才知道大帮是在本日（十九日阴历七月初四）启行，昨日上午，风雨未停，下午菊巴嘉为我们预备途中食品，今晨七时许启程，同行的除菊巴嘉外，尚有旗府藏文秘书西木萨，和来此经商的循化撒拉哈克目，另外有藏民二人，系日前自拉卜楞送信至此，途中遭匪洗劫者，王府管家耿登，以随行各人，都不明路径，特送余等至大路。行至中途，菊巴嘉想起来未带牛粪，当同耿登至邻近的蒙古包里去讨索。走沙漠地方，成问题的是水，燃料随处皆有，走草地适得其反，成问题的是燃料而不是水，唯一的燃料是牛粪，旅程近的，还可以驮上，旅程远的可真麻烦，现拾现用不必说，有时遇着阴雨雪天，还得把牛粪放在怀里烤干，才能燃烧。

当他们去后，牛驮子因系初次上路，不就正道，东逃西散，漫无纪律，费了很多时间，才赶上正路，时菊巴嘉亦至，行约二十里，途遇大帮伴侣甚多，赶着牛、羊、马匹，驮着皮毛和手工毛织品、薄毡鞍垫同口袋布等，准备在拉卜楞寺会期出卖，好购备青稞。前行不远，见黑帐蓬二十余顶，在此放牧，据云即系买秀部落。过此入西木萨境，有一山岭，插满木杆，藏名色登拉志，本应自此北行入菊布塘，据同行的人说，该路曾有人发现匪类，因此改向东北行，先过华里渠，行约十余里，复过则渠，入官秀境，下午一时许，抵菊布塘南侧万庆渠滨，同行人等均下帐于此，余等亦住下。

　　总计帐幕三十余座，羊数千只，牛近千头，马凡数百匹，蒙、藏、汉、回，男女老幼，僧俗同胞，共约二百人，纵横数十里的大狭〔峡〕谷，一时炊烟四起，人声嘈杂，真是洋洋大观。晚间，余等以为阵容伟大，人数众多，可以高枕无忧，但同行人云，此地接近官秀帐蓬，很难保险，为防万一，只有和衣而眠。天黑以后，各帐蓬时有叫吼声，意在告知匪类，我们并未酣睡，斯种"此地无银三十〔百〕两"的憨态，诚属令人发噱，惟据久经草地的人士谈称，此系惯例，并不为奇。未至午夜，忽有某帐蓬突发一枪，众皆惊起狂吼，直至探悉并非匪类，吼声才停。

十　由菊布塘至角木公阿

　　二十日清晨起身后，同行伴侣，有的早已登程，有的整装待发，我们均未洗漱饮茶，匆匆上道，越过山梁，果见官秀牧民三十余户，在此插帐，为节省时间，菊巴嘉与哈克目，带着锣锅、火皮袋、干牛粪等，策马前行熬茶，我们赶着驮子缓进。十时许，到达万庆山麓，下骑饮食，本日因官秀牧民，大都迁此住牧，广袤的菊布塘，更形热闹。

　　今日天气，远不如昨日之晴明，清晨出发时，即具雨意，迨饮茶进食，已小雨蒙蒙，食罢乘骑续进，雨亦渐大。行二三里，过万庆山，时已大雪纷飞，山上山下，尽是人马牛羊，连绵达数里之长，斯种盛况，乃余旅边十数年来所罕〈见〉。因为人马众多，加以山路泥泞，上坡极其艰险，大有前进不得、后退不可之势，同时彤云满天，雪势猛烈，真令人有"云封秦岭家何在，雪拥蓝关马不前"之感。

　　过万庆山后，雪虽未落，可是雨又光临，行走万庆谷内，或上或下，时左时右，路既坎坷不平，而又泥泞不堪，虽无大敌当前，宵小剪径，然而戒慎恐惧之心，无时稍懈。在这种情形之下，我已自顾不下〔暇〕，当然难任赶驮子的工作，因与菊巴嘉策马前行，选择住宿地。出万庆谷后，折向北行，雨势渐小，抵万根雄，才雨散天晴，官秀的牧民，下帐于此者，亦有十数顶，为数不多的牛羊群，散布在山上山下。我们本打算在此住宿，同行的人，恐地址狭小，容纳不下，乃继续前进，下午五时许，到达角木公阿，遂住下。为时不久，驮子亦到，乃支帐熬茶并煮羊肉，饱餐痛饮之后，整理行李，孰料被褥尽湿，同时大部分人士，仍继续前进五里许，始住。与余等同住者，仅帐房七顶，与牛马各数十头，远不若昨晚的声势浩大，势不得不和衣而眠，并特加戒备。就寝以后，本帐蓬的哈克目与邻帐噶桑，以藏歌唱和，代替了昨晚的吼声，正在热闹非凡，又听到前面陡鸣一枪，我们当时前行的伴侣们，遭遇意外，注听好久，并无动静，才各自寝息，他们的歌声，亦从此结束。

十一　由角木公阿至桑科滩

　　二十一日晨，依旧是未洗漱即行，因为燃料用完，菊巴嘉和哈克目，前行拣柴。由北〔此〕东去，途中灌木较多，时大雾漫山遍野，数丈之外，即难辨识。九时许，旭日高升，以雾重故光不强，未几于余等后现一虹，拱若半圆之门，保持相当距离达一二时之久，同行中有数喇嘛，认为向所未见的奇迹，谓无上祥瑞，因称余等中有根器非凡之人，连诵嘛呢经咒不止。翻山涉水数十道，才到了郁布遐山，下骑休息，从容饮茶进食。

食罢，余与菊巴嘉又前行，约十余里，雷雨骤至，所幸为时甚暂，尚不觉其苦。过嘉布岳山后，折向东北行，入桑科滩草原，下午三时许，停住于大夏河滨，雨又时下时止。五时许，始逐渐退晴，余等遂晒行李。当同行的侣伴们，陆续到达后不久，夏河藏商，已闻讯赶到，纷至各帐蓬，洽购皮毛牛马，冷静的草原，一变而成为买空卖空的投机市场，不过这种伎俩，只能骗那些由草地初到拉卜楞的人，略有经验的牧民，大都不上他的当，但是他们并不反对，照旧和他周旋，目的在套取拉卜楞的行情，免得到达市区，连讨价都不知高低！

桑科滩到拉卜楞，只有三十里路，我和赵君都以为今晚可以太平无事，再想不到它竟成了最危险的地区。据同行的人说，此地接近青海的都瓦、官秀，夏河的保拉和阿米曲乎，同仁买秀的人，有时亦窜入，四通八达，正匪类出没之区，抢劫牛马的案件，大多发生于此。尤其是拉卜楞寺的会期前后，来往的人比较复杂，更有出事可能。到了晚间，各帐房的人，无不特加戒备，大都宿于帐外。这些匪类，专门偷牛盗马，事实上牛马都是集中一处，而且马匹，大都用铁链锁着，而偷的人竟能以巧妙手段，乘你不备的时候，把牛马盗去。我们看到同行的人，这样的密切注意，加紧戒备，当然也跟着小心谨慎，不敢疏忽从事，因此照旧和衣而眠！

十二　由桑科滩至拉卜楞

昨晚一宵，平安度过，余与赵君，如释重负。今晨（二十二日）起身，从容洗漱，可是当我将漱口杯放入锣锅里取水时，一位烧饭的蒙民，很不以为然，菊巴嘉一见，当为解释杯子是洁净的，才没有什么问题。我因而想到习惯之于人，关系很大，一路上他们把肉装在搭裢内，放在草地上，手上的尘垢未洗净就做饭，有时抓过牛粪的手，便去揉面，在我们看来，也有点不惯，而在他们却视若无睹。无怪乎社会上种种颠倒是非、淆乱黑白的事实，旁观的人，尽管愤懑不平，大声疾呼，而当局者却处之泰然，并不以为奇，这全是司空见惯的原故吧！

饮茶进食后，沿着夏河南岸的岷夏公路向东迈进，同行的伴侣，为了赶"丛拉"（在拉卜楞寺德瓦仓右侧空场上，很有点像日中为市的制度。每日侵晨，夏河市区商民，大都来此，日中即散。地址虽狭小，但营业方式，由原始以物易物的制度，而至成千万银元的交易，大都在此成就）早就出发了，和我们同行的，简直是微乎其微，成千成万的牛羊，一进桑科滩嘴子，便很少生还，这里俨同牛羊的鬼门关，每年秋冬，由这里进口的牛羊，真是无法统计，辉煌灿烂，庄严伟大的佛教寺近侧，这些牛羊，同样的免不了弱肉强食的厄运，这是多么令人可叹的事！

走进山口后，便见村落，景象大异于草原，人民们忙着收青稞和犁田的工作，到了唐那村庄后，驰名于西北的拉卜楞寺，重又显现在眼前，朝阳斜射下的金塔，涌起山麓的佛殿，鳞次栉比的僧房，红黄橙白黑，本已色彩鲜明，再衬上苍翠茂密的南山松柏，略具秋意的河旁杨柳，益发令人可爱。到了寺院对面，遥见"丛拉"上万头攒动，人山人海，百货狼籍，牛马成群，余谓赵君曰："无怪草地牧民，全称拉卜楞为'小北京'，我们小别旬余，已有是种感觉。"赵君答云："兄若重返一别十余载的京、沪，其愉快情形，势必千万倍于今日。"十时许，平安抵寓，深感来去匆匆，对蒙旗要地，未得遍历，草原各情，未多领略，殊以为憾！

《边疆通讯》（月刊）
南京蒙藏委员会编译室
1948 年 5 卷 1、8—11 期
（朱宪　陈静　整理）

沙漠中的光明

——蒙古通信

［苏联］　Ａ·阿甫捷耶夫　撰

我们在戈壁，在蒙古南部横亘数千公里的大沙漠的中心。

辽阔的沙海忽而平坦，忽而被浮动的沙丘或低小的山脊掩覆着，忽而被崎岖的原始山脉用奇异而纠乱的形式交叉着。这是荒僻之区，水草缺乏，土壤瘦瘠。

居住在该区的蒙古牧人——或如蒙古所称的阿拉特——过着艰苦严酷的生活。冬天猛烈的寒风和铿锵的霜雪进袭坚硬如石的土地。这时人们在他们蓬帐中躲避，当节俭的农夫拨开一堆亚卡尔——本地的燃料时，火焰在火堆上喜悦地跳跃，一壶加了丰美骆驼乳的强烈芬芳的茶沸腾了，寒风一点也不显得可怕，牧人的这一简陋住宅好像是天堂了。

夏季有时酷热达摄氏六十——七十度，把沙漠变成一个炉子。这时候水贵如金，因为生活与牲口的平安都需依靠水。而健康的发达的牲畜就是生活的同义字。

蒙古人民共和国占地一百五十万平方公里。这里有严峻的但是景色如绘的蒙古阿尔泰山的积雪山峰，有冈盖的壮伟森林，有流经平原上肥沃牧地的壮丽绿色克鲁伦河。戈壁沙漠的严峻是无可比拟的。在这里，太阳特别豪放慷慨地把迷人的力量送给这一旷野而不毛的景色。

许多世纪来，蒙古是中国的"殖民地"，被贪婪的外国商人剥削劫掠。外国资本家与高利贷者是这里的土皇帝，阿拉特牧人向他们借债累累。一九一八年阿拉特人负中国商行的债目达五千万金卢布。仅泰新和（译音）一家商行每年收借款利息七万头食用牛与乳用牛，以及一百万头其他牲口。大多数的牲口属于外国资本家、当地封建地主和寺院。寺院有七百多所，喇嘛达十万以上——占全国男子之百分之四十。

人民革命后，当人民体验到自由与创造劳动的欢乐之时，阿拉特开始了新生活。他们现在成了他们国家土地和牲口的主人翁。

新人在沙漠上、平原上和山间出现了——医师与教师、兽医与畜牧专家。在蒙古史上第一次，人民的健康、幸福与文化成为政府的主要关切之事物。古老落后生活的根本改造已开始了。

× × ×

一九二一年秋，列宁在克里姆林宫接见蒙古人民代表团。列宁对率领代表团的蒙古人民革命领袖苏盖·巴都说：

"贵国全体劳动人民的唯一正确道路是与俄罗斯苏维埃社会主义联邦共和国联合起来争取国家的和经济的独立。"

从那时候起已经过去了二十七年了，我们可以估计一下蒙古人民循这条道路发展时的若干成就。

畜牧是该国国民经济的基础。无边无际的平原与肥沃的牧地提供了这一方面发展的无限可能性。蒙古人民的物质条件可以用他们的牧群的大小来测量。一九一八年国内平均每人有十八头牲口，大量牲口属于封建地主、喇嘛和中国商人；一九四七年此数已增至平均每人三十头，平均每家阿拉特一百三十头。

牲口之数已增加一倍多，百分之九十九属于阿拉特牧人，其余的属于国营牧场。国家帮助牧人改进畜牧方法。数百个兽医站、兽医实验所和生物中心站已经建立起来了。牧地正改善中，新水源在开辟中，刈草机站的网已建立了，对于改良牲口品种和增加畜牧产量方面也做了许多工作。

不久以前，这片牧人之地的蒙古是要从国外输入牛油的。今日共和国约有具备第一流设备的牛酪厂一百八十所，年产高等牛油十五万六千蒲特。牛油现在在蒙古的输出业中占据日益增长的重要地位。

羊毛是蒙古基本产物之一。总数达数万头骆驼的骆驼商队载着羊毛穿过无垠的平原，从一切埃马克（区）到梳毛厂或水运中心。整个秋季与冬季他们运送货物，在回路上带给埃马克源源不绝的各种货物。

工业企业之数，主要是把本地原料加工的企业之数年复一年地增加。许多已经建立在库伦区，在那里现在有羊皮制造厂、马鞍马具厂、鞋类毛织品及其他工厂，此外还有无数食品制造厂，一家羊毛厂，一家汽车机件商店和电力厂。在库伦和埃马克工作着数百个手艺合作社。

国内的青年工人阶级为数已有数万。工人勤勉地学习新职业，互助竞赛以便早日完成计划。

妇女与青年也在工业中尽他们的一部分工作。已经有了一千五百多个突击女工。其中四百个已获得政府奖赏。

× × ×

一路上我们有一大批人马。我们有一辆高尔基牌的轿车、两辆吉普车和一辆载重货车。后者载了大量汽油、粮食，甚至薪木，因为恐怕在寒冷的沙漠中被迫停车。在万里无云的天空中，光亮料峭的正月日光下，车辆愉快地沿着平滑的公路行驶。温度是摄氏零下三十度，但是车中很暖和，狼皮大衣、熊皮长靴和皮手套御寒极佳。

一转弯，库伦就消失了，我们是在积雪的起伏不平的平原中。

在我们左边耸起着布落图——奥拉高山。

约在十余公里之后，开始上升了。这里甚至没有丝毫道路的痕迹，汽车在雪中有些转动困难。

当我们接近山隘之时，我们让空车走在前面，它如雪橇那样在雪堆中清扫出一条小径。

四围全是山——崎岖的可恶的峭壁，看不见一棵树、一丛草或任何其他生物的迹象。

汽车忽而进入幽深的山道，忽而攀登到峭坡之顶，再以危险的速度急泻而下。

在分界之处有一个石制金字塔（奥波），塔内藏有织物、马毛和钱币，这是古时风俗，献物给山神，用以感谢顺利地通过山隘。

汽车的速度表指到了二百公里。仍旧没有人烟的迹象，不过时时有一队骆驼载着大包羊毛、皮革或商品从一个水运中心循着道路缓缓地行走着。骆驼商队一经消失后，山间的人烟绝迹的荒寰景色又出现了，穿着雪装，用一种银色光辉烁闪在寒峭的阳光下。这些区域的阿拉特人已经携着牧群迁到雪少的或无雪的区域去了。整个巴格和苏蒙（巴格为最小行政区，苏蒙相当于郡），这样沿途旅居，数百个家庭带着千万头牲口按季节迁居。巴格和苏蒙的行政机关、合作社〔及〕以及其他机关都跟着他们迁移。

最后，汽车争〔挣〕脱了雪堆，地势是更平坦了。查森·达伐（这是那山隘的名字）留在后面了。

起伏的平原获得了一种较深的色彩，因为现在去年干草的顶已经从雪中显现出来了。汽车迅驰着，扬起一阵夹着沙泥的雪雾。这里平原益发呈露出生命的征候了，如果你放目四望，都可发觉大群牲口。我们已经进入了冬牧区。

一群高大的蓬松的马看见我们的汽车就跳〔逃〕开去了。骆驼缓缓而行，一路啮着牧草。它们也不时突然避开我们，但是好

奇心征服而〔了〕它们，它们撑起瘦长多节的腿，凝视着路过的
汽车。

　　电线杆沿着路旁连续不断地无限扩展着。事实上，这里并不是
真的路，至少没有人曾铺设过一条路。在这些平原上，你能任意
驰骋，不过是因为电线竖立了起来，所以道路沿着开辟出来了。

　　埃马克的中心出其不意地从黑暗中显现出来。最初是群狗合
吠，于是汽车上的灯照到了第一批蒙古包，在它们之后是数幢房
子，一群人在路旁，最后是一所大厦，窗中发出迎客的灯光。

　　中央戈壁埃马克建筑了还没有好多年，埃马克中心是建筑在既
无树木又无砖泥的沙漠中心的不毛之地上的。我必需承认，我们
预料在这里获得的住所远没有实际所获得的那样舒适。

　　房间看来完全是像现代城市中的一样。地板上铺着织有复杂花
样的柔软地毯，窗上挂着厚重的丝帷。宽阔的镀镍的床站在油漆
过的墙旁。一张大写字台上装饰着一个深青大球石制成的漂亮墨
水瓶——这是本地手工艺产品的样本。靠窗有张小写字台，上面有
几本列宁与斯大林的书籍。它后面是个无线电喇叭，本地的电台
正在转播库伦的广播。

　　翌晨我们去浏览了一番位于小山脚下的一个居住区。沿着大街
有数十家牢固砖屋，有数幢尚未完工。在靠近伸展开去的山谷的
那一边，有数百个篷帐。当地人民异常骄矜地指出广敞光亮的医
院，那是在新近才落成的。

　　人民革命党埃马克委员会的秘书南吉杜尔奇是一位瘦长笔挺的
中年人，他指着居住这中央的一个大篷帐说道：

　　"那是我们的俱乐部。我们即刻要造一个新的了。"

×　　　　×　　　　×

　　中午时我们又穿上皮大衣，套上皮靴，继续我们的路程。在曼
达尔，戈壁之外开始了真正的沙漠。这里的土壤是不毛的，干燥

的，坚硬的，极目四望，不见一草一木，只是偶然有些干枯草堆。电线杆止于埃马克中心，以后是一片空旷。我们好像是到了地球的尽头。

不久，我们到了屹立于沙漠中央的一个旧寺院的废墟上。是一堆乱砖。在断垣残壁中可见狭长的走廊和扣上的黑暗小室。一群羚羊走过我们的汽车路，它们的头骄傲文雅地昂起着。

在我们抵达南戈壁埃马克的中心达兰萨达加特时，天色已黑了。

达兰萨达特加〔加特〕位于广阔的平原上，这平原仅在西面被一行山脉的嶙峋岩壁所阻拦。除了埃马克机关外，居住地中有一所附有宿舍的初级中学，一个俱乐部、幼稚园，一所有二个蒙古医师的医院，一个兽医诊所、手工艺合作社工作商店，一个粮食厂、气象台、消费合作社的大商店。和其他埃马克一样，这一埃马克自己发行报纸。大半房屋是一层建筑物，这镇散布在半径约二公里的区域内。

有许多蓬帐扎在居住处的边缘，实际上每一客人都被款招。埃马克的小呼拉尔（地方政府）那时正在开会，还有一个妇女大会。数百人从所有各苏蒙赶来讨论实施五年计划的具体措施。

一群穿着彩色长袍，戴着镶了厚暖皮边的阔边帽的活泼人们可以在街上及俱乐部中发见。有几个在兴趣盎然地研究挂在俱乐部墙上的显现埃马克经济与文化增长的以及五年计划目标的图表。另有些人参观本地手工艺合作社的出品展览会：内有鞋类、绣花的鞍毯、金属品、大理石写字台和象棋。

╳　　　╳　　　╳

一九四八——一九五二年国家国民经济与文化发展第一次五年计划是在一九四七年十二月批准的。

主要的经济与政治目标是：国内生产力的全面发展，文化的进展，教育与卫生服务，劳动人民物质幸福与政治水准的提高。

至五年计划结束时，属于阿拉特人的牲口，总数将达三千一百
〇二万五千头，畜牧的生产力也将增加，并奠定畜牧进一步发展
的基础。经济上的这一高度，重要部门将不再依赖于自然的盲目
力量了。在饲料存储方面，阿拉特牧户将受一百二十个刈草机器
站的援助，此数较现有者增加十倍。这些站帮助推进畜牧的改良
方法。

约四万个哈森（牲口的冬栏）将在这五年在冈盖森林区建筑
起来，戈壁草原地带的阿拉特将获得五万个可携带的哈森。阿拉
特想在牧地掘二万口井，此外，国家已在进行一百口唧筒井的掘
凿工作，主要是在草原与半草原地区。在若干埃马克中第一次建
起蓄水池。兽医站和医药站的网将加扩充。将建筑新的兽医细菌
化验所及扩展菌苗制品的产量。家畜的大规模预防注射亦将进行。
一九四九年两个国营良种农场将建筑起来以便改良本地最优良的
马种和羊种。这两农场中的良种将来自苏联。

如以前一样，畜牧主要将基于阿拉特的个别牧户。然而，正在
采取步骤以采用更进步的工作形式和方法。阿拉特生产合作社已
存在了好几年了，现在约有一百个。其中家畜的一部分是公有的，
阿拉特人切望扩充这种集体组织，并加以组织上与经济上的巩固。

在五年之内，工业产量计划要增加百分之九十七，即将近
一倍。

那莱哈矿坑是供给首都煤炭的，在革命前每年仅产煤数千吨，
并且掘煤是用最原始的方法。从革命后，矿坑已现代化了，至五
年计划结束时，将产煤五十四万二千吨。其他矿藏也是大有发展。

要建筑一百个新的制牛酪厂，其中二十个业已在建筑中。牛油
工业的产量至五年计划结束时将增加三倍。

五年计划又规定了其他许多措施以发展国民经济和文化的一切

部门。

× × ×

过去几年在南戈壁埃马克的经济与文化生活方面发生了许多变更。人民的物质福利改进了，这引起了他们文化水准的惊人进展。

政府慷慨地用巨额金钱建筑学校，改进一般的大众教育。虽然革命前能够读写的人尚不到百分之一，现在约有半数居民是识字的了。过去全国只有一所不属宗教的学校，学生五十人。现在，甚至在最辽远的苏蒙，每个蓬帐中的成人与儿童都在学习。进步的大道在人民面前开辟出，牧人的子弟可以听凭他们充分利用一切机会，从蒙古包里的学校直至库伦第一所国立大学的光亮宽畅的教堂〔室〕和实险〔验〕室。业余艺术团体的会员成为共和国的人民艺人，牧人升为政治家。

我们访问了南戈壁的许多苏蒙，从边疆地区的岖崎的平原到伐格那·波格图的壮丽积雪山脉。无论何处——在人民的事业中，在他们对更完美生活的希望中——可以发现新生命的苗壮萌芽。

人民已在批评经济事业的现存方法和形式。在诺扬苏蒙的一次会上，我们听见关于需要大规模采用集体方式的激昂演说了，类似的思想也在许多埃马克与苏蒙中的牧人中表露出来。

× × ×

库伦的街道在夏晚真是舒适。白天的溽〔溽〕暑消退了，周围山上的清新冷风降下。半透明的天空很是宁静。第一筊〔盏〕街灯亮了。国立剧院的入口处灯光辉煌：今夜上演西蒙诺夫的《俄罗斯问题》。剧本已译成蒙古文，由共和国人民艺人奥雄监导。电影放映《小兵亚历山大·马特罗索夫》和《阿拉席·那伏伊》。本国的电影制片厂曾拍摄了一部新闻片，描写实现五年计划中因工作优秀而获得荣誉的男女。

首都的建设方面仍旧有许多需要做的，但是这都市逐日在改进中。柏油马路从中心向远处伸展。昨天还是一片荒土的地方，今天已是用砖墙与铁网拦住的广阔绿色广场了。数千树木和灌木沿街种植。许多建筑工程的工作架愈升愈高。

全体人民都是极感兴趣于首都的改进。数千男女工人参加于志愿工作日。这里，在志愿工作者间，你可以发现人民革命党中央委员会的委员，共和国政府的要员与普通阿拉特并肩工作着。

晚上该都市被一圈灯光环绕着，争取五年计划的斗争在工厂中正以全速进行中。蒙古工人阶级可以博得许多成就，工厂一个接着一个地报导完成它们计划和方案的消息，许多突击工人和整个工作队已经大大地超过他们的计划了，创造性的建设性的劳动正在改造这一从封建制度迈向社会主义的国家，它可以不经过资本主义的阶段。

蒙古人民充满着自信地前进。他们有一个强大而不自私的朋友可资依赖——这就是他们的伟大邻邦，不断给他们兄弟援助的苏联。

（载《新时代》第一期，一九四九年）

《新闻类编》
南京苏联大使馆新闻处
1949 年 1688 期
（李红权　整理）

百灵庙拾零记

——战地通信，廿五，十二，五

燕大战地新闻调查团　撰

百灵庙既经于上月廿七日收复之后，听说战事还有扩大的可能，我们便从北平赶来绥远，打算到最前线去观察实地的战况，其中最主要的一个目的地便是百灵庙。

抵达归化的第二天，我们就找到一个机会和中央、西北两个电影摄影队及《武汉日报》的特派记者，由军民联合会指派的樊涤清先生领伴到百灵庙去。中央电影队共二人，他们是由南京来摄教育新闻片的。西北摄影队共四人，是营业性质的。那位记者便是《武汉日报》的总编辑王先生。我们同学三人是以"战地新闻调查团"名义参加的。连车夫，我们一行十二个人，同乘一辆军用卡车。

这一卡车的人虽代表着几个立场不同的团体，但很快地融洽成了一个很坚固而活泼的新集团，这是不足为怪的，因为我们都怀着一个共同的目的——访问最前线的战士及其战况。

车子上午九点半出城，穿过烈士碑，看见几副新置的棺材在露天排列着，在严寒的朔风里站立着两位戎服的士兵，在沉默地、悲痛地凭吊他们新近从战场上牺牲了的弟兄，那种庄严的情境和我们后来看见伏在冰天雪地的濠沟里不顾刺骨的啸风、审视敌人的动静，不相上下。

一路无语，听着压在高低不平的石子路上所发出的轧轧之声，遥望着前面阻挡我们前进的大青山。樊先生告诉我们已经到了蜈蚣坝。不下半小时，我们是在颠倾摇动的道路上走着，走完了那倾斜振动的蜈蚣坝，接着又爬越那高插入云的大青山。这时候车子更难行了，几乎是寸寸地移动，间中车轮陷入石沟里，使全车的倾在一边，看见张着盆口要把车子吞没的山沟，更使人提心吊胆，不敢再看，连平时安稳善行的骆驼下山的时候，也要战战兢兢的走着了。到了山顶，气候是突然地转变了，寒风刺穿了重重的障碍，直达骨髓里去！山下广漠无边的莽然大平原和天边一样远，山前山后，判若两个天地！艰难地下了坡，才坦然在那熟睡未醒的荒凉平原上走过。

轧轧的机器声傲慢地在这大自然中咆哮！像是在警告〈这〉块莽然荒地已经到临了它的厄运，不让它再和以前一样安静地躺着了！迫着它得要翻身，自动的，或被动的。自动的醒来就是主人，被动的起来便成了奴隶。自动的起来吧！熟睡的荒原，否则你将要被迫为奴隶了。

走了百多来里，才发现一个三两户的小村庄。大家不约而同地建议道："到里面暖和暖和去！"

饥饿迫着我们非早点赶到武川不可。武川的畅县长热诚地招待我们，但对我们要到百灵庙去颇持异议，他说百灵庙虽已收复，可是敌机还不时来扔炸弹，并且从武川到百灵庙三四百里的路程，没有一家人家，出没无常的王英匪部又来窜扰，说不定什么时候匪伪是要来反攻的。讨论了许多时间，得不着一个好办法。忽然来了个消息，说"孙兰峰旅长现要到百灵庙去"，我们听了方从苦闷中解放出来，马上又重整旗鼓准备出发，正摆上的热烘烘的一点饭菜，我们只好忍痛和它别了。

刚才已受过冷的教训的我，简直不敢想那遥远的长途了。雪下了，没有蓬盖的卡车，人连行李通被雪花盖住了，朔风带着冷气想把身体的内脏结成冰块！

七时方抵百灵庙。我们从寒冷中惊醒，在昏迷的天色中，薄雪点缀着一个战后残破的庙宇。大家凯旋似地唱歌进庙门。

当夜我们大家都很好奇地探察这被千万蒙人目为神怪〔圣〕之地的庙堂，这被英勇为国将士们用他们的血肉抢夺回来的战场。有人去探神物作纪念品，我们去找士兵及俘虏谈话。士兵们对这次战事的认识并不如我们政府及当地的报纸一样。在后方的民众听过政府的声明，看过报纸的载录，都说是"匪"，是"伪"，至多亦不过说有"某国人"参加而已。但是前线的将士，他们看穿了一切隔膜，清清楚楚地看见敌人在后面。所以在他们的心目中、言语中，都是"打××"而不是剿匪。"剿匪"这个名词，现在已经不能引起他们的兴趣了。他们唯一的要求便是"抗×救国"。孙旅长是这次克复百灵庙的指挥官，他也说："我参加过这么多次的战争，看见士气总比不上这次进攻百灵庙的勇猛。他们进了百灵庙，还要往前追击，命令也不能勒住他们了。于是长官们，坐车的坐车，骑马的骑马，出去拦阻他们。现在的士气成了几千万匹的野马，不敢把他们放出去（杀敌），恐怕放了出去收不回来。"

兵士们冲进了庙，第一个目标便是找他们的真正的敌人，所谓"某国人"。被他们遇着的，没有一个能够幸免！杀到了所谓特务机关，那里的所谓特务机关长——盛岛——早已见事不妙，逃之夭夭了。剩下一个"某国人"还在那梦想他帝国的尊严，殖民地的特权，阻止着道："租界！租界!! 不许进来!"老总们听到了"租界"二字，更怒不可遏，"砰!"一枪把他打死，骂道："你妈的，什么租界!"

士兵的头颅是简单而不可欺的。他们见有人来慰劳，并听说后方民众一致拥护他们，很觉有点得意的样子，但口里不敢当地说：

"没有什么，这不过是我们当军人的应有的守土的责任吧了！"当我们说后方的民众替他们捐款的时候，他们发生点小误会："现在是与敌人拼命的时候，还用什么饷！"的确，他以为民众的捐款是补政府发饷的不足，并且杀敌的时候，老总们衣袋里藏了几块钱，不独没有什么用，而且有点不放心。这是不能怪他们的。

有两个俘虏还留在百灵庙。一个是汉人，据说他到这匪军里来，还不过三个月。他没有被饥寒压迫而入匪以前，是个安分的良民。他知道："中国人是不应当替××人来打自己中国人的。"所以当我军来攻的时候，他就逃避起来。其余的汉人，也各处走散了。另一个是蒙古人，老总们也很优待他，可怜他。他卧在地上，很怕见人，有人和他说话，他抱着头缩作一圈。后来知道他是替敌人通情报的汉奸，死刑已经判决在他的身上。汉奸的收场这样，那是他当初所料想不到的啊！他现在何尝不懊悔他以前的汉奸行为？可是已经迟了！

次晨我们到所谓特务机关的地方去参观参观。老总们把他们的器具、书籍弄得乱七八糟。椅子、桌子、铁箱、木架，这些都是东京最新制造的：书籍大半都印有"密"或"极密"字样，我们虽不懂日文，但目录上的题目大概是关于绥蒙的详细调查，侵略内蒙的计划，及指使李守信等匪之进扰计划。看了这些东西，真使我们由惊骇而感到惭愧！××帝国主义侵略中国，其用心如此周密，其努力如此深挚，无所不用其极，真出我国人意料之外！

八点钟的光景，我们到庙外小山坡上去参观防御工事。百灵庙的形势很奇特。它是在凹进去的盘地中的一片整齐的殿堂，四周都是小的丘陵围绕着它。在波纹起伏的丛陵之外，就是亘数百方里的荒凉平原。在围绕百灵庙的丘陵上，我军已作了很好的防御工事，并且很起劲地工作着。我们好奇地问一位军官为什么敌人在百灵庙的时候不做一些工事，他答道："敌人在此虽有半年以上的积极准备，但他们为的是要西进而侵略内蒙及进占绥远，以为我们还是用以前的退让政策，不敢来奈他何！因此他们就用不着什么防御工事了。"这几句话引起了我的无限的愁思：敌人的进攻是有加无已的，难道我们在此筑了防御工事，便能保守得住了吗？若不立刻在冀、察以至于全国沿岸各处同时爆发一个他死我活的抗争，不说百灵庙，就是绥远一省也是无法安全的。理由很显明：百灵庙不只是绥远的重地，就是敌人西侵也是必经之路，敌人为了要断绝中国与苏联的关系，实现他们的大陆封锁政策，所以非要夺取内蒙不可，因此百灵庙便成了一个军事上必争的重地。不信，请看百灵庙收复以后，敌人不是又在大庙及其他各地增运军火，督促王英等匪伪，天天准备来反攻吗？现在大庙固又收复了，但商都如不立刻拿回，那末敌机天天飞来轰炸，又将怎么办？假若当百灵庙克复之时，趁着将士兴奋之气，一鼓而克服其他失地，最少绥东是不难收复的。那时候还有现在种种的麻繁〔烦〕吗？又假若百灵庙真能保得无事，而敌人由平、津通过张北，源源不断的援助匪伪，这种斩草不断根的剿匪方法，是万万不能为功的。然而冀、察、绥的局部抗战，若无全国动员以支持它，那是不能取得必胜的。淞沪、长城局部抗战之结果，还不够作我们的殷鉴吗？绥远这次抗敌，我们必须把它当作整个中国的事情看，就是这个缘故。

燕大战地新闻调查团写于平地泉

《大众知识》（半月刊）
北平通俗读物编刊社
1937 年 1 卷 7 期
（李晓晶　整理）